理解

现实

困惑

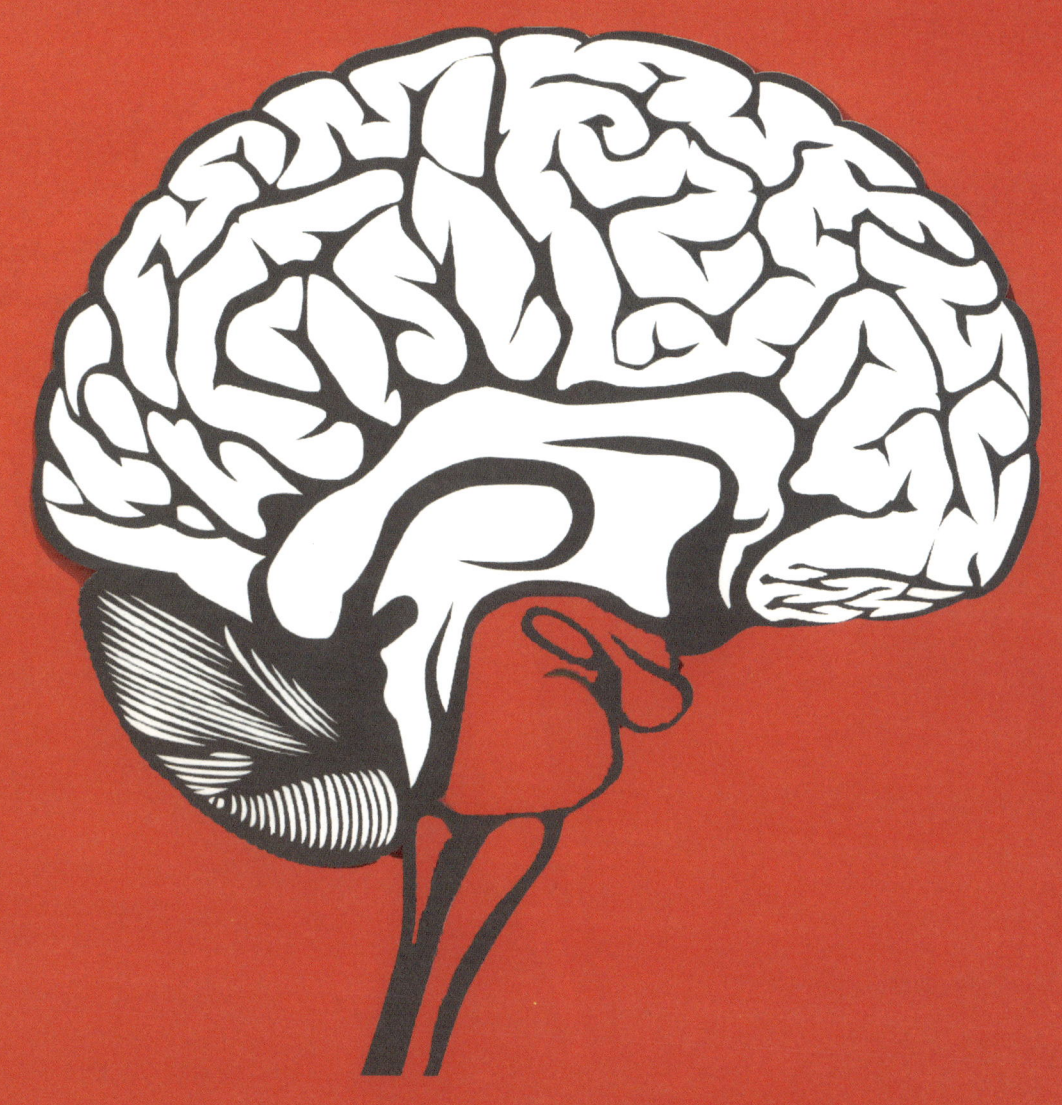

C= 镇定（Composure）
A= 明确而坚定（Assertiveness）

建立**安全感**的
"**警察**"技能

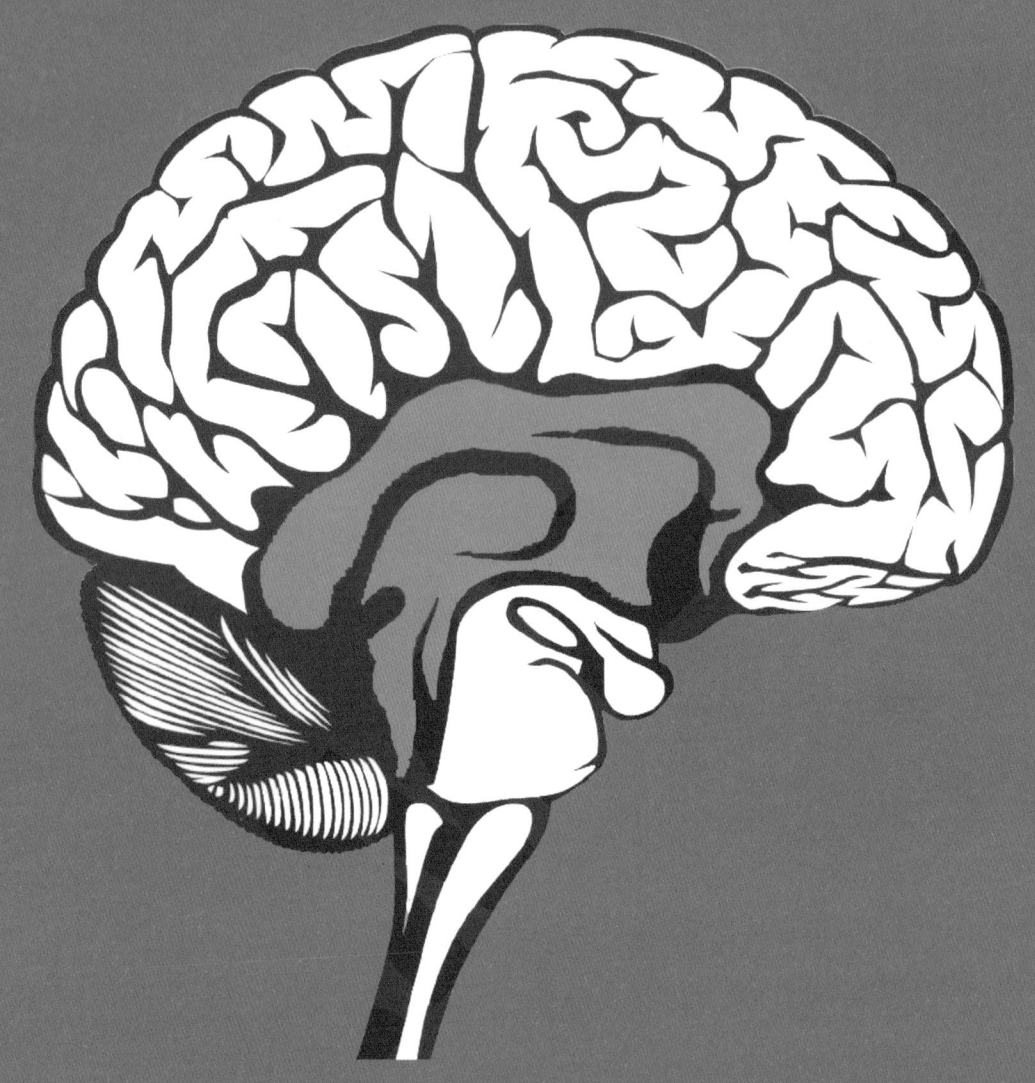

建立情感联结的"心理师"技能

E= 鼓励（Encouragement）
C= 选择（Choices）
E= 共情（Empathy）

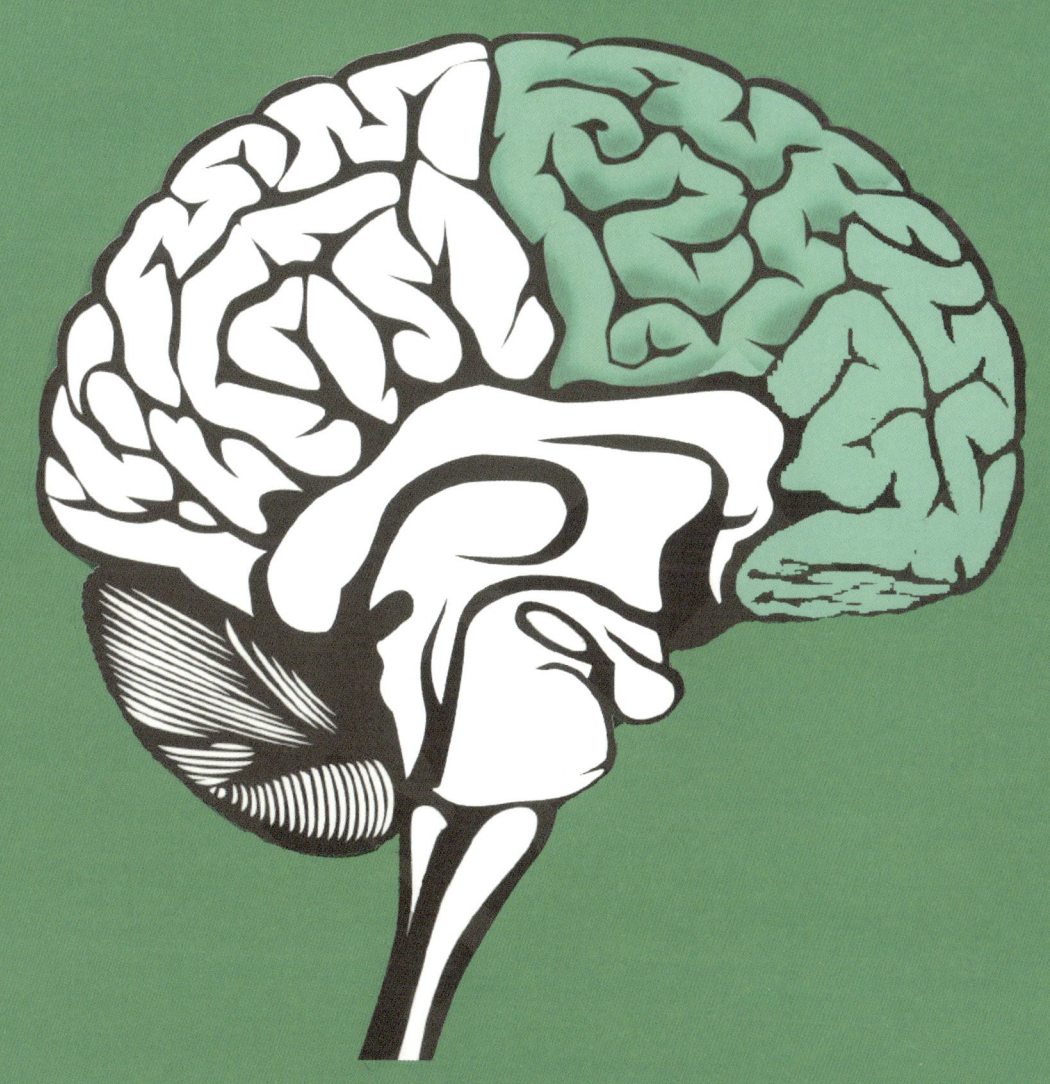

提高解决问题能力的"建筑师"技能

P= 积极意图（Positive Intent）
C= 行为结果（Consequences）

智慧自律

大脑状态	需求	方法组合	特点	智慧自律技能
生存状态	安全感	**"警察"技能** N = 观察（Noticing） A = 明确而坚定（Assertiveness） R = 常规教育海报（Routines with pictures） C = 镇定（Composure） S = 安全角和安全守护者（Safe Place and Safekeeper）	没有目光交流 抗拒各种问题，接触和理解 神情/身体紧张 感到孤立和无助	镇定："微笑星"，上传、一起深呼吸 观察："你的手臂就像这样。" 安全的语言："你很安全。" 明确而坚定：明确而坚定的语气
情绪状态	情感联结	**"心理师"技能** R = 仪式（Rituals） E = 鼓励（Encouragement） J = 工作（Jobs） E = 共情（Empathy） C = 选择（Choices） T = 学校大家庭（The School Family）	身体放松 目光交流和肢体接触有益的 希望交往，理解和（或）力量	鼓励："你可以做到的。" 选择："选择权在你！" 共情："你看上去_____。"
执行状态	解决问题	**"建筑师"技能** S = 解决问题（Solutions） P = 积极意图（Positive Intent） A = 教学资源整合（Academic Integration） C = 行为结果（Consequences） E = 执行技能（Executive Skills）	集中精力应对最不想发生的事 愿意学习新的技能 有能力思考和制订计划 理解对其他人的影响	积极意图："你想要_____，还是希望_____。" 自然结果："你喜欢吗？" 逻辑结果："你需要做一个选择！你可以_____，或者有_____。" 选择有用的技能和积极的结果的技能和负面的结果。" 解决问题："和平"法、班会

心理学家可以解答的教育问题
Conscious Discipline:
Building Resilient Classrooms
(Expanded & Updated Edition)

智慧自律

儿童自我管理的7个技能

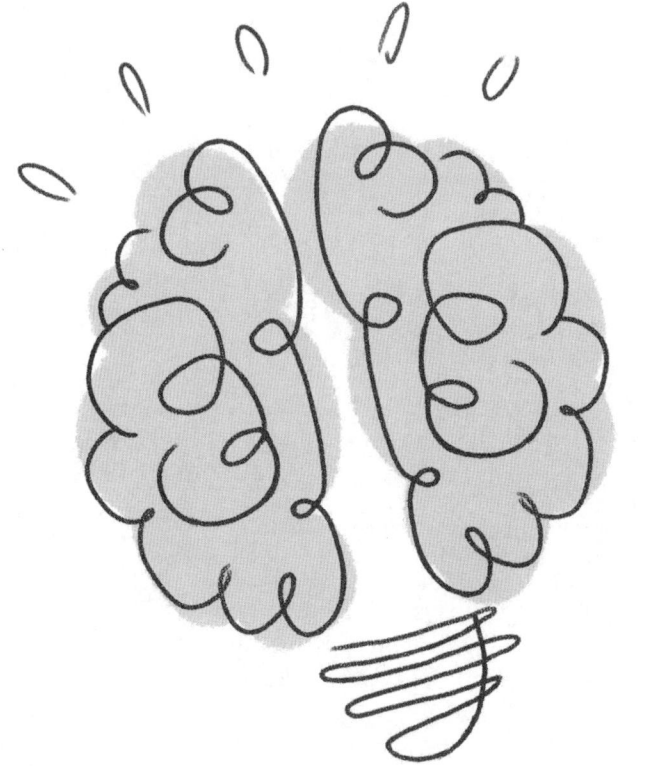

[美]贝基·贝莉 著
(Becky A. Bailey)

刘彤 周立峰 译

中国纺织出版社有限公司

内 容 提 要

智慧自律是一种有效转变成人与儿童互动关系的新型社会情感学习（SEL）教育模式。智慧自律通过一整套的社会情感学习理念、话语体系和行为管理策略，帮助成人应对压力情况下的情绪和行为，并将这些技能教给孩子。本书对打造学校大家庭、为特殊儿童提供教育支持、重新理解与改善亲子互动模式，提供了非常明确且有效的指导建议，同时也为成人的社会情感学习和情绪调节带来了启发。

图书在版编目（CIP）数据

智慧自律：儿童自我管理的7个技能/（美）贝基·贝莉（Becky A. Bailey）著；刘彤，周立峰译. -- 北京：中国纺织出版社有限公司，2024.6
（心理学家可以解答的教育问题）
书名原文：Conscious Discipline: Building Resilient Classrooms（Expanded & Updated Edition）
ISBN 978-7-5229-0227-2

Ⅰ.①智… Ⅱ.①贝… ②刘… ③周… Ⅲ.①自我管理—儿童教育 Ⅳ.①G610

中国版本图书馆CIP数据核字（2022）第253785号

责任编辑：宋　贺　　　　责任校对：王花妮
责任印制：王艳丽

中国纺织出版社有限公司出版发行
地址：北京市朝阳区百子湾东里 A407 号楼　邮政编码：100124
销售电话：010—67004422　传真：010—87155801
http://www.c-textilep.com
中国纺织出版社天猫旗舰店
官方微博 http://weibo.com/2119887771
北京华联印刷有限公司印刷　各地新华书店经销
2024 年 6 月第 1 版第 1 次印刷
开本：889×1194　1/16　印张：21
字数：465 千字　定价：108.00 元

凡购本书，如有缺页、倒页、脱页，由本社图书营销中心调换

谨以本书献给渴望实现个人转变之人。

对于每个家庭、学校、社会，乃至整个世界而言，若要灵活适应各种形势，个人转变是至关重要的。愿我们每个人真心拥抱改变，加强教育，促进持续发展，为所有的孩子赢得光明的未来！

衷心祝您安好。

——贝基·贝莉（Becky A. Bailey）

Conscious Discipline

推荐序

刘彤

载格勒国际儿童发展协会会长

耶鲁—中国儿童发展研究项目首任联合主任

五年前的金秋时节，我负责的耶鲁—中国儿童发展研究项目在耶鲁大学校园举办了第四期"耶鲁大学幼儿园高级管理人员培训班"。这次培训课程的主题就是探讨如何通过传授有效的社会情感学习技能（social-emotional learning skills）帮助教育者有智慧地解决幼儿园日常生活中发生的各种矛盾和冲突，减轻孩子的心理压力，培养孩子自我管理和解决问题的能力，从而提高教育者的工作效率，增强孩子的学习兴趣。鉴于贝基·贝莉博士（Dr. Becky A. Bailey）创立的智慧自律（Conscious Discipline，CD）项目在社会情感学习实践方面具有丰富的经验，我诚邀贝莉博士担任这次研修班的主讲专家。

"智慧自律"聚焦于帮助儿童社会情感学习技能的发展，并把儿童发展和早期教育的研究成果成功地运用到幼儿园教育和家庭教育的场景中，为老师和家长提供了一整套与日常学习生活紧密结合的解决方案。在这次讲座中，贝莉博士向学员们展示了"智慧自律"的脑科学原理模型，以及经过实践证明的积极有效的 7 个技能。贝莉博士生动形象的教学赢得了参加培训的全体园长和老师的一致肯定和高度赞誉。同时，我也萌生了把"智慧自律"介绍给更多的中国读者的想法。

贝莉博士对于我的想法非常赞同并充满期待。在耶鲁大学载格勒儿童发展与社会政策研究所时任所长沃特·捷列姆博士（Dr. Walter Gilliam）的鼎力支持下，"智慧自律"中国本土化研究项目于 2019 年正式启动，由我负责主持翻译和中文推荐序的撰写工作。

"智慧自律"不仅得到了中国幼儿园老师的认可，也赢得了中国家长的喜爱。随着时代的变迁，儿童的心理健康和亲子矛盾问题越来越受到关注，中国家长急切需要能够即时、有效、互动地从教育专家那里获得切实可行的育儿建议。为了满足中国家庭的迫切需求，应耶鲁北京中心的邀请，我在 2021 年暑假为中国家长举办了为期四周的在线亲子课程。在"把冲突当做一次共同成长的机会：家庭情商教育系列讲座"中，我把本土化的"智慧自律"实践方法和技能分享给家长们，并且在线上回答家长们的育儿与亲子沟通方面的困惑。与家长们的交流，让我切实体会到中国家长对构建以安全感和心理韧性为基础的新型家庭关系、亲子关系和师生关系的渴望。

在《智慧自律：儿童自我管理的7个技能》和《管理混乱情绪：儿童自我情绪调节5步法》即将付梓之际，我首先感谢贝莉博士的大爱无疆的理念，她希望智慧自律能为营造有益于中国孩子身心健康的成长环境助力；感谢捷列姆博士和中国教育学会国际教育分会秘书长张东升先生对启动这个合作项目给予的支持和推动；感谢我的课题组团队成员："耶鲁—中国儿童发展研究项目"2019—2020年访问学者张文娟博士、"耶鲁—中国儿童发展研究项目"博士后张心玮博士、"耶鲁—中国儿童发展研究项目"研究生助理章斐然、德国德累斯顿工业大学教育学院研究生张亦琳、康奈尔大学发展心理学硕士研究生罗婧、北京市海淀区政协二级调研员王垚和资深教育媒体人赵大星等对书中涉及的心理学、脑科学专业词汇的中文表述进行审核，并进一步探讨专业词汇的中文翻译如何便于中国读者准确理解；感谢北京美林教育集团赵宇红女士、聂懿老师和左慧萍老师在幼儿园实践中搜集整理老师和孩子的反馈，为研究和翻译提供了来自教学第一线的详细资料。最后，感谢中国纺织出版社心理图书分社社长关雪菁女士及其编辑团队在这套姊妹书出版过程中的辛勤努力。在诸位的热心支持和通力合作中，使得这套姊妹书得以与中国读者见面。

翻译工作主要是结合我对"智慧自律"中国本土化研究工作进行的，即在原文翻译的基础上，结合了心理学与教育学理论研究的最新成果，并根据中国家庭教育现状、语言习惯、幼教研究人员、教师与家长的实际需求等层面进行适当的调整和修订。我的导师，耶鲁大学斯特林讲席荣休教授、被誉为美国"开端计划之父"（Father of Head Start）的爱德华·载格勒博士（Dr. Edward Zigler）曾经说过："每一项创新研究都是一个永不关门的实验室。"尽管我们通过几年的努力，终于把这套姊妹书呈现给中国读者，但真正的研究与讨论刚刚开始。我期待与国内的专家学者合作，共同继续完善与创新这套书的内容，以更好地满足中国老师、家长和儿童的需要。

我衷心地希望，这套姊妹书能够成为老师和家长的手边书。因为这套书不仅能帮助我们成年人更好地影响和指导孩子的成长，更重要的是，它们能帮助我们更好地调控自己的情绪，让"我"与自己、"我"与他人、"我"与社会的关系更有温度，从而更好地学习和工作，获得更多的成就感和幸福感。

2023年感恩节
于耶鲁大学

Conscious Discipline

名家推荐

王 烽

中国教育科学研究院教育体制改革研究所所长
研究员,博士生导师

我们应该怎样教育孩子?什么才是儿童发展最需要的?长期以来,我们一直将"书本知识"放在首要位置,学生和教师将大部分的时间和精力用于学习这些知识。似乎只有这样对教师来讲才算"务正业",对学生来讲才算作"上学"。我们往往忽略了,当一个未成年人面临个人情感和情绪困难、师生和同伴交往困惑、自我管理与自律困境的时候,很少有家长和教师能够恰当地给予引导和帮助,甚至有时会起到反面作用,导致儿童出现各种常见的心理健康问题。

社会情感发展与一个人一生的快乐、幸福乃至成功直接相关,对它的长期忽视是我们教育的一大缺漏。社会情感学习是一个比书本知识学习更复杂的专业问题,我们不仅要探明它背后复杂的心理学原理,而且需要进行基本的技能训练。《智慧自律:儿童自我管理的 7 个技能》《管理混乱情绪:儿童自我情绪调节 5 步法》是一套为教师和家长"雪中送炭"的操作手册,它们为提升教育品质、培养高情商儿童提供科学的方法和有针对性的操作技巧,为我们的孩子实现自我管理、正确应对挑战、走向自我完善打开一扇大门。

张东升

中国教育学会国际教育分会秘书长,国际教育专家
载格勒国际儿童发展协会儿童社会情感学习
(SEL)研究项目研究员

好孩子是"管"出来的吗?《智慧自律》和《管理混乱情绪》两本书给了我们明确的回答。那种以"管控"为目的,以奖励和惩罚为辅助的教育方式,可以培养出"听话的孩子",但是,却往往给孩子健康心理和健全人格的养成带来深远的负面影响。

在这两本书中,美国著名的教育家贝莉博士基于儿童脑科学研究成果和多年教育实践经验,提出了一整套培养"智慧自律"型儿童的理念与方法。她告诉我们,儿童教育的前提是秉持关爱与理解的原则,在成人与儿童之间形成积极的互动,建立和谐的亲子关系和师生关系。成人首先自己要学会管控自己的情绪和行为,进而影响和指导孩子学会管

理自己的情绪和行为，在儿童的成长过程中，变"他律"为"自律"。智慧自律能帮助孩子们始终保持阳光自信的心态，积极应对困难和挑战，善于与他人交流合作，善于理性的思考和解决问题，从而在学习和生活中实现成功。

范皑皑

北京大学教育学院培训办公室主任

《北京大学教育评论》编辑部副主任

《智慧自律》和《管理混乱情绪》给予了父母在养育子女、教师在培育学生方面的方法论——让儿童通过学习自我调节而获得安全感，通过学习与人交往而产生情感联结，通过学习应对冲突而提升适应能力。这一方法论的理念基础完全不同于当前很多家长和教师秉持的信条——用管理和控制让儿童学会服从，用规则和权威约束儿童的行为，规避冲突和犯错以保障儿童的成功。今天，如果不转变无意识的、服从型的传统教育方式；明天，如何指望教育培养出具有创新意识和创新思维的未来人才？丰富的社会情感、专注的学习能力以及强大的内心力量，都需要我们帮助儿童在日常的善行与犯错、困境与机遇、冲突与妥协、成就与失败等复杂情境中，形成自我管理的智慧。所以，对所有与儿童养育、陪伴、教导和照护等相关的成人而言，这都是一本讲理论深入浅出，讲案例生动有趣，讲工具简便易行的好书，值得好好研读。

李浩英

中国未来研究会教育创新与评价分会副会长

中国家庭教育学会理事

智慧自律最重要的意义是能够引导我们从无意识的、经验型的、服从型的传统教育方式转变为有意识的、以人际关系为基础的社会性教育方式，并让每个人从脑科学角度认识自我、发现自我，享受终身成长的喜悦。《智慧自律》中提到的7个自我管理技能让我想成为更加优秀的自己有了实践的路径，同时也为教师找到了"备学生"的关键钥匙，也会引发我们对"以人为本"的深度思考。我强烈建议此书成为每一位教师的必读书目，当然，如果作为个人成长规划教材会让更多人受益。

另外，情绪与我们时刻同在，只可调节，不可彻底消除。《管理混乱情绪》从脑科学的角度，深刻探知情绪产生的原因、过程以及对人一生的影响。并依据多年的研究，提出清晰的情绪调节五步法，让艰深的理论转化为可以被我们认知和实践的方法。马可·奥勒留（Marcus Aurelius）曾说："塑造我们的不是经验，而是回应经验的方式。"也就是说，所有的情绪都是我们对认知情境的解释。情绪操之在己，不是别人使你不快乐，而是你自己使自己不快乐。当我们能如此认清自己的时候，我们也就认知了天地万物。为人师、为人父母者均需终身学习此课程，因为你不只是你自己，你还是孩子的环境。

Conscious Discipline

目 录

第一部分 智慧自律：儿童自我管理的 7 个技能

第 1 章 智慧自律的简介 1
第 2 章 智慧自律的大脑状态模型 23
第 3 章 学校大家庭 55

第二部分 建立安全感的"警察"技能

第 4 章 镇定 83
第 5 章 明确而坚定 115

第三部分 建立情感联结的"心理师"技能

第 6 章 鼓励 157
第 7 章 选择 187
第 8 章 共情 211

第四部分 提高解决问题能力的"建筑师"技能

第 9 章 积极意图 249
第 10 章 行为结果 281

实践者如是说 317

第一部分 智慧自律：

儿童自我管理的7个技能

Chapter 1

第1章
智慧自律的简介
INTRODUCTION

智慧自律简介

> 欲变世界，先变其身。
>
> —— 圣雄甘地

所有教师都会在与他人的日常互动过程中展现出某种行为规范。当我们心平气和、顺风顺水时，我们大多数人能够为孩子作出尊重他人的榜样。然而，当我们面临压力、经受坎坷时，又会怎样呢？例如，当道路拥挤不堪时，我们的孩子忘记带准考证，我们的配偶忘记去银行，学生在课堂上心猿意马，孩子的考试成绩非但没有提高，反而在下降……面对这些情况时，我们会有什么样的行为表现呢？

每个班级和学校都是一种文化，学校文化和行为模式正在以某种方式潜移默化地促进或阻碍孩子们的成长。通过单一主题的规范化课程，如品德教育、社交技能和欺凌预防，同时使用奖励贴纸、惩罚、强制执行和剥夺权利的方式强迫孩子服从，就可以有效地传授孩子们各种生活技能的时代已经过去。要想成功地教授生活技能，教师必须作出表率，并且在日常生活中展示出这些技能。如果我们经常对孩子们大吼大叫，不尊重他们，那么，一堂培养孩子尊重他人的行为训练课程是毫无意义的；如果我们采用惩罚、排斥或是羞辱的方式对待那些挑战老师的孩子们，那么，一堂预防欺凌的课程也会变得一文不值。因此，是时候将我们的管教风格从"遵我言，勿效我行"转变为"欲变世界，先变其身"了。智慧自律（Conscious Discipline）能够帮助我们转变思维，并且使我们掌握切实可行的技能，实现这些转变，因此可以将其作为实现我们自己和孩子们的生活中积极转变的有益工具。

看不见的传染病

在美国，人们通常把心理压力和精神创伤称作隐藏的或者看不见的传染病。而真相是，它们既不是隐藏的，也不是看不见的。大约 60% 的成人反映曾有过一些不幸的童年经历（心理创伤），如遭受语言侮辱、身体虐待或性虐待，或是成长于功能失调的家庭，比如，家庭成员被监禁，患有精神疾病或有物质滥用问题（如酗酒、吸毒）（Gerwin，2013）。研究显示，在美国，童年时期的创伤性压力是导致病态心理、死亡和残疾的主要原因（Edwards，Shipman，& Brown，2005）。此外，2013年，美国有近25%的儿童生活在贫困之中，总人数高达1 610万，还有45%的儿童生活在低收入家庭（Jiang，Ekono，& Skinner，2014）。

心理压力和精神创伤遍及各种经济状况的家庭，对他们的健康、学习、社会情感发展和大脑发育产生了极其严重的影响。幸运的是，研究表明照顾者可以减轻这些心理压力对儿童造成的不良影响（哈佛大学儿童发展中心，2010）。照顾行为并非始于父母，同样也不应止于父母，而应融入我们的社会和学校文化的方方面面，因为它对学习和社交成功起着至关重要的作用。我们每天都会遇到形形色色经历着各种心理压力和精神创伤的儿童。而我们通常只会注意到他们的行为问题（或症状），他们所承受的心理压力和精神创伤仅在零散记录中寥寥提及。我们倾向于对他们表现出的不良行为给予奖励、惩戒，而不是真正地通过建立一种接纳、治愈和建立情感联结的文化来满足他们的需要，从而帮助他们塑造心理韧性❶（resiliency）。智慧自律的设计理念旨在传授给孩子有效的社会情感技能，将心理韧性纳入学校文化中，以此作为一个突破口，抵消社会中普遍存在的压力和创伤。

> 我在一次智慧自律的培训课上曾经说道："我本人就是智慧自律的一名受益者！"我曾经十分冥顽不灵。我参与了本地一个帮助后进生升学就业的ACE教育计划。使用智慧自律前的一年，我的学生竟无一人能够通过考试。开始使用智慧自律后，五年级的23名学生中有19人顺利通过了考试。使用前后产生了巨大的变化，我认为其中很大一部分原因是智慧自律能够让学生们感到安全并且充分地融入周围的环境，踏实地学习。就我个人而言，我觉得，在使用智慧自律前，我只是在教书，而现在的我是在育人。
>
> ——泰德·米勒（Ted Miller），就职于帕萨迪纳独立学区凯勒中学

---

❶ 心理韧性是指个体在面对生活经历中的各种困难和挑战过程中，通过自身心理上、情绪上以及行为上的灵活调整、顺应内部和外部需求，克服困难并从逆境中恢复的能力或品质。——译者注

分层的社会性大脑

回溯人类大约 5000 年的历史，我们就能发现为何人类的大脑错综复杂，具有社会性。人类的大脑是在一个小且联系非常紧密的猎人氏族中不断进化的。人类生存的环境十分苛刻、资源稀缺，并且相对于威胁人类生存的肉食动物而言，人类更加弱小，更需要紧密地合作。人类的生存依靠群体间的相互依赖，最终，人类的大脑进化成了神经科学家所谓的"社会性大脑"。在这种情况下，"适者生存"并不意味着只有最强壮和最有力量的人能够生存下来，而是那些能够最快适应当下要求的人才能生存下来，并且不断繁衍。我们的社会性大脑必须能够快速作出调整才能适应瞬息万变的现代社会，这使我们倍感压力。

我们的社会性大脑与现代社会之间的差距造成了不计其数的压力源。计算机和电信技术已经彻底改变了我们沟通和交往的方式。人与人之间的互动已经从面对面的交流变成了依赖各种短信、社交平台的动态更新。一群年轻人聚在一起，却都在埋头给其他不在场的朋友们发消息，这种现象我们已经司空见惯了。虽然社交媒体在我们这个复杂的社会中发挥着重要的作用，但它仍无法取代面对面的交往，**面对面的社交才是大脑发育最好的营养**。

我们只需要看看晚间新闻就会发现，很多人因为缺乏足够的灵活性而不得不在这个人情冷漠的信息化时代笨拙地应对社会性大脑的失配。我们需要新的有效的教育方式（Ingvarson, Meiers, & Beavis, 2005）。智慧自律应运而生，它创造了一种以社会为基础的学习环境，我们称为学校大家庭（School Family）。它要求学校的领导层从强调竞争的工厂式的教育模式转变为一种更人性化的教育模式，这种模式强调共享、群体凝聚力、平等、信任和牢固的人际关系，从而减轻这个充斥着各种信息、压力和精神创伤，但缺乏面对面交流的世界对孩子产生的副作用。

我们的社会性大脑是以层级的方式组织起来的，包括高级神经中枢系统和低级神经中枢系统，就像我们人的两面性——其中一个（低级神经中枢）意气用事，总是希望欲望立即得到满足，而另一个（高级神经中枢）则努力控制各种冲动，延缓我们的满足感，试图保护我们的长期目标。有时我们想要减肥，有时我们想吃一片饼干。其中的秘密在于我们要认识到在当前的情形下，怎样做才是最恰当的。智慧自律正是源于这样一种观点——自觉觉察能够使我们充分利用高级神经中枢的自我约束系统。在缺乏自我觉察的情况下，大脑默认是无意识的，就像是自动驾驶和低级神经中枢产生的膝跳反射一样。

当我们心事重重的时候，我们的冲动——而非长期目标——左右着我们的选择。如果我们没有觉察到自己的行为，我们可能变得消极被动地，而不是积极主动地应对。有时，我们无法智慧地应对生活中棘手的难题。比如，有人踩了我们一脚，我们会说"讨厌"。外界刺激（被踩）会激发我们的本能反应（厌恶）。智慧自律的核心就是要强化我们在刺激和反应之间的暂停。当我们在刺激和反应的自动连接之间加入了一个暂停之后，我们就不再受制于经典的条件反射❶，从而重新拥有了选择理智

---

❶ "经典条件反射"是指一个刺激和另一个带有奖赏或惩罚的无条件刺激多次联结，可使个体学会在单独呈现该刺激时，也能引发类似无条件反应的条件反应。——译者注

反应的自由（见图1-1）。当我们被别人踩了一脚时，暂停一下，有意识地想一想，被人踩一脚后作出的本能的、情绪化反应是否符合我们为人处世的准则？别人踩我们一脚的行为是否有主观恶意，我们有必要作出有敌意的防卫吗？然后我们会有意识地选择接下来如何应对。

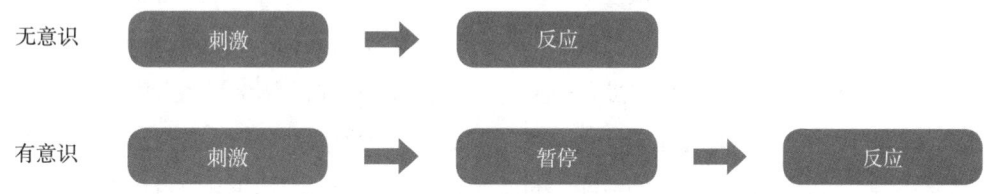

图1-1 智慧自律的核心：加入暂停

智慧自律鼓励我们深入地认识分层的社会性大脑，有意识地调整我们的各种行为，排除各种障碍和纷扰，实现长期的目标。继而，我们可以将这一过程传授给我们的孩子。这将使我们每一个人在这个快速变革的世界成为一个有韧性、适应力强、尊重他人和负责任的人。通过我们的选择，我们可以创造自己的生活。我们有时会选择据理力争，有时会选择宽容，但我们要始终明白自己才是那个作出选择的人。

转变：从角色到关系

现代社会中，转变随时都在发生，但没有一个比从角色到关系的转变更为深刻。随着20世纪50年代末蒸汽车间的建设，社会开始进入一个全新的领域。人们普遍认为，过去的角色约束过多，角色固有的不平等在道德上是不公正的。夫妻之间的角色愈加明确，社会同时明确了儿童（需要被照看，但不需要被倾听）和父母（管理者）的角色，家庭成员之间的关系是受这些既定的角色所支配的。只要每个人都履行他们既定的职责，则一切相安无事。

然而，从这些角色的舒适性和安全感的角度来看，我们又觉得缺少了一些东西，尤其是对于那些处于弱势的一方来说更是如此，于是弱势的一方开始了反抗。

当人们摒弃了既定的角色后，一切变得豁然开朗。不幸的是，我们缺乏相应的沟通技巧或社交情感能力，因而无法为这些新关系建立起牢固的根基。离婚率骤升至50%以上，儿童的要求越来越多，家长感到无所适从，不知如何是好。

发展以社会情感技能为基础的新角色，取代过去的旧角色。 在努力建立有意义的人际关系的过程中，我们应学会以一种相互尊重、积极回应和和谐相处的方式互动。智慧自律是帮助教育者解决各种各样的冲突的技能型项目，通过创造最佳的学习环境支持学生的大脑发育，支持采用多种方式自我调节，帮助儿童建立和自己、同伴、父母以及其他人相互尊重的关系。

应对分层的社会性大脑和角色转变

智慧自律可以解决困扰着社会、家庭和学校的各种危机，如"遵我言，勿效我行"（Do as I say

not as I do）。智慧自律的教育模式与传统的由既定角色演变而来的教育方法形成了鲜明的对照，因为后者未能将我们的分层的社会性大脑纳入考量范围。传统的课堂管理体系建立在控制的基础上。教师掌握所有权力，并且需要管理学生。智慧自律则是建立在人际关系基础上的。这是一种"文化—关系"的模式，与我们大脑与生俱来的社会性完美契合，因此我们可以充分利用各种亲社会的技能，而非那些既定的角色。课堂上的权力是共享的，每个人都需要为自己的行为负责，这使教师成为一个自律的成人，反过来才可以教会孩子们如何变得自律。

显然，教学要求教师本身具备要向学生教授的各种技能。我们不会要求一个文盲老师教他人读书识字，也不会要求一个只会说英语的老师教汉语。但是，我们每天都会要求教师在自律方面作出表率，运用各种技巧解决冲突，和同事们密切合作。尽管大多数成人在压力下的第一反应是内心崩溃或情绪爆发，但我们仍然会这样要求。我们习惯性的冲突解决"技巧"常常导致我们在婚姻中关系破裂，在职场上暗箭伤人，传播流言蜚语。

许多研究表明，师生关系质量是影响学生在校学习的最重要因素。教学质量始于教师本身的用心与智识，然而我们大多数人并未意识到，性情和信念驱动着我们的各种行为。我们会按照祖祖辈辈传下来的一整套既定的、未经审视的信念和无意识的观念行事。

我们对学校的大多数认知均来自自身在学生时期的经历，这在一定程度上是由我们大脑中的镜像神经元（mirror neurons）造成的。最近，科学家成功解码了镜像神经元的工作方式。他们认识到，人类很容易与他人的经历产生某种联系，并且间接地体会他人的感受，这种联结远比我们以前认为的更加强烈。大脑无法区分看别人做某事和自己亲自做某事有何不同（Rizzolatti & Craighero, 2004），因此，我们上学时的经历可能是我们最深度体验过的教师培训。

同样，由于镜像神经元系统的存在，儿童在使用某些技能时也会效仿他们的父母和老师。我曾经和一群一年级的孩子们在操场上一起玩耍，玛丽莎想要玩秋千，希望艾米莉让给她玩一会儿，而艾米莉回答道："不行，我要一直玩到回教室。"玛丽莎很快切换到另一种技巧，她告诉艾米莉："我要给你扣分！"扣分、设置黑红榜和警告等行为创造了一种毫无意义的竞争文化，这并不能教会孩子们如何为自己的行为承担责任。我们需要亲自为学生展示这些技能，并且把这些技能变成实际的能力。

> 我的一位密友曾告诉我，她的班主任是这样解释"管教"的："就得让他们哭。这表示你打败了他们。不要怕把一两个学生当成典型。这样看起来很严厉，但是你以后会感谢我的。"可以想象这位教师是在什么样的教育模式的影响下成长的，她会给她的孩子们作出什么样的榜样。我们心中都有一个教育模式，问题是我们是否准备好将它提升到更高的境界。

一些学生因缺乏必要的自律技能，而无法很好地应对当今社会中复杂的情绪和社会问题，在面对这些学生时，我们都曾经遭遇过一些令人绝望的境况。在这种令人精疲力竭、充满了慢性压力、有一定程度不确定性的环境下，教师必须具备十足的心理韧性，学会很好地适应，作出明智的反应，并且在承受压力后快速恢复。通过提高情商（emotional intelligence），智慧自律提供了教师迫切需要的心理韧性，因此我们可以作出灵活、适当的反应，从而建设性地解决各种问题，而不是回避它们。

智慧自律是一个全面的、跨学科的自我情绪调节能力教育项目，它整合了社会情感学习、学校文化和纪律。它可以帮助教师和学校管理者在安全感、情感联结和解决问题能力等内在资源的基础方面开展学校建设，而不是依赖外部的奖惩机制。这门课程是建立在广泛的大脑研究基础上的，研究结果表明，内部状态支配着我们的行为。课程的目的是要系统性地改变学校的教育模式——首先要提高教师的情商，继而培养儿童的情商。简言之，老师们的情商越高，就越能够创造出积极、健康的教学氛围，从而有助于创造和维持孩子们最佳的学习状态。智慧自律的三个核心要素包括：

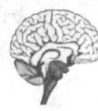
安全感：通过自我调节，帮助成人和儿童更好地辨别和管理生理层面和情绪层面的不适。

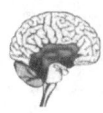
情感联结：通过创造一种友善的学校大家庭文化，激励成人和儿童积极主动地参与健康的人际交往，帮助他们取得成功并且改变他们对于冲突的认知。

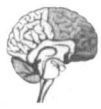
解决问题：通过改变人们应对冲突的反应方式和提高社会情感技能，促进成人和儿童适应复杂多变环境的能力（心理韧性）。

有了这些要素，日常生活中发生的各种事件和冲突就成为传授生活技能的机会。社会情感能力并非源于按部就班的必修课程，而是在应对日常的挑战、善意行为、学习困境、人际冲突、习惯性的违规行为和庆祝活动中逐渐形成的。我们可以利用各种生活场景开展社会情感课程，如在某一节数学课堂上、在快餐店中、在公共汽车上，或在宠物死亡时。当学校中的每个人快速地适应自己或他人的需求、周围的环境和各种挑战时，每个人都能变得更加灵活，从而作出明智的个人选择。

把冲突当作一次传授生活技能的机会，这是智慧自律中必不可少的组成部分。如果一个孩子在拼写测试中拼错了几个单词，这说明他需要更多的练习或额外的拼写指导。我们不应因此在他的个人计分榜上扣分，或者让他课间少休息 5 分钟，而是要给他适当的教育和指导。我们应该用这种方式处理每天发生的冲突。如果一个孩子的行为可能伤害到自己或他人，这说明他需要更多的练习或额外的社交技能指导。试图通过奖励或者惩罚平息日常冲突的做法会错失在生活情境中传授社交技巧的机会。

这样只会迫使学校和教师不得不增加额外的课程，而他们已经在满负荷工作了。我们可以读一读有关处方式课程（prescriptive curriculums）局限性的研究，了解一下它们为什么不能实现我们的理想目标。

教育包含两个方面：关系的健康程度和其中涉及的技能组合。它就像美国西部乡村的两步交谊舞，在两步慢舞步后紧接两步快舞步。其中的"慢—慢"部分指建立健康的人际关系（见图1-2），提高合作的意愿，而"快—快"部分指在发生冲突时作出明智的应对所需的各种技能组合（见图1-3）。以前，我们忽视了儿童教育中人际关系的部分，只是一味地强调角色和奖励。缺乏健康的人际关系会严重削弱一个人作出行为转变的意愿。智慧自律希望帮助教育者实现儿童教育中的"慢—慢"部分和"快—快"部分，使我们分层的社会性大脑能够变得以目标为导向，实现自我调节，保持有意识，并且遵守学习纪律。

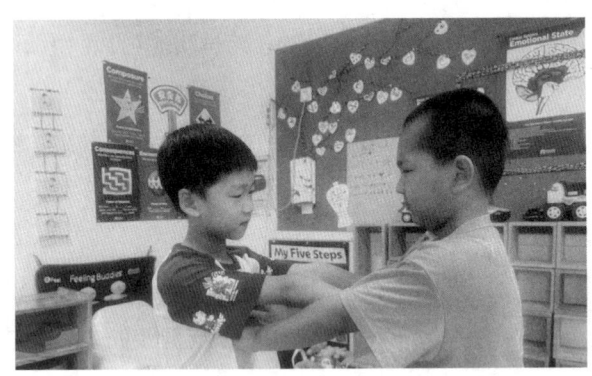

图1-3 "快—快"：应对冲突

图1-2 "慢—慢"：建立健康的人际关系❶

---

❶ 本书图片均已获得北京美林嘉华教育投资有限公司授权。

传授我们的理念

智慧自律能够引导教师、教育提供者、学校和教学项目实现永久的转变，从无意识的、传统的、服从型教育方式转变为有意识的、以人际关系为基础的社会型教育方式。

传统的教育方式

传统的教育方式建立在用奖惩支撑的规则基础上，其目标是使孩子们学会服从。服从的人将会得到奖励，不服从的人将受到惩罚，而屡教不改的人则可能会被开除。当教师试图管理孩子们时，恐惧便成了一个强有力的工具。这个体系建立在以下三大基础之上：

1. 可以通过控制环境而管理他人；
2. 规则指导行为；
3. 冲突会破坏学习过程。

如表 1-1 所示，这种教学体系也创造了一种课堂文化和氛围，从而传递以下理念和行为。

表 1-1 传统教师的理念与表现

理念	教师就会这样做（认为）
可以使他人作出改变	无法让他人实现改变就是教师的失职
如果别人不按照我们的想法去做，那就要强制他们去做	他们越是不服从，就会受到越多的外部压力，这是合情合理的
当我们成功使别人守规矩时，这就是我们所展现出的权威	权威源于压迫别人
如果不能让别人服从，那就是他或（和）她的错	如果别人不按照我们的方式行事，他们就是懒惰的坏孩子，就应该吃点苦头

续表

理念	教师就会这样做（认为）
如果别人能够按照我们说的话作出改变，我们就会感到开心和平静	我们责备别人是合情合理的，我们之所以责备他们，是因为他们做了令我们生气的事
必须要让孩子们吃一些苦，才能让他们学会面向未来的良好行为规范	回应挫折的办法就是要以牙还牙
冲突不是什么好事，可能制造分裂，因此必须消除冲突	如果你做得足够好，那你就不会发生冲突
恐惧是学习的最佳动力	恐惧比关爱更加强大

智慧自律

智慧自律是建立在三个完全不同的前提上的：

1. 自我控制和自我转变是可能的，并且对他人具有深刻的影响；
2. 良好的交往可以指导我们的行为；
3. 冲突是教育的机会。

现实中的智慧自律必须首先完成教师的自我转变，并且通过自律为他人作出表率，这样可以创造良好的课堂气氛和课堂文化，从而传递表1-2中的下列理念与行为。

表1-2 智慧自律教师的理念与表现

理念	教师会这样做（认为）
自我转变是可能的	是否作出转变完全取决于我们自己
我们可以控制自己	我们能够成为自己期待的样子
选择自律而不是企图控制别人，这样让我们更有力量	权威源自内心
遇到挫折时，想办法解决问题	我们对自己的感情和行为负责。我们的选择会影响他人
我们必须要教授儿童正确的行为规范	我们需要教会别人如何对待我们，而不能想当然地认为他们天生就知道
冲突是生活中不可缺少的元素	冲突和犯错让我们有机会学会欠缺的技能，解放我们受限的思想
关爱是学习和成长最好的动力	关爱远比恐惧更加强大，合作比压迫更加有效，同情心比竞争更有推动力

现在，我们可以将两个系统放到一起对比一下（见表1-3）。

表1-3 传统管教和智慧自律的教育方式对比

维度	传统管教的服从模型	智慧自律的社会模型
动机	奖励和惩罚	情感联结和贡献
目标	服从	解决问题
基础	规则	社会
权力	外部控制	内部自律
技能	结果	智慧自律的7个技能
理念	拒绝	接受

哪种模式更符合你个人的理念呢？哪种模式更符合你的学校理念？

智慧自律建立在大脑状态模型的基础上，这使我们能够从以管理他人为核心的教育体系转变成以安全感、情感联结和解决问题为基础的学习文化。智慧自律是围绕着具有自觉意识的成人（智慧成人）的七大力量而构建的，帮助他们管理自己的内在状态（安全感），建立学校大家庭，从而利用情感上的联结促进合作和大脑发育（情感联结）。智慧自律的7个技能使成人能够有策略地传授儿童如何自我调节和解决问题。

1. 大脑状态模型（The Brain State Model） 利用神经发育模型帮助我们首先专注内在状态，其次是行为。通过解决支配行为的内心世界中的各种问题，成人和儿童都能够学会自我调节（self-regulate），并且培养出强大的执行能力，从而解决问题和实现自己的目标。

2. 智慧成人的七大力量让有意识、有能力自我调节的成人取得更大的成就。"有意识"（conscious）是一种对当下积极的、开放的关注。如果没有自觉意识，要想改变旧有的、受约束的教育方式，建立新的、高效的教育方式将会十分困难。自我调节和将冲突视作教育机会是建立课堂安全感的基础。

3. 学校大家庭（The School Family）是对教育部门（如学校）的一个全新的、贴切的比喻。以前，我们总是习惯性地把课堂和学校比作工厂。工厂的目标是通过实行奖惩措施生产标准化的产品。研究和经验证明，要想建立一种成功的并且让所有学生有安全感的教育体系，我们需要重塑这一比喻。学校大家庭以健康的家庭模式为基础，目标是为所有成员提供最佳的成长空间。学校大家庭可以建立人们之间的情感联结，从而培养下列品质：

- 通过人际双向的调节技能控制冲动；
- 通过营造归属感提高合作和学习的意愿；
- 通过榜样作用，提供脚手架和直接指导，提高执行能力。

教师和学生通过一些常规教育、仪式和课堂结构建立学校大家庭，提供最利于个人成长和学习的安全感和情感联结。

4. 智慧自律的 7 个技能提供了一整套解决方法，帮助教师将日常的纪律问题转变为教育机会。我们可以利用这些机会教孩子们掌握各种必要的社会情感和沟通技能，从而使他们能够自我管理、解决冲突和发展亲社会行为。这 7 个技能是课堂上培养解决问题能力的基础（见图 1-4）。

图 1-4 智慧自律的 7 个技能

智慧自律的有效性

我的职业生涯一直致力于将生活经验和各个学科的研究结果进行整合，使智慧自律更加高效和易于使用。近期的多个大规模研究已经表明，我对智慧自律的许多认知都是正确的：简言之，它是卓有成效的。评估智慧自律有效性的研究分别对使用智慧自律和未使用智慧自律的课堂活动进行了对比，结果表明智慧自律可实现下列效果：

- 改善师生之间的互动；
- 改善学生的社会性和情绪性行为；
- 减少课堂中的攻击性行为；
- 提高学生的学习成绩；
- 提高学生的学习意愿；
- 减少儿童的冲动行为和过激行为；
- 改善教师的社会性和情绪性行为；
- 改善组织氛围；
- 改善课堂和学校氛围；
- 增强家庭教育的效果。

（Barfield & Gaskill, 2005; Hoffman, Hutchinson, & Reiss, 2005; Hoffman, Hutchinson, & Reiss, 2009; Rain, 2014）

研究表明，在实施了智慧自律的学校的学生家长，也认为学校的氛围比较积极；在未实施智慧自律的学校，学生家长则没有这种反馈。这表示，在学校范围内实施智慧自律有助于创造积极的学校氛围（Rain, 2014）。

相比于未使用智慧自律的教师，使用了智慧自律的教师报告称其教授的学生表现出更好的社会技能行为（见图 1-5）。

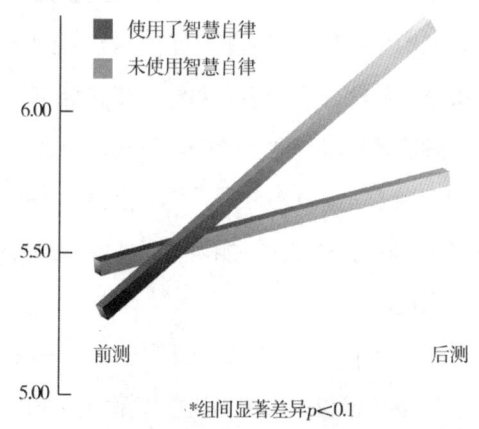

图 1-5 智慧自律对儿童社会技能行为的影响

如何使用本书

在自律实践过程中,我们都曾经历过一些挫折:被轻视、被羞辱或被拒绝。虽然我们都曾发誓绝不这样对待他人,但在经受困难时,我们仍会这样。本书旨在促进和实现转变。转变是一个长期的过程,一旦你接受转变,它将会改变你的生活方式、教育子女的方式以及教学的方式。

本书第一部分的前3章为您的转变过程提供了基础,对智慧自律的简要概述主要讨论了与管教相关的传统观念,为我们指明了光明前景的新信息。大脑状态模型(第2章)解释了大脑与不良行为之间的关系;从奖惩措施转变为建立在安全感、情感联结和解决问题基础之上的校园氛围为什么对于取得学业成就是不可或缺的;学校大家庭(第3章)解释了不同的学校文化是如何阻碍或者促进最佳学习效果实现的。

其他7章则分为第二~四部分,每一部分都提出了一个从智慧自律大脑状态模型衍生出的最重要的发展需求,分别是**安全感**、**情感联结**和**解决问题**。

第二~四部分的每一章均聚焦于:儿童教育的一种技能、智慧成人的一种力量、当前的大脑信息,以及如何构建学校大家庭。

建立安全感——通过镇定和明确而坚定的技能

本书这一部分主要阐述了创建安全的课堂和学校环境。在智慧自律的大脑状态模型中,安全感可以满足生存模式的大脑发育需求。这是一切其他事物的基础。

首字母缩写N.A.R.C.S.可以帮助我们记住通过安全感缓解生存模式压力所需的各种方法组合。这些方法包括:观察(Noticing)、明确而坚定(Assertiveness)、常规教育(Routines)、镇定(Composure)和充满安全感(Safety)的语言。我们应该让儿童在这种伴随他们一生的技能中找到安全感,否则他们会逐渐找到其他外部宽慰方式,如各种瘾癖、毒品和酒精。因此,我们用N.A.R.C.S.这一组首字母缩写指代这些方法,并将其命名为"警察"技能。你可以在本书第一部分中学习这些技能。

成人是否有能力把控和调节自身的不适是建立安全感的核心。对于儿童而言，失控的成人始终是一个威胁。我们不应再因为儿童惹我们生气而责备他们。如果我们自己在不适时行为失控，那我们如何要求儿童具备自我控制或彬彬有礼的沟通技能？安全感要求我们了解自己的内部状态，并且为我们的想法、感受和行为承担责任。安全感不是要控制别人的行为，而是要有效地调节自己。镇定和明确而坚定的技能可以让我们保持冷静并且专注于我们希望儿童能够做到的事情，从而有助于在课堂上建立一种安全感。

镇定的技能——关注的力量

通过关注（Attention）的力量，我们可以运用并拓展镇定（Composure）的技能。这提醒我们，我们可以选择看待各种事件的方式。将儿童的行为看作寻求帮助或者不礼貌，这两种不同的看法会帮助或者阻碍我们沉着应对。如果我们选择将其看作"儿童需要帮助"，那么镇定则可以让我们利用大脑的高级神经中枢作出明智的应对。这样也可以让孩子们认识到，这种令人不悦的、故意的或者冒犯性的行为不会对我们产生任何影响。我们可以保持足够的冷静，关注我们真正看重的东西。

> 智慧自律为我们提供了一条智慧的途径，从而做到良好的自律并且实现我们的目标。当我们发现自己偏离了轨道，它可以让我们清醒地认识到我们已经走错了方向。然后，我们可以从中学到相应的技能，重拾专注，回到我们的正确之路并实现预期的目标。

明确而坚定的技能——认知的力量

通过认知（Perception）的力量，我们可以获取、拓展和利用明确而坚定（Assertiveness）的技能。明确而坚定是一个中介，通过它我们可以教会学生如何尊重他人；通过这种能力，我们可以设定一些行为边界，从而教会他人应该如何对待我们自己。明确而坚定是设定行为边界、实现目标和解决问题所需的基本技能。它指毫不含糊、明确地应对当前的状况、确信并且全神贯注于我们希望孩子们做到的那些事情。对希望儿童掌握的技能的认知可以帮助大脑取得成功，有利于教师鼓励儿童逐步实现目标。

建立情感联结——通过鼓励、选择和共情的技能

这一部分主要讨论了情感联结和归属感。情感联结可以引导大脑中的信息流动——健康的情感联结能够帮助我们解决问题并不断进步，而不健康的情感联结则会让我们为了维持安全感而采取防御性的生存技能。人类与社会的联系密不可分，我们的社会性大脑可以通过我们的社交关系而不断进步。建立人际关系就是建立神经连接，情感联结可以满足智慧自律大脑状态模型中情感状态的发展需求。

首字母缩写 R.E.J.E.C.T. 可以帮助我们记住满足儿童归属感需求所需要的方法组合。这些方法包括：仪式（Rituals）、鼓励（Encouragement）、工作（Jobs）、共情（Empathy）、选择（Choices）和学校大家庭（The School Family）。在没有情感联结的情形下，儿童通常会感到被他人排斥，因此我们用 R.E.J.E.C.T. 这一组首字母缩写指代这些策略，并将其命名为"心理师"技能。

为了保障大脑的最优发育，我们应该建立彼此关心、充满友爱的课堂氛围，使身处其中的儿童更加关心自己和他人，学校大家庭是这种友爱和奉献精神的最终表现方式。鼓励、选择和共情可以帮助我们在课堂上建立同情心和情感联结，使每个人更加乐于互相帮助，从而取得成功。"心理师"技能见本书第二部分相应的内容。

鼓励的技能——凝聚的力量

镇定可以让我们调节自己的情绪，更加坚定地专注于我们期望的目标。这种专注使我们可以无限制地使用鼓励（Encouragement）的技能和凝聚（Unity）的力量。凝聚让我们同心、同德、同策、同力，为彼此送上真挚的鼓励。只有认识到我们所有人都密不可分，才能让我们相互鼓励，建立亲密友爱的学校大家庭。我们深刻地认识到"赠人玫瑰，手有余香"。

当我们给予儿童鼓励时，我们也在鼓励自己。当我们给予儿童打击时，我们也在打击自己。打击产生的根本原因在于我们过于关注自己不想要的事物。如果我们试图通过诱导或威胁儿童，我们也在控制我们自己。鼓励的技能可以激发儿童的积极性，使他们每一刻都展现出最好的自己。

选择的技能——自主的力量

无论我们如何鼓励他人或我们自己，我们都有自由去选择接受或拒绝他人所提供的指引。通过自主（Free Will）的力量，我们可以认识和使用选择（Choices）的技能。生活是由一系列的选择组成的。去工作、胡言乱语或者吃更多的蔬菜，这都是我们的选择。当儿童选择服从我们的指令时，我们应尊重和鼓励他们使用自主的力量，这样所有人都会受益。如果我们依然尝试用各种方法迫使他们完成作业或其他琐事，控制就会取代选择，而且我们对自主的看法也会扭曲。选择的技能可以帮助儿童选择遵从和促进他们专注于手头工作的能力。

共情的技能——接纳的力量

当儿童拒绝接受我们的指导并且作出不好的选择时，我们要做的是帮助他们接受因为自己的选择应承担的个人责任。通过接纳（Acceptance）的力量，我们可以摒除对生活的偏见（即我们认为其他人应该如何去思考、感受和行事），掌握共情（Empathy）的技能。

只有放松地面对当前的状况，我们才能让儿童真正地做回他们自己，而我们则可以从他们的角度思考问题，加入他们，并且做他们的一面镜子，从而使他们能够透彻地领悟。这有助于让他们自在地改变认知、放下评判、把控自己的感受，通过反思而非责备他人的方式承担起自己的行为责任。共情技能可以帮助儿童管理自己的情绪，而不是任由其宣泄，有助于儿童为自己的选择承担责任。

提高解决问题的能力——通过积极意图和行为结果

这一部分讨论了解决问题的技能。您将学会如何教育欺凌者和被欺凌者，利用冲突教会他们生活技能，并且自信地解决日常生活中的各种问题。在一个社会化的场景下，解决问题可以满足智慧自律大脑状态模型中综合执行状态的发展需求。这部分的各种方法提供了一个健康的空间，让我们尽情发挥，我们用一组首字母缩写 S.P.A.C.E. 指代这些方法，并将其命名为"建筑师"技能。这些方法包括：解决问题（Solutions）、积极意图（Positive intent）、教学资源整合（Academic integration）、行为结果（Consequences）和执行技能（Executive skills）。

只有我们营造出可以切实感受到的**安全感**，并且通过亲密友爱的学校大家庭提高人与人之间的**情感联结**，才能掌握**解决问题**的能力。我们中的大多数人都会试图在学校场景中使用一些无效的冲突解决机制，这些机制实际上会妨碍问题的解决，或者我们会要求处于生存状态和情绪化状态的儿童在没有进入更高级大脑状态的情况下解决各种冲突。在不具有自我控制能力（安全感）和意愿（情感联结）的情况下，我们只会困在问题中而不能自拔（谁先动手对谁做了什么，是谁的过错，怎样才是公平的）。

孩子们在成长过程中会尝试各种可能的方法，使世界按照他们的想法运行。在这一过程中，成人的职责是接受现实并且明智地应对，如果他们仍然希望按照自己的想法塑造这个世界，那么冲突将成为常态，而解决问题则变成例外。

本书这一部分传授了接受当下的思维模式，人们应看到各种状况下的积极一面并且专注于解决问题，而非专门挑剔别人的错误。积极意图和结果将帮助我们实现这一目标。

积极意图的技能——关爱的力量

在关爱（Love）的力量中，我们应该通过积极意图（Positive Intent）尽量看到他人积极的一面。我们对他人意图的认知完全是主观的。如果一个孩子推了另一个孩子，我们会凭空想象冒犯者的意图："他是否对他人过于刻薄，是否为了博得成人的注意，或者是否只是为了得到被冒犯者手中的笔？"我们对这些其实是一无所知的。但是，我们可以选择如何猜测冒犯者的意图。关爱的力量则要求我们保持信心，并且积极地看待别人的意图。当我们这样对待孩子们时，我们相信他们的内心是善良的，只是他们的行为需要纠正。我们可以保持内心平静，这有助于我们理智地应对这些情况。如果我们消极地猜测他人的意图，我们会传递出一种信息："你就是这样的人，你是坏孩子。"消极地看待别人的意图会让我们进入大脑的低级神经中枢，并且作出机械式的反应。积极意图能够让我们有意识地将侵略性的行为转变为生活技能，从而遏制校园欺凌行为的发生。积极意图还能帮助我们沉着应对，让我们充分利用前述章节中所学到的各种技能。

行为结果的技能——动念的力量

行为结果（Consequences）是本文所涉及的最后一项技能，这并不是因为它不重要，而是因为我们需要掌握前六种技能才能有效地利用行为结果。利用动念（Intention）的力量和行为结果技能，我们可以通过自我意识帮助儿童为自己的选择承担相应的责任。行为结果时时刻刻都在发生，经常被曲解，并与惩罚混为一谈。行为结果并不是指成人凭空想象出某种结果，并用它来惩罚犯了错误的儿童。每个选择都有其必然的结果，但是我们通常并不能意识到这些结果，或者我们仅仅通过责备和借口将其掩盖了。要想让行为结果产生效果，我们必须真正地控制自己的情感，反思我们的选择（而不是责备他人），并且认识到它们的影响（而不是单纯评判自己和他人很糟糕）。

许多指导与纪律相关的课程都大量讨论了结果相关的议题。随着教师们深入地学习智慧自律，他们会问："难道孩子从不知道结果是什么吗？"答案绝对为："是的。"智慧自律帮助教师建立良好的课堂文化并且掌握七大技能，这对于成功解决各种冲突和产生有效的结果是必不可少的。

> 智慧自律蕴含的各种力量和技能就像是在我们面前打开了一个万能工具箱，指引着我的工作。使用这些力量和技能的过程中，它们融入了我的身体，而不仅仅是学到了知识。生活就是一种选择，我们应该决定我们希望成为什么样子的人。
>
> ——珍妮，蒙大拿州比林斯市公立学校一年级教师

我们都曾经历过各种各样的困境，有时能够明智地应对，但有时也会犯糊涂。智慧自律的各种力量和技能可以帮助我们提升技能，并有意识地认识到我们的哪些行为是有害无益的，因此我们能够更加聪明地应对。智慧自律中的"智慧"部分能够帮助我们认识到哪些是无效的选择，而"自律"部分则为我们提供了各种技能，从而有效地实现我们的最高价值并达到预期的目标。如果我们想要孩子们从错误中吸取教训，并且在未来作出不同的选择，我们必须创造能够支持这一目标的内部条件和外部条件。图1-6显示了7个技能的协同关系，以及如何组合及运用这些技能应对生活中的各种事件。

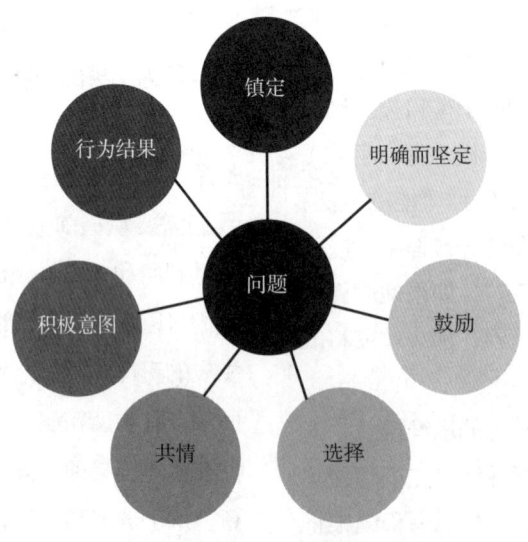

图1-6　智慧自律7个技能的协同关系

运用这些力量和技能的老师们会创造出一种示范最理想的理念和亲社会技能的班级氛围，这是一个自发的过程。随着教师有意识地认识到自身的意图，改变自身对于课堂冲突的看法和反应，学生也会相应地改变。我们的课堂将变成一个生动活泼的集体，彼此健康地交往，无须再刻意为人格教育、预防校园欺凌或培养社交技能开设单独的课程。智慧自律会由内而外地改变我们。

成功的校园暴力预防课程、校园安全课程、人格教育课程和解决冲突的课程并不是独立存在的，它们都属于同一种思维模式。这要求我们实现自我情绪调节和具备相应的社会情感能力，彼此信任，建立良好的人际关系，明确行为的红线，并且以恰当的方式提供和寻求帮助，建设性地解决日常的问题。智慧自律最终将所有这些因素融入现有的教学课程中。这不仅仅是买一送一，因为你得到的远不止两者，而是得到了全部！

"善意传递"的转变

智慧自律是一种转变，与传统的改变（traditional change）或迁移式的改变（transitional change）存在极大的差别。传统的改变要求我们更好地掌握某种技能，变得更快、更高效。迁移式的改变要求我们放弃某种技能并学习另一种技能。而转变（transformational change）则要求我们改变我们的思维模式和各种组合技能。为了实现这一点，我们必须专注于这一过程，允许自己犯错并从容应对。这一过程需要极大的耐心和宽容，但是这种坚持所得到的回报将会改变我们的一生，并将影响我们的下一代。

本书将通过在您的生活、课堂和学校中的直接应用促进这些转变，请阅读本书第1~3章；建立或改变一个习惯需要21天的持续努力和实践，因此第4~10章您只能每月阅读和实施一个技能章节；如果每月一章的进度有效，您可按照自己的进度安排实施，例如，您可以按照每月一章的进度实施第4~7章，然后用三个月的时间完整地实施第8章。在这一过程中，请不要对自己过于苛刻，您需要不断思考和实施各种常规教育、仪式和课堂活动，这有助于您掌握每个章节的技能和力量。

考虑到教师、管理者和照顾者工作有着极高的内在要求，智慧自律利用"善意传递"（pay it forward）的模型帮助您实现转变。该模型的目标是，先通过具有丰富培训经验和热情并且已经在课堂活动中完整实施智慧自律课程的教师树立模范课堂；再由这些教师通过与实践相结合的培训活动帮助校内其他感兴趣的教师，从而实现课程的传递。当一所学校在全校范围内实施智慧自律后，校方可作为一个示范点供其他管理者和教育从业者学习。通过这样的传递活动可以确保最大程度的灵活性，保证转变持续地进行，并且为个人和专业成长提供持续的动力。学习一种技能的最佳方式是将其传授给他人，提供帮助的人会产生一种满足感和自我价值，这是许多其他努力不能比拟的。

尽管智慧自律是建立在共同学习的善意传递模型基础上，但其仍然是一个自我主导的过程。您可以独自学习本书的内容，也可以和同事、团队乃至全体教职员工一同实施。如果您选择单独进行，则可能会需要您的配偶、子女、兄弟姐妹或朋友的帮助才能完成某些角色扮演活动。他们会很乐于参与进来并看到您的成长。

随着您对本书的学习和认识的不断深入，您将感受到深刻的变化。这些变化将体现在您的校内生活和校外生活中。这是一种奇妙的、充满力量的感觉，尽管改变通常都会伴随某种程度的焦虑。旧的技能退却，取而代之的新技能令人振奋不已。请深呼吸，然后继续您的旅程。当您努力掌握一项技能时，其他方面的课堂活动仍可按部就班地进行。每个月您都会作出一些微小却意义深刻的改变。一年后，您将会思考如何改进您的课堂活动，迎接新的一年。在来年继续实施智慧自律，并享受不断的成长。鉴于这种转变的本质，智慧自律需要三年时间才能自然地融入您的生活并逐渐完善。请对自己多一些耐心，并且享受这一过程。一段快乐的旅程，结局一定也是快乐的。

第一年是"做加法"（add on）的一年。你可以利用您一直在使用的管教方法，并在此基础上增加一些您感觉已经得心应手的新技能、常规教育、仪式和课堂活动。智慧自律使用内在的技能取代了外部行为记录表。只有提升了各种技能才可以摒弃这些行为或失效的系统。

第二年是"做减法"（let go）的一年。随着您对这些技能组合的运用越来越得心应手，您会发现外部控制和有形的强化措施已经没有存在的必要。一名教师曾经拿着一个记事板在教室中走来走去，记录学生那些不当的行为。通过第二年的智慧自律课程学习，她问班上的学生如何能够帮助他们，学生们异口同声地要求她放下那个记事板。她兴奋地发邮件给我说，"我已经两周时间没有再用记事板了，太棒了！"在第二年，随着您逐渐发现已经不再需要那些老办法，您大可以让它们自然而然地消失。

第三年是"整合"（integration）的一年。随着您对智慧自律的运用愈发熟练，学校大家庭的各项常规教育、仪式和课堂活动越来越成熟，您会创造出各种方式将智慧自律的内容整合到现有的课程中。在第三年，您的教学和社交课程便能无缝衔接到一起。

一、二、三，开始！

教师最大的恐惧不是碌碌无为，而是我们的价值和力量无法估量。现在是时候放下恐惧，成为最好的自己。要想到达成功的彼岸，万不可迷恋于最终的结果。相反，应享受个人成长的过程。有一则寓言非常恰当地诠释了这一点：

一个年轻人离开家乡不远万里向一名圣人求教。他问："我需要多长时间才能像您一样睿智？"圣人答："5年。"年轻人回应道："那确实是很长时间。如果我加倍努力呢？"圣人答："10年。""太疯狂了，"年轻人大声说，"那如果我整天整夜学习呢？"圣人平静地说："那样就要15年了。""我不明白，"年轻人继续说，"我每次说要更加努力实现我的目标，您都会说需要更多的时间。为什么呢？""答案很简单，"圣人解释道，"如果你用一只眼睛盯住目标，你就只能用一只眼看到前方的路。"

请享受这一过程，放松心情拥抱改变，放弃那些旧观念，并且接受新的想法。您需要多加练习，对自己作出承诺，并遵守你的诺言。只要使用这些技能勤加练习，你必定能够成功！

（智慧自律小结见表1-4）

表 1-4 智慧自律小结

对应章节	技能	力量	"大脑聪明"教学时刻	学校大家庭	关键词
4	镇定 成功你希望他人变成的样子	认知 除非你允许，没有人能够使你生气	镇定能够让你使用大脑的高级中枢	亲友板、安全角、"大脑聪明"教学时刻、"安全守护者"仪式、问候/再见仪式	• "微笑星"[S.T.A.R.-微笑（S）、深呼吸（T）、停顿（A）、放松（R）]！ • 我很安全，保持呼吸。我能应对。 • 你的手臂就像这样（模仿）。
5	明确而坚定 大声地说"不"：礼貌地说出你能容忍的限度	关注 关注越多，得到越多	关注支配着神经可塑性和所有学习活动	常规教育画册、班级手册、"时光机"、冲突后和好的仪式	• 我要＿＿＿＿＿。 • 你要＿＿吗？ • 名字、动词、明确而坚定的指令。
6	鼓励 创建学校大家庭	凝聚 我们同舟共济	鼓励、情感联结和归属感帮助大脑获得更高的意愿、参与度和学业成功	互动仪式、互助板或互助册、工作板	• 你做得很好！你做得很好！ • 你＿＿＿＿＿，所以＿＿＿＿＿，你很乐于助人。
7	选择 建立自尊和意志力	自主 你唯一能够改变的是你自己	发自内心并目没有强迫的选择可以提高目标实现和自我约束	班规板、行为图	• 你可以选择！＿＿＿＿＿或者＿＿＿＿＿，哪一个更好？
8	共情 教育儿童管理自己的情绪	接纳 接受现实，一切都是最好的安排	共情可以改善大脑，融合个人责任和自我情绪调节	关爱中心	• D＝你的脸就像这样（模仿）。 • N＝你看上去＿＿＿＿＿。 • A＝你想要＿＿＿＿＿还是＿＿＿＿＿。
9	积极意图 为叛逆型、封闭型和攻击型的儿童营造积极的教学情境	关爱 看到彼此最好的一面	乐观的心态有助于激素的分泌，从而提高信任感、安全感和道德行为	庆祝中心、学校大家庭全体成员大会、祝福	• 你想要＿＿＿＿＿（还是＿＿＿＿＿），你不可以＿＿＿＿＿。 • 当你忙＿＿＿＿＿时，你可以说＿＿＿＿＿或者也可以＿＿＿＿＿。你可以现在试着练习一下。
10	行为结果 帮助儿童从错误中吸取教训	动念 矛盾和冲突是教育的契机	大脑在受到威胁时会以不同的方式运作	"时光机"、班会、班会仪式	• 你喜欢这样吗？ • 你是要帮忙还是捣乱？ • 选择权在你，你可以选择＿＿＿＿＿和＿＿＿＿＿，会怎样？ • 如果你再＿＿＿＿＿，我认为你要＿＿＿＿＿或者＿＿＿＿＿。 • 通过你的行为，我认为你选择＿＿＿＿＿。

Chapter 2

第 2 章
智慧自律的大脑状态模型

BRAIN STATE MODEL

1

为何使用大脑状态模型？

> 强调外部控制的行为管理体系永远不可能发展出深刻的价值观和内在控制力。
>
> ——彼得·大卫·朱克曼
> （Peter David Giuckman）爵士

在纽约组织一次工作坊时，我使用了我的"问候围裙"对参加工作坊的人表示欢迎。围裙上印着四幅图画，分别是一条鱼、一只臭鼬、一只蝴蝶和一个笑脸。每幅图画都代表了一个独特的握手方式。我问每一个人："你今天早上想要以哪种方式互致问候，鱼、臭鼬、蝴蝶，还是笑脸？"问候进行到一半的时候，一位女性直勾勾地看着我说："我希望你走开，这样我可以去取一点咖啡！"

在那一瞬间，这位在压力下心力交瘁的参与者显露出了真实的一面：我们的内在状态支配着我们的外部行为。当我们心情平和并且心存感激时，我们更容易容忍其他车辆在高速公路上并道超车，对杂货店里那个拿着15件货品却在"10件货品以下"快速结账口排队的女士视而不见。但是，如果我们感到烦扰、挫败或不知所措时，我们会紧跟着前面的车辆，任何人都别想并道超车，或者很冷漠地清点其他人购物车中的货品，确定他们是否有资格在快速结账口排队。**内在状态决定了行为！但是，当我们教育孩子的时候，我们过去始终聚焦于表面行为**（常常抱着制止某些行为的目的）。

请你想象一座冰山，水面下的部分远远大于显露在外的部分。行为就是我们能够看到的冰山露出水面的一角。水面下的不可见的部分就是我们的内在状态，它是由我们对于世界和自我的有意识的和无意识的认知所构成的。致使泰坦尼克号沉没的绝不是冰山露出来的尖角，而是它隐匿在水面以下的庞大身躯。教育必须始于隐藏在行为表面下的内在状态。成人和儿童必须学会管理他们的内在状态，而不是通过喋喋不休地唠叨或是发怒的方式宣泄出来。智慧自律的大脑状态模型是一个结构简单的分层模型，为刻画内在状态和外部行为之间的关系提供了一种直观的方法。它可以帮助我们理解驱动各种行为的内在状态，因此我们能够首先有效地处理这些行为背后的驱动因素，然后再传授新的技能。这一模式可帮助我们实现4个核心目标：

1. 在与儿童互动的过程中保持轻松、警觉的状态；
2. 识别儿童当前的内在状态，从而了解什么样的应对方法将更有益；
3. 在我们教给儿童一个新技能，或告诉他们结果前，我们必须协助儿童进入一种轻松的、警觉的学习状态；
4. 通过教授有效的新技能解决行为问题。

所有行为都是一种沟通方式。我们可以识别并且按照这种方式与婴儿沟通。我们听到婴儿的哭声便会认识到他在表达一种痛苦。哭声传递出一种信息，即婴儿需要更换尿片或喂食。当我们通过满足婴儿的需求来抚慰他们的内在后，哭声会转成开心的互动。对于我们中的大多数人而言，把婴儿的行为看作一种沟通方式是很简单的。真正的困难在于，我们是否能在儿童成长后仍然坚持这种看法。随着儿童年龄的增长，我们通常会将其看作不听话、不尊重他人或挑战父母权威。随着我们看法的转变，我们的意图也在改变。我们不再尝试辨别行为背后所传递的信息，而是变成制止这些行为。当我们耗费大量心力去制止这些行为时，我们对儿童未得到满足的需求和缺失的技能视而不见，这甚至可能会导致某些极端的结果，如欺凌、自杀等事件。零容忍和排斥策略（如停课和开除）只会简单地掩盖问题，让问题变得更复杂或将其推给别人。如果能够欣然接受不当行为背后所传递的重要信息，我们就能够做得更好，从而将一种无法接受的沟通方式转变成可接受的、安全的和健康的沟通方式。请阅读表 2-1 中的示例。你认为哪个观点更有道理？

表 2-1 成人不同反应背后的信息

儿童的行为	儿童传递的信息	成人的反应	成人传递的信息
一个儿童抢了另一个儿童的玩具	我想玩这个玩具	"抢别人的玩具不好。"	你想要别人的玩具，这样不好
		"不要毛手毛脚，动作轻点。"	温柔地拿走玩具
		"你知道抢玩具的规矩。把你的表现卡翻成红色，你课间不能休息。"	想要得到玩具是一种会被惩罚的行为
		"你想玩这个玩具。当你想玩的时候，可以说'给我玩一下，好吗？'"	你想要玩这个玩具。可以说："让我玩一下这个玩具，好吗？"这种满足自己需求的方式是可以接受的

内在状态 VS. 行为

当试图阻止儿童的某种行为时（并最终失败时），成人应认真反省你花费的时间和你感受到的挫折感。所有冲突都起源于内心情绪的混乱。我们要做的首先是应对这种情绪上的混乱，然后才是通过引导而非制止的方式解决行为问题。

消极的内在状态就像森林里的一个小淘气鬼，总是四处点火。教师整天四处奔走灭火，从开始的"冷静！"逐步演变到最后的"坐下！"如果我们教会这个小淘气鬼种树而不是放火，那会怎样？本质上来说，这就相当于我们的重点从试图制止或以其他方式控制儿童的行为（灭火）转变为教会他们自我情绪调节的新技能（种树）。

如前文所述，几乎每个人都认识到婴儿的哭声是某种形式的沟通。悲伤的外部表现或许随着儿童年龄的变化而变化，但悲伤的行为始终是一种沟通的形式。我们似乎随着儿童的成长已经忘记了这个基本的事实。儿童的大脑发育是按照一种全面且分层的方式进行的。

一个 3 岁的幼儿摔倒在地板上时，会因为摔倒而感到沮丧，从而大声哭喊和吵着要饼干。我们可以通过吓唬的方式制止他的哭闹，也可以用其他物品分散他的注意力，或者帮助他应对因未能如愿而产生的挫折感。

一个 4 岁的儿童可能会大叫："我讨厌你！"表达她想要饼干却未得到满足而产生的挫折感。我们可以忽略掉这些信息而单纯地回应："乖，我爱你。"或者在这种行为上再加上一层愧疚："你这样说会让妈妈好伤心。"或者把这些伤人的话看作她在表达自己的挫折感："你很生气。要等到晚饭时才能吃到饼干，这样等待的确不好受。跟我一起深呼吸，你可以做到的。"

一个 9 岁的儿童可能会就晚餐前吃饼干的优缺点和你争论。我们可以加入这场争论，并试图赢得这场权力的斗争，或者放弃自己的立场从而避免冲突，或者选择坚守我们设定的行为界限的同时帮助儿童应对挫折感。成人可以这样回应："你看起来很不乐意等到晚餐时间。等待的确很难受。但是你可以处理好这种感受。深呼吸，然后摆放桌椅。你可以选择接下来摆放杯子或者餐巾纸。你觉得哪个更好？"

随着儿童年龄的增长，他们的行为会从哭闹转变成伤人行为，再演变成为争吵。此时，请深呼吸，然后反省自己的教育方式。一般来说，可以问自己两个问题：你的回应是否能够帮助孩子处理冲突的缘由——心理问题（挫折感、失望、愤怒）？你需要花多长时间才能熄灭怒火，而不再企图制止孩子的行为？

"强调外部控制的行为管理体系永远不会建立深刻的价值和内在控制力。"（Gluckman & Hanson, 2006）如前文的示例，当我们专注于儿童的行为而不是帮助他们管理自己的内在状态时，这无异于扑灭了大火但留下了星星点点的火种。当我们能够调节我们的心态并且教会儿童管理他们的内在状态时，那么我们遇到不愉快的事件时便可以按下"暂停键"，让自我调节机制发挥作用，从而转变我们的应对行为。我们（成人和儿童均是如此）可以选择最明智的方式应对当前的形势。

跨学科的综合性方案

智慧自律利用一个多学科综合性的大脑模型实现自律教育。这远不止于行为方案，该行为方案在众多心理学者、脑神经学者（Bruce Perry, Daniel Siegel, Allan Schore, Louis Cozolino, Joseph LeDoux, Paul MacLean 和 Alexander Luria）的研究工作基础上，建立起一个大脑神经发育模型，并通过提供该模型消除和强化某些特定的行为。智慧自律的大脑状态模型是一个整体性的框架，旨在帮助我们理解有助于产生特定行为的心理、大脑和身体的内在状态。一旦理解了它们之间的关系，我们便能够帮助儿童从混乱的状态转向有助于实现长期行为转变的状态。这样，我们便可以有效地培养儿童的自我调节能力，并教会他们新的技能。

智慧自律这一综合性的方案可以帮助我们理解各种行为背后隐含的内在状态的原因和机制。这种认知可以引导我们管理自身的内在状态，以及对儿童内在状态问题所作出的反应，因此我们可以教给孩子适当的社交技能和冲突解决策略。这使我们可以在心烦意乱时维持联结感，从而增进人与人之间的关系，不会因为不断的冲突而破坏人际关系。想象一下，您可以管理好自己的负面情绪，在儿童出现不当行为时仍和他们保持一定的亲近感，然后将这些困难的时刻变成我们每一个参与其中的人的一次人生课程。智慧自律让这一切成为可能。

心理状态

我妈妈常常对我说："贝基，你的情绪已经失控了。现在你要怎么控制它？"我觉得她简直是疯了。在我看来，我内心的苦恼根本与我无关，完全是因为她不让我的好朋友留下来过夜造成的。解决的方法很简单——妈妈只要说"好吧"而不是"不行"，这样我的好朋友就可以留下来过夜，我的心情也转怒为喜，一切迎刃而解！作为一个年仅10岁的小姑娘，我从未想过我能够成功地控制自己的内在状态。我觉得我的生气完全是合情合理的。既然妈妈让我很生气，她就应该为此付出代价！我记得当时气得吹胡子瞪眼。但妈妈对此并不在意，这使我怒不可遏。她居然漠视她带给我的痛苦？如果她爱我，她就应该让我的好朋友留下来过夜，让一切烦恼一扫而光！多年后我才真正明白，**管理自己情绪的责任在我自己**。每次妈妈拒绝接受我因心烦而对她的责备，都是在富有爱心地教导我这样一门课：通过认知、调节自己的情绪，我就能够改变自己的内在状态。谢谢你，妈妈。

许多研究者对此进行了研究并清晰地阐释了与压力、恐惧和无助感相关的心理状态（LeDoux, 1996; McEwen, 2001; Sapolsky, 1998; Siegel, 2010）。我们很多人都能够理解生理上的状态和行为的关系：饿了就吃饭，渴了就喝水。但是，大多数人并未意识到情绪状态如何支配我们对事情的认知、回应儿童的方式，以及他们对此作出的反应。智慧自律的大脑状态模型能够有意识地指导我们采取切实可行的干预方法，它并不是要将教育者变成神经科学家或治疗师，而是帮助教师认识到应该采取哪些教育策略才能有效地帮助儿童实现从混乱的内在状态向有序的、可调节的内在状态转变和成长，从而使儿童能够明智地解决各种问题。（我们通常将这种从无序到有序的转变称为"自我调节"或"自我控制"。）这一过程要求成人先提供大量的辅导，但最终目的是让儿童能够自己做到。

2

智慧自律的大脑状态模型

了解大脑可以帮助我们实现从自我批判到自我接受的转变。

智慧自律的大脑状态模型提出了 3 种基本的脑身心（大脑 / 身体 / 心理）状态。我们可以简单地将它们称为"大脑状态"或"内在状态"（见图 2-1）。了解这些的目的是判断儿童当前最可能处于哪种状态，然后协助他们找到学习新技能的最佳状态，而不是先处理他们表现出来的行为问题。

尽管模型将这些状态表示为大脑中的某些具体的区域，但我们必须认识到，每一种状态其实都会涉及整个大脑、身体和心理。

如图 2-1 所示，大脑状态模型中的 3 种状态分别为生存状态、情绪状态和执行状态。每种状态都对应着一套技能组合。如果我们明白儿童正处于哪种状态，便能选择适当的策略利用更高阶的技能帮助他实现更加协调的心理状态。大脑状态模型还可以帮助成人掌握更多的知识和技能，从而更好地

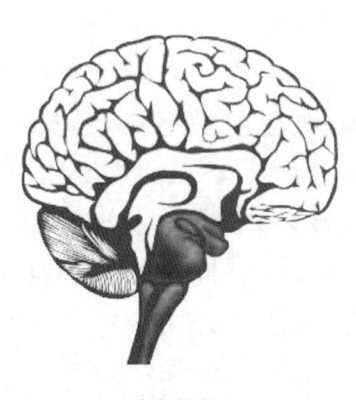

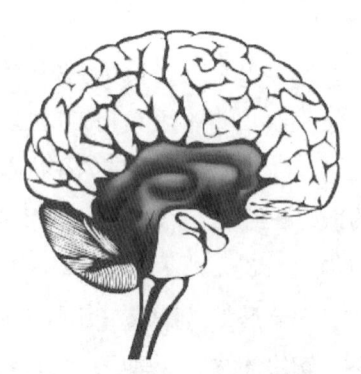

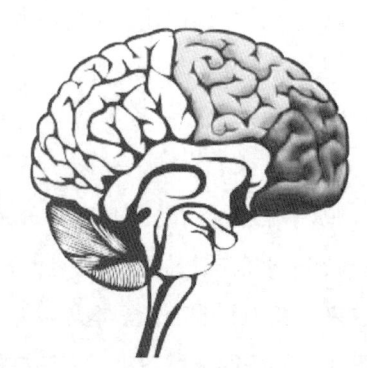

生存状态　　　　　情绪状态　　　　　执行状态

图 2-1　智慧自律的大脑状态模型

控制自己的心理状态。要想解决儿童的心理问题并最终解决他们的外部行为问题,要先解决自身的内在状态问题。

生存状态:生存状态反映了我们作为动物的原始本能,受到威胁时可以激发我们的生存状态。这是一种被动的状态,自卫是这一状态下最首要的目标。这一模型反映了能够调节生存功能的各种系统,如脑干,因为这是大脑中最古老、最原始的部分。生存状态激发后可能导致一些最原始的行为:战斗、逃跑和僵住。

情绪状态:当我们讨论智慧自律的情绪状态时,事实上指的是因不遂心意以及个人过往的条件反射而产生的苦恼的情绪状态,它反映出了我们被激怒并且出现条件反应时的情形。大脑状态模型描绘了能够激发这些苦恼情绪的各种系统,如大脑边缘系统。大脑边缘系统由多个相互连通的脑部结构(杏仁核、海马体等)组成,这些脑部结构用于处理记忆、激发我们的情绪并且告诉我们哪些东西是值得记住的。如果无法对各种信息进行过滤,那我们的大脑会不堪重负,因此杏仁核可以说是情绪状态的看门人。如果某一种经历被标注为具有威胁性,杏仁核就会被激活,自卫(而非学习)便会成为信息交换的目标。

执行状态:执行状态是最理想、最完善的学习状态,在这种状态下我们会处于放松的警觉状态。大脑状态模型描绘了能够调节执行状态功能的各种系统,如大脑皮层的前额叶,因为具有调节功能,前额叶也被喻为大脑的 CEO(首席执行官)。当前额叶各项功能完善时,我们可以抑制预设的自动化反应,从他人的角度看待问题,控制我们的情绪,并使用各种技能达成我们的目标并解决问题。执行状态是一种有意识的整合状态,在这种状态下,我们的感受和想法是一致的,我们可以使用自己的**直觉知识**(intuitive knowledge)和才智,并且能够听从自己内心中"理性的声音"。在这种整合的响应式状态下,我们能够支配自己的思想和感受,而不是成为它们的奴隶。我们的内心是和谐的,并且能够与他人友好相处,这使我们能够寻找解决的方法,而不是在面对的问题时反刍、自责。

接下来,我们可以更加深入地审视这些大脑状态(见图2-2)。

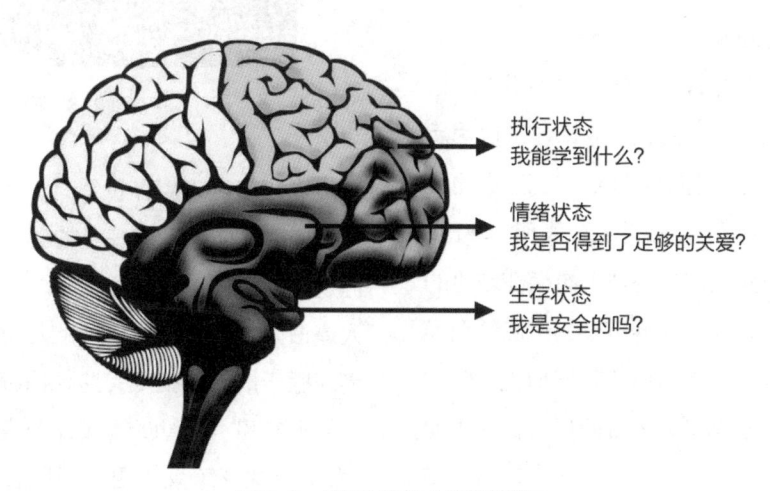

图2-2 智慧自律的大脑状态模型

生存状态:"我安全吗?"

生存状态反映了我们身体的报警和唤醒功能。人类拥有一套快速作出反应的能力,当生存状态被激发后,这些技能便会自动显现。既往的经历已经让大脑形成了固定的模式,当我们感受到威胁时便会使用这些技能。我们运用这些技能时处于一种完全无意识的、不需要任何言语的本能过程。这些技能背后隐含的意图是不计代价的防御。

如果有人冲着你的脑袋扔石头,最好的做法是马上闪避。评估形势、反复思考低头的利弊以及谋划如何应对攻击者,当你做完这些有几分滑稽的行为后,你要做的可能只剩缝合伤口了。在这种情况下,生存状态是最有效的,它可以让我们不假思索地避开飞来的石块。但是,当孩子打翻牛奶,激发我们的生存状态时,我们下意识的反应可能是猛拉孩子的胳膊,狠狠地批评他们,这不仅不能挽救被打翻的牛奶,还会吓到孩子,破坏亲子关系。在这种情况下,好的做法是暂停一下,全面审视当前的形势,再选择一个更加明智的做法。

报警系统:狼的隐喻

我们的报警系统已经深深地嵌入生存模式。报警系统的目的是发出警告,使我们立即作出快速反应,然后关闭警告。史前时期,我们就已经进化发展出战斗、逃跑和僵住反应。战斗反应表现为攻击、好斗的行为,逃跑反应表现为逃离具有潜在威胁的情境,而僵住反应则表现为保持沉默,试图像个隐形人一样不被人注意。在智慧自律的模型里,僵住同样代表了屈服,指受到成人的威胁后,孩子表现出的屈从或放弃。

健康的报警系统只有在面临真实的或想象中的"狼"(见图2-3)时才会启动。我们会作出战斗、逃跑或僵住反应,并在"狼"消失后关闭警报。这种对于史前人类非常有效的反应系统并不能应对当今社会中我们长期反复臆想出的威胁。在现代社会,尽管我们几乎不会受到狼群的威胁,但日常生活的刺激物使我们产生的感受则可能激发我们的生存状态。对于一位爱整洁的女性朋友来说,丈夫到处乱堆的脏衣服就是她们爱情和婚姻中的一只"狼"。她的第一反应是战斗,为此和丈夫大动干戈;战斗无效之后,她选择了逃跑,最终和丈夫离婚。

进入生存状态后,儿童也会作出类似的反应。某些儿童只要听到"打开数学书"或"该收拾屋子了"这样的话,就会像看到狼一样进入应激状态。如果没有学会有意识地选择适当的应对方式,这种情形会让我们本能地退回到史前人类的战斗、逃跑或僵住反应模式。

图2-3 狼

当儿童处于生存状态时,他们就拥有了和我们的祖先以及所有动物一样的战斗、逃跑或僵住技能。但是,想要反抗或者逃离一个4倍于自身体量的成人是很困难的,因此年幼的儿童通常会"僵住"或者屈服于成人的指令,这种情况在年龄较小的儿童中尤为常见。年幼的女童比男童更容易屈服,长子(女)比次子(女)更容易屈服。儿童在生存状态下表现出的行为包括:

- 战斗反应：击打、推搡、尖叫、撕咬；
- 逃跑反应：离开、跑开、躲藏；
- 僵住反应：屈服和顺从，冷漠和让步，或是放弃和哭喊。

唤醒系统：拍手器的隐喻

唤醒通常被定义为我们警觉的程度。警觉在很大程度上属于自主神经系统的生存模式功能（尽管情绪状态也发挥一定的作用）。在智慧自律中，我们使用拍手器来比喻唤醒系统的功能。我家邻居的孩子办了一场生日会。生日会的纪念品是一个塑料玩具拍手器，孩子们用它为过生日的男孩"搭把手"——每打开一份礼物，孩子们会摇动他们的拍手器，发出啪嗒啪嗒的声音。有些孩子能够恰当地使用他们的拍手器，但有的孩子会一直摇个不停，发出的啪嗒声简直要把我逼疯了。

有节制地使用拍手器能够发挥它正常的功能，我们听到拍手器啪嗒啪嗒的声音，精神会为之振奋。但是一刻不停地摇拍手器就好比是过度激活的自主神经系统，我们在这种状态下怎么可能集中注意力完成一道数学计算题，或是专心致志地读书学习呢？自主神经系统唤醒不足的状态就好比一个每隔 5 分钟响一次的拍手器，它完全不能带给我们振奋的力量，这种缓慢的、若有若无的啪嗒声可能会让我们觉得困乏、毫无学习的动力。

由于基因异常、出生前后的某些经历或者某些性格问题，一些儿童天生就面临自主神经系统过度唤醒或者唤醒不足的问题，另一些人则因为环境压力的刺激而产生同样的问题。理解和教育这些孩子都是令人感到挫败的事情。为了保护自己免受伤害，孩子们的大脑会选择拒绝接受新信息、抵制与他人的交往（尽管他们想要与别人交往）和触犯课堂纪律，牺牲学习的能力和机会。尽管大多数儿童都不属于此类，但事实上所有儿童都会感受到压力刺激，从而导致唤醒系统过于兴奋或者兴奋不足。如唤醒系统状态不佳，无论课程如何优秀或者对他们的期待如何宽松，只要儿童的"拍手器"发生紊乱，这些儿童都很难取得成功。想要促进儿童的学习，我们必须首先帮助他们很好地控制自己的唤醒系统和警报系统。为了实现这一目标，我们需要为儿童提供生理上和心理上的安全感。

发展性问题："我安全吗？"

为了使唤醒与警报系统得到良好的发育，刺激和控制生存状态（见表 2-2），儿童必须在安全的环境中长大并且在安全的学校就学。生存状态反复提出的发展性问题是："我安全吗？"（我称为"发展性问题"是因为要想大脑持续健康地发育，我们需要一个肯定的答案。）我们必须在生理上和情感上有足够的安全感，才能让我们的身体脱离生存状态和接受其他事物。发展性问题"我安全吗？"本质上是发展心理学家爱利克·埃里克森（Erik Erikson）在社会心理发展理论第一阶段中提出的问题——"世界是可信的吗？"——的另一种说法。

多年前，我曾被邀请为联合国制定与儿童权利相关的文件。在我看来,同时受邀的另两名专家T.贝里·布雷泽尔顿（T. Berry Brazelton）和佩内洛普·里奇（Penelope Leach）简直是神一般的人物。我不知道为什么会邀请我，我觉得自己微不足道，因此诚惶诚恐。形象地说，我感觉就像走在大街上，看到身边到处是"狼"，大声地呼喊"我安全吗？"当然，我内心深处的答案是否定的——我当然不会感到安全。在生存状态下，我不可能专注于手头的脑力工作，一切都不过是为了幸存下来。我只想顺顺利利地挨过这次会议，并且不会影响到我的职业发展或者不会被别人当成彻彻底底的笨蛋。最终，我稍微平静下来并且想出办法平息心中肆虐的恐惧感。我的方法是：到纽约去参加会议，但是不发表任何言论。至少这个方法充分平息了我的警报系统，我因此可以稍微睡个安稳觉并且吃点东西。我已经记不起会上发生了什么，因为我基本上处于无意识的状态（但我确实挺过来了）。

想想你在课堂上或学校里遇到的那些最难交流的学生。他们或者带着满满的侵略性和挑衅心态来到学校，或者像我参加联合国活动一样完全保持沉默。卢克像木头一样来到学校，拒绝和任何人打招呼。他始终低着头，躲避着成人热情伸出来的手。他进教室时会推开前面的人，把背包甩在地上，好像时刻准备着和人干上一架。只要稍微受一点刺激，他就会暴跳如雷，然后冲出教室。大多数教师不会把卢克这样的孩子看成一个缺乏安全感的孩子，而是认为他是一个非常反叛、好斗的孩子，很难教，也很难接触。

没有人上学的目的是时时刻刻保护自己或者攻击别人，除非他（她）感到周围的环境不安全。但是，你知道有多少孩子会把自己裹在盔甲里面，因为在他们看来自己正生活在一个"群狼四起"的世界中。

为了让大脑得到好的发育，儿童需要心理上、社会交往上以及生理上的三重安全感。这种能够感受到的安全感为在课堂或学校中实践智慧自律提供了坚实的基础。

（生存状态小结见表2-2）

表 2-2 生存状态小结

项目	内容
状态	生存
认知/诱因	威胁
觉察	无意识，机械地
可使用的技能	战斗、逃跑、僵住/屈服
你可能观察到的行为	肢体冒犯：击打、踢踹、推搡、撕咬发怒：尖叫、撞头 退缩：跑开、躲藏、沉默、封闭在自己的世界里做白日梦
发展性问题	我安全吗？
发展性需求	安全感
意图	防御

续表

项目	内容	
方法组合	"警察"技能：	观察 明确而坚定 常规教育；镇定 安全角/安全守护仪式

拍手器代表了生存状态，特别是自主神经系统。

情绪状态："我得到关爱了吗？"

可以想象这样的场景：你正开车去商店，车上载满了孩子，这时一辆汽车突然窜到你的前方。你的生存状态会马上启动，你会本能地转向避免事故发生。当你缓过神来，你的生存状态会消退，进入情绪状态并且感到不安。你会大喊："你在干什么？你会害死人的！只想自己不管别人吗？"后座上的孩子目睹这一事件的始末，你正在教他们：骂人是没问题的，当事情不顺的时候可以严厉地指责别人。想象一下，如果在商店的收款台，你的孩子们问："给我买块糖好吗？"而你回答说："不行。"在孩子们看来，你就是那个在路上阻断了别人路的人。他们会大喊："你只想着自己而不管别人。我讨厌你。"如果发生这种情形，那真是一点都不意外。

除了已经在生存状态中固化的既往，我们的情绪状态也会记录下我们个人的经历，给我们留下一些有趣的"内存"。在记忆形成的过程中，我们的情绪状态会在记忆中留下一些语言的和情感的烙印。大脑会以状态依存的方式存储记忆，创造出我们认为事情应该如何发展的心理模型。如果事物与我们想象的不一致，大脑便会亮起红灯，如同发现一只狼正朝着我们冲过来。

如果我们的父母在不如意的时候冲着别人大吵大闹，责备他人，这种脚本就会深深地植入我们受挫时的情绪状态，就像一个文件刻录到光盘里一样。我们会发现，当我们处于生理或情绪的挫折状态时，我们内心深处的光盘就开始冲着别人大呼大叫并且责备别人。当然，我们心中的"光盘"不仅仅刻录了父母在经受挫折时的声音，还有朋友、家庭成员、老师和影视作品的声音。

我们中的大多数人都曾经信誓旦旦地说："等我有了孩子，我绝对不会_____他们！"但是，我们中有多少人曾经_____过他们？就好像，我们一开口却在重复着母亲（父亲、姨/姑、祖母）曾经说过的话。这种感觉就像一张装满了不健康的想法和技能的光盘，刻录在我们大脑里，而有一只手本能地按下了播放键。

简单来说，当我们认为周围的事物没有按照我们想要的方式发展时，我们便已经触发了一种不安的情绪状态。我们经常会说某个人或某件事"点燃了我们心里的火"如果我们发现自己处于一个已经被"点燃"的状态，就会听到我们的脑中光盘在喋喋不休。在这种消极的自我对话中，大脑会残忍地播放在"光盘"上程序化的心智模式产生的错误信息。这种心智模式其实是神经元网络被激活的结果，是从我们与早期看护者之间的关系传承下来的（这些看护者同样也是从他们的早期看护者那里逐代传递的）。

我们并不等同于大脑中的"光盘"。刻录到大脑中的"光盘"的通常是一些支离破碎的故事和解释，这使我们反应的方式并不总是有益的。随着时间流逝，我们逐渐相信这些"光盘"中保存的错误信息是正确的。我总是反复对自己讲："如果我不亲力亲为，所有事情都会一团糟。"当我因工作中的问题而生气时，我的"光盘"会马上跳出来，在大脑中义愤填膺地反复播放最坏的场景，以及我必须亲力亲为的各种原因。我的"光盘"会在大脑中咆哮："毕竟这样的例子太多了，所以……"我可以想象抱有这种想法的工作狂的家庭生活，而事实上，这只不过是我的"光盘"中记录的又一个错误信息！（仅供参考：即使没有面面俱到、亲力亲为，公司的业务也可以蒸蒸日上。）

请尝试找出下列的哪些信息是错误的：

- 我不够优秀；
- 我有问题；
- 我本不该_____；
- 没人愿意理我。所有人都觉得我_____；
- 我不配得到快乐；
- 我的价值来自照顾别人。

你会用"光盘"中的哪个故事解释生活中的现象，尤其当孩子不听管教时？请尝试找出下列的哪些信息是错误的：

- 孩子们会得寸进尺；
- 孩子们喜欢指使人，而且不可信；
- 有些孩子就是单纯的刻薄；
- 孩子们被宠坏了或者调皮捣蛋；
- 我要是那样，我妈妈可不会轻饶了我。她会上来就打我的屁股；
- 他们的父母不应该那样惯着他们。

尽管这些错误的信息看上去事不关己，但实际上它们都是我们的理解和感受，而且与我们息息相关。如果我们相信它们并且本能地按照这些理解对待孩子，我们会把这些错误的信息传给我们的下一代。这些信息毫无益处，它们只会阻碍儿童的成长。当我们的怒火被点燃，我们的注意力就会从孩子转向大脑中这些喋喋不休的错误信息。在这一过程中：

- 我们用自己当年受过的伤对自己的下一代造成了伤害；
- 大脑中喋喋不休的声音蒙蔽了我们的视听，使我们无法辨明真实的问题以及儿童真实的需求；
- 我们无意识地为他们示范了不恰当的行为，而这些行为正是我们千方百计想要消除的；
- 我们延续了"遵我言，勿效我行"的老毛病。

活动：找出你"光盘"上的自律技能

花点时间仔细想一想，你身边的重要成人在遇到不遂心意的事情后，会作出哪些激烈的反应。在表 2-3 左右两侧分别写下作出激烈反应的成人的姓名。然后列出他们每个人使用的技能（大喊、沉默、辱骂等）以及这些技能背后的故事。

"光盘"代表自童年起便已经深深打上情绪状态烙印的错误信息。

> 需要注意的是，有些人存在一些隐性的偏好，如喜欢言语自责。还有一些人的偏好则是显性的，如喜欢在言语上责备他人。我们将上述两种行为分别称为"内化"行为和"外化"行为。尽管我们中的大多数人同时存在"内化"和"外化"的行为问题，但其中的一种行为问题通常更加明显。我本人喜欢先责备别人，继而开始自责。

表 2-3　成人的自律技能

成人 1	成人 2
姓名： 技能： 故事：	姓名： 技能： 故事：

尽管我们每个人的"光盘"上刻录的不良信息各不相同，但它们仍有一些共同点。这些不良信息通常源自己的悲痛、否认、内疚和被操纵感而辱骂和责备他人，这些错误的信息会写入演讲稿中，老生常谈，自证有理，以此来支持它们的合理性。在不安的情绪状态下，我们通常会认为别人是造成不安的罪魁祸首，并将我们的伤痛归咎于他人："你应该为我的感受负责，是你做得不好，让我感到不快！"这种不安的情绪会逐步升级，如果别人让我们感到不如意，我们也会反过来让他们感到不舒服，就像我在朋友留宿的事件中对待我妈妈那样。表 2-4 中列出了我们在烦躁的情绪状态下常说的话，以及这些话会传递给孩子们哪些负面的信息。

表 2-4 成人的情绪、言语与传递给儿童的信息

成人的情绪状态	成人的言语	传递给儿童的信息
辱骂	你怎么回事？（即你是个傻孩子）	你是个白痴。
责备	看看你都干了什么，现在高兴了？	他让我干的。
否认	我"没有"生气。赶紧离我远点。	不是我干的。
诱发内疚感	你就不能搭把手？你没看见我正忙着吗？	如果是爸爸的话，他会同意我去的。
操纵人与人之间的关系	你这样做就是要伤害我。我喜欢马修的坐姿。你要让我自己离开吗？	我讨厌你。不许你参加我的生日会。我们都不喜欢她，对吧？
一切以自我为中心	如果你还像那样做，我可教不了你。	你根本就不关心我。你是故意找茬。
批评/说教	我一遍一遍告诉你把作业带过来。你想考试不及格吗？	这不公平，其他所有人都能去，就我不能。你都不听我的话。
以偏概全	你们这些孩子一点都不懂礼貌。	所有孩子都很粗鲁。

生存状态通过身体的反应感知生存或者死亡；情绪状态依赖对善恶的判断，总是从好人/坏人的角度看待生活，并且希望让他人为我们的烦恼承担责任；情绪状态实际上反映了从生存状态下的肢体攻击和防御行为，到情绪状态下的言语攻击和防御行为的进步（见图 2-4）。在真实的生活中，我们很难把儿童修饰过的脏话当作一种进步。然而，当我们认识到除此之外的选项是拳脚相加，或者当我们想到校园枪击案带来的灾难性结果时，一些脏话（即使满口脏话）或许是个不错的选择。

情绪状态 — 儿童　　　　　　　　　情绪状态 — 成人

图 2-4　儿童与成人的情绪状态

发展性问题："我得到关爱了吗？"

某些人在情绪状态下会问："我得到关爱了吗？"为了保障大脑健康地发育，我们需要知道我们的朋友和家人深爱着我们，我们也爱着他们，并且我们是被人喜欢的。我们的大脑生来就决定了我们与家庭、社会和整个人类存在千丝万缕的联系。被排斥或者不被爱是人们普遍存在的恐惧，也是巨大的情绪诱发因素。

发展最佳的人际关系网络需要具备安全的依恋关系，这是通过看护者敏感且准确地回应孩子的需要而建立起来的情感同频关系，尤其是在生命的头3年。情绪上的不安会导致"拍手器"失去平衡。成人回应儿童内心沮丧的方式决定了他们之间的依恋类型是安全型还是非安全型。安全型依恋要求我们得到关注和抚慰并且有安全感。蹒跚学步的幼儿会因为饥饿、愿望未得到满足或者感到疲惫而沮丧。成人如果理解他的需求，便会妥善地应对，给他安慰，鼓励他的"拍手器"回到正常的节奏。这种做法有助于促进他们之间的亲密。成人如果不能准确地理解儿童的需求并妥善处置，他的回应（或者未能作出回应）就无助于纾解儿童的沮丧，并且可能加剧"拍手器"的失衡。这样做只会导致不安全的依恋关系。

大脑不仅让我们拥有了视觉、嗅觉、味觉、思想、语言和动作，它还赋予了我们爱的能力。尽管养育和被养育是我们的自然本能，我们与看护者之间的纽带能够帮助我们的大脑建立和维持和谐的关系。我们生命中的前3年是极其关键的，它能够培养我们发展健康人际关系的能力，在我们的大脑"光盘"上刻录下我们对"我得到关爱了吗？"这一问题的核心答案。如果一个成人的"光盘"上自童年开始便记录下"我不招人喜欢"的信息，即便他会与一个深爱他的人恋爱，仍不能接受这份爱情，他内心中与爱相关的心智模型会告诉他："这不是真的，因为我没有那么可爱。"

我们可以轻而易举地识别安全型依恋和不安全型依恋的孩子：拥有安全型依恋关系的孩子在应激状态下懂得求助朋友或者成人。相反，对于那些拥有不安全型依恋关系的孩子来说，在他们最困难的时期，即便别人向他们提供了他们极度需要的、抚慰心灵的照料，他们也会退缩或挣扎。没有安全型依恋关系的孩子就像受伤的小动物，即便我们带着爱和悲悯之心靠近他们，如果走得太近，他们仍然会本能地攻击。

大脑的成长和发育离不开社交互动。当年幼的孩子尝试与自己的看护者、老师和同辈建立友好、彼此关爱的关系时，他们的大脑会反复地问："我得到关爱了吗？""我是否得到足够的关爱？"就像掌管着信息流和能量流的守门人，随着各种信息通过情绪状态进入大脑，守门人会作出反应："不，我感受到了威胁"并且将这种信息向下传递给生存中枢，或者"我得到了关爱"并向上传递给大脑的高级中枢。以建筑为喻，这就好像我们通过第一层（情绪状态）进入了大门。当我们因为门外之人而感觉受到威胁时，我们会"砰"的一声把门关上，躲在地下室（生存状态）报警。如果我们感觉门外之人是善意的，我们会邀请他一起学习和活动（执行状态）。

"我得到关爱了吗？"这一问题的答案决定了我们花费的精力是用于处理大脑高级中枢的信息，还是应对低级中枢的防御需求。要想改变我们的教育体系，应该让每个儿童能够说出："是的，我得到了关爱，生活幸福，并且我很可爱。我属于学校的一员。"这个肯定的答案可以对大脑产生两种重要的影响。

影响 1：创造了压力管理健康阈值和技能

读这本书的每一个人都可能有过这样的经历：我们的同事、管理者或孩子不懂如何恰当地处理生活挑战。情感的联结——尤其是在我们幼年时期——是十分关键的，它能够帮助我们建立"阈值"，在我们的"光盘"上刻录下我们的心智模型。本质上讲，我们可以将这些阈值（舒适区）视作大脑最理想的运行范围。通过阈值，我们能够了解到自己的需求（如饥饿、口渴、安全），因此它决定了我们会如何应对自己的生活。它们位于我们的前脑边缘位置，通过这些结构，我们可以不断将我们实际的生理状态与自己偏好的状态进行比对。任何人类的这种偏好状态，尤其是偏好的情绪状态，都形成于生命早期，并且建立在需求得到满足的基础上。阈值以外的任何事物都会让我们感到陌生和危险，我们的身体会作出相应的反应（Berridge, 2004）。

成年后，我从佛罗里达州搬到了新墨西哥州，然后又搬到了蒙大拿州，并最终再次回到佛罗里达州。每一次搬家都要花费很大的精力适应当地的气候。作为一个在东海岸长大的人，我习惯了潮湿的气候。可以说，我对潮湿的阈值大约是相对湿度 80%。对我而言，80% 相对湿度的天气会让我感到舒适。而当我搬到新墨西哥州后，当地的平均湿度只有 7%。我整年都需要竭尽全力追逐空气中微薄的湿气，忍受流鼻血的困扰，并常年开加湿器，但我最终慢慢适应。我在当地生活了 6 年，尽管我在某种程度上已经适应了，但却从未感到舒适、惬意。我从生理上渴望湿润的空气。我的湿度阈值形成于幼年时期，在习惯了湿润气候的 30 年后，想要改变它是一个巨大的挑战。某年夏天我搬到了蒙大拿州，当地的平均湿度达到了 14%（两倍于新墨西哥州），我的身体终于如释重负。绿色的树木和草地让我有种回家的感觉！哪怕接近 80% 湿度的阈值，也让我感觉非常好。然而，当零下 20 度的严寒折磨我的时候，这一切的美好迅速消散得无影无踪。我曾幻想过自己会被冻死，几个月之后人们才找到我保存完好的遗体。尽管得到了三份工作机会，但我仍然离开了蒙大拿，选择了佛罗里达的工作，然后用了大约 3 个月的时间重新适应高温、高湿的天气。尽管我并不十分喜欢这种天气，但由于我的阈值问题，佛罗里达确实让我感到熟悉。

大脑是一个社会性器官，因我们才能通过各种关系建立和改变我们的阈值。早期的经历对大脑发育产生了强大而持久的影响。人际关系——尤其是早年的人际关系——确定了我们在应对压力时的阈值。这种经历决定了我们对"正常的"生物化学环境的心理预期，这种信息已经被"刻入"我们的生理机能中。它们也会影响我们在应对特定情形时分泌的化学物质的数量。生活在压力下的孩子会产生一种报警阈值，并使他们时刻保持警惕。对这种孩子而言，受打击已经成为一种常态。在未来的人际关系中，压力和危机将比关爱和冷静更加常见。在学校，他更喜欢混乱而不是秩序。他会努力建立一种混乱的环境，因为这更加接近他的生物化学阈值。

有些人喜欢看电视真人秀节目，节目里所有人都伶牙俐齿，互相挖苦，对我来说这有点疯狂；有些人喜欢恐怖片和悬疑片，我的阈值决定了我不可能从中得到任何愉悦的体验。我有一个朋友经常冲着我大喊大叫，我会对她说："你一直这样大声嚷嚷，我很难听懂你说什么。"虽然她坚持认为她没有喊叫，也没有生气。在她的原生家庭中，大声叫喊的阈值更高。对她的大脑而言，她是在享受一次生动的讨论；对我的大脑而言，她的音量如同狼（在生存状态的比喻中）一样产生了令人可怕的效果。不同人的阈值千差万别，能够不断地、积极地回答"我是否得到关爱"这一问题，可以为我们的生活设置健康的阈值。

卡梅隆是一个有特殊需求的孩子。他自幼年时期便因行为问题而在计分系统榜上有名。我见到他时，他刚刚转学到亚利桑那州一所开设智慧自律课程的小学上三年级。他加入学校大家庭时，他的老师花费了很长时间帮助他积极、肯定地回答"我安全吗？"和"我得到关爱了吗？"这些问题。

我问他："让你自己平静下来，解决问题并且帮你与别人友好相处，或者得到足够的积分，从学校的奖励箱中拿到一个心仪的玩具，哪个让你感觉更好些？"他答道："我想要平静。有时候我感到恐惧，那些玩具根本没有用。"然后，他说了一段我永远都无法忘记的话："我猜，我原先那所学校的所有人都认为我没有办法控制自己。"如果只是让孩子移动心情卡片，或者贴上笑脸贴纸，而不是营造一种基于关系的课堂文化，让他们学会自我管理，我们每天还会误解多少孩子？当我们提供了合适的环境和有用的技能，孩子们会说："是的，我很安全，我得到了关爱。"我们可以帮助他们设置健康的阈值，并且学会调节自己的情绪，最终取得成功。

影响2：鼓励能量流向执行状态

情绪状态是大脑的看门人，管理着各种信息和能量的流动。情绪就像一个透镜，通过它我们能够看到整个世界。如果通过这个透镜，我们能够不断得到"我得到关爱了吗？"这一问题积极肯定的答案，那么我们的信息和能量就会更多地流向一个完善的状态，在这种状态下我们能够有效地解决问题和自我调节。如果我们得到的答案是否定的或者长期支离破碎的，信息和能量便会流向大脑的低级神经中枢，这种情况下，我们满脑子都是安全问题，因而无法有效地管控我们的行为。

（情绪状态小结见表2-5）

表 2-5 情绪状态小结

项目	内容
状态	情绪
认知/诱因	不遂心意
觉察	无意识
可使用的技能	"光盘"
你可能观察到的行为	吸引关注、拒绝交往、黏人、完美主义、骂人、社会排斥
发展性问题	我是否得到了足够的关爱？
发展性需求	情感联结
意图	让我感觉舒服点，一切按照我的方式来。
方法组合	"心理师"技能：仪式 鼓励 工作 共情 选择 学校大家庭

执行状态："我能学到什么？"

我每年要做许多场报告。我有时状态很好，演讲效果也不错；但也有一些时候，我感觉演讲效果很一般，也不能很好地和听众沟通。最无法忘记的是在田纳西州的那个夜晚，我接到了家中兄弟的电话，告诉我母亲已经辞世。我一个人待在酒店的房间里，必须决定第二天上午是继续举行主题演讲，还是买最早的航班赶回去。最终我决定把这个沉痛的消息埋在心底，为了我的妈妈完成次日的主题演讲。在我心中，因多年阿尔茨海默综合征而辞世的母亲将能在天堂看到我，听到我的声音。我坚定地完成了主题演讲，这也是我最成功的一次。演讲非常顺利。通过将理论和实践有机地结合，在场的所有人都能无误地理解我希望传达的信息。我的最后一张幻灯片是一张妈妈的照片。我用这场演讲纪念她为我付出的爱，它每天都在鼓舞着我。我最终未能忍住，放声痛哭。

在这场超过 2 500 人参加的主题演讲中，我为自己设定了目标并且实现了目标。我调节了自己的思想、情感和行为。我认为妈妈在天之灵能够看见我、听到我说的话的信念如此之强，以至于我做演讲时内心唯一的感受就是感恩。演讲结束后，伤感和悲痛像洪水般袭来。

每个人都聚精会神，现场氛围十分融洽。这就是执行状态带来的巨大力量。执行状态是一种放松性警觉，因此我们能够注意自己的思想和情感，有意识地采取行动，有能力暂停并规划一个明智的应对方式。没有不安全感和冲动的困扰，我们可以从容地作出选择。我们可以从多个角度审视各种冲突，体谅他人和解决问题。本质上讲，我们有机会成为更好的自己。通过这种方式，执行状态让我们能够接触到自己理智的一面。这种理智的一面让我们能够从更加宏观的角度看待问题，包括我们的内在价值。

执行状态就像大脑的首席执行官，是我们心智的一个完善的体系，使我们能够调整自己的思想、情感和行为，并且控制大脑低级神经中枢产生的冲动。执行状态能够让我们暂停一下并且做出一个明智的反应，而不是肢体冲突、逃离或者语言上的过激反应。暂停一下，为自我调节创设可能的发展空间。

理智的声音

大多数人都知道，我们会时不时地自言自语。成人有独立的内部语言，可以将其作为自我调节的源泉（Vygotsky，1986）。这种来自内心的声音也可以成为失去自我调节的原因。失调的内心声音会说："谁要是再说我今天看上去有多疲惫，我一定会扇他一个耳光。"同样的情景下，那个懂得自我调节的声音会说："别紧张。这个夜晚很难熬。只要再过两个小时你就可以离开了。"

孩子们在7岁前通常都不能形成成熟的内部语言。那么，儿童是怎么自我调节的呢？他们不会自我调节，成人就是儿童的情绪调节者或共同情绪调节者。我们应对儿童心中不安的方式将抑制或强化他们的自我调节能力。

应对儿童情绪上的不安通常并不是我们的强项。除非我们主动干预，让自己保持平和的心态，否则儿童的不安可能会激活我们自己的"光盘"，情绪的守门人会将我们的能量倾注于大脑的低级神经中枢。如果我们长期让自己像这样处于低级的大脑状态，我们会传递错误的信息，并且把同样的问题和反应传递给儿童，会变成我们代代延续的"传家宝"。我们用于管教儿童的话反映了我们约束自己行为的方式，而未来我们的孩子会用同样的方式对待他们自己。我们可以选择我们理智的一面或者我们心中的那张"光盘"。无论如何，选择支配着我们的行为。

我们可以选择我们理智的一面或者我们心中的那张"光盘"。无论如何，选择支配我们的行为。

我们中的大多数人在工作中都曾遇到至少一位善于帮助和鼓励他人的老板，一位严厉且精于微观管理的老板，以及一位置身事外的老板。现在请花一点时间仔细阅读下面的内容，并认真思考你的答案：大多数时候，你脑海中闪现的都是哪种类型的老板？

如果你脑海中的"老板"很挑剔，总是指责你做得不够好，你希望这种类型的"老板"掌握孩子的心智吗？如果是"置身事外"型的老板呢？我们会在照顾孩子的过程中将这种内在的感受传递给下一代，除非我们能够有意识地选择改变，否则我们管理自己思想、情绪和行为的方式将会植入孩子的心智模型中。

要想成为一位优秀的老板或经理，首先需要掌握一些特定的技能。高效的老板必须做事有条不紊，善于确定目标、制订计划、调整工作的优先顺序、有效地管理自己的时间，排除纷扰集中注意力，并且足够灵活，能够在必要时转移注意力。老板必须能够高效地与公司内的所有其他部门进行有效沟通，能够在压力下解决问题，体谅和理解员工的需求，有能力控制自己的冲动和情绪，能够经得起各种挑战，并且有能力反思组织的行动和在必要时作出改变。

针对脑损伤患者的神经影像研究和临床研究表明，大脑皮层的前额叶（额头略靠后的位置）是上述所有技能的中心，我们将这些技能统称为"执行技能"。当这种技能处于活跃状态时，我们的内在对话就是能够支持我们实现梦想的明智的、成功的"老板"。如果这些技能未能成功启动，大脑这位"老板"就会屈服于情绪状态下"光盘"的召唤。

执行技能让我们摆脱"光盘"中的错误信息以及臆想出的"狼群"。它们能帮助我们制订计划，抵制外部诱惑并严格执行，能够让我们作出有意识的新选择。执行状态使我们可以脱离"遵我言，勿效我行"的问题，这种问题会感染我们的家人以及学校的同事和学生。执行状态让我们有意识地选择我们应对的方式，而不是机械地应对生活中出现的各种事物，它会开阔我们的视野，让我们从多个角度看问题。因此，我们使用心形太阳镜代表执行状态。

执行状态让我们可以发现并与他人分享自己的天赋，充分发挥我们的潜能。以我本人为例，它使我真正做回我自己，而不是幼年和过去的经历中形成的各种条件式的错误信息和反应方式。

要想使用执行技能，我们必须进入一种理想的、完善的状态，在这种状态下积极的情绪能够帮助我们进入放松性警觉状态。在这种意识状态下，心理会产生两种声音，它们互相作用。我们能够作为第三者观察自己的思想、情感和行为，而不是成为它们的衍生品。作为见证者（我们理智的一面），我们能够作出明智的选择，使我们的思想、情感和行为在特定的情境下能够支撑我们的最高目标。我们不再要求世界按照我们的方式运转，而是通过新的视野明智地应对遇到的各种问题，从不同的角度看待事物。

心形太阳镜表示，在执行状态下我们能够透过多种角度综合地看待事物。

好妻煮好茶（A TOP WIFE Makes Good TEa）

执行状态的各种技能和方法，如果有效地启动和运行，就能够让我们充分运用自己的智慧应对任何形势。这些神奇而难以捉摸的技能究竟都包括哪些呢？许多研究人员和理论学家尝试定义它们，"执行技能"有多个不同的版本。但总而言之，执行技能能够让我们做到下面几点：

1. 排除纷扰，制定并实现目标；
2. 管理自己的情绪，抑制冲动行为；
3. 自我监控和反思；
4. 发展共情和解决问题能力。

佩格·道森（Peg Dawson）博士和理查德·奎尔（Richard Guare）博士（2009）将这些宽泛的能力归纳成一套有益于课堂运用的技能组合，智慧自律在他们的探究成果基础上进行了必要的改进和发展。关键在于认识到下述清单列的各种执行技能是高度相关的。下述清单仅帮助我们理解执行状态复杂的功能，以便我们更容易改进并将这些技能传授给儿童。下述清单中的所有技能与其他技能相互结合，帮助我们调整自己的行为，从而满足社会环境的需要。

智慧自律使用"好妻煮好茶"来帮助我们记忆这些执行技能。当你阅读下面的清单时，不妨问问自己："这些技能究竟是我的长处还是短处？"

- 保持专注（Attention）
- 管理时间（Time Management）
- 井然有序（Organization）
- 确定优先级（Prioritization）
- 工作记忆（Working Memory）
- 控制冲动（Impulse Control）
- 灵活性（Flexibility）
- 共情（Empathy）
- 元认知（Metacognition）
- 实现目标（Goal Achievement）
- 启动任务（Task Initiation）
- 调节情绪（Emotional Regulation）

如果仔细观察，你会发现执行技能的发展与所谓的"纪律问题"之间存在着某种联系。大多数的纪律问题仅仅是执行技能缺失和（或）不够成熟而产生的表象。

想想你是如何帮助儿童完成下列事情的？

保持专注（A）："里奥，该收拾东西了。""泰勒，放下铅笔，专心学习数学。""吉安娜，该轮到布兰登发言了。大家注意听他说什么。""里奥，该收拾东西了。不要玩玩具车了，快把它收起来。里奥！我怎么跟你说的？你明天还想玩玩具车吗？想玩就赶紧收起来！"

管理时间（T）："大家注意，还有5分钟开始收拾东西。""乔纳森，还有两分钟，你要抓紧时间完成数学作业哦。我不会再说第二遍。""该休息了，你要收拾完东西，然后坐到地毯上。我数三个数，如果大家还没有准备好，那我们就没办法休息了！1——2——"

井然有序（O）："里奥，玩具车要放在带有矿车标志的箱子里。把它们捡起来，放到玩具车箱子里。""吉安娜，在你的笔记本上记下家庭作业。你记下了吗？你还没有记下呢。你需要带哪些书回家才能完成作业？它们在哪里呢？在你的书包里吗？书包里没有。"

工作记忆（W）："该排队吃午餐了。如果你们带了午餐，记得拿出来。准备好了吗？第一桌，收好你们的椅子，排好队。布兰登，你应该在第二桌，不是第一桌。你的餐盒呢？"

控制冲动（I）："里奥，不要打架！泰勒正在帮助你收拾汽车玩具。泰勒，骂人是在帮助人吗，还是在伤害人？我受够你们俩了。不要再玩汽车了，去楼下麦金太尔先生的办公室。赶快去，孩子们！"

调节情绪（E）："好啦，大家冷静下来。你听到了吗？我说冷——静——""你妈妈快回来了。每次都是她接你回家。""不要扔书。我可以帮你学数学。""杰昆达不是故意踩你的。这是一个意外。""没必要用这种语气和我说话。"

以前，我们曾因孩子到了某个年龄却不具备某些执行技能而惩罚他们，即使这些技能完全成熟需要等到大约24岁！（没错，24岁）传统上，我们通过树立楷模的方式管教子女，在这种模式下，成人的责任是教会儿童分辨对错和是非。我曾见过幼儿教师因为儿童缺乏灵活性（F）这一执行技能而情绪失控。我们都曾有过这样的经历：一个3岁的孩子指着另一个孩子手中的马克笔大叫："我要那支"，而对笔筒里完全一样的红色马克笔不屑一顾。我们会把他当成一个举止失体、被宠坏的孩子，但换个角度来说，他只是一个缺乏执行技能并因此需要帮助的孩子。你认为哪种方式更有利于这个孩子的成长？你认为哪种方式更符合你的内在状态？

家庭作业需要用到几乎所有执行技能，但很多教师只会像往常一样布置家庭作业，不管儿童是否具备完成作业所需的各种技能。儿童必须专注于他们的作业（A），系统化地组织各种作业（T、O），记住完成作业所需的步骤（W），决定作业的先后顺序并按顺序完成（P）（G）（T），同时需要排除各种障碍、纷扰和挫折（I）（E）。尽管我们知道儿童的执行技能尚未成熟，但仍然要求他们使用这些技能。这意味着，儿童能否顺利完成作业取决于教师和家长是否在必要时贡献自己的前额叶，作为孩子发展所需要的"脚手架"支持他们，直至他们的前额叶足够成熟，能够独立完成作业。

与儿童发展相关的神经影像研究显示，前额叶在幼年时期发育十分迅速，在特定的年龄（1周岁、3周岁和6周岁和青春期左右）将发生重要变化，然后继续发育到成人状态（Zelezo，2002）。图显示了各种执行技能开始发展和成长的大致时间点。

控制冲动的能力在儿童5个月时便已经出现，意味着我们可以在此时开始有意识地强化这种能力的发展。请仔细思考下述情景。您认为哪种情景更利于儿童冲动控制能力的发展？

情景1：幼儿蒂拉饿了。她开始哭闹。妈妈缓缓地深呼吸数次后让自己平静下来后，安慰她说："我听到了，宝贝儿。我马上准备奶瓶。很快就好。"她继续深呼吸，对孩子说道："你的脸就像这样（模仿蒂拉的表情）。你的意思是：'快点，妈妈，我饿了。'"妈妈一边准备奶瓶一边大声地描述她正在做什么，"奶已经温了！我在倒奶，马上就好。你没问题的。你很有耐心哟！和我一起深呼吸（妈妈深呼吸一下）。奶来啦！"妈妈把奶瓶递给蒂拉，说："你真棒！你一直等着妈妈准备好奶瓶。"

情景2：雪莱肚子饿了，她开始哭闹。妈妈急急忙忙去准备奶瓶。"嘘——"她一边这样说着，一边尽可能快地做准备。雪莱哭声更大了。妈妈说："雪莱，拜托不要哭了，我已经尽可能快了。嘘——"

第一种交流方式帮助孩子通过一点一点进步来得到最后的满足，有助于儿童控制冲动能力的发展；第二种交流方式会抑制儿童执行技能的养成，并且阻碍母女关系的深入发展。能够及时响应的、情感同频的亲子关系可以满足儿童对安全感和情感联结的需求，这些正是执行技能发展必不可少的关键因素。

促进儿童前额叶发展产生巨大的影响力是显而易见的。每个假期，我们都会邀请当地的一个家庭来参加我们的体验活动。我们会提供一些日常用品和礼物，并且和他们一起开展一个小的庆祝活动。在这个传统中，我们充分担负起了对儿童的家庭责任，如写信给"圣诞老人"，这样我们就知道该给孩子们买什么样的礼物，通过工作人员的登门拜访，安排庆祝活动的时间，以及保证庆祝活动时交通通畅。对于我们这些能够可靠地使用"好妻煮好茶"技能的人来说，这些似乎不算什么，但是对于一个长期处于生存状态的家庭而言，确实令人望而却步。为了帮助他们成功应对，我们的工作人员必须把他（她）的前额叶"借"给这些家庭，帮助他们妥善安排从基本的沟通到庆祝活动交通问题的所有事务。有一年，即使在我们的支持和帮助下，有一户家庭仍感到不知所措，并且在庆祝活动开始前两周拒绝了我们的帮助。并非他们不想得到或不感激我们的努力，只是他们缺乏满足这些期望必需的前额叶相关技能，而我们也没有能力为他们搭建好充足的"脚手架"。这种情形为他们带来的额外压力，使这个家庭最终拒绝了我们的努力。这时刻警示着我们执行技能的强大威力！

"出借"我们的前额叶并不意味着要亲自替孩子完成所需的工作。而是妥善地促进、帮助和建构他们的执行技能，让他们有能力独立完成。要想孩子们在社交、情感和学业上取得成功，唯一的办法是将老师的前额叶"出借"给孩子们，并调整学校的环境，为孩子们处于萌芽状态的技能提供积极的支持。在智慧自律一书中，我们利用多种实践模块作为外部的"前额叶"，帮助儿童发展这些处于萌芽状态的技能。

把孩子们的表现卡从绿色翻成红色，让孩子们去百宝箱寻找适当的工具，以及下达纪律通报，这些均对儿童大脑高级神经中枢的发育无益。然而，教师和学校的管理者通常认为这些行为纠正系统是有效的，他们希望儿童端坐在座位上，让教室显得井然有序。对于如上文所述建立在奖惩措施基础上的简单化的行为纠正系统，我希望提出以下意见，以求抛砖引玉。

- 对于那些已经明确知道他们是安全的，并且得到了关爱的儿童而言，这些系统的确在短期内是**有效**的。这些儿童会遵守规则，但是这些系统阻碍了他们执行技能的发展。我们正在牺牲儿童制订和实现远期目标的能力，换取眼前的服从和顺从。

- 对于那些在学校没有安全感和无法感受到关爱的儿童而言，这些系统是**有效**的。这些儿童将丧失已经岌岌可危的权益，同时也无法争取到其他权益。随着学龄的增长，他们会越来越气馁。他们会认为自己一无是处，这个世界越来越不公平，未来是扭曲的，并且崇尚自残和报复社会。

- 研究表明，尽管这些外部控制系统可以减少纪律通报，但也会令学校氛围更加消极。消极的学校氛围会阻碍学生学习，催生校园欺凌事件，提高辍学率和教师的离职率（Hoffman，2008）。

发展性问题："我能学到什么？"

执行状态让我们善于学习。处于执行状态时，我们会不断地问："我能从这件事、这堂课或者这个问题中学到什么？"

对于"我安全吗？"和"我得到关爱了吗？"这样的问题，积极肯定的答案能够提高儿童的意愿。如果没有改变现有行为的意愿，学习新的社会情感技能是徒劳的。大多数难以相处的儿童只是缺失了某些技能，出于防御的目的，他们不愿学习新的技能。处于执行状态的儿童更愿意放弃那些原始的技能、冲动行为和自卫策略，转而学习新的高级技能。他们更愿意使用语言而不是暴力，请求帮助而不是默默地等待失败，学习如何冷静下来而不是挥舞拳头。他们希望我们以教师、教练和导师的身份为他们新学到的执行技能提供帮助和支持。

智慧自律要求教师从传统的逼迫学生就范的方式转变为帮助学生取得成功。我们必须问自己一个新问题："如何才能帮助孩子在_____上取得成功？"而不是反复问自己："怎样才能让这个孩子_____？"我们可以仔细审视执行技能列表，找出儿童在哪些方面需要支持。通过这样改进课堂管理，我们可以维持积极向上的校园风气（我们将其命名为学校大家庭），从而培养更高等级的思考能力，鼓励学生恰当地制订和实现他们的目标。

我们必须问自己一个新问题："如何才能帮助孩子在_____上取得成功？"而不是反复问自己："怎样才能让这个孩子_____？"

为了实现从企图控制儿童的行为到帮助儿童有意识地转变，我们必须向他们"出借"我们的前额叶。我们可以使用本书中提供的7大技能（镇定、鼓励、明确而坚定、选择、积极意图、共情和结果），改善学习环境，帮助学生将未来所需的技能融会贯通。"出借"我们的前额叶就像学习A、B、C一样简单。

- 主动保持平和的心态，使用我们的执行技能。（A）
- 愿意将儿童的行为问题看作一种交流或者寻求帮助的信号。（B）
- 训练必要的新技能。（C）

这一方案面临了两个必须解决的巨大挑战。

1. **当我们承受重大压力时，前额叶的功能便会失效，我们无法"出借"自己尚不能使用的技能。**如果我们遭遇长期的压力，拒绝有意识地让自己保持平静，并且无法沟通我们的想法，那我们就无法与我们的孩子心灵契合。把孩子的名字记到惩戒板上并威胁他就范，远比有效地控制我们的压力并把前额叶"出借"给孩子容易得多。在某个时刻（我相信这一时刻已经来临），我们必须有意识地说出："还有更好的解决方法，我愿意为之努力！"

2. 如果我们本身不擅长前额叶技能，便无法将这些技能"借给"孩子们，也无法从外部为他们提供支持。即使我们没有面临压力，我们中的一些人的执行技能也会比其他人更加完善。每次家长会时，我都会感到很惊奇。存在注意力不集中问题的学生家长通常会一遍一遍重复与老师的对话；那些看上去无法按时完成作业的孩子们，他们的父母经常会忘记家长会或者迟到。每个人生来就有一套遗传倾向。这些倾向可能因为看护人是否有能力教授和训练孩子掌握那些缺失的技能而变得更加复杂。父母通常会与孩子缺乏同一种技能，因此，他们要帮助孩子们掌握这些技能就会格外艰辛。

如果我们与儿童保持距离，或者我们本身尚未掌握儿童需要的技能，那又如何向他们"出借"我们的前额叶呢？想象你的邻居需要借一把扳手修理漏水的水龙头。在不走过去递给他扳手的情况下，如何才能给他帮助？你的扳手有帮助吗？现在，想象你站在他的旁边，但是二人都不会使用扳手。虽然近在咫尺，你能给他帮助吗？就执行技能而言，我们每人都有自己独特的优势和弱势。智慧自律能够通过改变我们的课堂，有目的地帮助学生掌握这些技能。这样可以让成人扬长避短，同时帮助儿童发展他们新掌握的技能。

活动：从另一种角度看待行为问题

你会选择将行为问题看作社会、情感和执行技能的缺失还是萌芽？请勾选对应情形后的"是"，选择符合你的观点的理解。

活动 1

一个孩子在杂货店大发脾气。	
没有能力处理挫折？	是
孩子被宠坏了，当妈妈说"不"时，不肯听妈妈的话？	是
孩子不听从指令。	
没有能力集中注意力和排除纷扰？	是
不守规矩，喜欢挑战老师？	是
一个孩子故意打另一个孩子。	
没有能力控制挫折感？	是
刻薄、没有礼貌？	是
不停地推或用手肘击打其他孩子。	
没有能力控制冲动？	是
没有礼貌，不能控制自己的肢体？	是

在第 1 部分内容的基础上，我们可以增加一些额外的认知问题，确定您是否愿意将孩子的行为问题看作寻求帮助的信号。在每一种情形后勾选恰当的选项，你认为这个儿童_____。

活动 2

A. 刻薄或粗鲁　　　　　　　　　B. 缺乏技能

情形		
一个孩子无意中将另一个孩子推开，为了坐在他的朋友身边。	A	B
一个孩子故意将另一个孩子推开，为了坐在他的朋友身边。	A	B
一个孩子故意将另一个孩子推开，为了坐在他的朋友身边。当老师让他停手时，他却又做了一遍。	A	B

（执行状态小结见表 2-6）

表 2-6　执行状态小结

项目	内容
状态	执行状态
认知/诱因	好奇、喜欢探究、善于思考，我需要哪种帮助？
觉察	有意识
可使用的技能	理智、建立在当前需求基础上的内心的才华、多个角度看问题
你可能观察到的行为	积极、思考、共情、解决冲突、解决问题、管理情绪、设定和实现目标
发展性问题	我能学到什么？
发展性需求	社会情景下解决问题的能力
意图	明智地自我调整和应对当前的形势
方法组合	"建筑师"技能：解决问题　积极意图　教学资源整合　行为结果　执行技能

安全感、情感联结和解决问题

儿童来到学校时，会不停地在心中自问"我安全吗？"或"我能学到什么？"高效的学校能够营造出良好的校园文化，针对上述两个问题给出积极肯定的答案，同时提供必要的学习和社会情感技能，促进儿童健康地成长。表 2-7 为智慧自律在每种大脑状态下使用的各种有益的技能。

表 2-7 不同大脑状态下的智慧自律技能

大脑状态	需求	方法组合	特点	智慧自律技能
生存状态	安全感	"警察"技能	• 没有目光交流 • 抗拒各种问题、接触和理解 • 神情/身体紧张 • 感到孤立和无助	• 镇定："微笑星"、上传、一起深呼吸。 • 观察："你的手臂就像这样。" • 安全的语言："你很安全。" • 明确而坚定：明确而坚定的语气。
情绪状态	情感联结	"心理师"技能	• 身体放松 • 目光交流和肢体接触是有益的 • 希望交往、理解和（或）力量	• 鼓励："你可以做到的。" • 选择："选择权在你！" • 共情："你看上去＿＿＿＿。"
执行状态	解决问题	"建筑师"技能	• 集中精力应对最不想发生的事 • 愿意学习新的技能 • 有能力思考和制订计划 • 理解对其他人的影响	• 积极意图："你想要＿＿＿＿，还是希望＿＿＿＿。" • 自然结果："你喜欢吗？" • 逻辑结果："你需要做一个选择！你可以选择（有用的技能）和（积极的结果），或者（有害的技能）和（负面的结果）。" • 解决问题："和平"法、班会

现在我们花一点时间回顾最初与大脑状态模型相关的学习目标：

1. 与儿童交流的过程中，努力保持自己处于执行状态；
2. 辨别儿童正处于哪种内在状态；
3. 帮助儿童实现最理想的状态，学习新的技能，从而解决内在状态问题；
4. 教授儿童新的技能，解决行为问题。

保持自己处于执行状态。我们的认知会随着自己内部状态的变化而变化。如果我们受到挫折并且正在处于情绪状态，我们会更倾向于认为儿童是刻薄的或者粗鲁的，而不是缺乏某种技能。

从这个角度来看，我们无法使用所需的技能完成教学，而是选择了惩罚。如果我们仍然能保持心情放松和观察敏锐，而不是对儿童的行为进行评判，我们就能认识到，无论这种行为表现出来的意图是什么，这个孩子本质的问题是缺乏或者无法使用所需的技能。当我们的心态发生变化时，我们的认知也会随之变化，这种变化会改变我们的意图以及我们应对的方式。智慧自律的一个原则是：成人必须首先自我调整，然后才能管教儿童。这意味着，我们必须让自己的心态从烦恼转变为平静，这样才能帮助儿童实现同样的转变。

辨别儿童的内在状态。我们自己平静下来后，需要判断和辨别儿童当前正处于哪种大脑状态（参照表 2-8 与图 2-5）。

表 2-8　辨别儿童的内在状态

状态	（最可能的）行为
生存状态技能 （通常是肢体上的）	战斗（打斗、推搡、踢踹、吐口水、尖叫）； 逃跑（逃跑、躲藏、退让）； 僵住（屈服、哭泣、妥协、放弃）
情绪状态技能 （通常是语言上的）	责备、顶嘴、辱骂、社会排斥、社会侵犯、内疚、寻求关注、黏人、需要感情支持
执行状态技能	明智的行为、解决问题、共情、双赢方案

生存状态　　　　　　　情绪状态　　　　　　　执行状态

图 2-5　儿童的大脑状态

活动：评估儿童的内在状态

勾选儿童当前最可能的大脑状态，并在表 2-9 空白处写下他（她）的需求（参照图 2-6）。

表 2-9 评估儿童的内在状态

情境	大脑状态	需求
玛丽亚大叫："我讨厌你！"	☐ 生存状态 ☐ 情绪状态 ☐ 执行状态	
雅各布用一个泡沫球拍打了他姐姐的头，然后夺回了自己的球。	☐ 生存状态 ☐ 情绪状态 ☐ 执行状态	
卡洛斯突然猛打方向盘，避开穿过马路的一条狗。	☐ 生存状态 ☐ 情绪状态 ☐ 执行状态	
迪伦正在训练上厕所。今早尝试 10 次无果后，他的幼儿园老师砰地关上门："你在家也许可以这样，但别跟我玩这个！"	☐ 生存状态 ☐ 情绪状态 ☐ 执行状态	
马库斯抬起头说："帮帮我。我不会。"他的老师说："你可以举手，表示需要帮助。你做得很好，马库斯！"	☐ 生存状态 ☐ 情绪状态 ☐ 执行状态	

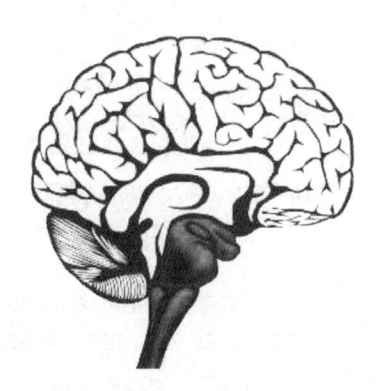

大脑状态：生存状态　　　　大脑状态：情绪状态　　　　大脑状态：执行状态
需求：安全感　　　　　　　需求：情感联结　　　　　　需求：解决问题

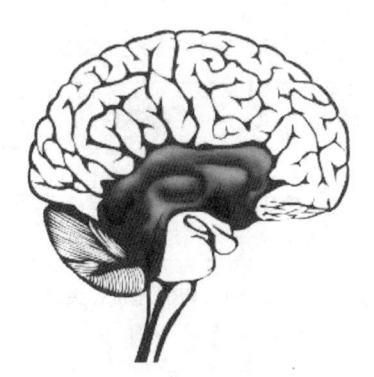

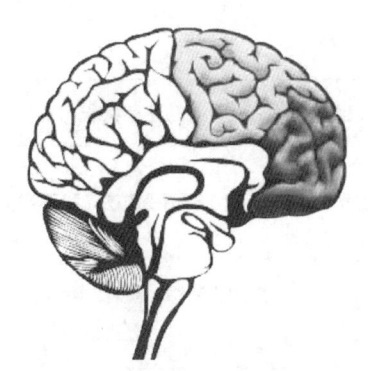

图 2-6　大脑状态及需求

3. 帮助儿童进入执行状态，实现最佳的学习效率。 安全感能够让生存状态平静下来，情感联结能够抚慰情绪状态，社会情景下解决问题的能力可以最大程度促进执行状态的发展。随着您更加深入地阅读本书，每章都提供了一些特定的工具和干预方法，以便促进大脑从低级状态向高级状态的演进。每章还包括一个"大脑聪明"教学时刻板块，帮助您更加深入地理解大脑和行为之间的关系。当我们成功地帮助儿童进入理想的学习状态后，我们便可以开展第四项任务：传授新的技能。

如同成人帮助儿童掌握新的执行技能，智慧自律致力于帮助成人学习必要的技能，从而改变他们自身的技能组合。

4. 教授儿童新的技能，解决行为问题。 改变儿童行为的最后一步是**教授**新的技能。通过本书提供的各种方法、干预和活动，帮助儿童掌握新出现的执行技能，从而实现上述目标。只有当您完成过程的前三步后，技能传授才能成功。

儿童的成长和发育是一个自下而上的过程。我们管理某种技能发展水平的方式同样会影响我们在下一种技能的发展上是否能够取得成功。以建筑为喻，安全感就像是地基，情感联结是第一层，解决问题是最上层。如果我们能够打下坚实的安全感基础，并且在上面稳固地建造每一层，那么无论成人还是儿童均能充分发挥他们的才智并且在遇到状况时作出最明智的选择。如果地基和（或）第一层不稳固或者受损，我们所有人（家庭、学校和社会）就需要共同努力修复受损的楼层，保持整栋大楼的稳固。

既然我们已经认识到大脑与社会情感学习息息相关，我们就应该努力实现从传统的以角色和威吓为核心的管教模式，向营造包容的、热情的校园风气的转变，我们将后者称为学校大家庭。在深入探讨学校大家庭（第3章）前，我们应首先深呼吸，告诉自己："我很安全。转变过程中的一切尽在掌握中。我自己可以决定想要作出多大的转变。我会抱着开放的心态，敞开心扉，继续阅读后面的内容，并且尽我最大的努力迎接这趟旅程。"

（三种大脑状态的对比见表2-10）

表2-10 三种大脑状态的对比

项目	生存状态	情绪状态	执行状态
观念	我正在遭受攻击。我不安全	我没有得到关爱/重视/尊重/赞赏	我非常安全/家人和朋友非常爱我/我有能力应对
情绪	焦虑、愤怒、害怕、恐惧、绝望、压抑	忧伤、伤心、挫折、激怒、失望、内疚、无助	平静、平和、有条理、感激、满足、放松、专心、专注、敏锐、自信、有能力
行为	肢体攻击、大叫、退缩、逃跑、屈服、不合群	社会攻击、辱骂、受害、装可怜、内疚、操纵	以目标为导向、积极解决问题、以解决问题为导向、有爱心和积极主动、负责任

续表

项目	生存状态	情绪状态	执行状态
觉察	无意识	无意识	有意识
自主	肢体反抗、本能、刺激—反应	言语反抗、条件反射("光盘")刺激—反应	有意识地选择应对的方式 刺激—暂停—反应
问题	我安全吗?	我得到关爱了吗?	我能学到什么?
需求	安全感	情感联结	社会情境中解决问题的能力
管教方式	威胁、打人、吓唬	自我中心、诱惑、操纵、奖惩、内疚、缺少关爱、推理、取悦我	以文化—联系为基础的内在动机模型,如智慧自律
调节	唤醒系统、"拍手器"	情绪	行为、思想、情绪、唤醒系统

Chapter 3

第 3 章
学校大家庭

SCHOOL FAMILY

1

学校大家庭：营造凝聚友爱的校园氛围

> 看到受害女童的父母悲痛大哭的画面，少年谋杀犯抱怨道："我不明白他们为什么哭，我才是那个要去坐牢的人。"
>
> ——布鲁斯·佩里（Bruce Perry）博士

这太令人震惊了！所有人都无法想象一个孩子如何能对他人作出如此暴力的恶行，事后还说出"我不明白他们为什么哭，我才是那个要去坐牢的人"这样毫无愧疚感的话来。类似的案例还有很多，一个14岁的少年杀害了一名教师和两个同学之后说："这回让代数见鬼去吧。"还有未成人在15位学生被杀害的化学课上说："你们怎么没有通通死掉？"每一次暴力事件过后，我们都会扪心自问，我们很想知道，如果没有悲悯心，没有对个体生存意义的理解，没有归属感，没有得到过无条件的爱，这些孩子怎么能够长大成人？为了培养孩子们的这些良好品质，避免悲剧重演，我们究竟应该做些什么不同寻常的工作？

我们都有一个共识，无论是更高标准的考试成绩、差异化更强的课程、更好的课程计划，还是更主动的学习，都对这些身处困境的孩子无益，也不能阻止这种悲剧的发生。我相信，破解这个谜团的关键在于家庭，包括我们的原生家庭以及我们自主选择的和我们朝夕相处的人们共建的"家庭"。我们所拥有或缺失的人际关系，既可以让我们登上人生的巅峰，也可以让我们坠入绝望的深渊。

智慧自律是建立在两个密切联系的观点基础上的：

1. 健康的家庭是实现理想的学习与发展潜能的终极文化模型；
2. 内在动机是实现终身学习和健康的唯一途径。

健康的家庭模式 VS. 传统的工厂模式

智慧自律用健康的家庭作为营造理想的学校文化氛围的模板，帮助学生在"我安全吗？"和"我得到关爱了吗？"两个问题上得到积极肯定的答案。学校大家庭不会取代儿童本身的家庭，但是可以利用健康的家庭模式创造出理想的学习环境，这有助于实现所有儿童（包括有特殊需求、英语非母语、叛逆的或失控的，以及孤僻的或沉默寡言的儿童）和所有成人（管理者、教师、员工、照料者和父母）持续健康地成长。

从古至今，许多学校的课堂都是按照工厂型教育模式设计的，这种教育模式兴起于20世纪90年代早期。请花一点时间想象一下工厂和它的产品、目标以及工作环境。在你想象的画面中，工人们按部就班地工作，机械地重复相同的任务，丝毫体现不出个人价值。工厂的目标是根据质量控制标准高效地产出尽可能多的标准化部件。管理者的激励手段就是外部激励，如开除或惩罚未能达到每日工作指标的工人，以及奖励超额完成的工人。不合格的部件不计入工作量。主宰工人们的感受常常是冷漠、无聊和恐惧，害怕不能达到每日工作额度和质量标准，或失去可能的奖金。

在工厂型教育模式中，教育者就像工厂的工人，而学生就像是生产的部件。这种模式的目的是，按照具体的时间表将标准化的课程灌输到每个部件的脑袋中。不顺从的儿童被视作阻碍生产、效率和教育责任制的绊脚石。工厂型教育模式注定会导致某些儿童被淘汰。被淘汰的儿童因身为"异类"而被边缘化，成为欺凌者或被欺凌对象。有些孩子能够在这场学业竞赛中胜出，但是他们承受着超负荷的外部压力。如果不能达到完美的学业表现，或得不到最高奖项，他们就会感到如坠深渊。

我们越来越清晰地认识到，标准化、竞争性的工厂模式并非有效的学习方式。我们必须为营造校园文化制定一个新的教育模式，这种模式可以接纳各种差异，促进凝聚友爱，让所有儿童都得到关爱，成为大家庭中的重要成员。这种新的教育模式能够积极肯定地回答"我安全吗？"和"我得到关爱了吗？"这两个问题。智慧自律认为这是一种以健康的家庭为模型的教育模式。研究表明，可持续的、友爱互助的校园氛围能够提高学习成绩，改善心理健康，提高毕业率、增进校园内的人际交往，有助于维护稳定的师资队伍和防范各种风险（Cohen & Geier, 2010）。我们的常识以及研究结果都在告诉我们，社会情感技能和学校氛围是互相促进的（Zins & Elias, 2006）。我们是否有能力管理情绪、理解他人、建设性地应对困难和有效地解决问题对一个家庭的健康发展具有深刻的影响，对学校也是如此。

内在动机 VS. 外部控制

历史上，美国式管教的目的不外乎用吓唬的方式强迫儿童就范。作为一个在美国南部长大的人，我经常听到人们把"持有敬畏之心"当作一种有效的管教方式。当孩子们未能按照我们的要求完成任务时，我们会用"不许休息""不许课间休息""叫家长""去校长办公室"的方式威胁他们，并且希望孩子们会说："谢谢，您真是好老师！我马上就去做。"

许多教育者敏锐地意识到，威胁和惩罚往往适得其反。权力至上的教育模式会破坏师生关系，抑制学生的自我调节能力，使学生作出行为改变的原因都是因为害怕的情绪。它并不能够促进学习和合作，反而可能会导致学生的愤怒、反抗和报复行为。近期，许多人逐渐转向了以奖励为基础的正向管教方式——"抓住孩子的闪光点"。尽管这种方式看似与惩罚截然不同，但它们本质上属于一枚硬币的两面：二者都极力控制他人的行为，并且把恐惧作为工具。在以惩罚为主的管教模式下，儿童会问："你想要我做什么？如果我不做会怎样？"在以奖励为主的管教模式下，儿童会问："你想要我做什么？我做了会得到什么好处？"这些问题都不会让儿童仔细思考"我究竟想要成为什么样的人？"这一问题（Kohn，1999）。无论惩罚或是奖励都会起到反作用，因为它们都是建立在恐惧基础上的。大量研究结果表明，恐惧能够关闭大脑的高级神经中枢，使大脑高级神经中枢失效，并让我们任由冲动和不安全感摆布（Cozolino，2013）。因此，无论儿童担心受到惩罚或担心无法得到奖励，本质都是一样的，两种方式都会让大脑处于恐惧之中（生存状态），而不能启动大脑的学习过程（执行状态）。我们必须努力与大脑合作，而不是对抗大脑。

我曾在美国加利福尼亚州的一所学校工作，这所学校开设了智慧自律课程。有一天的活动是安排三年级男生小组讨论欺凌问题的解决办法。一个男生被这个任务激怒了，无奈地说："直接扣我点分不行吗？或者抽我几鞭子也行？解决问题太难了！"其他男生点头表示同意。要求儿童认识到他们的内在状态并改变它们，反思他们的行为并运用其他技能替代原有的行为，这远比接受惩罚更有挑战性，也更具有长远的奖励价值。像许多儿童一样，这些男生已经习惯了被动地接受管教，让别人对他们做一些什么，而不是自主选择做对自己真正有益的事情。

在诸多教育文献中，研究者针对将外部奖励作为激励策略（Sansone & Harackiewicz，2000）的做法存在长期且激烈的争论，而对内部动机的益处则毫无异议。依靠外部动机的学校最多不过使学生顺从；而致力于强化学生内在动机的学校则不仅能够促进脑部功能发育，提高学生在社交和学业方面的表现，还能有效减少攻击性和冒险性行为。内在动机要求我们提高个人的自主性和独立性，布置有意义且有挑战性的作业，鼓励相互滋养的人际关系，建立生理上和心理上均安全无虞的校园环境。智慧自律携手您以及您的子女、班级和学校共同实现从以奖惩为核心到以安全感、情感联结和解决问题为核心的校园文化的转变。

2

通过学校大家庭转变学校氛围

大脑是一个社会性器官，因此互相依赖是实现最佳学习效果的基石。智慧自律要求我们营造一种凝聚友爱的学校氛围，我们称为学校大家庭，从而满足大脑对互相依赖的要求。共情远不止于积极向上或相互合作，而是依赖于一个关键的认知——所有生物都是相互依存的。归属感被定义为"个人重视其在某一社会性体系内的参与感，感到无法与该集体分割，属于该集体的一部分，并且被其他成员接受"（Anant，1966）。学校大家庭通过归属感系统性地将所有成员紧密地联系在一起。这种可感知的归属感为我们解决问题、永久性地转变我们的行为和取得社会情感及学业上的成功开启了一扇门。

营造凝聚友爱的学校氛围远不止于在职培训活动中的团队建设、制作统一的制服和为班级起个响亮的名字。精妙的修辞和华丽的辞藻并不能营造出归属感。我们必须追溯到所有人际关系最基本的要素——安全感和信任感。当我们通过日常互动，尤其是在面对困难时的互动，建立安全感和信任感时，我们便开始营造一个"校园大家庭"，所有成员都愿意放下防备，并真诚地与他人交流。真正的人际互动能够帮助大脑控制冲动，让我们的理想在真实的生活中得以体现。

建立充分的社会信任并营造凝聚友爱的学校大家庭，要求大幅升级我们的技能组合。我们大多数人依赖外部途径控制他人的行为，因为这就是我们成长的方式，也是我们学到的"管教"儿童的方法。以控制为核心的行为控制并不能培养出活得有意义的生活所必需的内在动力和自我调节技能。如果校长极力通过权力控制教师而不是与他们分享权力和建立良好的关系，或者如果教师利用自己的权力控制学生而不是与他们分享权力和建立良好的关系，那么想要营造凝聚友爱的学校文化几乎是不可能的。

建立和维持人际关系的方式受到我们生命早期父母和其他看护者的影响，我们称他们为"依恋对象"。早期的依恋对象帮助我们塑造自己的心智模式，决定了我们如何管理自己的情绪、表达我们的思想、解决或避免冲突。如第2章所述，两种主要的依恋模式分别是安全型和非安全型。安全型依恋模式可以让我们生活中充满灵活和韧性、拥有自知之明，能够轻松地与他人互动并且迅速从不安的情绪中恢复；不安全型依恋模式多种多样，但每一种不安全型依恋都会降低我们应对问题的灵活性、向内反思自己的能力、与他人建立关系的能力，以及从伤痛和挫折中快速恢复的能力。

我们的依恋模式取决于他人看待我们的方式，以及我们在幼年时期的安全感和在面临悲痛时主要看护者抚慰我们情感的方式。所谓"被看见"指看护者是否能感受到我们行为背后的内心世界，从而帮助我们实现自我情绪调节，看护者是否能把哭闹与我们被交给保姆时感受到的失望和恐惧联系起来，还是仅仅在我们被交给保姆时告诉我们："别哭，没事的，妈妈会回来的。"有安全感指我们觉得得到了保护，不会受到伤害，并且不会惧怕我们自己的看护者。看护者是否威胁我们，对着我们大叫，或者利用内疚感控制我们，或者当看护者在场是否能够保证我们的安全？所谓"抚慰"是指我们在面对悲痛时看护者的应对措施能够减轻我们的不安，而不是置之不理或使之加剧。

人类大脑的成长发育是以人际关系为基础的。本书中不止一次通过各种方式提及大脑是一个社会性器官，是通过人际关系成长发育的。大多数哺乳类动物仅有一个依恋对象。幸运的是，人类在幼年时期有多种依恋模式，如果我们幼年时期的依恋模式是不安全型的，我们可以通过后续的人际关系对其进行调整，并作出必要的转变。智慧自律的各种力量和技能如果运用在凝聚友爱的学校大家庭氛围中，则能够帮助我们成功地实现这些转变。

有智慧的成人、智慧自律的7个技能和学校大家庭是相辅相成的。学校大家庭能够提供一个富有安全感和人际交往的学校氛围，可以让我们更加主动地改变自身的行为和控制冲动，从而实现所期待的转变。智慧自律强大的力量能够改变我们对冲突的认知，而这些技能则能改变我们应对冲突的方式。学校大家庭以及智慧自律的技能是一种相辅相成的关系。

本书中的每个章节均详细阐述了构建学校大家庭所需的各种技能。如果我们把这些技能运用于实践，我们便能够不断强化学校大家庭。当我们不断强化学校大家庭时，我们同时也在不断提高这7个技能的效能。这样可以实现我们所期待的个人转变并营造出健康的学校文化，不仅利于我们的工作，也利于儿童的学习。学校大家庭可以达成的成果有：

1. 促进理想的大脑发育；
2. 将心理韧性因素纳入学校文化中；
3. 打破从不知所措到施暴之间的恶性循环；
4. 培养解决冲突的能力；
5. 提高结果的有效性；
6. 树立理想教育楷模；
7. 示范权力共享；
8. 重新点燃教与学的内在乐趣。

安全感和与重要成人之间的情感联结是建立归属感的先决条件。

成果1：促进理想的大脑发育

理想的大脑发育能够鼓励自我调节，培养执行技能和提高学习成绩。大脑研究的一项核心结论认为，人际关系能够影响和塑造大脑的功能和结构。我在工作坊上经常说："来自外部的人际交往能够产生内心世界的联结。这种联结能够真正地调整我们的大脑，提高我们的意愿和冲动控制能力。"关键在于，我们必须认识到人际交往能够建立神经连接，从而影响我们的生活态度，以及应对压力和生活事件的方式。简单来说，我们最早期的人际关系会决定我们的反应方式——在生气的时候会直接发怒，还是会冷静一下再选择作出更明智的反应。

我们最早期与父母和看护者之间的关系影响着五大关键功能。凝聚友爱的学校大家庭也同样有助于这五大功能的发展。

1. 幼年时期的人际关系影响了我们在面临压力时的应对方式以及我们的耐压能力。你的内在状态（拍手器）如何？总的来说，你是否会轻易失控或放弃？你现在的拍手器状态如何？如有必要，继续阅读前请慢慢地深呼吸3次。

2. 幼年时期的人际关系可以塑造我们认知世界的方式。你认为世界是安全的吗？你的杯子是半满还是半空？对你来说，你会很容易（或困难）信任和依赖他人吗？

3. 幼年时期的人际关系可以影响我们将记忆固化成心智模式的方式，从而预测未来。大脑可以被称作一台"预测器"。它会不断扫描周边的环境，努力预测接下来要发生哪些状况。我们幼年时期的家庭关系使我们在惊恐与快乐、信任与不信任，以及乐观与悲观的两极心态之间摇摆。请勾选您的心智模式：你会花多少时间思考其他人的言论或感受（预测他们的反应），只想要控制形势而不是亲身体验？你是否时常产生下列心智模式？

- 如果你想要做一件事，那你应该亲力亲为；
- 唯一可信任的人是你自己；
- 请求帮助是懦弱的表现；
- 男子汉不能哭；
- 孩子听话表示家长（老师）做得好。

4. 幼年时期的人际关系有助于培养我们的人际交流能力。有些人能够注意到他人面部表情传递出的线索，而有些人则缺少识别人际沟通过程中这一重要因素的能力。有些人似乎能够理解自身的行为对他人的影响，而有些人则对此毫无察觉。了解他人的感受、换位思考并且感同身受的能力是通过我们早期的人际关系养成的。除非有意识地学习和练习新的方式，否则我们只能复制他人看待和抚慰我们的方式，提供他人能够为我们提供的有限安全感。

5. 幼年时期的人际关系影响了我们保持关注的能力。情绪的管控以及注意力的发展是一体两面的。我们只会注意到重要的事物，而我们的情绪决定了哪些事物是重要的。只有我们情绪稳定并能够很好地调节自己的情绪，才能集中和保持我们的注意力。如果情绪不稳定，我们无论如何也不能集中注意力。

研究结果明确地指出，人际关系对建立大脑低级皮层与高级皮层之间的脑回路至关重要，这部分脑回路区域负责形成意义、调节身体状态、调整情绪、集中和保持注意力、组织记忆，以及实现人际交流。在传统的管教方式下，我们为了控制儿童而采用的外部力量会牺牲这部分脑回路的发展机会。我们把孩子们的名字列在奖惩板上，并给予他们奖励，但从未真正解决行为背后的核心问题。我们必须重新合理地组织我们的课堂和学校活动，使其能够反映出最新的大脑研究成果，为每个儿童争取实现毕生成功的最好机会。是时候呼吁培养人格健康的、全面发展的儿童了，这只可能发生在由人格健全的管理者带领的全面发展的学校中，发生在由高素质教师管理的、全面发展的班集体中。

成果 2：将心理韧性引入学校文化

心理韧性指一个人能够通过自我调整适应各种形势（尤其是压力）的能力。一个具有心理韧性的人能够直面挑战和逆境，并且能从容应对各种困境。韧性的发展离不开一种优秀的品质，塞塔和布兰德特罗将其称为"家庭的正向影响"（family privilege），其中包括"促进理想的大脑发育"中所列举的各种复杂的能力（Seita & Brendtro，2002）。如果儿童能从家庭中学到这些能力，那学校大家庭则会强化它们。如果儿童受到心理创伤、在幼年时期缺乏健康的人际关系或者因其他原因缺乏家庭的正向影响，那学校大家庭可以提供多种保护因素，重建这些能力，并且将不安全型心智模式转变为安全型心智模式。简言之，学校大家庭能够提高儿童在面对压力和心理创伤时的适应能力。据我所知，在学校文化中融入一些保护因素（如心理韧性），是唯一可以让每个孩子在成功的赛场上站在同一起跑线的方法。

正是由于家庭的正向影响的原因，我感到非常安全，得到了深切的关爱，并且有足够的能力尽情探索我的生理和心理世界。家庭的正向影响让我能够无拘无束地畅想自己是一位英雄、一名摇滚明星、一个公主或者发明家。我随时可以写出精美的故事，指挥演出和转换我的角色。我不需为赡养父母或自己的生计发愁。我不必担心食不果腹，不必担心妈妈不在家的时候谁来保护我的安全。我不必因为暴力或混乱而时刻绷紧神经。我可以自由自在地摆弄玩具，拓展心境，躺在草坪上想象腾云驾雾的飞龙。随着时间流逝和大量的练习，这种家庭的正向影响让我能够克服各种困难，制定和实现自己的目标，反思我的内心世界并且为我的行为承担应有的责任。家庭的正向影响让我的大脑、身体和精神健康地发展。别误会，我的家庭也有一些不和谐的地方，但是爱意浓厚的家人、可以明确感受到的安全感和归属感以及理想的学习经历让我拥有足够的安全感，从而有机会为了我的理想而打拼。

许多人根本无法想象没有家庭的正向影响的生活会如何艰难。我们想当然地认为，它就像我们呼吸的空气一样随处可得。不幸的是，事实并非如此。越来越多的孩子在不稳定的环境中长大，他们成长的过程中，恐惧和混乱取代了亲情纽带产生的安全感。家庭的正向影响的匮乏剥夺了儿童探索性学习的机会，破坏了他们的联结，这就是塞塔和布兰德特罗提出的所谓的缺乏生命蓝图（blueprint of life）或生命蓝图扭曲。

我在《创建学校大家庭》一书中讲述了马克的故事，马克是一名小学二年级男生，当学校的休息室被取消后，他企图用皮带自杀。那天我和马克聊了很久。他无家可归，不得不住在当地的收容所。他告诉我，收容所附近根本没有任何安全可言，即使儿童的游乐室也是盗窃和暴力横行。学校的休息室是世上他唯一感到安全，并且可以像孩子一样玩耍的地方。我终于开始明白，在马克的心中，他可以为了休息室付出生命的代价。

马克没有享受到任何家庭的正向影响，他没有任何兴致将空中的云朵想象成飞龙，而现实中他的身边"恶龙"四伏，这让他的心中始终充满了恐惧而不是关爱，彻底摧毁了他对美好生活的向往。所有人口统计资料均揭示出一个可怕的现实：像马克一样缺乏家庭的正向影响的儿童数量正在与日俱增。生活困顿的成人没有能力提供子女健康成长所需的情感纽带。忙碌、困顿的生活、低素质的保姆和儿童保育、工作的压力、离婚、酗酒、残疾、贫困、犯罪以及心理压抑，正在社会的方方面面不断侵害着家长对子女的教养，置家庭的正向影响于危险的境地。

从越来越多令人毛骨悚然的校园暴力新闻中，我们可以明确地看到，处于危险边缘的儿童和不良的学校氛围正在迅速扩大。从未体验过家庭的正向影响的儿童缺乏足够的心理韧性，从而无法应对基本的压力，因此他们几乎百分之百会对自己（自残、刀割、厌食、自杀）或他人施加暴力。

对于那些缺乏家庭的正向影响的儿童而言，学校可以成为一个培养心理韧性的绿洲，或是成为他们抵抗逆境的战场。众所周知，对于理想的学习状态，高挑战和低压力是必不可少的。随着教育标准不断提升，学习中的挑战也不断升高。然而，如果将那些饱受压力折磨的儿童和老师放置在高压力的环境下，我们就是在进一步增加他们的压力，使他们功能失调，并可能表现出暴力行为和学业失败。

成果 3：打破从失去到暴力之间的恶性循环

儿童在进入学校后反而会出现比数年前更加严重的行为问题。越来越多的儿童因为多种因素而遭受失去和创伤，包括父母离异、家庭迁徙、父母因亡故、酗酒、监禁或心理疾病而无法陪伴儿童，缺乏玩耍的机会，以及过多接触成人主题的媒体。失去和暴力之间的联系是显而易见的。如果没有内心平和、体贴的成人帮助他们恰当地应对这种失去，那么这种失去将迅速变为愤怒；如果没有认识到愤怒并通过自我调节加以控制，愤怒将升级为暴怒；暴怒之下产生无法控制的报复欲望；报复产生更多的失去，令这一恶性循环不断重复（见图 3-1）。

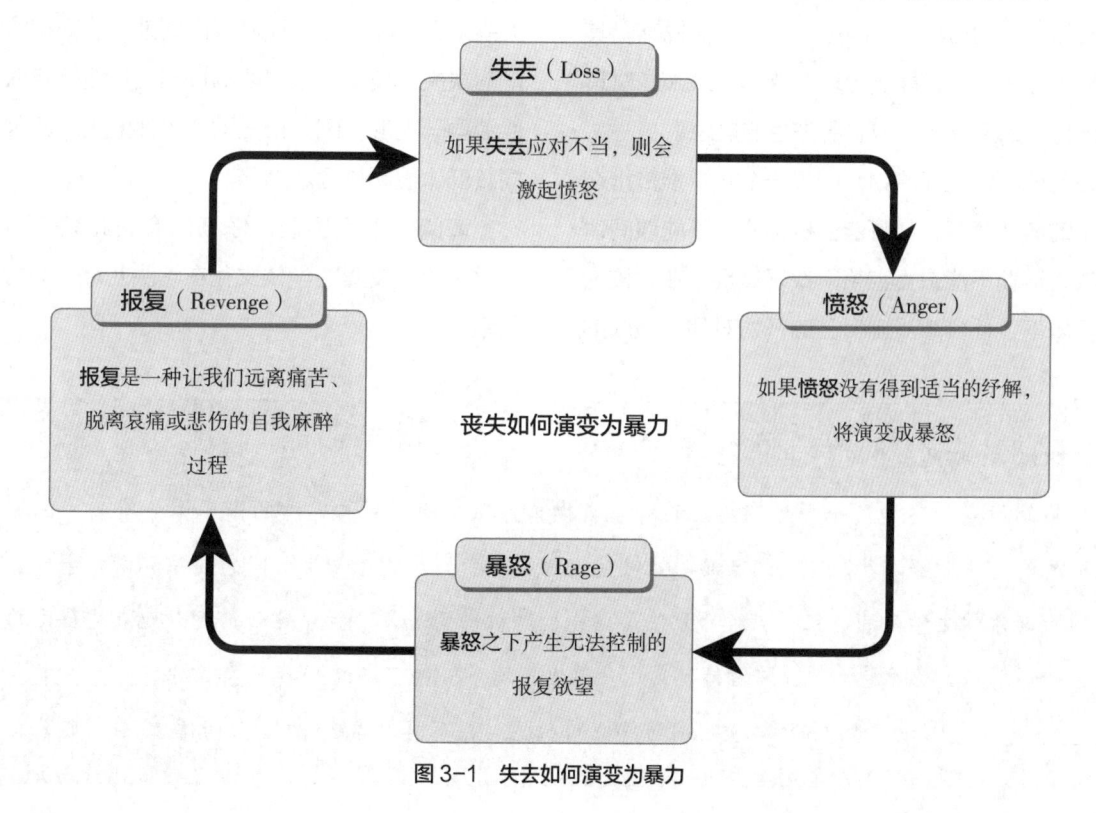

失去（Loss）
如果**失去**应对不当，则会激起愤怒

愤怒（Anger）
如果**愤怒**没有得到适当的纾解，将演变成暴怒

暴怒（Rage）
暴怒之下产生无法控制的报复欲望

报复（Revenge）
报复是一种让我们远离痛苦、脱离哀痛或悲伤的自我麻醉过程

丧失如何演变为暴力

图 3-1　失去如何演变为暴力

学校如何打破上述循环？准确理解这一循环能够让我们适时干预从而拯救陷入其中的儿童。学校大家庭的目标是满足经历丧失的儿童的需求。它不仅能够通过"祝福"仪式和"关爱中心"等活动确认和应对儿童的丧失，并且可以通过"安全角"控制愤怒。

此外，学校大家庭还可以通过本书第8章所描述的"通过共情平息愤怒"解决儿童的激怒问题。尽管教师不是经过专业训练的心理咨询师或心理学家，但我们可以且必须建立一种健康的文化，从而纾解儿童的压力，实现教学目标。

成果4：培养解决冲突的能力

在学校大家庭中，促成儿童遵守行为规范的动机，源自儿童在帮助他人、感受得到关爱和体会到作为集体一员的自信时，内心所产生的愉悦感，其他动机来源还包括不能友善地对待他人或未能对集体作出自己的贡献时，内心所产生的焦虑。

在传统的课堂环境中，如果一个儿童推挤排在队伍里的其他儿童，他可能会被扣分，不能课间休息，或者被罚不能去百宝箱里找玩具玩。在学校大家庭环境下，他会感受到自己的行为对他人造成的影响，教师会向被推挤的孩子传授积极的应对方式，比如"我不喜欢你这样推我。请按照顺序在我后面慢慢走"。如果他与被推挤的学生之间有亲密的关系，他会为自己的鲁莽行为感到焦虑。这种内心的不适感让推挤者愿意选择其他恰当的方式并且学习新的技能。教师可以这样教育推挤者："如果你想要他走得快一些，你不能推他。你应该说'请跟上其他人。我们掉队太多了'。"

我们从生活经验中认识到，行为的动机来自我们与他人关系的好坏。当你和你的伙伴一起看电视时，彼此相处非常融洽，此时你站起来想去卫生间，你的朋友说："能帮我拿点零食吃吗？"这时你会毫不犹豫地拿起旁边的薯条；如果你们的关系不太融洽，你会想（说）："你长着腿呢，自己拿！"关系亲密时乐于帮助的行为和关系疏远时拒绝帮助的行为同样适用于儿童。当儿童感到自己与学校大家庭关系亲密，冲突会让他们认识到某种社交和情感技能的缺失。彼此关系密切的校园文化能够将欺凌事件消融于无形，因为校园欺凌事件最大的原因便是同龄群体彼此疏远。

请阅读下列场景，仔细体会彼此竞争的学校文化和相互友爱的学校文化在解决儿童冲突方面的差距。

班级A：梅纳德老师

梅纳德老师参加了一个为期两天的智慧自律工作坊。她觉得工作坊的内容十分有趣，但真正吸引她的是儿童解决彼此冲突的话题。她被完全吸引住了！毕竟，学生之间的窃窃私语和争吵会打断所有其他学生学习的进程。应对的方法是首先处理被动的一方，教导她如何有效地表达自己的想法，告诉别人自己希望别人如何对待她自己。这种情境下，她可以说："我不喜欢你_____。请_____。"比如，被推挤的儿童会对推挤他的人说："我不喜欢你这样推我。请离我远一点。"

梅纳德老师想要尝试一下，因为她所使用的"表现卡"系统似乎对个别儿童不奏效。她没有时间建立学校大家庭，只是临时抱佛脚。周一时，她试了试。杰弗里打了德文。她教德文这样说："杰弗里，你这样打我让我很不开心。你要是想引起我的注意，可以轻轻拍我的胳膊。"德文看了看梅纳德老师，然后带着不屑一顾的表情试了试。杰弗里很快大声地说，"好啊，没问题！我喜欢这样！啪，啪，啪。"然后重重地在德文身上拍了三下。梅纳德老师在他们的计分榜上扣分，并让杰弗里带着纪律通报去办公室。她公开地说："这个'智慧自律'根本就不管用！太可笑了！"（梅纳德老师试图在根本不利于学生主动友好互动的课堂环境中解决冲突。脱离了凝聚友爱的学校大家庭环境，即使"正确"的言辞也是毫无用处的。）

班级 B：考夫曼老师

考夫曼老师参加了同一期课程。在深刻领会智慧自律的精髓后，他意识到需要改变班里的氛围。孩子们总是争着想要引起他的注意，不论是正面的还是负面的，这令他疲惫不堪。他希望孩子们能够更有礼貌并且相互友爱，而不是不断地结成各种排外的小圈子令许多学生分心。如果他能营造一种充满归属感、奉献和关爱的氛围，这些问题便会迎刃而解。

他花了大约6周时间实践学校大家庭。他开始把自己带的班级称作"家"，并且创作了能够代表师生理念的班级格言。每个孩子在班里都有工作安排，每周轮换。当孩子们因为压力而郁郁不乐时，他会使用"安全角"并彼此祝福而不是嘲笑，通过这种方式，他成了一位"S.T.A.R."（"微笑星"）。更重要的是，他把自己的角色变成"安全守护者"，他看待和应对学生之间冲突的方式也随之发生了转变。考夫曼老师慢慢地开始观察学生而不是评判他们，并且开展了一系列增进儿童亲密关系的活动，如每天热情地和每一个孩子打招呼。

班级气氛的改变是显而易见的。他可以感受到，孩子们也能感受到，进入班里的所有客人也同样感受得到。同事们开始议论他的班级。随着人际亲密感的增加，受此鼓励的考夫曼老师开始教孩子们如何自信地大声表达自己的想法。有一天，保罗把卡里姆推出了队列。考夫曼老师和这次事件的受害者卡里姆进行了交流，让他亲自去找保罗谈谈。卡里姆先深呼吸，然后对保罗说："你这样推我，让我感到很不舒服。请你站在自己的位置并且把手放在口袋里。"保罗先是晃了晃脑袋，然后慢慢抬起头说："好吧，可以的。对不起啦，哥们。"然后跳回了自己的位置。考夫曼先生认为"'智慧自律'太棒了"！

在梅纳德老师的班里，杰弗里认为德文的大嗓门是一种威胁。但在考夫曼先生的班里，保罗认为卡里姆的大声是有礼貌地说出了自己忍耐的极限。班级的氛围使学生在认知上产生了极大的差异。学校氛围对诸多事物均有极大的影响力，从学习成绩到社会情感学习，从有效的纪律管理到旷课，它的影响无处不在。

当我们训练儿童有礼貌地解决冲突时，我们正在强化和激活大脑的高级神经中枢。他们能够专注于自己的内心，解决问题和学习新的技能。除非这种训练是在彼此关爱的氛围中实现的，否则将毫无建树可言。相互友爱、亲密无间的学校氛围远远超出了感觉良好的范畴，它是当前学校发展势在必行的趋势，是智慧自律的核心。如果没有学校大家庭带来的安全感和情感联结，当你教育孩子们说"我不喜欢你这样推我"时，他们是心不甘情不愿的，甚至是带着某种不良情绪的表达，而不是平和地表达自己的感受和界限。推挤的人可能会简单地回应："别烦我。"没有学校大家庭提供的安全感、信任感和情感联结，想要成功解决冲突和各种问题几乎是没有可能的。

成果 5：提高行为结果的有效性

一个行为所产生的真正结果是我们对于结果的感受。我们经常认为不做作业的结果是考试不及格。然而真正的结果并非如此，真正的结果是儿童对考试及格或不及格的感受。如果想要一个上课态度不认真的孩子变得认真，你想通过暂时取消他上课的资格来达到这个目的是几乎不可能的，因为他根本就不在乎有没有上课机会。每位老师都很清楚，如果孩子始终是一副"我不在乎"的态度，我们根本

束手无策。要想让儿童在乎行为结果，就必须要让他们感受到有人在乎他们。他们必须享有充分的家庭的正向影响，从而促进大脑中关爱系统的发展。

如果大脑中的关爱系统关闭，它会同时关闭前额叶的功能以及我们深入认识某一行为对他人影响的能力。当儿童进入"我不在乎"的状态时，无论他们自己的选择所产生的结果，还是我们为了激励、引诱、教育或控制他们而使用的各种奖励，都是无济于事的。所谓的"难管教"的儿童，当他们进入学校时，他们并未得到多少家庭的正向影响，而他们的关爱系统也是无效的。他们的计分排名总是排在后面，经常不能课间休息并且不能参加外出活动。对他们而言，"胡萝卜加大棒"的管教模式是无效的。对于缺乏家庭的正向影响的儿童而言，学校大家庭就像用于心肺复苏的除颤仪，能够帮助儿童"恢复心跳"并"重新启动"他们的关爱系统，因此他们能够从错误中学到教训，而不是责备其他人并且不断重复不健康的行为模式。

当我们通过学校大家庭与儿童进行互动时，我们能够通过营造安全、友善的环境，帮助儿童重建他们内心的"方向盘"，因此他们能够从自己的错误中不断学习。儿童对自身行为结果的感受（结果）是他们学会更好应对各种状况的驱动力。学校大家庭的目的是在全体成员内培养统一的集体意识，而不是将内部成员区别对待，通过这种方式，我们可以让所有儿童凝聚成一个整体，并且利用自然结果而非人为控制的结果反映出他们长期的行为转变。

成果 6：树立理想教育楷模

以标准化和质量控制为基础的工厂型教育模式隐含的潜台词是：某些儿童产品必定会被淘汰。公

立学校的概念初兴时，人们认为只有某些特定的儿童是可以教育的。随着更多的人群被纳入教育体系，一些学校成了一个区分"我们"和"他们"的场所，这种情形愈演愈烈。这种教育系统是不能长久的，因此我们必须培养有利于现代理念的新思维模式。

智慧自律建立在凝聚的基础上。智慧自律平等地对待所有儿童，重视他们个人的长处，并将其视作学校大家庭的积极因素。必须营造一个健康的"我们"，从而让其中每个才华各异的"我"能够茁壮成长并回馈"我们"这个集体。学校大家庭最基本的理念认为，所有的生物都是相互依存的。智慧自律的每一种技能、能力、活动和仪式无一不在强化"我们是一个大家庭"这一理念。下面两个示例很好地诠释了这一点。

> **示例1**：我拜访了佛罗里达州迈阿密市的一个专为有特殊需要的儿童开设的学校。与学校大家庭一样，班里的每个孩子都有一份有意义的工作。一个小女孩患有肌肉萎缩症，她艰难地支撑着自己的身体，连说话都有困难。到了活动时间，孩子们在玩一个"停停走走"的游戏。这个小女孩瘫坐在自己的椅子上，腿上放着一个写着红色的"停"的标识牌。当音乐停止时，她会把标识牌高高地举起，好像举起一个500斤的重物一样，同时深呼吸一口气然后竭尽全力说出"停"这个字。所有孩子都停下来。后来，她用了大约15分钟和我分享她的感受，她艰难地说出举牌行为是如何帮助她所在的学校大家庭的每一个成员学会控制自己，因此每个人都能互相帮助而不是彼此伤害。她能够感受到她自己在这个学校大家庭中的重要价值。
>
> **示例2**：罗蒙经常带着各种记录了学生在校行为的家长信回家。他妈妈已经习惯了因为他的行为问题被叫到学校，并且每次回家都会惩罚他，希望他能够改正。到了二年级，罗蒙遇到了一位运用智慧自律的老师，并且加入了"闪耀明星学校大家庭"。当年，他的第一封家长信是这样写的："罗蒙今天和他的朋友达尼尔生气了，但是他并没有推搡达尼尔，而是先做深呼吸（我们称为'微笑星'），调控住了自己的情绪，并且礼貌地要求达尼尔走开。我们在学校一起庆祝了罗蒙的改变，并且希望您和我们一同分享罗蒙的成绩。罗蒙明天会教其他人如何通过深呼吸（'微笑星'）控制自己的情绪。我们希望您能够在百忙中抽空参加。"

帮助他人能够刺激我们的执行状态，培养我们制定和实现目标的能力、友好地与他人相处以及解决问题的能力。进入这个小女孩所在的班级前，我开始对自己失去信心，并感到非常气馁，我觉得或许智慧自律对很多人来说太难掌握了，而且我传授智慧自律的教学经验也不足。但看到这个小女孩艰难地举着标识牌帮助别人时，我意识到我们每个人来到这个世界都有自己的使命。我们每个人都可以让世界变得更好一些，包括我自己。

我们只有在大脑处于完善的执行状态时，才能实践我们的理念：互助、正直、诚实和尊重。学校大家庭的每个成员都能通过下列方式实践我们的理念：

- 互相帮助；
- 专注于日常的善意行为；
- 学会有效地解决人际冲突；
- 通过工作感受自己作为集体中不可缺少一员的价值感；
- 面对面地和朋友建立真实的情感联结；
- 在日常人际互动中保持共情；
- 在日常学习中很好地协调音乐、运动和脑力活动，培养最佳学习状态。

成果 7：示范权力共享

我们可以营造良好的校园文化，在这种校园文化下，学生拥有明确的目标，在多种因素的激励下积极主动地学习。以目标为导向的学校大家庭能够将以外力（奖惩）为基础的行为控制转变为以自我调节和解决问题为基础的自我控制。学校大家庭以自我管理和自我调节为基础，尽最大可能营造出一种安全的校园文化，使自由与责任有机地结合。图 3-2 显示了学校大家庭的运作模式。

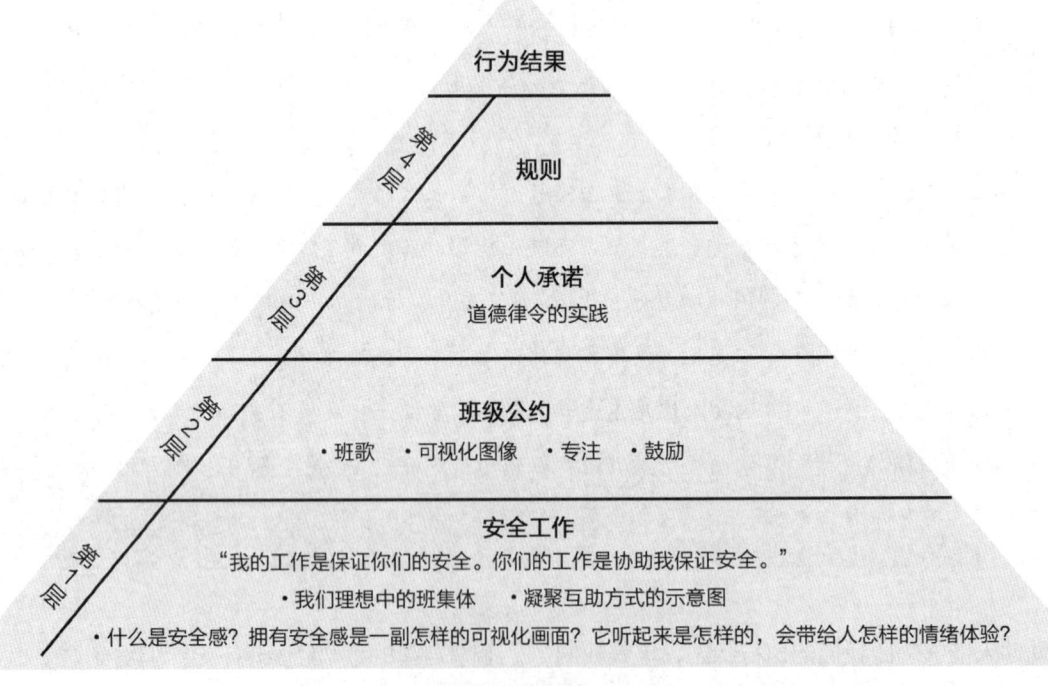

行为结果

第4阶 规则

第3阶 个人承诺
道德律令的实践

第2阶 班级公约
·班歌 ·可视化图像 ·专注 ·鼓励

第1阶 安全工作
"我的工作是保证你们的安全。你们的工作是协助我保证安全。"
·我们理想中的班集体 ·凝聚互助方式的示意图
·什么是安全感？拥有安全感是一副怎样的可视化画面？它听起来是怎样的，会带给人怎样的情绪体验？

图 3-2 学校大家庭的运作模式

第一层

学校大家庭中最基础的工作描述就是安全感。本书中，你会反复看到"我的工作是保证你们的安全，你们的工作是协助我保证安全。"多年以来，人们总是在强调安全的物理环境，但现在我们应将目光转向社会和情感的安全感。这要求我们与儿童和家长开展对话。

安全感带给我们视觉、听觉和情绪感受方面的具体表现是什么呢？对于我家中的孩子而言，安全感就是大喊大叫而不会被打，而对于别人家中的孩子，安全感是解决问题而不是大喊大叫。许多孩子（也包括家长）成长的过程中并未有意识地理解安全感在视觉、听觉和感受上的表现。首要的是，每个人必须切实地感受到安全，并且对安全感有一致的理解。

第二层和第三层

下一步，必须凝练对安全感的理解，使其成为学校大家庭（见图3-3）的共同约定。这些约定是学校大家庭中每个成员承诺的，在其他所有工作中都会坚定执行的指导原则。班级公约有助于维护学校大家庭的凝聚并鼓励每个成员承担各自的职责。金字塔的下一层是个人的日常义务。遵守各种规则的基本要求是学校大家庭中的每个成员都明确地认识到作出承诺和践行自己的承诺带来的感受。这也让我们能够践行我们自己的道德规范。

图3-3 学校大家庭

约定（agreements）是我们对学校大家庭所做的承诺，决心（commitments）是我们对自己所做的承诺。学校大家庭一般共识包括：保护每个成员的安全，互相帮助，每个人都能够成为最好的自己，面对冲突的时候能够践行主动倾听和深呼吸。

第四层

金字塔的下一层是各种规则。规则并不会教我们符合预期的行为，但它能够支撑我们为自己的行为承担责任。规则是在必要的情况下制定的，其目的在于强制执行。在过去的几年中，全美国每年平均制定大约 40 000 项新的法律（规则）。而在 20 年前，人们丝毫不会觉得这些新的法律是必要的。在学校中，我们通常会从金字塔的顶端（行为结果）开始，并在入学的第一天明确地公告我们的各种规则。这要求我们自上而下地而不是自下而上地开展工作，当我们试图运用和强制实施这种没有根基的规则时，便产生了一种充斥着各种偏见和混乱的学校文化。相反，学校大家庭是建立在安全感这一牢固根基上的，并且通过班级公约和个人承诺而不断进步，进而按照当时的需要制定各种规则。金字塔的最顶端才是行为结果。

通过这种方式实现良好的班级和学校管理能够让我们从"权力压迫"型的教学体系转变为"权力共享"型和每个人勇于承担责任的教学体系。如果在一个彼此联结的集体中权力是共享的，集体中的每一个利益相关者都能拥有更高水平的自主感和责任感。要想实现密切合作的工作环境，自主和责任必须要相互结合。只享受自由而不承担责任会产生混乱，只有责任和自由相互结合才能创造繁荣。

规则本身并不会教我们符合预期的行为，但能支撑我们为自己的行为承担责任。

成果 8：重新激发教与学的内在乐趣

理想的学习环境是高挑战和低压力并存的。尽管我们已经通过与学生利益攸关的重要考试成功地提高了挑战性，但并未同时降低学生的压力。学校大家庭设计了科学、可操作的降低学生压力的方法，为学生创造了理想的学习状态。智慧自律的一个基本原则是："若要予人，必先自强。"整天通过管教的方式让学生遵守规矩使我们精疲力竭，教会儿童遵守规矩的技巧则会令我们收获颇丰。

每个班和每个学校都有自己独特的文化，文化的类型与学校的激励系统是密不可分的。奖惩式的激励系统依赖于外部施加的有形结果，外部结果能够设定我们对行为的预期，但并不能教孩子学会在权力分享中应有的责任感。有研究认为，随着教师对奖惩的依赖加剧，学校风气中的消极因素也与日俱增。向注重安全感、情感联结和解决问题能力的智慧自律转变，既能够减少纪律通告的发放率，同时也能改善学校的氛围（Hoffman, Hutchinson, & Reiss, 2009）。

对于智慧自律而言，动机主要来自我们彼此之间的情感联结、完成学校使命的热情以及来自日常观察的持续的即时反馈。观察是智慧自律用于激励学生内在动机的协调机制和反馈机制。观察是一种描述方法，它鼓励目光交流，并且可以提高自主意识和情感联结。大量研究表明，有效的反馈应该是精准的、具体的、及时的、不带任何偏见的，并且应与目标相结合。观察能够满足上述所有要求。观察是一种理想的反馈形式,它不仅是大脑的养料,同时也滋养着我们的人际关系和动机系统。从空洞地评判("干得好!")转变为描述性观察("你走进教室,和朋友们打招呼,并开始像这样进行我们学校大家庭的工作。")是营造富有安全感的班级和学校的基石。正因为其重要性,本书中反复讨论了观察的多种形式和运用方法。

当我们从工厂型教育模式转向家庭型教育模式,从控制转向情感联结,并且从评判转向观察,我们的身体会感到放松,我们的心里不再恐惧,并重新拾回教书育人的乐趣和对学生的关爱。一名参加智慧自律夏季工作坊的教师曾经这样形容:"我真不想再教书了。我已经彻底灰心了。我感到自己一事无成。每一天都在痛苦中挣扎。但是现在,我知道我成功地做到了。我看到孩子们互相关心、彼此帮助。这份工作让我深受启发。我正在改变他们的生活,他们也在改变我的生活,我们都在进步。我要做一辈子老师!"

3

创建你的学校大家庭

我们曾经谈过智慧自律的各种力量和技能以及学校大家庭之间的相互作用。智慧自律的各种力量能帮助我们实现思想意识的转变,其技能则帮助我们提升我们自身的技能组合,而学校大家庭则能够营造出一个富有安全感、彼此联结的校园文化,在这里,我们有解决好各种问题的可能性。学校大家庭具体地体现在每章末详细阐述的各种常规教育、仪式和班级结构中。学校大家庭的各种组成要素、常规教育和仪式可以与各种力量和技能相结合,并将引导您实现个人转变。

相互友爱的人际关系创造出理想的学习环境,改变我们的身心状态并提高大脑的可塑性。

常规教育

我们可以利用学校和课堂环境下的各种常规教育教学生习得预期的行为。建造一所实体学校需要从蓝图开始,常规就像蓝图,通过告诉他人期待他们在何时、何地采取何种行为,提升学生的安全感、行为的一致性和可预测性。洗手就是一个典型的常规教育:①抹香皂;②搓手;③用水冲洗;④用纸巾擦干;⑤擦干净溅出的水;⑥扔掉纸巾。

我们可以在学校和教室中张贴这些常规的可视化图像。洗手的流程应贴在水盆处,排队的常规应贴在门附近。还可以编制一些与这些常规教育有关的课堂手册,便于学生查阅以及与他们的父母一起阅读。对于那些难以掌握特定常规的儿童,需要使用独立的书籍或社交故事帮助他们顺利度过一天的生活。

你的班级或学校有多少张可视化图像为儿童提供各种情境下的常规教育?用于展示我们期望的儿童行为的可视化图像越多,儿童就越易于遵守各种行为规范。智慧自律建议您增加现有的常规教育,并通过可视化图像的形式将它们展现出来。

图3-4展示了餐厅常规的可视化图像。

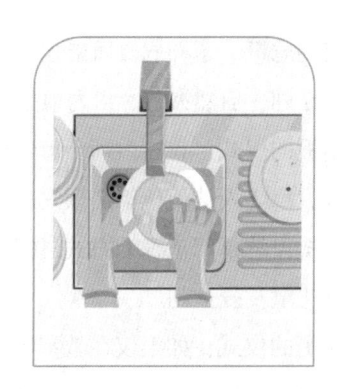

图 3-4　餐厅常规

仪式

仪式是集体感的一种表现形式。正如家庭仪式能够拉近家人的距离一样，学校大家庭的仪式也能够让儿童更加凝聚。学校大家庭提供了一个神圣的空间，用于促进学生之间的和睦相处和联结。像感恩节聚会这样的假日仪式能够增进家庭成员之间的感恩之情；生日庆祝活动（如制作小寿星最喜欢的食物）能够让我们产生荣誉感，并拉近我们彼此之间的距离；运动队通常会制定各种仪式，研究表明团队成员能够良好互动的运动队通常更容易取得比赛的胜利组织里也会利用各种仪式增强成员的凝聚力。互动式的仪式是非常重要的，因为它可以提高成员合作的意愿。

对于教师而言，在教学成绩方面的彼此竞争经常会让他们感到时间紧迫，因此无暇组织各种仪式。让教师们"放下"教学，而去搞一些首要目标不是学习本身而是人际交往的活动，这或许会很难。好的一面是这些仪式通常不需耗费多少时间，并且通常要求儿童通过多种方式运用他们学到的知识。仪式还能够抚慰大脑的低级神经中枢，让儿童更容易控制自己的冲动并且愿意合作，达成理想的学习状态。

我妈妈经常说："晚安。不要让小虫子咬到你哦。"她总是站在我的卧室门口在关灯前说这句话。50 年后的一天晚上，她漫无目的地走进了我的房间，这是患有老年痴呆症的老年人常做的事情。我被她惊醒了，我马上坐起来，想着她很可能又茫然不知所措了。令我惊讶的是，她快速地关掉了卧室的灯，悄悄地对我说："晚安，别让小虫子咬到你哦。"在她患上这种疾病的 15 年间，我们母女二人曾多次经历过这种爱意浓浓的情景。

所有的文化都会产生各种仪式。仪式形式多样，但最让人感到温馨的莫过于小超市收银台已经疲惫不堪的服务员送上的一句"祝您有美好的一天"，要想取得成功，您的学校大家庭仪式必须是归属感和喜悦感的真情表达。下文列出了家庭、学校和课堂上常见的几种仪式。你的学校、班级和家庭提倡哪种仪式？请花点时间仔细思考。

简化的仪式：我们并不会刻意强调这些仪式。它们的目标不外乎学习成绩。人们很少会关注儿童的整体或社会情感智能的发展。如果时间允许，作业已经完成并且孩子们用良好的表现换来一些休息时间，或许会开展一些假日和生日庆祝活动。

中断的仪式：仪式中断通常表示出现了某种更

加严重的危机。这种危机可能包括：更换教师、变更教学计划、自然灾害、人为事故以及悲剧事件。

刻板的仪式：有些教师会每年刻板地重复同样的仪式。每个人的角色都是预先规定好的。这些刻板的仪式目的是用正确的方式进行仪式本身，而不是鼓励儿童友爱互动。

失衡的仪式：如果仅在教室中进行某些种类的仪式活动，那这些活动很容易失衡。某些教师仅进行生日和节日的庆祝仪式，而忽略早晨问候的仪式、缺席儿童仪式等。这些仪式通常只能反映一个民族的文化传承。

任务性仪式：任务性仪式之所以存在仅仅是因为它们"应该"存在。这种仪式缺乏真正的情感互动。全班合唱晨歌只是标志着一天的开始，并不能促进儿童之间的交流和互动。这种仪式给人的感觉更像是一种消磨时间的例行公事，而不是一种有意义的活动。就像疲惫的空姐，她们机械地对400位离开飞机的乘客逐一说"再见"，只是完成一种任务罢了。

真正的仪式：真正的仪式是由教师和学生共同完成的。真正的仪式形式灵活多样，能够让我们认识到集体当前的需求。随着时间的推移，它还能提供一种连续感和亲近感，让学校大家庭更有凝聚力。这种仪式是自然而然发生的并伴有喜悦感。它营造了一个神圣的空间，让班级的价值得以真正体现。真正的仪式有助于建立良好的人际关系，记录人生的转变，抚平内心的伤痛，表达对学校大家庭的信念和对美好生活的赞美。学校大家庭的目的是开展真正的仪式活动。

你的学校大家庭需要哪种仪式？

利用学校大家庭营造班级文化的魅力在于我们都会有一些过往的经历可以参考。我们可以坦率地问自己："健康的家庭会怎样做？"如果一名家庭成员生病了，最常见的做法是寄给他一张祝福卡片。为了实现这些仪式，通常会需要准备一些物品（美术用品商店、贺卡商店等），而且需要一个人代表整个家庭组织这些活动。这些同样适用于学校大家庭。大多数班级或学校仪式都采用有形的物品辅助实现这些仪式，让学生分担各种工作，最终完成教育任务。

以下是建议您的班级采用的十佳仪式。随着您在学校大家庭中逐步实施智慧自律，您可以利用各种机会创制更多仪式。

十佳仪式

1. 问候或再见仪式
2. 安全守护者仪式
3. 学校大家庭歌曲
4. 人际互动仪式
5. 友善仪式
6. 缺席儿童仪式
7. 欢迎或送别仪式
8. 祝福仪式
9. 考试仪式
10. 年终仪式

---

1. 问候或再见仪式：这些仪式的目的是让儿童真正地友好互动，而不是简单地互相说"你好"。所谓的友好互动，一定要包含目光交流、肢体接触和有趣情境中的存在感。您可以通过这种仪式评估儿童的内在状态（生存状态、情绪状态或执行状态）并适时提升到更高一级的状态。

选择一个适当的位置，每天早晨在那里迎接儿童到校。你可以让他们选择自己喜欢的问候形式。这些选择可以是多种多样的，可以尽情地放飞你的想象力。你可以自己创制"蛇""臭鼬""超级英雄"或季节性的问候或再见仪式（见图3-5、图3-6）。

年龄稍长的儿童可以在这些仪式的基础上增加或减少某些内容，或者将仪式拆分。仪式的目的是鼓励儿童友好地互动、肢体接触、目光交流和全心投入。

图3-5 用"碰拳"的方式打招呼

图3-6 问候或再见仪式

当一天结束时，孩子们放学的时候，可以为他们举行再见仪式。一位幼儿园教师对每个孩子说："小鳄鱼，明天让我看到你的微笑哦。"然后给他（她）一个拥抱。有一位教师每周都会创造不同形式的再见仪式。

2. 安全守护者仪式：安全守护仪式象征性地反映出安全感是创建学校大家庭的核心。每个儿童和家长都要在一个盒子里放上一张照片或其他象征自己的物品，表明他们愿意合力维持学校大家庭的安全感。本书第4章进一步阐述了与之相关的细节。

3. 学校大家庭歌曲：每个班都可以创作属于自己的学校大家庭歌曲/宣言。这些歌曲或宣言应能反映出全班一致的约定。下文是一个小学四年级班级的宣言：

"我们是智慧的思想者，坚忍不拔，克服一切困难。我们关爱周围的每一个人。我们践行自律。我们凝聚一致，互助友爱，让世界更美好。"

4. 人际互动仪式：您可以在一天中的某些固定的时刻，花一些时间完成人际互动仪式。互动仪式要求儿童有意识地互相接触，通过目光交流。仪式进行时通常伴有音乐和动作。

每天早晨的"大脑聪明"教学时刻活动和放学时的常规教育提供了两个绝佳的人际交往仪式时机。您可以把某些仪式当作家庭作业，或者用于"阅读伙伴"计划。对于婴幼儿和学步期的儿童，互动仪式可以在换尿布和上厕所时间轻松完成。每次到了换尿布时间或者儿童上厕所时，可以花1分钟时间进行"我爱你"仪式。在常规教育中加入人际互动仪式，可以帮助每个儿童提高健康成长和增进合作所需的各种有益的联结。

5. 友善仪式：记录和庆祝善意行为的方法多种多样。爱心树（见图3-7）可以鼓励儿童在树上悬挂心形卡片，每一张卡片表示一个友善行为。年纪稍长的学生可以使用"爱心记录册"记录下他们的友善行为。本书将在第6章中进一步详细阐述友善仪式。

6. 缺席儿童仪式：通过学校大家庭我们可以集思广益，为缺席归来的学校大家庭成员做些事情。许多班级都会使用"祝福板"（见图3-8）。缺席儿童的名字会写在"祝福板"的中间，所有其他人会祝福他早日健康归来。这一仪式所传递出的信息是："我们注意到你没有来学校，我们很想念你。看到你归来我们都很高兴。"有些班级会制作一些卡片或创作一些诗词。还有一些班级会创作一些歌曲。以下是仪式中可以使用的歌曲示例。请搭配儿歌《两只老虎》的旋律一起唱。

"我们想念_____。"（姓名）
"我们想念_____。"（姓名）
"好想他！好想他！"
"很高兴_____能回来。"（姓名）
"很高兴_____能回来。"（姓名）
"再相聚。"
"再相聚。"

7. 欢迎或送别仪式：我经常说，老师就像怀孕的妈妈，她们不会知道下个孩子什么时候来到。随着社会流动性不断增加，不断会有儿童加入和离开。我们需要用仪式记录下这种变迁。一个二年级的班级在学年开始时为所有成员制作了班服T恤衫。孩子们可以在上面印上自己的手印作为装饰，还会多做一些以防有孩子在期中转学过来。每当有新成员加入时，他们会在欢迎仪式上向他赠送一件T恤衫。有一个班决定在有儿童退学时为他制作"道别影片"，就像婚礼现场一样，每个孩子都在摄像机前为他留言。全班会将影片赠送给离开的儿童。

图3-7 爱心树

图3-8 祝福板

8. 祝福仪式：祝福仪式要求班内的成员在儿童缺席或在生活中遇到难题时（如考试不及格或亲人过世）给他们送上祝福。本书第4章"镇定"将进一步详细阐述祝福仪式。

9. 考试仪式：随着考试越来越受到重视，我们需要通过考试仪式缓解学生的焦虑感，并帮助他们在考试过程中保持良好的大脑状态。一名教师为学校的高年级学生写下鼓励的标语，并在考试前两天举办了一场聚会。加入一些音乐、活动、互动和鼓励元素对考试前进行的仪式是十分有益的。

10. 年终仪式：一个学年即将结束时会面临很多困难，出现纪律问题的概率有所增加。各种仪式有助于帮助学生顺利度过这种转变。有一位教师让学生为过去的一年制作了一本名为《我的回忆录》的书；还有一位教师让学生记录下每个学生如何为学校大家庭作出贡献，这位教师收集了学生写作的材料并装订成册，为每个儿童制作一本个性十足的书，并让他们带回家。

班级环境创设

学校大家庭的终极目标是提供一个让所有成员（包括成人和儿童）尽可能保持执行状态的学习环境。我们希望孩子们每天在思考"我能学到什么？"而不是"我安全吗？"或"我得到关爱了吗？"这样的问题。常规教育的可视化图像有助于回答"我安全吗？"而仪式则有助于回答"我得到关爱了吗？"智慧自律的班级环境创设能够帮助儿童回答"我能学到哪些与人相处的技能？"

如果我们能够保持执行状态，那么我们就能够专注于实现我们的目标，看见他人最好的一面，有共情地对待他人，建设性地解决问题，并且保持镇定。然而，在执行状态下，充分发挥以上每一项技能是一个极大的挑战。班级环境创设的目的是在有意义的生活情境中练习各种社会情感技能。班级环境创设为执行技能的发展搭建了脚手架，能够满足班级成员在自我调节和社会情感方面的需求，为我们所重视的价值观提供练习机会。在物质环境上，班级环境为各种常规教育、仪式和技能练习提供了多种形式的辅助材料。

我们深知如何才能创设出高效的班级环境。在课堂活动设计环节，我们努力创造各种空间和提供各种材料，帮助学生取得学业上的成功。如果要学习认识某种昆虫，我们会利用各种书籍、可视化的教具、活动和材料实现这一教学目的。学习中的社会情感部分也应如此。二者之间的区别在于，社会情感学习是全年持续发生的，并且无法事先计划。我们无法预知儿童的疾病、家庭成员亡故或离异，或儿童在学骑自行车时是否开心。我们需合理地设计课堂环境，使之可以应对生活中出现的各种自然事件。

你可能会想"关我什么事？"如果你认为自己的工作仅仅是教授科学知识，这或许与你无关。但如果你认为自己的工作是教书育人，毫无疑问，这就是你的工作职责。课堂中混杂着不同的内在状态产生的各种情绪，有些有利于促进学习，有些则不然，例如，焦虑和恐惧可以关闭大脑的高级神经中枢，使个体无法实现预期的学习目标。如果我们想要尽可能提高学习的效率，则必须创造出一个能让每个儿童感知自己的情绪，并调整到最佳学习状态的学习环境。学校文化氛围不仅应该关注孩子的外在行为和成绩，还应该关注孩子的内在状态。

佳佳老师的班级迎来了一名新生，名叫鑫鑫。鑫鑫是佳佳老师遇到的最易怒的学生。鑫鑫入学前一天，校长来到她的办公室宣布了这个消息，并告诉佳佳老师他已经组织了三名教师给她提供必要的帮助。佳佳老师明白，肯定有事情要发生了。当焦虑出现的时候，她有意识地觉知到，并很快地让自己平静下来。

她决心要发现这个新学生的优势，并且和他建立良好的关系。

第二天，鑫鑫到校后很快就表现出侵犯性行为和易怒的特点。又过了一天，他完全不和别人交流了。其他儿童感觉到鑫鑫需要帮助。他们利用实践模块里的物品来对他表达关爱。一个孩子给鑫鑫拿来愤怒的"心情娃娃"，帮助他学会冷静。鑫鑫拿起娃娃丢向她。班里的"关爱队长"拿来了一个泰迪熊，希望能够安慰他。鑫鑫同样拿起泰迪熊丢向他。还有一个孩子希望用四个呼吸徽标帮助他完成深呼吸。鑫鑫抬脚把他们踢出了房间，然后继续把桌子掀翻了。佳佳老师告诉孩子们，鑫鑫的前一所学校没有这些仪式、常规教育和实践模块，因此他不知道如何利用别人给他分享的工具。"我们一起深呼吸，给他一些祝福吧。"她说道。

就这样，学校大家庭艰难地度过了开始的几天。佳佳老师沉思了一番后说道："如果没有学校大家庭作为缓冲，我真不知道该如何应对像鑫鑫这样的孩子。"鑫鑫并没有得到多少家庭教育的滋养。幸运的是，他在学校大家庭中感受到的关爱的力量远大于他经历过的伤害。图 3-9 是鑫鑫在学校大家庭中前 20 天内经历的转变。

| 第 1 天 | 第 10 天 | 第 20 天 |

图 3-9　鑫鑫的转变

尽管鑫鑫逐渐学会了更好地与人相处，但他仍然不时地作出一些破坏性和伤害性的行为，那么其他孩子是怎么看待鑫鑫的呢？小杰说："他是我们学校大家庭的一部分。尽管他骂我们，但我们仍然是朋友。他只是不懂事而已。他在学习。"小文也说："他是我们的朋友。他已经进步很多了，我们都会帮助他。"

如果我们希望孩子们友善和互相关爱，那他们需要每天练习这些技能。智慧自律班级环境创设的目的就是帮助我们实现这些练习。鑫鑫或许在大多数班级中会被认为是噩梦一般的坏孩子,但是他让我们有机会培养我们的共情能力。为了应对他的行为,每个人都充分利用了佳佳老师在班级环境中设置的各种工具:爱心树有助于所有人始终专注友善的、有益的和互相关爱的行为;关爱中心为需要帮助的儿童提供充分的共情能力;"时光机"和班会帮助孩子们解决各种冲突;安全角教会了孩子们如何自我调节;"做个小帮手"展示板和常规教育可视化图像帮助他们实现预期的行为;为孩子们分配的工作能够帮助他们体会到为班集体作出贡献所带来的快乐。

各就位……预备……开始!

学校大家庭是学校和学校教育取得成功的关键。它可以减少所有成员承受的压力,包括学生、教师和管理者,让高难度的挑战作为一种不引发恐惧的纯粹挑战而存在。学校大家庭还可以强化那些幸运的儿童所感受到的家庭的正向影响,而对于那些未曾体会到家庭的正向影响的孩子们,学校大家庭还可以提供必要的家庭的正向影响并提高他们的心理韧性。学校大家庭可以示范和教会学生,如何建立以互相帮助和奉献为基础的人际关系。**它为儿童展示了如何利用冲突实现个人成长,而不是为了是非争论不休,彼此造成更多的伤害。**

学校大家庭为学生树立了楷模,帮助他们理解健康的家庭在各个方面应有的表现。无论儿童曾经历过什么样的家庭关系失调,学校大家庭中的每一个儿童(也包括成人)都会在心中为健康的人际沟通和家庭关系绘制一份属于自己的蓝图。

每位教师都明白,缺乏人际交往的儿童是非常危险的。他们不愿意学习也不善于与他人交往,在学习过程中会造成很多的干扰因素。他们性格越孤僻、越被边缘化并抵触与他人互动,他们产生暴力行为的可能性就越高。这些儿童说出"我不明白他们为什么哭,我才是那个要去坐牢的人"便不足为奇了。

孩子们与教师、同学以及学校的其他人员之间的情感纽带将改变孩子一生的轨迹。这种情感纽带很难说得清楚,更无法衡量。无论我们称为学校纽带、学校风气、学校文化还是学校大家庭,它都在儿童的生活中发挥着至关重要的作用,仅次于孩子们本身所在的家庭。积极的、面对面的、热情的人际交往让我们更加聪明(见图3-10)。

图 3-10 人际交往

4

为什么要构建学校大家庭

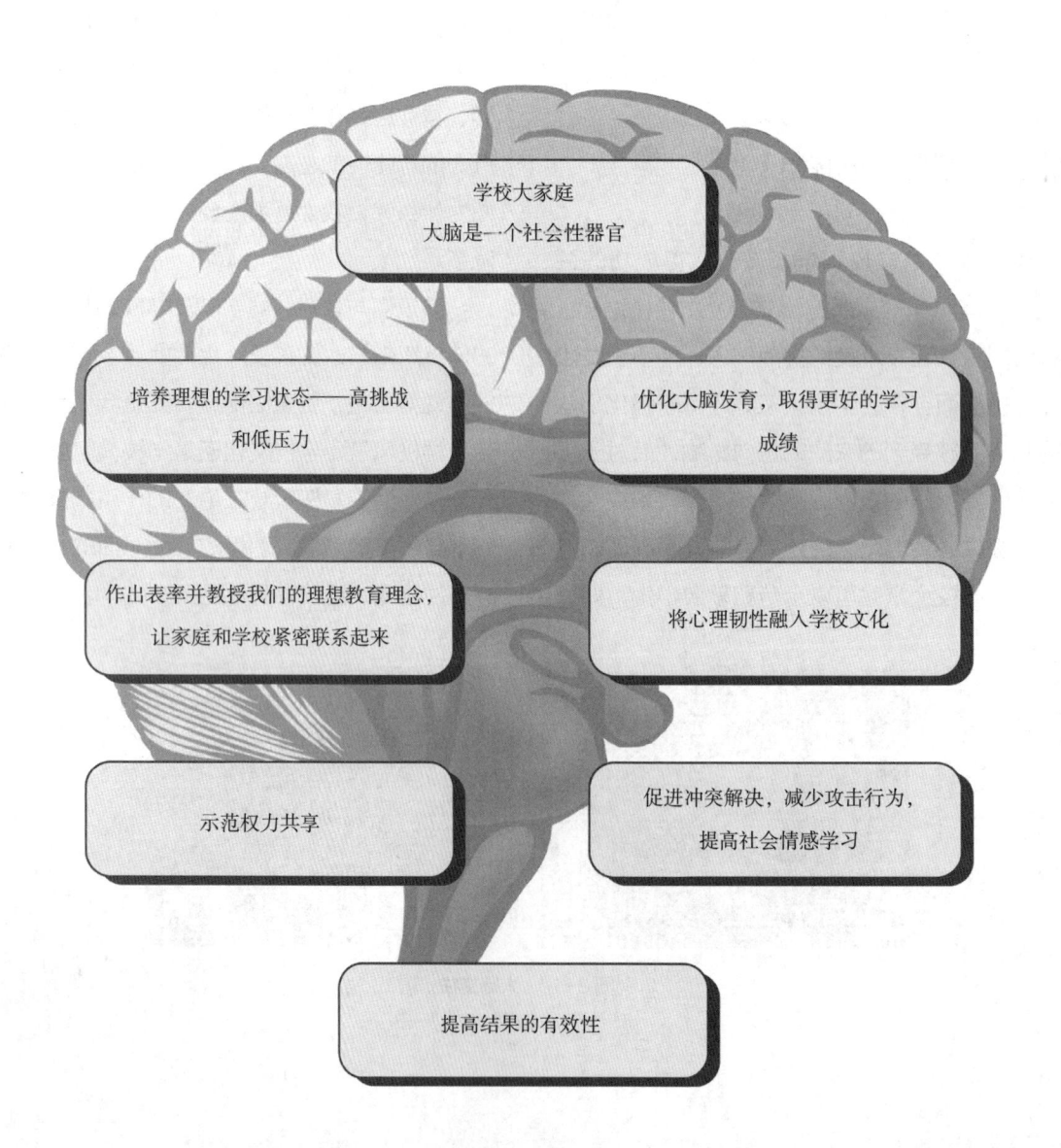

- 学校大家庭
  大脑是一个社会性器官
- 培养理想的学习状态——高挑战和低压力
- 优化大脑发育，取得更好的学习成绩
- 作出表率并教授我们的理想教育理念，让家庭和学校紧密联系起来
- 将心理韧性融入学校文化
- 示范权力共享
- 促进冲突解决，减少攻击行为，提高社会情感学习
- 提高结果的有效性

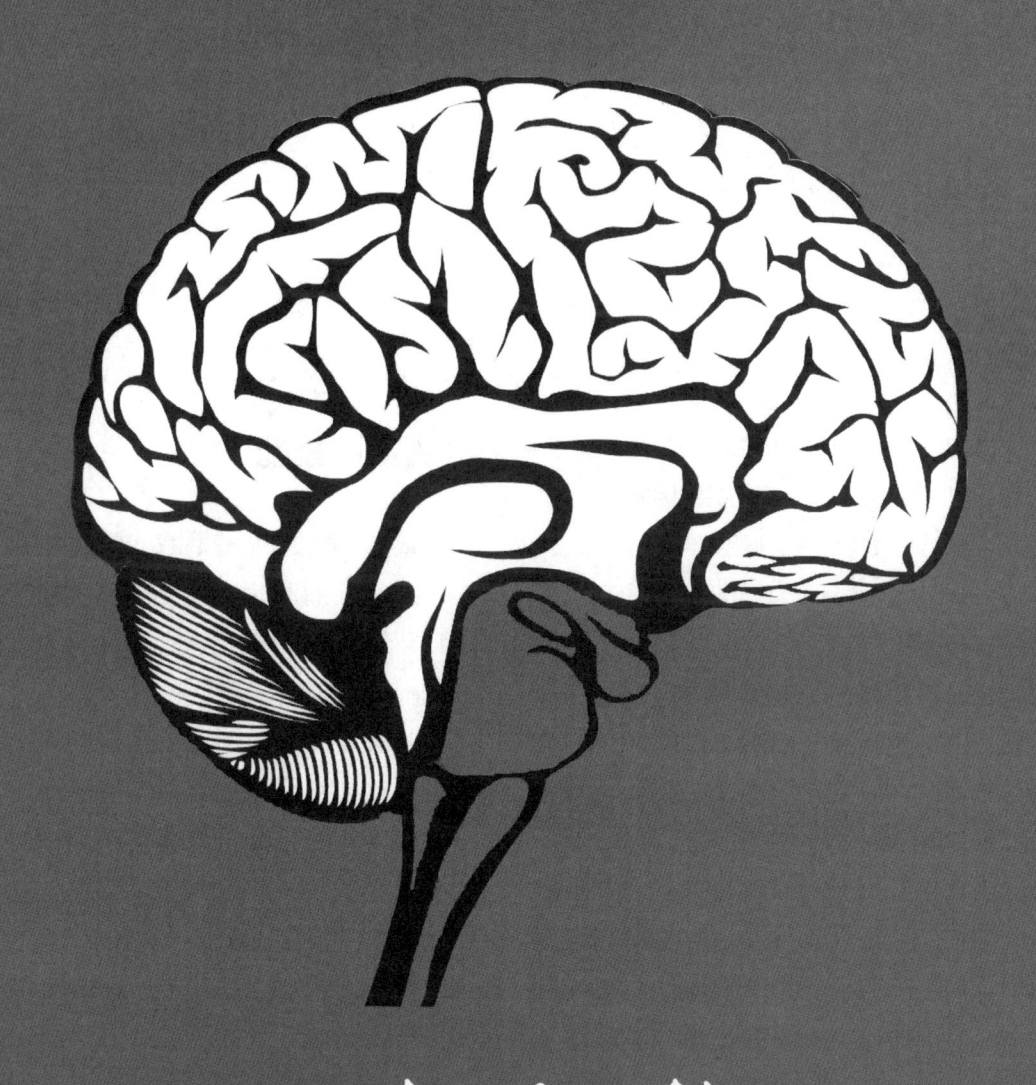

第二部分 建立安全感的"警察"技能

C= 镇定（Composure）
A= 明确而坚定（Assertiveness）

对"我安全吗?"这一问题的肯定回答是影响大脑发育、学业成就和生活幸福的关键因素。"安全"部分以拍手器作为其象征物,以脑干和生存状态作为代表。

脑干有两种基本的机制:安全和不安全。当我们感到安全时,大脑的高级神经系统将发挥主导作用;当我们感到不安全时,我们所有的精力都会聚焦在战斗或逃跑的反应上。有些家庭总是能够积极地回应孩子的内心需求,孩子会很有安全感。他们进入学校大家庭后,便能主动地与他人互动,积极参与到学习中。还有一些儿童总是带着不安全感来到学校,他们在学校的表现通常都是戒备状态、易怒、与他人对抗,他们要么表现出肢体攻击,要么封闭自己,沉默寡言,既不愿意和其他人建立情感联结,也不愿意学习良好的冲突解决办法。

每个儿童必须拥有足够的安全感才能很好地学习。镇定可以帮助我们将不当的行为视作一种需要帮助的信号,而明确而坚定则让我们可以全身心地专注于我们期望的行为和结果。这些技能共同作用,为学校人人都能体会到的安全感奠定了基础。在第4章和第5章中,我们将讨论建立安全感所需的方法组合:"警察"技能。

"警察"技能

观察:观察包括通过语言不加评判地描述儿童的行为动作,有助于实现培养联结所需的目光交流。从评判到观察的转变是必不可少的一环。评判让人感到不安,而观察则恰好相反。

明确而坚定:明确而坚定指使用坚定的语气清晰地沟通,并且专注于我们期望的行为。通过专注于我们期望的行为,我们会给予更多的鼓励,从而有利于建立安全感。如果我们只是盯着那些不当的行为不放,这样只会让人气馁和感到忧心。

常规的可视化图像:可预测性能够提高我们的安全感,而前后不一的做法只会催生不确定性。通过图片明确地表达我们期望哪种行为,这样的做法可以减少课堂上的模棱两可、偏见和不确定性。

镇定:镇定指我们自我调节情绪的能力,是建立安全感的基础。没有镇定,安全感则无从谈起。

安全角和安全守护者:应采用新的工作描述"我的工作是保证安全,你们的工作是协助我保证安全",并且建立日常安全守护仪式。在教室里创设安全角的自我调节中心,传授和示范使用这个区域的方法。

Chapter 4

第 4 章
镇定

COMPOSURE

成为你希望他人成为的样子

镇定是行为上的自我调节。它是成人养育子女所必备的技能。

智慧自律始于我们对个人自我调节的关注。我们的内心世界都存在一定程度的压力，同时我们也生而具备对抗压力的力量。请花一点时间仔细思考我们是如何感知外部世界对我们行为的影响的：当别人做了让我们不舒服的事情的时候，我们心烦意乱的程度会决定我们启用大脑中的自动化模式（如反击对方）还是采用更为明智的回应方式。以孩子打人这个情境为例，如果我们将一个孩子的打人行为看作是纯粹的恶意行为，我们就很可能通过惩罚或者攻击的方式，对付那个最先发起攻击行为的孩子；但是，如果我们换一种感知方式，将孩子们的攻击行为看作是他们在社会交往技能方面需要成人帮助的信号，我们就会平静地应对，这使我们能够教授他们必要的技能。前一种认知会让我们越发心烦，而后一种认知则会让我们有机会学习新的技能。保持镇定是一种至关重要的能力，能够让我们充分释放认知所带来的巨大力量。镇定决定了我们的认知，而我们的认知决定了我们究竟会惩罚和责备儿童，还是教给他们新的技能。

认知的力量能够不断提醒我们：无论外部世界看上去如何疯狂，我们仍可以选择镇定地对待。认知的力量的代表是"微笑星"（S.T.A.R.）。我们在任何情况下都可以选择使用"微笑星"，S.T.A.R.分别代表了微笑（Smile）、深呼吸（Take a deep breath）、停顿（And）、放松（Relax）。

认知的力量

认知的力量相信：如果你不想，谁也无法让你生气。快乐是一种选择，而非既定事实。健康、安全的人际关系要求我们控制自己的不安情绪，重拾我们的力量。

"都是你逼我这么做的。""别逼我让你去外面站着。""你要把我逼疯了。"你说过类似的话吗？当我们使用这些愤怒的感叹句时，我们在传递一种信息：我们的负面情绪都源自孩子或外部情境压力。当我们任由他人或外部因素控制我们的情绪时，就相当于任由其操控我们的命运。如果我们觉得排长队等候会让我们抓狂，我们就是将自我控制的权利让位于排队等候这一件事情；如果我们认为是孩子们逼得我们对他们大喊大叫，我们就是给予孩子操控我们的权力。任由别人摆布会让我们感到无助和巨大的压力，这会激活我们的情绪状态或生存状态，导致我们选择责备或攻击他人的应对方式。我们必须收回自己的力量，减少我们生活中的压力。

我经常听到老师们抱怨"看看你把我气得"或者"这样对待你，你会怎么想？"想象一下，三个孩子围坐在一起，你掐我一下，我拧你一下，互相攻击。老师对第一个孩子说："你这么做让他（第二个孩子）多不高兴啊。"然后接着对第二个孩子说："你这么做让他（第三个孩子）多生气啊。"然后对第三个孩子说："你的行为让他（第一个孩子）多不舒服啊。"此时，她在告诉每个孩子他们控制着另一个孩子的内在状态，下意识地向每个孩子传递了每个人都不需要对自己行为负责任的思想。我们大多数人在成长的过程中都会收到类似的信息。如果每次妈妈对我或者我弟弟说"要是你弟弟或姐姐这样对你，你会怎么想？"时，我都能得到1美元，那我应该会得到一大笔零花钱。

这样教育孩子会产生三个重大的负面影响：

1. 如果我掌控着你的内在状态，而你掌控着我的内在状态，那么我们都不需要承担自我管理的责任了。这样会产生错误的认知，即责备等同于改变，我们的一生都在寻找替罪羊，而不是让自己学会镇定，寻找解决问题的办法。

2. 对我来说，要管理好我的内在状态，就必须先控制你的行为。如果我的愤怒能够让你屈服，或者事情都按照我的想法发展，我就会镇定下来并且感到快乐。这样会产生错误的认知，即控制等同于爱或帮助。

3. 如果我做得再好一点，别人就会感到快乐。如果我再聪明一点、再强壮一点、再友善一点、再瘦一点……我所爱的人就会更加快乐。这使我们错误地认为："我努力让别人改变或者感觉舒服一点，但毫无成效，这都是因为我做得还不够好。"

当你让别人为你的感受承担责任时，你就是在任由别人支配你。

当你让别人为你的感受承担责任时，你就是在任由他人摆布。你难道不想做自己生活的主人吗？要想做自己的主人，你必须时刻做好准备，妥善地控制自己的不安，而不是归咎于他人。请记住，是你自己对某一经历的认知，而不是事件本身让你产生了某种感受。假如我们约会了一段时间，突然有一天，我带着一束玫瑰花出现在你家门口，你会因为我的体贴而感到惊喜，因为你对这件事情的感知是积极的、美好的，因此，你闻到花香时会感到幸福和快乐；如果我第二天晚上又带了一束玫瑰花来赴约，你可能会想："他这么做到底有什么企图？"有了这种疑虑，你感受到的就不再是快乐，而是满腹狐疑。是花香让你感到快乐或者好奇吗？是我让你感到快乐或者好奇？还是你自己对我和玫瑰花的想法影响了你的感受？我们对事件的认知会让我们产生不同的情绪，而不是事件本身。

我们每个人的心中都有自己对周围事物的想象

或预期的模式。这种心理模式有些是能被我们意识到的，有些尚未达到我们的意识水平。我们看到的世界并非世界真实面貌的直接映射，而是我们认为世界应该是什么样子，或我们想要世界是什么样子的判断性主观投射。这种主观的判断可能会让所有事物面目全非。当孩子或伴侣未能达到我们有意识的或无意识的预期时，我们会因为这个世界未按照我们所期望的方式发展而感到难过，这便激发了一种情绪化的内在状态。同样，当我们拿走一支幼儿用来在客厅墙上画画的马克笔时，她也会大发脾气。在她看来，画画是再正常不过的事情了，但在你看来，在墙上乱涂乱画显然是不应该的。你和孩子都会难过，因世界并不是按照你计划的方式运转而感到无助，并被这种无助感所击败。这种难过和无助的感受并不是其他人或者外部情境所引起的，而是自然而然产生的。

对我而言，牢骚是一个负面情绪的引爆点。小孩说脏话，甚至朝我吐口水，我都能保持镇定，但是喋喋不休的牢骚很容易引爆我的怒火，尤其是当我正承受其他方面的压力时。应激的想法或事件（对我而言是牢骚）会激发我们对威胁的感受，或者我们情绪状态下"光盘"记录的错误信息。我依然清晰地记得父亲对他认为性格懦弱、爱唠叨或怯懦的人表现出的愤怒和辱骂。他的愤怒也深深地烙印在我的性格中。当我听到别人发牢骚时，这种错误的信息瞬间涌上心头，就像我童年的伤疤再次被人揭起。幸运的是，暴露的伤疤是可以愈合的。每次遇到爱发牢骚的成人或儿童时，我会深呼吸，保持镇定并且激活我的前额叶功能，运用不同于过去经验预设的"光盘"指令的回应方式。这正是智慧自律课程中我最喜欢的部分。它可以让我在被激怒后保持镇定，改变大脑中的神经回路，不再把我的情绪和引爆点传递给下一代。这种思维方式的质的转变让我感到欣喜若狂。

我承诺：当我感到心烦意乱时，这是因为事情并不遂我的心愿，或者我感受到了威胁。我愿意花点时间控制我的不安。任何人都不能控制我的感受。我不想再任由任何人控制我的情绪或者因此而责备别人。我想要真正地做自己生活的主人。

签名：_____ 日期：_____

哦！

当我的孙女玛蒂开始咿呀学语时，她经常会扔掉手里的东西或者摔倒，这时我们会齐声大叫"哎呀！"我们总是这样说，以至于我觉得她会称呼我为"哎呀"。随着时间流逝，当她犯了错误时，你经常会听到她说"哎呀"或者"哦！再试试。"我多希望自己犯错时大脑中出现的也是这些话呀！当我犯错时，我听到最多的是大脑中批评的声音："你想什么呢，贝基？你不至于这样吧。"我自己的内在对话真的有可能变得很邪恶，因为它们充满了内疚、愤怒和厌恶等消极情绪，这些都记录在我的私人"光盘"上。

当我们的行为方式与我们心中对"该怎么做"或"事物该如何发展"的认知不符时，类似的消极自我对话会不断地冒出来。若想改变，我们就不能害怕犯错。如果我们对内心中因为过错而惩罚我们的"暴君"唯命是从，我们就不愿意冒险学习新的事物或者作出行为上的转变。消极的自我对话把我们困在了大脑的低级神经中枢，这个区域主导我们的行为时，我们会沿袭既有的做法，加剧我们的过失，而不是寻求改变。

只有当我们的执行状态整合了情绪和生存状态时，我们才能改变消极的自我对话。当我们被自己的错误激怒并且处于情绪状态时，我们可以主动地让自己平静下来，启动大脑高级神经中枢的功能，放下完美主义的执念，就像我们对孩子们说的那样："哦！再试试。"这样可以解放我们的自我约束，作出有意义的改变。

智慧自律要求我们在想法、认知和行为方面都作出重大改变。不尝试错误，这些改变是无法实现的。我记得，当我第一次尝试一些个人转变时，我已经无法记起当时自我对话的内容。我经常会退回到我最喜欢的管教方式"喂、喂、喂！"我害怕改变。我告诉自己，这是因为我不想在别人面前表现得像个傻瓜，但事实上我不知道在转变过程中该如何对待自己。"哦！"这个方法显然是一个强大的盟友。当我判断错误时，我会对自己说："哦！贝基，再试一试！"我花费了很多年才成功地将"哦！"整合到我每天的内心对话中，但我每次说"哦！"而不是"贝基，笨蛋"时，都是我在镇定和情感健康方面的重要胜利。

每年夏季在佛罗里达州奥兰多举行的为期一周的智慧自律工作坊上，我们都会发放一些"哦！"卡片，练习如何让我们更加温和。当一个人犯错时，别人会递上一张"哦！"卡片并对他说"哦！你犯了一个错。但我觉得你非常出色。"这种干预的目的是打破那种消极的、让人有压力的自我对话习惯，同时建立一种全新的、宽容的神经元网络。

我承诺：我愿意包容这个月所犯的错误，我要对自己和别人说："哦！你犯了一个错。但我觉得你非常出色。"我希望持续地改变我的行为。只有我坦然地容忍错误，而不是把它当作一种罪恶，这种转变才能实现。

签名：_____ 日期：_____

愤怒、导火索和错误的信息

愤怒是一种难以处理的情绪。要想控制自己的愤怒，首先要找出愤怒的来源和原因。压力和触发愤怒的导火索总是出现在愤怒反应前。压力就像汽油，星星之火会让它一触即发。导火索指能够让人感受到威胁的任何事物，也可能是我们情绪的"光盘"上记录的错误信息。请记住，错误的信息就像我们童年时期受的伤，它需要痊愈。我们可以深呼吸，然后有意识地选择不同的想法，让伤口愈合。

感到无助时，我们会本能地选择责备和反击。

本书中，我们利用大脑状态模型针对我们的意识"光盘"中所记录的错误信息进行了讨论。引发愤怒的想法和事件是对上述讨论的扩展和延伸。这种想法会扭曲当时的情境，放大严重程度，让儿童看似故意捣乱，或认为他人是恶意，需要被惩罚。管控愤怒的基本步骤是了解最可能引起不安感的各种想法和事件。需要记住，是大脑中"光盘"的认知过滤功能产生了这种不安感，而不是事件本身或任何其他人。研究结果显示，这一过程大致是这样的：某一事件刺激了我们的"光盘"（Schwartz & Gladding，2011）。这种刺激导致错误的信息、欲望和愿望逐次升级。如潮水般的自我对话产生了一种不安的情感，并且改变了我们身体的生化机能。这种不适感是如此紧迫，导致我们作出本能的、习惯化的反应，这些反应通常是于事无补的（见图4-1）。我们通常依赖外力（包括各种瘾癖）而不是我们内心的力量，控制因为不安所产生的这种不适感。我们会大喊大叫、暴饮暴食、打孩子们的屁股、不停地运动、透支信用卡、沉迷于网络或电视节目或者超负荷工作，让我们的感情变得麻木。

最终，我们的"光盘"被激活之后，我们会感到无力应对当时的情况。当我们感到无能为力时，我们会把责备当作武器，认为都是别人对我们做了不好的事情，他们应该为此付出代价。责备是一种攻击性行为。责备会彻底破坏班里的安全感和我们的个人生活，这是因为我们每次想要让别人为我们的不安承担责任时，我们都在制造危险。我们大脑中的"光盘"会让我们无法看清行为背后所隐藏的原因。媒体头条充斥着儿童之间的暴力行为，从中我们还可以看到所有的成人都错过了儿童表现出来的身处困境的信号。这些信号就摆在那里，但愤怒蒙蔽了我们的双眼。有研究将这些导火索分成了三类（McKay, Fanning, Paleg, & Landis, 1996）：

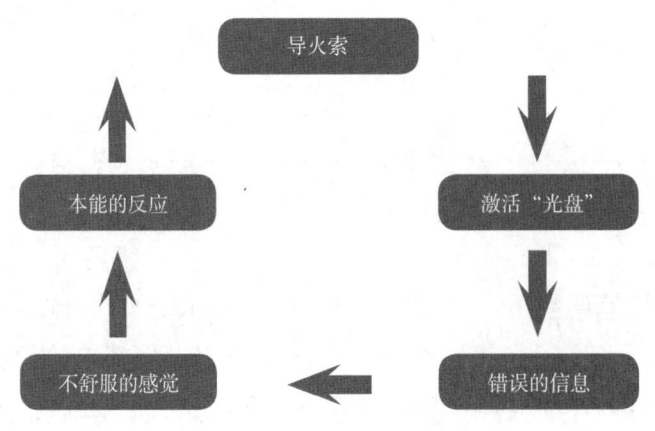

图 4-1　引发愤怒的过程

1. 假定的意图：教师认为儿童是故意捣乱，给她以及全班或其他学生添乱；
2. 夸大：在教师眼中，这种行为远比真实的情况更加恶劣；
3. 贴标签：教师用负面的或贬损的词汇描述儿童或儿童的行为。

活动：找出你的导火索

请阅读下列引发不当行为的导火索。找出那些你感觉熟悉并且引起你愤怒的导火索。如果表中未列出你的导火索，请补充到列表底部。

假定的意图
- ☐ 你这样做就是故意要惹我生气。
- ☐ 你这是故意挑衅我。
- ☐ 你要把我逼疯了。
- ☐ 你故意不理我。
- ☐ 你这样做就是要报复我、让我伤心、难堪、生气等。

夸大
- ☐ 我一分钟也受不了了。
- ☐ 你这次太过分了。
- ☐ 你从来都不听话/不集中注意力/三心二意，等等。
- ☐ 你怎么敢这样对我说话/这样看着我，等等。
- ☐ 你总是把事情搞成一场权力争斗，一切乱七八糟，像噩梦一般，等等。

贴标签
- ☐ 这纯粹是故意的。
- ☐ 你疯了/太恶毒了/太固执了/不懂礼貌/忘恩负义/故意捣乱/太自私了/太残忍了，等等。
- ☐ 你只想着自己而不管别人。
- ☐ 你故意这样卑鄙/残忍/让人难过/犯浑/油嘴滑舌，等等。

其他导火索
- ☐ _____
- ☐ _____

（资料来源：McKay, Fanning, Paleg, & Landis）

如果你企图让别人为你自己的苦恼承担责任，那你无异于在制造危险。

如前文所述，那些引发愤怒的想法就像火柴一样瞬间点燃你的压力。当一个承受巨大压力的人遇到这种想法或事件时，轰！她的怒火熊熊燃起。当我们面临生命威胁时，愤怒能够保护我们，除此之外，愤怒的主要作用只是缓解压力。身体在应对压力时会分泌出一些化学物质，如肾上腺素和皮质醇。如果分泌量较高，这些化学物质会让人感到不适，身体会变得紧张和僵硬。愤怒可以暂时让我们屏蔽痛苦的感受。随着压力逐渐增加，身体会感到像要炸开。愤怒的爆发就像一个过分紧绷的系统的快速释放阀，请回想一下你生活中压力非常大的时候，你会感到非常烦躁不安。如果你留意到了身体的变化，你会发现身体感到紧绷、不适，甚至有点疼痛。现在想想当你的怒火爆发时。当你发泄完怒火后，你会感觉身体很快放松了下来，但内疚紧随其后。儿童与压力的关系也是如此。

压力的对立面是镇定。我们可以任由压力累积，对那些引爆怒火的导火索视而不见，然后把我们的愤怒宣泄在别人身上，或者我们可以利用本章所讨论的镇定、实践模块和常规程序控制我们的压力。第一种选择让我们产生内疚感，而第二种选择在实现改变的同时并不会产生内疚感。你会如何选择？

> 老师们经常说某些孩子无缘无故就会发脾气，并且似乎乐此不疲。这其实就是反应方程中的释放环节。那么一小时后她会怎样呢？她会感到懊悔（哭），或者上床睡觉，或者表现出退缩行为，或者无动于衷？看似无动于衷的孩子其实正在经历高强度的慢性压力，由此导致他们的释放阀失效。

让导火索冷静下来

点燃我们怒火的孩子和情境其实为我们送上了一份礼物。这让我们可以释放因之前的情感创伤而困在体内的负能量，一身轻松地做回我们自己，并改写我们"光盘"上记录的信息，让我们不会把那些负面的东西传给下一代。最难以管教的孩子恰恰让我们有机会愈合创伤。

要想改变我们的导火索，我们可以深呼吸然后选择以下两个有效的方法之一：

1. 我们可以利用冷静的自我对话配合腹式呼吸克服它们；
2. 我们可以利用"哦！"和抽离法控制我们的导火索。

1. 冷静的自我对话，比如"我很安全。保持呼吸。我能应对"。当对自己说"我很安全"时，我们向大脑发送了一条信息，关闭了压力警报系统；当我们说"保持呼吸"，暂停并且深呼吸三次时，我们帮助身体放松并且绕开了那些习惯性的反应；通过对自己说"我能应对"，我们可以增强自己胜任的信心。想想当你感到有压力的时候。你可以缓慢地、有意识地对自己说："我很安全。保持呼吸（深呼吸三次）。我能应对。"你有没有感到轻松了一点？

这种方法能够让我们心情平和，让过去的伤痛愈合，并使用我们的执行技能。它还能让孩子为她自己的行为负责。**当我们感到难过时，孩子关注的不再是她的行为，而是我们的反应。我们成了那个坏老师。**相反，如果我们保持平静，则会传达出这样的信息：这个孩子有问题需要解决，我们要帮助她想出解决的办法（而不是纠缠着她，让她感到难过）。帮助儿童解决问题能够让她体会到成功解决问题后的喜悦感，增强她的自信、个人品格和责任感。镇定地面对怒火在很大程度上是一种双赢的策略。

2. 控制引起愤怒的想法也是一种选择。这就要求我们必须认识到，大脑中负面消极的"拍手器"是错误的，然后拒绝听从它的指令。我们内心的粗言恶语只不过是早在童年时期已经刻录好的"光盘"回放而已。前文已经讨论过，控制"导火索"想法的一种方式是"哦！"另一种方式是抽离（Q.T.I.P.）法，它可以帮助我们记住：负面、消极的对话是错误的，是无用的垃圾。Q.T.I.P. 是"Quit Taking It Personally"的缩写，目的是提醒我们"放弃向内的自我攻击"，我们称为抽离法。我们既往的认知和经历会迫使我们认为他人的行为是针对我们的自我价值。当我们放弃向内的自我攻击时，我们可以摆脱束缚，自由地转移关注点，保持冷静并且从不同的角度看待形势（见图4-2）。

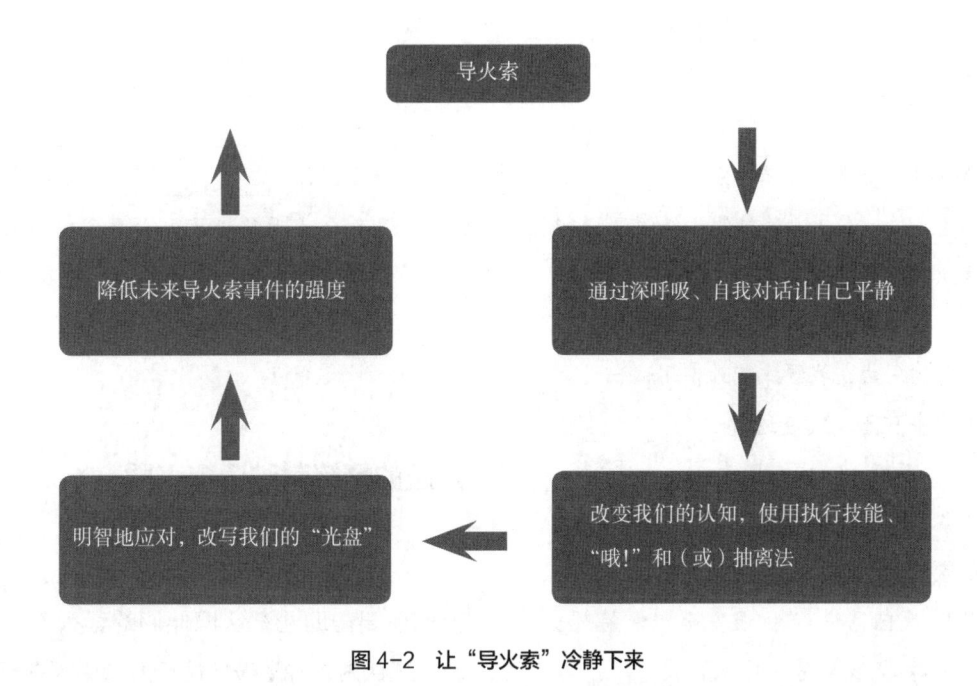

图4-2 让"导火索"冷静下来

> **我承诺**：我理解，他人和情境并不会让我愤怒，但是可以激活我的"光盘"，间接地造成我的愤怒。这些引起我愤怒的事物来自我的无助感和既往的伤痛。我可以对自己说："我很安全，保持呼吸，我能应对。"利用"哦！"和（或）抽离法愈合曾经伤痛，并和孩子们积极主动地交往。我已经准备好管控自己的情绪。
>
> 签名：_____ 日期：_____

活动：拆除儿童控制你的情绪按钮

请想象一个让你心烦的常见场景，然后填写下列空白处。

1. 我感到心烦意乱，因为_____（儿童的姓名或事件）_____（发生了什么事情）。
2. 这样会让我的"光盘"喋喋不休，并且让我感到_____（描述身体的不适感）。
3. 导致这种感受的"光盘"是_____ _____（自童年起便已经深深烙印在情绪状态下的错误信息）。
4. 在感到心烦意乱的同时，我的想法是：为了释放我的压力，我要本能地使用_____惩罚这个孩子，或者通过_____让他（她）也不好受，或者因为_____而责备他（她）。
5. 我想要感觉舒服一点。我想要放松一点。我可以对自己说："我很安全。保持呼吸。我能应对。"我接受并且放下了_____ _____（上文第2项中的感受）的感受，放下了引起这种感受的想法_____（上文第3项中的导火索想法），放下了我想要证明自己是对的执念，并且用_____（上文第4项中的答案）惩罚他（她）的想法。
6. 我要承担责任、做一个快乐和内心平和的人。
7. 我真正想要的是（积极正面的行动）_____ _____。
8. 我并不是因为这个儿童或那个情境而感到难过，而是因为我自己的认知而心情不快，因为自己不知如何应对和帮助他（她）而感到自责。
9. 我要为自己与_____［儿童的姓名和（或）事件］有关的行为、想法和感受负责，不要因此责备他人。
10. 我愿意原谅自己，用爱与人交流。我认为这个儿童可亲、可爱的一面是_____。我认为我自己可亲、可爱的一面是_____。
11. 谢谢你_____（儿童的姓名）教会我听从自己内心真实的声音，而不是我的"光盘"中记录的那些错误信息。

（资料来源：Hoffman, Hutchinson, & Reiss, 2009）

儿童的情绪刺激源与气质

正如我们必须了解和认识我们自己的导火索，我们还要帮助儿童认识他们的导火索。传统的管教方式认为，导致破坏性行为的原因在于儿童自身的问题。近年来，随着我们对于儿童气质和环境的相互作用的深入理解，教育者开始将关注点转移到班级环境和儿童自身的能力、优势和喜好之间是否匹配。儿童气质和环境不匹配是导致儿童行为不良的潜在诱发因素。例如，老师布置的家庭作业太难，与儿童的学习能力严重不匹配，这就会引发一系列的行为问题（Kern, Gallagher, Starosta, Hickman, & George, 2006）。

看待儿童行为问题的视角从儿童内在缺陷转换

到对于环境诱发因素的关注是一个巨大的进步，智慧自律课程支持这一转变，同时致力于在实践层面进一步推进这一转变，探究个体与个体之间的人际互动的动态发展过程。教师必须观察他们对儿童悲伤情绪的反应是有益的还是有害的。是大声的训斥能帮助儿童平静下来，还是自己保持镇定、讲话语气平和更有助于儿童平静下来？对于智慧自律而言，当儿童的情绪被触发并且处于混乱无序的状态时，观察是一个基本的要求。如果儿童正处于情绪状态，他们的内心在问：" 我得到关爱了吗？" 而我们的反应是把他赶出家门，抛弃他、不理他，那我们就是在迫使他们退回到生存状态。如果孩子在离开时摔门而去，请不要感到意外。我们必须能够首先判断我们自己的状态，让自己镇定下来并且进入执行状态，然后才能判断这个儿童正处于何种内在状态。一旦我们判断出儿童的状态，我们就可以利用适当的技能帮助儿童转向执行状态。一旦我们处理好了儿童的内在状态，我们就能够向他们传授新的生活技能或他们缺失的生活技能。

请务必记住，处于情绪或生存状态的儿童就像一个吸尘器，会极力想把我们和其他儿童"吸"到相同的状态。我们必须有意识地保持镇定，从而提升我们本身的状态，否则我们的教育结果就会是某种形式的问题，而不是真正解决问题。

除环境因素和后天习得的经验之外，我们每个人都有一种特定的与生俱来的气质。气质并不能通过偶发的行为反映出来，它是一个长期一致的行为模式。一般认为，儿童的气质有九大特征。每个儿童都在不同程度上拥有这九大特征，如下文所示。必须指出，如果一个人长期处于某种状态，无论生存状态、情绪状态还是执行状态，都可以从一种状态转变成伴随其一生的特质。

1. **活动水平**：儿童表现出何种程度的活跃或躁动？表现出多少自发性身体动作？困难型气质的儿童非常活跃，经常坐卧不宁、焦躁不安。他很难静下来并且厌恶任何约束。

2. **心境**：你认为某个儿童的基本性情如何？乐观、快乐还是消极、挑剔？困难型气质的儿童可能表现出暴躁或严肃的性格特征。这样的儿童似乎难以从生活中得到快乐感。

3. **主动/畏缩**：某一个儿童对新体验的反应如何？她会热情地主动接触还是畏缩不前？困难型气质的儿童通常较害羞和黏人，并且会固执地拒绝接受新的境况。

4. **节律性**：儿童饮食、睡眠和排泄习惯是否规律？困难型气质的儿童经常在无法预测的时间感到饥饿和疲倦，使就餐时间和睡觉时间经常成为发生冲突的根源。

5. **适应能力**：儿童对变迁和变化的适应能力如何？困难型气质的儿童通常会感到焦虑，抵制活动、惯例、食物和衣物的变化。这些儿童缺乏灵活度并且非常挑剔。

6. **感觉阈限**：儿童对感官刺激，如声音、光线、气味、味道、疼痛、天气、触碰、湿尿布的反应如何？是否容易过激？困难型气质的儿童容易因食物的气味、服装的款式、光线的亮度或噪声的大小而感到困扰。

7. **反应强度**：儿童对积极的刺激物和消极的刺激物作出的反应强度如何？困难型气质的儿童在各种情绪和情感上表现得更加激烈。

8. **注意力分散度**：儿童在难过时注意力分散

的程度如何？能集中注意力吗？困难型气质的儿童在注意力集中度方面存在一定的障碍，喜欢走神而不是注意听讲，并且经常忘记授课的内容。

9. **持久性**：儿童在某一事物上的专注力能够保持多久？当儿童快乐地参与一项活动时，他能保持多久？不开心时，他会固执地坚持，不断地尝试满足自己的需求吗？

困难型气质的儿童易于发怒，并且在心情不快后较难恢复平静。有些困难型儿童是天生气质如此，还有一些是因为在早期成长环境中承受了过多的压力。许多非独生子女的家长证实，他们与每个孩子互动的方式是不同的。家长也许会与某一个孩子之间存在持续的权力斗争，而与其他孩子则几乎没有这种问题。类似的情况在课堂上也屡见不鲜，一个老师可能很难和某个孩子互动，但是另一个老师则完全没有问题。每一个孩子和成人互动的过程都是他们之间的独特舞蹈。这支舞代表了孩子的气质（或内在工作模式）和成人的气质（或内在工作模式）是否匹配。作为成人，我们必须了解我们自身的"导火索"并且仔细探究我们的"导火索"是否与需要照料的儿童契合。如果我们希望帮助儿童驯服他们的"导火索"，那么我们必须首先学会驯服和重新构造我们自己的"导火索"。

"大脑聪明"教学时刻

镇定的技能能够帮助我们在唤醒系统和警报系统之间达到平衡。它会让我们对"我安全吗？"这个问题给出积极肯定的答案，并且关闭战斗或逃跑的压力反应模式。此外，它可以为我们提供稳定的能量流，从而实现理想的大脑工作状态。

请花一点时间问问你自己："有狼在追我吗？"环顾四周，如果答案是"没有"，请检视你自己的想法——你是否感到焦虑或担心？如果答案是肯定的，那么你在编造一个想象出来的狼，让你的大脑无法进入执行状态，以实现你的目标或者解决你的问题。现在，请花一点时间检查你自己的拍手器和唤醒系统。你是处于放松性警觉系统中，还是过于紧张，使你几乎记不得读了什么或者无法入睡？负责我们的唤醒系统或拍手器系统的生理机制被称为自主神经系统。它可以规范大脑和身体的所有活动，包括所有的行为和学习活动。它可以通过控制能量的输入和输出实现对这些活动的管理，理想情况下可以为我们的拍手器建立良好的、稳定的节律。

自主神经系统处于低位脑干，由两个基本的子系统组成：交感神经系统和副交感神经系统。交感神经系统负责应激反应，一旦感知到威胁，就可以调动我们身体的技能作出战斗或者逃跑反应。副交感神经系统负责恢复平静。如果我们把自己的身体想象成汽车，交感神经系统就像油门踏板，而副交感神经系统就像刹车。

在理想的状态下，交感神经系统和副交感神经系统是相互平衡的。初学者往往比较兴奋、兴趣盎然并且很警觉（见图 4-3：交感神经系统—油门），但同时也比较放松和善于接受新鲜事物（见图 4-4：副交感神经系统—刹车）。这使能量流能够达到良好的平衡，并且保持拍手器节律稳定。

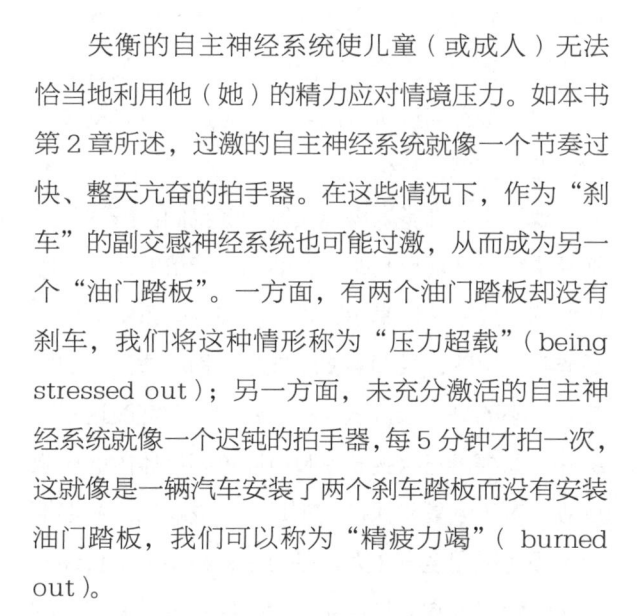

图 4-3 交感神经系统—油门 　　图 4-4 副交感神经系统—刹车

失衡的自主神经系统使儿童（或成人）无法恰当地利用他（她）的精力应对情境压力。如本书第 2 章所述，过激的自主神经系统就像一个节奏过快、整天亢奋的拍手器。在这些情况下，作为"刹车"的副交感神经系统也可能过激，从而成为另一个"油门踏板"。一方面，有两个油门踏板却没有刹车，我们将这种情形称为"压力超载"（being stressed out）；另一方面，未充分激活的自主神经系统就像一个迟钝的拍手器，每 5 分钟才拍一次，这就像是一辆汽车安装了两个刹车踏板而没有安装油门踏板，我们可以称为"精疲力竭"（burned out）。

按照汽车的比喻，平衡的自主神经系统可以让我们轻松地开车穿过城镇，随心所欲地停车，并且遵守速度限制的要求。过激的自主神经系统就像一辆没有安装刹车的汽车，会风驰电掣地穿过城镇。未充分激活的自主神经系统则像一辆没有油门踏板的汽车，基本上开不出停车场。

对于一个失衡的自主神经系统，几乎没有多少能量能够随着富含氧气的血液和代谢食物输入大脑的高级神经中枢。前额叶关闭，生存或情绪系统则操纵全局。大脑的这些低级神经系统唯一的"学习"是辨别是否存在危险以及如何避险。为了抵制新的信息，避免与他人交往，或者不按班规行事，大脑会牺牲学习能力。健康、平衡的唤醒系统和警报系统是维持生命必不可少的因素。

自主神经系统失衡的学生为了避免他人的威胁，会更加关注如何通过侵略性的行为或者退缩保护自己，以沉迷于电视节目、计算机游戏的方式，而不是通过学习数学或者英语写作隐藏自己。他们的自主神经系统反应过度，使他们臆想出本来并不存在的威胁。他的应对方式十分有限，仅包括战斗、逃跑或僵住。无论我们的课程设计多么出色或者我们如何放松对他们的期望，这都无济于事，因为他在这种过激的状态下是不可能取得成功的。

许多教师和家长在应对儿童的侵犯性行为或退缩性行为时，并未认识到这些行为仅仅是"拍手器"管理不善的表现而已。推搡、叛逆、骂人以及其他反社会行为在许多班级和家庭中是普遍存在的，儿童情绪不安、行为散漫和注意力不集中这些情况也屡见不鲜。尽管气质确实在这些行为表现上发挥了一定的作用，但许多状态都是通过一定的条件作用而形成的。换言之，环境因素导致他们的"拍手器"节律紊乱，从而造成了极大的压力。

儿童的"拍手器"紊乱的结果会是什么样子的呢？童年时期的压力可能导致儿童对生活中的情绪

和生存状态反应过于敏感。儿童生命中的前三年是人类神经系统发育过程中的关键期。出生时，自主神经系统发育并不完善，正是我们的安抚和宽慰使其拥有了在今后的经历中保持自主神经系统平衡的基石。在嚎啕大哭时，婴儿的"拍手器"是失衡的。幼童并没有能力管控他们的"拍手器"。成人的安抚、关爱和安慰才能真正调整他们的"拍手器"。没有这种安抚，儿童成年后更易于出现抑郁症、焦虑障碍、酗酒以及许多慢性疾病（Ludington-Hoe, McDonald, & Satyshur, 2002; Caldji, Diorio, & Meaney, 2000）。大量研究表明，较早开始托育以及保姆看护时间较长的儿童表现出更多的侵犯行为和违纪行为（Belsky, 2008; Cote, Borage, Geoffroy, Rutter, & Tremblay, 2008; NICHD, 2003, 2005）。此外，5岁以下的儿童随着年龄的增长激素皮质醇的分泌水平逐步升高。有迹象显示，长期的托育可能导致儿童的"拍手器"失衡。如果没有镇定的成人营造安全的班级环境，我们就无法应对这一趋势。

儿童幼年时期，大脑和身体利用经历的生活事件"培育"儿童纯真的压力反应系统。尽管幼年时期承受中等程度的压力可以帮助儿童的自主神经系统学会自我调节，但是过多的压力对于该系统是不利的，将会妨碍更高层级功能的发展，如延迟满足的能力、控制冲动的能力、感到懊悔的能力、建立亲密关系的能力、展示对他人的共情的能力、建立友谊的能力以及保持镇定的能力，从而阻碍儿童健康地成长。

在学校和家庭情境中的适宜行为都要求儿童自身的"拍手器"与外部环境的要求在同一频道上。平衡的神经系统（节律稳定的"拍手器"）能够恰当地作出反应和恢复正常，而过于敏感的神经系统可能反应过度并且长期处于生存状态。当遭遇交通堵塞且被人插队时，失衡的系统可能导致"路怒族"的出现，人们可能会将这种易怒的性格带回家并且因此而感到精疲力竭。在平衡的神经系统中，同样的情形也可能会让我们感到不舒服，但我们可以很快平静下来，因此我们的身体仍然专注于驾驶，保存精力，应对下一个突发状况。平衡的自主神经系统能够让我们作出恰当的反应。过于敏感或过于迟钝的自主神经系统可能让我们反应过度或者反应迟钝，无法实现自我纠正。

我们中的许多人需要反复训练我们自身的自主神经系统，实现自我纠正，然后才能帮助儿童训练他们的神经系统。幸运的是，训练这些系统的机制是非常简单的，我们需要腹式呼吸和调整我们的认知。不幸的是，保持强大的意愿和毅力实践这些训练并非易事。三次腹式呼吸可以关闭身体内的应激反应，对于恢复和保持镇定是不可或缺的。慢慢地深呼吸可以向全身（尤其是自主神经系统）传递一种化学信号。它会加快副交感神经系统（刹车）的应对能力，减缓能量（燃油）的快速消耗，并且允许我们开始在两个神经系统之间寻求平衡。

试想一个儿童在进入教室后表现得畏缩不前或者好勇斗狠，他其实不断在问："我安全吗？"如果我们希望这些儿童以及他们周围的人能够在学校取得成功，那么我们的反应必须能够帮助他们积极肯定地回答这一问题。这种积极肯定的答案正是儿童有安全感的产物，想要实现这样的结果，我们必须掌握镇定的技能。

镇定的技能

我们来回顾一下与大脑相关的知识。负责有意识的自我控制的脑神经回路位于前额叶。当事情进展顺利时，前额叶充当了控制中心的角色，让我们的情绪和冲动得到有效的控制，生活顺风顺水。当承受压力时，前额叶会关闭并且将控制权移交给更加原始的大脑系统——大脑边缘系统和脑干。当这些低级中枢系统介入时，我们便成为冲动、不安全感和焦虑感的奴隶。我们输了！我们从有意识状态进入了无意识状态，从**反省性思维**变成了反射性动作，从明智的回应变为预设的膝跳反射式反应。如果我们的原始冲动不加任何限制，带着这种冲动四处走动当然是不安全的。

如"大脑聪明"教学时刻中所述，镇定是神经系统处于平衡状态下的一种反映，在这种情形下，我们的油门踏板（交感神经系统）和刹车踏板（副交感神经系统）能够默契配合。当生活面临巨大压力或失控时，健康地使用刹车的方式是做个"**微笑星**"。深呼吸并且让我们的拍手器缓和下来达到稳定的节律，这让我们回到健康的人际交往并且进入执行状态，因此我们可以有意识地认识我们以及他人的想法和感受，从而有意识地指导我们的行为。

认识我们自己的想法和感受是一个重大进步。大多数人对他们自己的想法并无任何头绪。如果你问他们在想什么，得到的答案通常是"没什么"。据美国国家科学基金会估计，我们每个人每天会产生超过 50 000 个想法。你现在在想什么？我的心神总是无目的地游荡，当我读书时，我有时会想我的待办清单。讽刺的是，我对自己所读到的内容根本心不在焉，也没有完成我要做的事情。实际上，心绪的混乱已经让我神不守舍。

尽管我努力从一个无意识的、企图用毫无意义的方法控制他人的人转变为一个有意识的、懂得自我调节的人，但间歇性大发雷霆和胡言乱语仍让我感到气馁。我总是听人说，要想教育好孩子，你必须"意志坚定且公平公正，多一些积极的鼓励，少一些消极的批评，尊重孩子们，让他们为自己的行为负责，行为前后一致并且可以预测，并严格自律为他们作出榜样"。但我不知道如何才能做到这些，尤其是当我身处困境时。当儿童大喊大叫时，成人究竟如何才能保持冷静？"闭嘴"还是"你不要逼我"？

我们必须保持理智，平衡我们的"拍手器"，收回我们的自控权力！要想通过意志力控制我们的冲动和不安全感，我们必须首先实现自我调节。这一切只有在我们学会让自己镇定并且保持镇定的情况下才能实现。如果能够保持镇定，我们可以让大脑的发展更加完善，从而使我们的前额叶能够调节大脑的低级神经中枢。只有当我们学会了让自己保持镇定，我们才能把这种至关重要的技能传授给孩子们。

掌握镇定技能的成人可以利用他们的前额叶（大脑的 CEO）：

- 专注于他们希望儿童实现的目标；
- 通过人与人之间的亲密互动而不是控制手段，激励儿童采取正确的行为；
- 对儿童的成功和选择表达庆祝；
- 从儿童以及他人的视角看待各种状况；
- 教会儿童通过社会上可以接受的方式交流他们的想法和挫折感；
- 让儿童接受这些教育。

失控的成人则无法做到这些。失控的成人往往关注他们不期望发生的事情（"马上停止！"）。他们只考虑自己的想法（"你要把我逼疯了！"）。他们只知道惩罚或者奖励，却没有承担起教育重任（"把你的表现卡翻成红色。""你要是听话，我们周五会吃爆米花。"）。

如果我们自己失控，我们根本无法控制自己也无从管教孩子们。因此，作为教师，我们要将自我控制和掌握更加全面的自我情绪调节技能（自觉意识以及管理我们自身的想法、感受和行为）作为第一要务。我们不能要求对孩子们大呼小叫的老师保持班级的安静；我们不能一边把那些消极的意图归咎于孩子们的行为，一边指望着他们互相尊重；我们不能一边和同事唇枪舌剑，一边要求孩子们运用各种策略解决他们的问题。我们必须通过自我表率去引导儿童，而不是单纯地要求他们做得更好。镇定只是迈出的第一步。

想要保持镇定，必须首先做到：

1. 判断引发愤怒的缘由和事件；
2. 主动向别人学习，并用自己的镇定感染他人，从而让我们自己保持平和的心态；
3. 减少和调控我们的压力。

智慧自律将上面三种做法统称为"成为'微笑星'"计划。这个计划是实施智慧自律的首要任务。你必须首先在自己身上实现智慧自律，然后才能引导学生、家人和同事实现他们的个人转变。

做法1：判断引发愤怒的缘由和事件

我们已经花了大量时间讨论引发愤怒的缘由和事件。如果想要改变我们应对的方式，则必须首先改变我们对这些"导火索"的认知。

我们在与他人互动过程中的每一个反应都会让我们更加接近执行状态或者生存状态——我们或感觉与他人的关系更加密切（未被激怒），或感觉越来越孤立（已被激怒）。认识导致愤怒情绪的导火索只是最基本的第一步，但并非唯一的一步。接下来，我们需要主动地放下我们的导火索并实现永久的个人行为转变。

做法2：主动向别人学习，用自己的镇定感染他人，从而让我们自己保持平和的心态

主动保持平和的心态是镇定的核心内容，由三步组成，每一步都对应了我们最可能经历的三种大脑状态之一。在生存状态下，我们总是有一种攻击他人或退缩的冲动，要想控制这种状态，我们必须通过深呼吸三次学会"微笑星"；在情绪状态下，我们最优先的策略是通过责备、咒骂或让别人内疚的长篇大论进行口头的抵抗或攻击，要想控制这种状态，必须主动地改写"光盘"上记录的信息，并且对自己说："我很安全，保持呼吸，我能应对。"从而打破愤怒失控的魔咒；在执行状态下，我们可以通过祝福、"哦！"或抽离法唤醒我们的共情，利用我们的执行技能找出双赢的解决方案。

首先，我们需要在自己内心中主动让自己保持冷静；其次，我们需要利用我们的冷静影响和感染周边的儿童；最后，我们才能够克服和解决各种行为问题，教授儿童新的技能。

主动让自己保持冷静

所有冲突都起源于心烦意乱。如果我们无法控

制自己的情绪，便无法解决问题。通过主动让自己保持冷静，我们可以在刺激（被捣乱的儿童激怒）和本能反应之间让自己暂停一下。如果我们希望儿童冷静且合作，那么我们自身必须冷静和合作；要想让儿童进入执行状态，我们必须先让自己处于执行状态。儿童大脑的状态不可能高于成人，我们必须先向大脑中"上传"我们希望儿童所处的内在状态。接下来，我们一起回顾保持冷静的三大步骤；我们必须循序渐进，并最终充分利用所有步骤。

- 生存状态：深呼吸三次，"微笑星"；
- 情绪状态："我很安全，保持呼吸，我能应对。"；
- 执行状态：祝福、用"哦！"重新建构我们的"光盘"、激活抽离法并解决问题。

生存状态：深呼吸也称作腹式呼吸或"微笑星"呼吸，是我们调节自身情绪状态和管教儿童过程中最重要的工具，但必须由成人启动。急性应激状态下，我们会本能地屏住呼吸。很久以前，我们大脑的生存系统便成功进化成了当前这种模式，当我们屏住呼吸的时候，就能够将我们发出的声音控制到最微弱的程度，从而逃过老虎的追捕。今天，这种情况依然随处可见：家长在感到情况不对时，会屏住呼吸仔细倾听。下一次你在课堂上感觉自己失控时，不妨留意一下你的呼吸。一方面，屏住呼吸（或者用胸部进行浅呼吸）这种习惯性的反应源自大脑中最原始的那部分。尽管它可以帮助你存活下来，但无法帮助你思考、推理或解决问题。另一方面，深呼吸有助于关闭这种"战斗或逃跑"的生存反应模式，因此我们可以有意识地应对，并学到新的技能。

智慧自律使用首字母缩写 S.T.A.R. 来提醒我们保持微笑、深呼吸和放松心情。从现在开始，我们可以使用"微笑星"简要表示：通过三次深呼吸，平衡我们的拍手器能量。实现"微笑星"呼吸的关键步骤：

1. 保持微笑（Smile）！在困境中保持微笑是非常有益的，即使这样感觉有点尴尬。活动我们的面部肌肉并保持微笑可以真正地改变我们的内在状态。这种微微扬起嘴角保持微笑的动作引发了一系列内心变化，这种变化能够帮助我们放松身心，实现从消极到积极的生活态度的转变。"S.T.A.R."中的"S"也可以代表"停下来"（Stop）。"停下来"对于某些需要控制情绪的情景非常有益，但是在促进内在状态转变方面效率欠佳；
2. 深呼吸（Take a deep breath）。用鼻子深呼吸一次。用鼻子呼吸可以确保身体吸入经过自然过滤、温暖、湿润的空气，从而保护我们的肺部。当你吸气时，腹部会稍微鼓起。这样可以让隔膜向下移动，温柔地向你的内脏器官传递消息；
3. 停顿（And）。当你从吸气状态转入呼气状态时，会有稍许的停顿；
4. 放松（Relax）。慢慢地呼出空气，同时腹部收缩。这样会让你的隔膜向上移动，将空气挤压出你的肺部。控制呼气的节奏，让呼气的过程比吸气更长，有意识地放松你的肩膀和面部肌肉。

情绪状态：当我们处于被激怒状态时，我们可以有意识地在心中默念"我很安全。保持呼吸。我能应对。"用它覆盖我们的"光盘"中预先设定的自我对话。这样可以让我们有意识地将注意力从"谁对谁做了什么""谁对谁错"转移到"够了"这一信息。请记住，消极负面的内心对话给我们传递了这样的信息——"我做得不够好"或者"你做得不够好"。不论这种声音让我们的关注点转向内部（自责）或外部（责备他人），其对身体产生的生物化学反应是相同的。

深呼吸和自我宽慰的内部对话，如"我很安全，保持呼吸，我能应对"，可以帮助我们克服那些向我们传递不实信息的负面自我对话。事实上，我们每个人都非常出色，我们总是倾尽全力。让人宽慰的自我对话可以帮助我们实现和保持镇定，并且通过有益的方式应对当前的形势，但是这种自我对话必须与"微笑星"相结合才会有效。只是对自己说"保持呼吸"却没有实际这样做，是另一种形式漫无目的的对话。

执行状态：请想一想某个珍贵的瞬间，如婴儿的微笑、落日的余晖或可爱的小狗。请留意这些想法是否会让你感到充满了爱意、感激和欣赏。这就是祝福的精髓。祝福是一个让心与心交融的过程，在这个过程中我们明白一切都很美好，然后通过我们真诚的善意将这份感情向外传播。祝福不是你让别人产生某种想法，而是你和他共享美好的时刻。要想完成祝福，请专注于你的内心，想象打开你的心房，通过你将爱意传递给每一个身处困境中的人。

祝福有三个目的：首先，它让我们集中注意力，让我们的感情和理智相互统一，这样有助于整合我们的大脑并且激活我们的前额叶；其次，在面临冲突时，它会阻止我们退回大脑的低级状态；最后，它会创造出一个"一切皆美好"的能量场，让他人能够从低级神经中枢升级到高级神经中枢。祝福能够充分利用这种能量，帮助我们保持镇定，并帮助他人保持镇定。祝福能让我们保持开放的心态，集思广益，一起解决问题。因此，在开学的第一周便开始你的祝福仪式和"微笑星"活动是非常必要的。

帮助他人保持冷静：镜像神经元系统

情绪是会感染的。科学研究已经证明：性情暴戾的人会将他们的戾气传递给他人，而内心平和的人也是如此。大脑中的镜像神经元在这一过程中发挥了关键性的作用。

镜像神经元是一种特殊类型的大脑细胞，当人们观察到他人的行为时，他们也会做出类似的动作。大多数家长看到子女在玩耍中模仿他们时，会感到喜悦或不快。孩子们会打布娃娃的屁股或冲着它们大喊"你不许再这样了！"这样的例子比比皆是。

在我的孙女两岁时，我在一个包装箱里装入一个纸板做的方向盘，做成一辆玩具汽车。玛蒂很快拿起她的手提袋和塑料杯子，径直走向玩具车。她的妈妈朱丽叶笑了出来，因为她们驾车外出时，她总会带上一杯饮料和她的手提袋。她说："玛蒂唯一落下的是手机。"

玛蒂从"车"里往外看了看，然后打开她的手提袋，向我们展示袋子里的玩具手机。

这就是大脑镜像神经元系统的作用。我们的运动神经网络会尝试作出我们看到的行为，就像这个故事中玛蒂的行为一样。因此，我们的神经机制决定了"遵我言，勿效我行"是不切实际的。我们的情绪网络会模仿我们观察到的他人的感受和行为。一旦我们观察到其他人脸上的某种情绪，我们会感同身受。我们都曾有过类似的经历。当你开始抱怨别人的怨言时，你的同事很快会被这种消极的情绪感染。

我们要么被儿童的苦恼感染，要么用我们平和的心态去感染他们。我们中的大多数人都是在无意识的状态下被儿童的苦恼感染的。当我们看到别人一脸的愤怒，我们的面部表情也会变得凝重，愤怒在心中油然而生。当我们听到别人愤怒的声音时，我们也会用同样的方式回应，让愤怒感不断累积并最终关闭了大脑的中央处理器（以及整个大脑）。通过"下载"这种情绪，我们可以扭转局面。我们可以用我们的平静感染那些烦恼的人们。我们可以不关闭前额叶，而是将它打开并且在面对冲突时充分利用我们的智慧。

我的母亲患有肺气肿和老年痴呆症。她的肺活量仅剩下15%，因而不得不靠吸氧维持生命，但是阿尔茨海默病让她无法理解插在鼻子里面的氧气管和急促的呼吸。这给她造成了极大的焦虑，导致了一种恶性循环。呼吸越困难，她的焦虑感就越强。随着焦虑不断增加，她的呼吸也越来越困难。医生为她开出了大量抗焦虑药物，但这些药物并不能缓解她因气喘而产生的恐惧。

真正帮助她克服恐惧的是"微笑星"。考虑到她对生命的理解力微乎其微，我利用了镜像神经元系统帮助她呼吸。我希望妈妈能够模仿我，不仅仅是我的行为，还有我的感受。我会站在她面前，和她进行目光交流，然后深呼吸。每次吸气时，我的腹部会明显地鼓起来。每次呼气时又会收回去。我用鼻子吸气，然后用嘴慢慢地呼气，呼气时仅微微张开嘴唇，让呼气的动作更加舒缓。然后，我会放松脸部和眼部，用尽我所有的爱为她祝福。妈妈的镜像神经元系统开始生效，她开始模仿我的动作并且感受到了我平静的内在状态。舒缓的呼气动作让她体内的二氧化碳达到平衡，这样做很快且非常有效地消除了她的应激反应。看到在妈妈身上发生的这一切，我坚信我们都需要学习应该如何正确地呼吸。我们可以利用腹式深呼吸、祝福和镜像神经元系统帮助所有儿童保持镇定，包括那些行为问题十分严重的儿童。

利用观察把镇定传递给他人。 观察是一种具体的描述方式，它通过自觉意识和目光交流发出情感联结的邀请。想要把镇定传递给他人，我们需要利用我们的镜像神经元系统，和他人进行目光交流。处于生存状态的儿童会拒绝目光交流和接触。通过观察，您可以实现目光交流并且把平和的心态传递给他人。

观察是一种非常有价值的技能，它要求我们细心地观察而不加任何主观判断，并且可以用于多种场合。用观察法将冷静平和传递给他人，我们需要描述和示范儿童当时的行为。"你的脸就像这样（模仿），你的手臂就像这样（模仿）。"演示儿童的身体动作可以让儿童本能地产生看着你的愿望。通过观察，我们可以温柔地鼓励儿童进行目光交流，而不是用语言指令他们服从——"看着我"，这种语言指令可能被理解成一种威胁并且进一步强化儿童的生存状态。如果一个儿童始终拒绝和你进行目光交流，你应该再深呼吸一次，体谅他并且继续和他互动。

你可以继续描述和演示，直至他抬头看向你。"你看！你找到了这辆小卡车，你要这样玩（模仿），你的手指只要这样啪地一下（模仿）！"

通过观察把镇定传递给他人的公式："你的 ＿＿＿＿ 就像这样（模仿）。"

我们将在本书中的多个章节和情境下讨论观察这一主题。现在，可以思考下面的故事。

> 每天早晨，卡茨老师都让孩子们选择他们想要的问候方式。总统纪念日假期前的几天，问候的方式有林肯式、华盛顿式或者第一夫人式问候。大多数时候，亚伦到校时状态不佳，他拒绝和别人目光交流或者打招呼。今天，卡茨老师试着用自己的平和心态感染亚伦。她深呼吸一下，然后说："亚伦，你的手臂看上去就像这样，你的头就像这样。"亚伦斜着眼瞟了一下。卡茨老师马上进行了一次舒缓的深呼吸。亚伦的身体不自觉地和她一起深呼吸。亚伦的身体放松了，卡茨老师指着各种可供选择的图片问他想要用哪种方式互致问候。亚伦的肢体语言稍微倾向于林肯。"你选择了林肯！"卡茨高兴地说。他们摆出了华盛顿林肯纪念堂里林肯雕像的姿势，然后轻轻地顶了顶拳头。

卡茨老师示范了用平和心态感染他人的三个步骤：

1. 让自己保持平和的心态；
2. 观察和模仿儿童的肢体语言。"你的腿/身体/脸看上去就像这样……"
3. 当孩子和她进行目光交流时，她做了一次"微笑星"；
4. 让儿童作出选择或给出具体的指令。

用平和的心态感染别人时常犯的错误：

- 我们忘了事先让自己保持镇定、平和的心态。对于不容易管教的儿童，在他们的不当行为还没有发生时，我们便无意识地开始处于防范姿态。我们必须保持平和、自信、开放的心态，这样才能帮助儿童成功地遵守规则。
- 我们忘记通过肢体示范或模仿儿童的行为。如果我们说"你的手臂像这样"，那么我们必须像儿童那样活动我们的手臂。
- 我们通常会说"你的手挡住了脸"，而不是"你的手是这样的"。但是，前者并不会吸引儿童看着你，也不会激活他们的镜像神经元系统，而"你的手就像这样"则鼓励儿童和你进行目光交流，并且能够激活他们的镜像神经元系统。
- 当儿童和我们进行目光交流时，我们忘记了深呼吸。
- 我们无意识地让儿童感到我们希望让他做某件事或者服从指令，而不是让儿童感到我们希望给予他帮助。

做法 3：管理情绪，降低压力

将你的左手放在胸前，将右手放在腹部。当你正常呼吸时，哪只手先动？如果你的左手先动，那你是在用胸腔进行浅呼吸。如果你的右手先动，那你是在用腹部进行深呼吸。腹式呼吸是一种健康的、自然的呼吸方式。胸式呼吸是一种浅层的、受到抑制的呼吸方式。

正是因为我们生活中总是存在各种压力，很多人并不能正常地呼吸。生理学书籍告诉我们：当我们休息时，我们的呼吸频率平均为每分钟12~14次。现在请暂停阅读，数一数你自己每分钟呼吸多少次。很多人的呼吸频率要大于这个平均值。我们会习惯性地加速呼吸，也就是说我们用胸腔顶部进行快速的浅呼吸。这种呼吸能大幅降低我们血液中二氧化碳的浓度。与大众的认知恰恰相反，我们的身体需要特定浓度的二氧化碳才能让各种机能正常运行（但过高浓度则会导致中毒）。浅呼吸造成了二氧化碳浓度较低，导致我们的动脉收缩，减少了输往大脑和身体各个部位的血量。结果，大脑没有得到所需的氧气，不能理想地运行。缺氧会引起我们在"战斗或逃跑"之间摇摆不定，让我们感到紧张和易怒，降低我们清晰思考的能力，锁死了我们的前额叶，导致我们任由消极的内心对话摆布。

"微笑星"：我们已经解释了"微笑星"深呼吸是主动保持冷静的基本技巧。教会学生多种新的镇定方法后，你可以拓展你的"微笑星"计划。"微笑星""泄压水龙头""气球"和"开心麻花"是智慧自律常用的四大核心镇定技巧。

"泄压水龙头"：伸出双臂放在身前，使其平行于地面。握紧拳头，手掌向下。吸气，使拳头、手臂和面部受到挤压后绷紧。假装你的手臂是洗手盆上的水龙头。握紧的拳头就像排水阀。打开排水阀，呼出空气并且松开手指，同时发出嘶嘶的声音。这种声音代表水从水龙头中流出。握紧拳头，表示关闭排水阀。握紧拳头，让手臂、颈部和面部收缩。然后打开排水阀并且再次发出声音。

"气球"：你可以给学生示范，吹起一个气球，然后抓住气球的开口处，再把气球内的气放掉。解释我们肺部的运行机制。让儿童吸气数次，吸入空气然后屏住呼吸，就像气球一样把肺部吹起来。然后让儿童撅起嘴唇把空气呼出去。

"开心麻花"：坐下或者站立，让左脚踝搭在右脚踝上。双臂向前伸出，拇指向下，左腕在上与右腕交叉。十指交叉，然后在胸前向上翻起。闭上眼睛并保持呼吸。吸气时舌头平放并抵住上颚，呼气时放开。"开心麻花"能将大脑生存中枢的电信号转移到逻辑推理中心。像这样用舌头抵住上颚能够刺激大脑边缘系统与大脑前额叶相互配合。研究发现，这个姿势可以释放情绪压力，并且有助于解决学习困难问题（Dennison, 1989）。

你知道吗？

呼吸是人体内最大的废物清除系统。我们身体中70%的废物是通过呼吸排出体外的。30%的废物是通过汗液经由皮肤排出的，而只有10%%会留在肾脏和结肠内。这种排泄主要发生在呼气阶段。要想取得一定的效果，呼气的时间必须长于吸气的时间。

吸入的空气为人体带来氧气，供身体内的细胞使用。大脑需要消耗人体全部供氧量的25%~40%才能正常工作。如果没有正确的腹式呼吸，大脑会被欺骗而减少60%的供氧量。对于教育而言，大脑缺氧将是一种灾难。

如果你的隔膜没有移动，那么前额叶就不能完全激活。如果前额叶没有完全激活，你会变得更加迟钝，而无法作出及时的反应。我们的选择很简单。我们可以做一个反应快速的明星（"微笑星"）或者一个迟钝的人。

创造安全感

每日练习上述认知转变的活动和技能，下列常规活动、仪式和课堂活动将帮助您在学校大家庭中营造一种可以明确感受到的安全感。

常规活动："大脑聪明"教学时刻

"大脑聪明"教学时刻是有科学依据的一项常规活动，目的是在每日场景转换的过程中维持理想的学习状态。一天中会有多次场景转换，经常会给学生和教师带来一定的压力，但**最难以应对的是从家到学校的场景转换**。对于很多家庭而言，起床和离开家产生的压力感是非常强烈的。生活大抵就是这样的，即使在一切井然有序的家中也是如此。在许多家庭中，孩子们早上起床后还要帮助年幼的兄弟姐妹起床。如果饭菜已经备好，他们还要自己吃饭。儿童跨入校园前已经经历了很多事情，它们可能发生在家里、在公共汽车上或是在公共大厅里。老师们也是如此。"大脑聪明"教学时刻可以帮助学生和教师在从家到学校的过程中实现必要的转变，以及在一天的生活中实现其他细微的转变。

"大脑聪明"教学时刻由下列四个活动组成：

1. 凝聚；
2. 解压；

3. 与教师和他人建立情感联结；
4. 保持学习状态的承诺。

上述四种活动能够支撑我们实现深层次的理念建构，创造一个能够平衡和整合大脑功能、带来心身生化效应的喜悦心境。

请记住，每天早上开启"大脑聪明"教学时刻活动仅仅是一天中众多场景转换中的一次。每次场景转换后，应进行一次简短的"大脑聪明"教学时刻活动，用于改善注意力和提高教学效果。

活动1：凝聚

凝聚能够让我们收敛心神，让我们的心思与身体在教室内达到统一。我们可以让所有人合唱一首歌曲，或者一起背诵一首诗词，或者开展一次集体活动。许多学校会开展一些传统的活动，如宣誓。实现凝聚的另一种有效的方法是编制或合唱一首学校大家庭歌曲或者与您的班级公约有关的歌曲。以下是三年级学生创作的一首学校大家庭歌曲和说唱，用于表达彼此之间的约定。

我们的学校我们的家

这是我们的学校，这是我们的家
这是我们的学校，这是我们的家
这是我们的学校，这是我们的家
好朋友，挥挥手（握握手，勾勾手，等等）

三年级约定

说的就是你哟。唱的就是我哟。我们彼此守护。
不管是分歧，还是默契。我们深知安全的意义。

我要竭尽所能，和压力说再见。（"微笑星"）。我们有礼貌。我们负责任。我们深知互相帮助的意义。彼此守望。真诚相对。一切安好。

活动2：解压

当我们经历压力时，我们的大脑会释放出多达1400多种神经递质（Sapolsky，1998）。这些化学物质会影响我们的认知、感受和行为。最重要的是，它们会关闭我们的前额叶，让我们心神不安、无法学习（Bailey，2011）。在这种情况下，您应引入和练习上文所提及的四种释压方法（"微笑星""泄压水龙头""开心麻花""气球"）。当孩子们心情不好的时候，请示范和教授孩子们这些技能，并在孩子们心情平静的时候反复练习这些技能，保证他们在心情不好的时候仍有足够的认知资源运用这些技能。

你可以利用伸展运动、瑜伽、有创意的腹式呼吸帮助儿童解压。伸展运动可以帮助我们释放肌肉的紧张感和先入为主的想法。它可以促进血液循环，增强呼吸，缓解疲劳，释放紧张的情绪，提高柔韧性，保持清醒的头脑，让身体的各个系统精力充沛。你可以现场创作有创意的呼吸方法。一些班级使用了"兔八哥"式呼吸，吸气时儿童会竖起两根手指放在头上模仿兔八哥的两只耳朵，呼气时他们会慢慢地把手指移开。还有一些班使用了"超级英雄"式呼吸，在吸气和呼气时假装在飞行。

儿童承受的压力越大，他就需要越多的帮助、激励和练习。指导儿童躺在地板上，在腹部放置一个物品，然后观察该物品随着儿童的呼吸而不断起伏。这种形式简单的生物反馈可以帮助他们取得成功。某些深受压力折磨的儿童会抵制腹式呼吸，因为这样要求他们放下自己的戒备心。在这种情况下，你或整个班需要帮助这个压力巨大的儿童，为他们示范呼吸方法，启动他们的镜像神经系统的模仿功能。

活动3：情感联结

只有在身体开始放松并且应激反应关闭时，我们才能实现与他人的情感联结，情感联结才能催生合作。如果儿童和教师感受到与他人和学校之间的情感联结，那么他们愿意合作的可能性更高。情感疏离的儿童常常是混乱和分裂的。简单地说，在一天开始时，开展情感联结活动有助于促进一天活动的顺利进行。

情感疏离的儿童之所以会造成混乱和分裂，是因为他们缺乏控制自己冲动的能力，对挫折感的容忍度更低，自我调节能力较差。儿童之间或儿童与成人之间的情感联结活动作为早上的第一件事，可以刺激大脑的冲动控制系统，产生大量神经化学物质，释放"集中注意力"的信号。只要稍花一点时间利用"蝴蝶"式握手与身边的人互致问候就算是一场情感联结活动（"蝴蝶"式握手需要两个人共同配合完成，二人拇指交错，其他手指伸展，同时手指模仿翅膀作出拍打的动作）。情感联结活动与凝聚活动之间的差异在于情感联结活动要求学生面对面地互动，互动的过程涉及目光交流、肢体接触、陪伴和趣味。早晨的问候和"我爱你"仪式（Bailey，1997）是情感联结活动的两个优秀范例。

> **你不在的时候**
>
> 你不在的时候（班级合唱。）
>
> 我们很想你（班级合唱。）
>
> 当你归来，你想要我们如何迎接你？（一个学生代表用木偶或魔杖"亲吻"缺席儿童应在的位置。）
>
> **小穆菲特姑娘**
>
> 小穆菲特姑娘坐在板凳上。（为穆菲特姑娘拍拍手。用臀部对着"板凳"。儿童模仿。）
>
> 喝着她的燕麦粥。（咀嚼并且做个"美味"的鬼脸。儿童模仿。）
>
> 来了一只蜘蛛坐在她身边。（用手指模仿蜘蛛爬到儿童的手臂上，然后让蜘蛛坐在儿童的肩膀上。）
>
> 对她说："祝你度过愉快的一天！"（用鼻音发出好玩的声音与儿童互动、握手、击掌或者挥手互动。）

活动4：承诺

承诺能够让大脑为未来的成功做好准备，并且能主动地让前额叶参与进来。大声说出来的承诺能够产生很多积极的效果，无论在心理层面还是在神经方面，它可以增加儿童信守承诺的可能性。付诸行动和遵守承诺能够帮助我们建立自我价值，让有益的神经递质在我们体内更加活跃，帮助我们集中注意力。

我们经常不严肃对待我们的承诺，我们会说"我在想＿＿＿＿＿＿。""我需要开始＿＿＿＿＿＿。"和"我应该＿＿＿＿＿＿。"这些话背后隐含的意思是"如果外部事物、人员或情况允许，我可能会朝着我的目标努力，但前提条件是不会发生意外。"一些话，如"我必须＿＿＿＿＿＿"，则表示别人正在主宰你的生活。谁会真的说"你必须＿＿＿＿＿＿？"

承诺要非常有力地表明"无论如何我都会这样做。"我鼓励大家使用的句法是"我想要＿＿＿＿＿＿。"每天用"我想要＿＿＿＿＿＿。"来开始活动能够让我们的大脑专注于某一具体的目标并且激活我们的前额叶，让大脑为一整天的学习做好准备。

"大脑聪明"教学时刻的承诺可以是个人的，比如在日记中写下个人的承诺；也可以是集体承诺，如"今天我至少要帮助别人一次。"承诺也可以通过班歌方式实现："今天，我要仔细倾听、言辞友善、不贬低别人、传递积极的信息、温柔地对待别人、己所不欲勿施于人。"

要想成功开展"大脑聪明"教学时刻活动，你必须精心计划每天早上的活动，以及一天中场景转换后的活动。我曾在世界各地演讲，每次演讲开始前我都会进行"大脑聪明"教学时刻活动。我会按照一定的策略制订计划，并且把这些不同寻常的时刻整合到演讲中，帮助听众改变他们的内在状态，实现理想的学习和集中注意力。经常有人向我这样反馈:"我非常喜欢你的演讲。真的能让我集中注意力。"尽管我演讲的内容和风格非常吸引人,但我知道在场景转换后和精力不佳(如下午 2 点时人容易昏昏欲睡)的状况下,如果没有"大脑聪明"教学时刻活动,听众保持注意力的能力将不可避免地下滑。这个道理同样适用于全球各地的课堂教学。作为教育者,我们必须积极地投入,帮助儿童集中注意力。在这方面,"大脑聪明"教学时刻是一个关键因素。

我承诺:此时此刻,我要做一个更加清醒、更有共情能力的人。
我愿意竭尽所能为我照顾的孩子们提供足够的安全感、支持资源和结构良好的活动设计。
我时刻铭记我的价值取决于我在多大程度上看见他人的价值。

签名:＿＿＿＿＿＿＿＿＿＿＿＿ 日期:＿＿＿＿＿＿＿＿＿＿＿＿

活动:你的一天是如何开始的?

在下面的空白处总结你在校期间一天的活动,请判断你是否使用了"大脑聪明"教学时刻策略?你有没有设置一些"凝聚、解压、情感联结"的活动?如果没有,你打算如何改变这种情况?请列出你希望实现哪些转变。

每天开始时的活动:＿＿＿＿＿＿＿＿
＿＿＿＿＿＿＿＿＿＿＿＿＿＿＿＿＿＿
＿＿＿＿＿＿＿＿＿＿＿＿＿＿＿＿＿＿

我想要在近期作出的转变:＿＿＿＿＿＿
＿＿＿＿＿＿＿＿＿＿＿＿＿＿＿＿＿＿
＿＿＿＿＿＿＿＿＿＿＿＿＿＿＿＿＿＿
＿＿＿＿＿＿＿＿＿＿＿＿＿＿＿＿＿＿
＿＿＿＿＿＿＿＿＿＿＿＿＿＿＿＿＿＿

我想要马上实现的转变:＿＿＿＿＿＿＿
＿＿＿＿＿＿＿＿＿＿＿＿＿＿＿＿＿＿
＿＿＿＿＿＿＿＿＿＿＿＿＿＿＿＿＿＿
＿＿＿＿＿＿＿＿＿＿＿＿＿＿＿＿＿＿
＿＿＿＿＿＿＿＿＿＿＿＿＿＿＿＿＿＿

仪式:安全守护者的工作描述和仪式

无论我们是否意识到,我们经常认为我们的工作就是控制儿童的行为,以及向管理者证明我们能够做到。似乎如果无法控制孩子,我们作为教师就是失败的。我们应有意识地改变这种工作描述,实现从强制和威压到智慧自律的转变。我们的新工作描述是:

我的工作是保证全班的安全,让孩子们可以正常地学习。孩子们的工作是帮助我保证安全。

如果我们希望所有儿童[包括正常发育的儿童、性情难以相处的儿童、有特殊需要的儿童（注意力缺陷、多动症等）以及在生命早期承受巨大压力的儿童]取得成功，那么安全守护者的工作描述是非常必要的。安全守护者的工作描述能帮助我们实现从强制到帮助儿童取得成功的转变。当我们的意图改变时，我们与儿童对话的方式也会随之改变。

请记住，我们每次企图让别人感到难过、自责或为我们自己的难过情绪承担责任时，我们都在制造危险。想要做一个合格的安全守护者，我们需要为自己的想法、感受和行为承担全部责任。我们应主动地让自己保持镇定，才能让自己处于执行状态并且很好地管教孩子们。安全守护者必须：

- 做个"微笑星"；
- 认识诱发情绪的想法和事件；
- 给儿童送上祝福，多一点观察少一点评判；
- 使用传递安全感的语言，而不是激发恐惧感的语言；
- 将冲突看作教育机会。

活动：亲自体验语言差异

请通过表4-1的活动，感受通过语言控制他人和通过语言营造安全感二者之间的差异。请阅读两种语言表达形式，并尝试找出二者之间的差异。如果你有活动伙伴，则一个人扮演儿童，另一个人扮演成人。请讨论和分享不同视角下的差异。

表 4-1 亲自体验语言差异

产生恐惧感的语言	营造安全感的语言
失控 - 你要把我逼疯了。 - 我受够你了。把你的表现卡翻成红色。 - 你再这样发脾气，就出去。	**主动通过"微笑星"保持平和的心态** - 我要进行几次深呼吸，让自己平静下来。然后和你讨论。
评判 - 我就想不明白，这么可爱的女孩脾气怎么这么大。 - 小明就是很刻薄。班里的所有人都受他欺负。除了让他停课，我是没有办法了。什么都不管用！	**观察** - 开始写作业对她来说很艰难。 - 小明发现自己面临冲突时不知道该说什么。
产生恐惧感 - 用脚走路，用脚走路，用脚走路！我怎么跟你说的？ - 抓着我的手。你想要被汽车撞吗？ - 我们的班规关于椅子的摆放是怎么说的？	**营造安全感** - 像这样（模仿）在教室里走动可以让每个人感到安全。 - 过马路的时候拉着我的手，这样你就会很安全。 - 把你的椅子推进去，这样每个人都会安全。

安全守护者的仪式有助于提升你在班里作为安全守护者的角色。请在入学的第一天就举办这个仪式。你需要一个安全守护者箱子和人偶，用来代表班里的每一个人。这些人偶可以简单地使用写着名字的卡片或者儿童的照片代替。安全守护者仪式本身可以通过多种方式进行。活动的目的是让学生有意识地将他们的人偶放入安全守护者箱子，同时承诺维护班级的安全和创造良好的学习环境（很多班级将这个活动与考勤相结合）。每天结束时，从安全守护者箱子里把人偶拿出来摆好，以便第二天早上重复这个仪式。

每个学年开始时，告诉学生你的工作职责，并且教他们何时以及如何开展安全守护者仪式。不断重复"我的工作是保证全班的安全。"通过保持镇定和控制你自己的不安情绪，营造一个心理上安全的课堂环境。把你做的所有事与安全联系起来。"把东西放在地板上是不安全的。有人可能会被绊倒，或者这些东西可能会丢失。"利用冲突重申你的工作。"迈克尔，这样推杰米会伤害到她。我的工作是保证全班的安全。你现在应该怎样做才能帮助别人，而不是伤害别人？"

实践模块：安全角——自我调节学习中心

当儿童在场景转换后以及遇到较小的压力时，尝试让自己保持镇定，教师应该帮助他们在更加艰难的生活情境下保持镇定。安全角是教室内设置的一个实体区域，作为自我调节能力的学习中心。安全角配置了帮助儿童保持镇定和实现自我调节的工具，让儿童能够在发怒、感到沮丧、忧伤或害怕时，暂时脱离集体让自己冷静下来，并且保持自制。

在教室内设置安全角前，您必须审视你对儿童的某些核心认知。请阅读表 4-2，并找出与你相符的那些认知。

表 4-2 审视对儿童的认知

A 列	B 列
我们必须教会儿童如何保持镇定，并且创造练习的机会	儿童应该遵守规则，并且已经知道如何让自己保持镇定
所有儿童都可以学习这项技能	有些儿童年纪太小（大）、过于懒惰或者总是支配别人，因而无法学习
儿童可以在必要时自己走开，冷静后自行回到班级	儿童是不可信的，无法使用安全角（在安全角捣乱）

如果你发现你的大多数答案属于 B 列，那么你还没有准备好，无法在班内开展这些活动。

儿童在心情难过时，应该有意愿来到安全角，这种主观意愿来自营造一个学校大家庭。本书提供了必要的工具和认知改变，帮助你营造自己的学校大家庭，同时《创建学校大家庭》一书还就此议题进行了更加深入的探讨。你需要教会儿童如何在一个互动紧密的学校大家庭中使用安全角。如果没有教会儿童如何正确使用显微镜，谁也不会把它摆在科学中心，安全角也是这个道理。您需要教会儿童：

- 何时去安全角；
- 到了安全角应该做什么；
- 在安全角待多久；
- 谁能帮助你。

如果学校的规定允许，我希望安全角的主要陈设是一把豆袋椅。当儿童坐上去的时候，就好像待在椅子的怀抱中。安全角应设置在一个让人感到温馨舒适的地方，并且能够看到教室内的各种活动。不要把安全角当作任何形式的接受惩罚的场所，也不要在二者之间建立任何形式的联系。它是一个学习区域，您应指导儿童通过五个步骤实现自我情绪调节（Bailey, 2011）。

● I Am　第1步：触发情绪

当某个儿童被激怒时，应该通过某种信号提示他走到安全角。他可以自己去安全角，或者教师也可以帮助他去安全角，或者他的朋友也可以建议他去安全角。

● I Calm　第2步：积极暂停

到达安全角的儿童可以选择四种冷静方法中的一种。"微笑星""泄压水龙头""气球"或"开心麻花"可以帮助他冷静下来。教师必须将这些冷静的方法以海报的形式张贴在安全角内，并且在每次"大脑聪明"教学时刻活动过程中，教授或练习如何使用。

● I Feel　第3步：识别情绪

儿童可以通过指认的方式，根据海报判断他当前的感受和状态，从"心情娃娃"自我情绪调节工具包中选择一个心情娃娃，或者从"我的选择"自控板上选择符合的心情图片。

● I Choose　第4步：调节情绪

儿童可以在安全角的箱子里预先确定的选项组合中选择一种活动。在安全角开放使用前，您需要搜集学生的意见，找出能够帮助学生冷静下来的各种工具，调动他们的思维能力。在安全角的箱子里放入相应的物品，包括帮助儿童冷静的工具，如涂料、绘画或书写用具以及启发性书籍。

● I Solve　第5步：解决问题

儿童可以独立完成这一步，但经常会需要教师给予适当的帮助。年纪稍长的学生可以把他们的问题和未来的解决方法写下来，并且和老师探讨。年幼的学生需要具体的、一对一的辅导。总而言之，可以采取下列解决方法中的一种：

- 帮助儿童学会如何寻求帮助；
- 帮助儿童学会如何解决与朋友之间的冲突；（第5章、第10章）

- 帮助儿童制作常规的可视化图像或社交故事的海报;(第5章)
- 帮助儿童学会如何控制校外可能阻碍他们学习的状况(如家人逝世、家庭暴力、离异等)。(第8章)

亲友板

亲友板(Friends and Family Board)是一个重要的实践模块,帮助您实现镇定并鼓励学生保持镇定。它包括关爱、支持和努力保证学生安全感的所有人的照片。这些照片可以包括学生和他们的家庭成员、教师、食堂工人、校车司机和学校校长。它可以帮助学生相互了解,并且让学生的家庭与学校大家庭密切联系起来。

作为一个长期项目,你应为亲友板选择一个合适的展示区。如果墙壁上没有可用的空间,你可使用相册或剪贴簿。开学前,应收集学校工作人员的照片并把它们贴到你的亲友板上或者你的亲友相册中。然后,利用家庭开放日为儿童及其家人拍摄照片,或者在开学的第一周收集照片。同样把这些照片添加到你的亲友板上或亲友相册中。

为了成功创建您的学校大家庭,您需要不断增加相关人员的照片。在家长会上,按照下列方式向儿童的家人描述您的工作:"我的工作是保证您子女的安全,让他们可以正常地学习。您作为他们的家人应协助我保证安全。"然后,具体地讨论儿童的家人如何协助保证学校大家庭的安全。可行的做法包括入学和离校程序,让患病的儿童留在家中,在家中为儿童提供阅读时间,为家庭作业合理地安排时间等。

接下来,和家长讨论你将如何保证儿童在校期间的安全。展示你正在制作的亲友板,便于儿童及其家人认识他们在校期间的安全守护者。讨论你将如何教育儿童互相帮助和互相尊重,并分享与你的学校大家庭相关的其他重点内容。

反思:认知的力量

请记住认知是一种选择而非事实。你可以不断问自己:"我要控制我的内心不安和保持自制,还是交出我的力量而责备他人?"选择是你自己的事,它永远不会离你而去。如果你的生活更加镇定,你可以活出你的最高价值并且为儿童树立行为的标准。

1. **当你被激怒时,请留意你的"光盘"中刻录的错误信息。**主动地让自己冷静并调节你的情绪。当你非常警惕且不断地让自己保持冷静,你将有能力更好地容忍情绪上的感受,改变你无意识的反应。

2. **仔细观察你是否经常责备他人。**请留意你是否经常感到无助,并且经常说"别逼我"。请使用"我希望……"来替换上面的表述。您应该说"如果你再交头接耳,我希望你换个座位。"而不是"别逼我再说一遍。"

3. **不断对自己说:"如果我让别人控制我的感受,我就是任由他人摆布。"**收回你的力量。不断问自己"我的力量在哪里?"

"大脑聪明"教学时刻

被激怒的儿童在失控前会表现出不安情绪。这种焦虑不安的表现包括特定的行为增加和其他行为减少。这些非语言的指标表明，这个儿童或者全班儿童都应该启动部分或全部"大脑聪明"教学时刻活动。你可以通过"微笑星"来减少压力，开展以提高班级凝聚力为目标的"换换脑筋"活动，或者进行促进人际交往的活动，使学生最终重新回到学习上来。你也可以主动指引儿童到安全角（见图4-5）。请注意这些信号：

- 目光飘忽不定：儿童不断地左顾右盼，很难保持专注；
- 非对话式语言：他们只用非常简短的字句回应。"好""没事"；
- 手忙脚乱：学生可能会不断地用手指敲击桌面，用手拍打大腿，反复地开合书本，拉拽衣服、踢门、晃腿或者用脚拍打地面；
- 不断地加入和脱离集体：儿童可能会不断地加入一个集体随后离开；
- 三心二意：儿童会开启一件事情，然后跑去做另一件事情，然后返回最初的事情。你通常会发现他们很少能够保持注意力；
- 目光呆滞：直勾勾地盯着某个事物，做白日梦；
- 轻声细语：这种现象类似于上述非对话性语言，语调较轻柔，你需要靠近才能听清他在说什么；
- 束缚双手：儿童会把他们的手"束缚"起来。他们会把手放在口袋里，或者把手放在腋窝下，面露愠色；
- 退缩不前：他们会脱离集体，在行进过程中落在队伍后面，经常退缩而不是积极参加活动或与他人互动。

[上述行为由Colvin（1993）总结汇总，由Walker、Colvin和Ramsey（1995）共同定义。]

技能反思：传统思维和智慧自律

如果可能的话，应与他人组成搭档，然后大声地把下面的话说出来。其中一种只是传统的陈述，会让我们损失自己的力量，而另一种则会让我们有能力实现有效的养育。每组说完后，请讨论"传统思维和智慧自律之间有哪些差异？"（见表4-3）

表4-3 传统思维和智慧自律的对比

传统思维	智慧自律
别逼着我把车停下来。	我要靠边停车，请系好安全带，这样我们大家都安全。
看看你让她多伤心？她在哭。把玩具还给她。	看见萨拉的表情了吗？她在说："你抢我的玩具让我很不开心。请你还给我。"
你让我觉得好难受！	我感到非常沮丧。我要深呼吸，让自己冷静下来，再和你讲。

图 4-5　安全角

学校大家庭实施一览表

- 启动你的"微笑星"计划。
- 练习主动让自己冷静("微笑星""我很安全。保持呼吸。我能应对。"祝福仪式)。
- 教每个儿童学会何时以及如何做到"微笑星""泄压水龙头""气球""开心麻花"和祝福。
- 当一个儿童感到伤心难过时,让全班人用"微笑星"和祝福活动帮助他。
- 练习观察,主动用镇定感染儿童。
- 对你自己、同事和学生使用"哦!"和抽离法。
- 用"大脑聪明"教学时刻的仪式开启每一天。您全天都可以开展该活动,尤其是在场景转换时。
- 与儿童讨论安全感在视觉、听觉和感受方面的表现方式。
- 教儿童掌握班级工作说明,"我的工作是保证全班的安全。你的工作是协助我保证安全。"然后创造一个每日进行的安全守护者仪式。
- 制作一个亲友板或一本书。
- 在教室内设置安全角,教会儿童如何正确地使用安全角。
- 查阅教学指导,为您的团队(管理人员)提供帮助和支持。

(镇定技能小结见表 4-4)

表 4-4 镇定技能小结

项目	内容
力量	认知：除非你允许，没有人能够使你生气。
"大脑聪明"教学时刻	镇定能够让你使用大脑的高级中枢。
技能	"微笑星"："我很安全。保持呼吸。我能应对。" 观察和感染他人："你的脸就像这样（模仿）。"
学校大家庭常用工具	"大脑聪明"教学时刻、安全守护者仪式、安全角、亲友板。

Chapter 5

第 5 章
明确而坚定

ASSERTIVENESS

明确地说"不":
礼貌地说出你能容忍的限度

明确而坚定是一种清晰明确的、时刻保持警觉的沟通方式，让儿童专注于我们希望他们做的事情。想要有效地设置让所有人遵守的行为红线，明确而坚定是必不可少的。

在练习明确而坚定技能的过程中，你必须时刻记住——"关注越多，得到越多。"现在，首先做一次舒缓、深沉的"微笑星"呼吸。在一吸一呼的同时，对自己讲："关注越多，得到越多。"这样反复做三遍，让这段话和它的含义浸润你的大脑。花一点时间想想你的生活。你的关注点是什么？你会关注还没有完成的工作并感叹时不我待，还是会关注已经实现的愿望？你会更多地看到你的伙伴、学校、学生以及自己的优点还是缺点？你的关注点决定了你的感受。

关注的力量

注意力就像我们在夜里用来照明前路的手电筒，或者我们用来标记书中重要内容的荧光笔。无论你关注什么，你的注意力都会分配给你关注的事物，使其成为"图形"，而其他所有事物则淡化成"背景"。我们将注意力放在哪里，反映的是我们的内在价值理念。当我们将关注点聚焦在帮助行为上时，乐于助人成为我们的关注点并且得到了充分的重视；当我们把自己的注意力集中在烦恼、不当行为、恶意和各种问题上时，它们也会成为我们的关注点并得到我们的重视。因此，我们关注的事物不仅能够反映出我们的价值理念，而且可以培养和引导学生。下列教学场景展示了两位教师在设定行为规范时如何运用关注的力量。

> 教师甲看到两个儿童开小差，问道："你们两个在干什么？"两个儿童只是茫然地看着老师。"我们的班规关于上课时间闲聊是怎么规定的？这是不允许的。你们想让我给你们扣分吗？"然后，教师走开了，继续应对班里出现的其他问题。

> 教师乙看到两个儿童开小差而不是专心上课，她走上前，叫了他们的名字，然后等待和他们的目光交流，然后说："你们要专心学习数学。14：00—16：00要做数学题。我会看着你们，这样我才能知道你们有没有理解，这对学好数学是非常重要的。"当儿童将他们的注意力转向学习后，教师鼓励他们说："就是这样。你们做得很好！"

教师甲关注的是那些"错误"的或者"不够好"的方面；教师乙则关注儿童需要怎样做才能解决问题，并且给他们一定的鼓励。你究竟希望关注问题还是解决问题的方法？这些都是你必须随时面对的选择。选择权在你自己手里！

如果你关注的是问题，那么你就很难得到解决问题的方法。

我们向儿童展示我们的理念，并且教他们如何在我们对世界的认知基础上规范自己的行为。儿童很快便会明白，我们会因为他们的行为而评断他们的品格，无论这些行为是友善的还是恶意的。我们中的大多数人习惯于在我们不希望发生的事情上花费大量精力，并且会训练孩子们这样做。相反，学会把我们的注意力集中在期望的结果上，可以为我们带来巨大的力量和解决问题的机会。如果我们关注的焦点是问题，那么我们很难得到解决问题的方法。我们对于自己不想看到的事情的认知通常是非常明确、清晰的——"不许打人！""你太吵了！""我们的班规关于 _____ 是怎么规定的？""你想要我给你开一份纪律通报吗？""别说话了！""你为什么还这么做？""不要在大厅里跑！"如果我们想要把注意力转移到我们希望的行为上，那么我们必须先明确我们对他们的期望。专注于我们期望的行为是实现一生快乐幸福的关键，因为这样才能真正充分激活我们的大脑。看看你的学校，到底用了多少可视化图像向孩子们演示做什么和如何做？

> 请回想你上一次感到难过的时候。请注意，哪怕只是一点点心情不悦，你也会非常在意那些"不好"的事情并且希望它们马上停止。当你的内心对这些纷扰处于一种防御状态（生存状态或情绪状态）时，它会让你始终对潜在的危险保持高度的戒备，集中你的精力制止这种威胁，而不是去解决问题。要想让自己专注于你希望的事物，必须学会调控自己的情绪。

当我讲到关注的力量时，老师们常会认真聆听，时而会意地微笑和点头。我讲完后，总会有人问我："这样做如何帮助我解决一年级学生打架的问题？"我会再一次对这位老师说："请想想你希望孩子们怎么做？"希望引导她注意她的关注点。但我通常得到的答案是："我想让他们不要再打架。"我们中的大多数人已经养成了一种非常根深蒂固的心理习惯——我们更多地关注我们不希望出现的结果，尤其是当我们心情不快时更是这样。这种情况下，我们需要有意识地实现自我转变，我们应该说："我希望孩子们学会如何在感到沮丧时用社会认可的方式进行口头交流。"我们必须把我们的关注点转移到我们期望的积极行动上来，这样才能实现真正意义上的教学，从而帮助他们取得成功。

我们必须明白，当我们心情不快甚至感到愤怒时，我们总会关注我们不希望发生的事情。请回想你上一次感到难过的时候，在心中回忆当时的场景。当这种情景在你的心中再现时，请留意你当时是如何聚焦在不希望发生的或者希望制止的事情上的。如果我们只是关注我们不期待发生的方面，我们是无法解决问题的，相反，我们必须利用关注的力量将我们的注意力转移到我们希望发生的事情上。

要想实现我们自身的转变和改变儿童的行为，我们要利用关注的力量重塑我们的内心世界。许多人尝试改变他人的行为，但最终无功而返。新年愿望就是一个很好的例子。比较常见的愿望包括戒烟、少吃垃圾食物和少加班。这种愿望落实到行动上通常只能维持寥寥数周。为什么？失败的一个关键原因是，我们尝试通过关注我们不希望发生的事情（少吃垃圾食物）改变我们的行为，而不是关注我们希望发生的事情（多吃蔬菜）。

活动：找到你的关注点

请阅读以下场景，找出该教师的关注点。

场景 1："迈克尔，你为什么打杰克？如果别人打你，你会开心吗？打人会让别人受伤的。去把计分榜的分数扣掉。然后回来好好表现，做一个友好的孩子。"

该教师的关注点：_____。

场景 2："马克，我们班关于打架的规定是怎么说的？你现在马上去校长办公室。我们学校是不允许打架的。打架是一种非常严重的违规行为。"

该教师的关注点：_____。

场景 3："卡梅隆，你想要一支马克笔，可是不知道该怎么说，对不对？但是，你不能抢。你如果想要一支马克笔，你可以说：'把你的马克笔给我用用，好吗？'你现在试试。"

该教师的关注点：_____。

场景 4：请回想你上一次在管教儿童过程中发生的冲突。请说明具体的场景和对话。在下面的空白处写下当时的对话：

你的关注点：_____。

在场景 1 中，该教师的关注点是打人行为；在场景 2 中，该教师的关注点是打架；在场景 3 中，该教师的关注点是沟通的技巧，"把你的马克笔给我用用，好吗？"在场景 4 中，你的关注点是什么？请勾选最能准确代表你的关注点的选项。

☐ 我的关注点是我希望看到的行为。给你自己一点鼓励。"我做到了！我关注的是我希望看到的行为！"

☐ 我关注的是问题和（或）我不希望看到的行为。你可以说"哦！"并且说明下一次你会以何种不同的方式应对。（尽你最大努力，如果你不确定，下一节"翻转"将为你提供一些帮助。）

> **我承诺**：当我情绪混乱时，我会深呼吸，让我的关注点从我不希望看到的事情转移到我希望看到的事情上。我会告诉孩子们我希望他们怎么做，还有这样做的原因。这些"原因"和安全感有关。
>
> 签名：_____ 日期：_____

翻转：改变我们的关注点

心情烦乱时，我们总是关注我们不希望发生的事情。我们的目标不是消除生活中的挫折感，而应是实现自我调节，因此我们才能高效地应对。我们需要首先调节自己，然后才能有效地教育孩子们。要想实现这一目标，改变我们的关注点是必不可少的。"翻转"（pivoting）能够帮助我们把关注点从我们不希望的事物转移到我们希望出现的事物上。

当我们感到情绪失控时（进入一种混乱的情绪状态），我们需要停一停，深呼吸一下，然后对自己说："我很安全。保持呼吸。我能应对。"让自己进入执行状态。随后自问："这是我所期待的吗？"如果答案是否定的，我们可以选择调整方向，让我们的关注点转移到我们希望的事物上，明确而坚定地说出来（见表5-1）。（如果答案是"我不在乎"，那就顺其自然，但事后不要责备自己。）

表 5-1 常见的"翻转"机会

应激或习惯性应对语言	明确而坚定的应对语言
别碰！	拉着我的手，我可以带你安全地摸一摸这些精巧的东西。
你们不至于这样吧。	当你撞到别人时，应该说"对不起"。
停！打人不是好孩子。	如果你想要引起她的注意，你可以轻轻地拍她的肩膀并叫她的名字。

我们都知道"翻转"是指突然转身的肢体运动。当我们从事的活动附带肢体运动时，我们更容易记住这段经历，因此"翻转"这样的肢体运动有助于我们学会这一新技能。我们在练习过程中不断地进行"翻转"活动，能够帮助我们在面对糟糕情绪时在心理上和情绪上转变。

"翻转"活动

按照下列场景以角色扮演的方式练习"翻转"。要想让练习更加有效，当这些场景表演出来时，你需要站起来，然后真实地"翻转"起来。

第1步：向前走两步，用难过的语气说出你不希望看到的行为；

第2步：然后，当你有意识地练习"微笑星"，坚定地对自己说"我很安全。保持呼吸。我能应对"时，请以你的脚跟为支点，朝相反的方向转起来；

第3步：向前走两步，将你的消极语言转变成希望孩子做什么的积极陈述。

场景 1：在你告诉汤姆希望他如何做时，他扮了个鬼脸，说："你真傻，我才不会听你的。"你迅速跳回愤怒的语气："别逼我再说一遍！"

场景 2：两个孩子在房间的另一端相互推搡。情形很快失控，一个孩子打了另一个孩子。你走到他们面前，大喊："住手。你们不至于这样吧！"

场景 3：回想你最近一次因某个儿童而勃然大怒的情景。深呼吸，原谅你自己的失控，然后利用新掌握的"翻转"技能进行角色扮演游戏。

自测

- 沮丧的时候，你是否会用上述情景中的语言告诉儿童不允许他们做什么？
- 你是否主动运用"微笑星"和自我肯定的话语（"我很安全，保持呼吸，我能应对"），让自己平静下来？
- 你是否会通过询问自己"这是我所期待的吗？"审视你自己转变关注点的意愿？
- 你是否利用上述三步法完成"翻转"活动，在心中描绘出儿童要做什么的清晰画面？

你越是关注那些你不希望发生的事情，你的生活中就会出现更多这样的事情。这个月，不妨留意一下你在内心告诫自己不要做某件事的众多情境。仔细倾听你内心的对话以及你与他人沟通交流时使用的语言。然后有意识地将你的关注点转移到你希望发生的事情上。在你生活的方方面面都尝试这样做，包括你要吃什么，你想要孩子表现出哪种行为，你期望你的配偶怎么做。请记住这些亘古不变的法则："你的关注点在哪里，你就会在哪里收获更多""当你感到伤心难过的时候，你总会关注那些让你不快的事物"，以及"如果你感到伤心难过，你会抗拒学习新的技能，或你会抗拒接受让你难过的事实。"

我承诺：我愿意花费一个月的时间找出我的关注点。我要有意识地判别我的外部语言和内部语言。我要专注于我期望发生的事情，并时刻留意我的转变。

签名：_____ 日期：_____

"大脑聪明"教学时刻

关注是需要整个大脑都参与的活动。当我们有意识地将注意力导向某物或某人时，我们大脑的各个区域都会参与到这个神经回路上来。让我们回到本章开头关于手电筒的比喻，从而更好地理解我们的整个大脑是如何协同工作的。假设我们的目标是寻找我们在树林里搭建的帐篷，帮助我们找到从湖边返回的路。首先，我们必须打开手电筒（我们的注意力）——手电筒和它的电池型号要匹配，并且要保证电池还有充足的电量，维持我们的注意力也需要足够的能量，这就需要脑干的唤醒功能；其次，我们必须积极地寻找这个帐篷，始终记得它是一个温暖舒适的地方，可以让我们与家人一起安睡，这就需要大脑边缘系统的情感功能和记忆功能；最后，我们要稳稳地握住手电筒，让它聚焦在帐篷上，这就需要前额叶的执行控制功能——脑干、边缘系统和前额叶三个层次的脑区相互协调合作，才能保证我们不在树林中迷失方向，成功抵达我们的目的地。

注意力和神经可塑性

毫不夸张地讲，我们关注的事物会改变我们大脑的结构。神经可塑性（neuroplasticity）是一个科学术语，指大脑能够改变自身的结构、回路、化学成分和功能，从而应对各种不断变化的需求。神经可塑性可以让我们反复地构造和重构我们的大脑。无论我们把自己的注意力集中到何种地方，我们都在改变大脑的神经可塑性（Schwartz & Begley, 2002）。这表示，从科学的角度看，神经可塑性是所有学习活动的核心。

神经可塑性并无好坏之分，它只是我们的大脑适应环境不断变化的过程，有学者将其称为"自我引导的神经可塑性"（Schwartz & Gladding, 2011）。通过有意识地集中我们的注意力，我们有能力重塑我们的大脑。注意力集中可以让大脑神经回路互通互联并且保持稳定，因此大脑能够协调运行。当我们集中注意力时，能够同时激活大量神经元。被同时激活的神经元能够互通互联，协调运行。关注的力量之关键在于它能够决定神经可塑性是有益的还是有害的。一方面，当我们将注意力集中到"光盘"中的错误信息时，我们便创造出了负面的大脑神经回路。我们越是关注这些错误的信息，与之相关的大脑神经回路就会不断被强化。我们会

变得更加情绪化，对他人的伤害也更多。同时，我们自己的免疫系统、内分泌系统和心血管系统也会因此承载巨大的压力。另一方面，如果我们选择更加关注事物积极的一面，相信凡事都有其美意，并且积极主动地让自己保持平和的心态，我们会变得更加平和和有爱心，也更加健康。智慧自律帮助我们利用神经可塑性以健康的方式重新塑造我们的大脑，因此我们可以帮助儿童以这样的方式塑造他们的大脑。

注意力和脑化学

关注我们不想要的事物还会让我们的大脑和身体化学机制与我们的意志发生冲突，阻断我们通向成功的道路。节食减肥就是一个好例子。假如你想要减少甜食的摄入量。你可以对自己说："好啦，不能再吃甜食了。我不会再吃了。"当你这样对自己说时，你的关注点是甜食。你的大脑听到"甜食"这个词时，负责身体化学物质的大脑区域便会为摄入甜食做好自我调整。你的血糖会降低，同时你的胰岛素水平也会发生变化。你会毫不犹豫地冲向路边的甜品店！

要想成功地减少甜食的摄入量，你需要时刻关注你想要得到的事物。在这种情况下，你应关注的是"我喜欢水果和蔬菜。我要吃更多的水果和蔬菜。"这样刻意练习 21 天后，你的大脑会重构，你的身体会本能地走向杂货店的蔬果区。通过有意识地关注水果和蔬菜，你已经成功地重新构造了你的大脑，让你的前额叶皮质为它最擅长的工作做好准备：在蔬果区选择合适的产品，同时当你路过那些糖果和饼干时抑制你的冲动。"我要买一些蔬果！"（见图 5-1）

图 5-1　想要的事物 VS. 不想要的事物

所有的关注点、神经可塑性以及习惯养成信息可以归纳为：我们有能力创造自己想要的生活。我们可以利用关注的力量把我们的注意力集中到"光盘"的错误信息上，或者我们可以把关注点转移到上一章的"口头禅"："我很安全。保持呼吸。我能应对。"我们会强化我们选择关注的事物，从而让我们的生活备感压抑或者平和。这种影响是非常强大的！

培养儿童关注的力量

切记，我们的关注点决定了我们的理念，也会影响儿童注意的方向，塑造他们的认知体系。如果我们关注的是那些错误的、不存在的或者南辕北辙的事，我们会不自觉地把这些关注传递给孩子们。那么，我们就是在利用大脑与生俱来的神经可塑性让儿童变得"不够好"。

如今，儿童生活在一个科技时代，这个媒体信息泛滥的世界正在不断地争夺和控制他们的注意力，令人十分担忧。列文博士将其称为文化冲突（culture clash）。我们的文化一方面包含着诸多教师和家长希望向儿童灌输的理念、人生态度和行为，但同时也使儿童通过各种媒体暴露在各种不良信息前，他们通常会关注暴力、攻击、恶意行为、性以及外貌。鉴于儿童期注意力的强大威力和神经可塑性，越来越多的儿童表现出游戏力缺陷障碍、解决问题功能失调和缺乏共情等问题（Levin, 2013）。

美国政府 1984 年放宽针对儿童的广告限制后，大量的营销活动都是专门针对儿童设计和开发的。到 2007 年，仅通过电视一种渠道，2~11 岁的儿童便会接触超过 25 000 条各式各样的广告（Holt, Ippiloto, Desrochers, & Kelley, 2007），催生出一种"我想要"的营销模式并且产生了一种不良的认知，即给我买我就开心。儿童会接触到 4 000 多则食品广告，其中 81% 涉及各种糖果、速食品、含糖谷物或软饮料（凯泽家庭基金会，2007），同时让他们的注意力集中在保持苗条、完美的身材上。

这种文化冲突对儿童造成了非常深远的影响。此外，我们不断地让儿童关注到我们不希望发生的事情上，从而慢慢地阻断了他们成功的道路。当你说"别摸那盏灯"时，请注意观察幼儿会有什么样的反应。她会怎么做？她会看看你，再看看那盏灯，指着它，摸摸它，然后扭头看看你。你的话激发了她通过触摸方式认识这盏灯的欲望。当你说"别摸那盏灯"时，你的话会让她更加关注那盏灯，因为她不成熟的前额叶皮质无法将"别"和那句话中其他的部分联系起来。她的大脑中听到的信息是"摸摸那盏灯"，因此她会触摸它然后骄傲地看着你，仿佛在说"我做到了！我摸到了那盏灯！"当你咆哮着说"我怎么跟你说的？"然后把她的小手推开时，请想象一下她内心中的混乱。我们不应把注意力集中在我们不希望发生的事物上，而应用正面、积极的话来引导她。当她发现一盏灯时，你可以说："你看那盏灯多漂亮！拉住我的手，我来教你如何摸这类易碎的物品而不会损坏它。"

不满五六岁的儿童很难理解一些否定意义的词汇，如"别"。当你说"吃东西的时候别说话"时，你实际上增加了孩子"不听话"的可能性，你会看到他含着满嘴的西兰花不停地说话。儿童的大脑能够理解动作以及事物（具象化的动词和名词），但无法理解"别"（抽象化的副词）。更有效的做法是，你可以说"嚼东西的时候嘴巴要闭上，就像这样。"描述性的语句和演示能够让儿童更加关注我们期望的行为。观察描述法恰好能实现这一目标。

通过观察法发展儿童的注意力

儿童（尤其是那些有多动症、家庭贫困、承受巨大环境压力或者不满8岁的儿童）需要一定的帮助才能培养出类似于关注这样的执行技能。健康的注意力应能够保持较长的时间并且由自我主导，就好比是你打开手电筒，它会一直亮着，并且稳稳地指向一个目标。

我们可以帮助儿童将手电筒瞄准想要实现的目标，从而培养他们的注意力。作为教育者，我们通常不会想到要培养儿童的注意力。我们经常会关注如何利用舞台表演、指令、奖励和控制来吸引儿童的注意力，而不会为他们的成长提供支持。在上一章中，我们讨论了通过观察法用平和的心态感染他人。观察法还能为儿童注意力的发展提供有效的支持，从而帮助他们发掘注意力发展的最优潜能。想要做到这一点，我们必须明确地、不加任何评判地描述正在发生的事情，此外我们还需要通过肢体语言演示这种行为。当你运用观察和描述技能，对儿童说："你把餐巾对折，然后放在餐盘旁边。"能够将儿童的意识导向他做好的事情上。"很棒"只是对这个行为是否令人满意的评价而已。

观察法正是关注的力量在行为方面的表现。这要求我们作为一名见证人，而不是裁判或陪审员。当我们留意到某种事物时，我们会有意识地认识它，同时启动我们的神经可塑性和前额叶。公开地说出我们的想法可以帮助我们改变它们。观察和描述儿童的行为动作能够以同样的方式引导他们关注的力量，培养他们的自我意识，激发他们的神经可塑性和前额叶，从而实现个人的转变。另外，以好坏评判儿童的行为源自我们的情绪状态以及我们个人的"光盘"，它将我们以及我们的孩子们困在预设的行为和反应中无法自拔。

活动：体会观察法与评判的差异

找一个伙伴和你一起完成下列练习。请阅读表5-2中观察法以及评判法的表述。轮流向对方说出下列话。练习结束后，请讨论两种表述在感受上有哪些差异。

表 5-2　观察法与评判法的差异

观察法	评判法
麦莉，你像这样举手（模仿），我就知道你需要帮助。	麦莉，你能举起手来让我很高兴。
诺亚，你像这样（模仿）把椅子推进去，这样我们全班都不会被绊倒。	谢谢你把椅子推进去。
艾玛，你非常努力，坚持把第二题作出来了。这需要毅力。	你做得很好，艾玛！保持住。
扎克，你用纸巾擦干了地板上的水，这样大家就不会滑倒了。	我希望大家都能像扎克一样！他是个好帮手。

观察法能够不断激发儿童的前额叶，强化他们的执行技能，保持关注、共情和解决问题能力。但是，这要求成人有意识地改变我们自身的习惯，重新构造我们的大脑，多一些观察，少一些评判。当我们这么做的时候，我们会注意到儿童的面部表情（"看到塔利西的表情了吧。她的表情在说，我不喜欢你离我这么近，请走远一点"）；我们会注意到儿童的肢体语言["肖恩像这样垂头丧气地走了进来（模仿）。看来他需要我们的帮助。我们一起深呼吸，给他一些祝福吧"]；我们会注意到儿童的行为（"库珀举起了手，这样我就知道他需要帮助"）。我们可以从许多不同的角度观察描述儿童的行为。

观察法有助于通过引导和保持儿童的注意力，培养关注的力量。实际上，在儿童能够很好地掌握手电筒并且将它对准自己的目标前，需要成人给予引导和帮助。观察法在课堂上所产生的影响是直接的、显而易见的，而且意义深远。

活动：观察而非评判

以下是常见的评判。请将这些评判的语句改写成观察法的语句，帮助儿童提高他们的注意力。

- 约瑟，这次测验你做得很好！_____
- 凯伦，你知道如何请其他小朋友让你玩一会儿玩具吗？_____
- 谢谢你清洁洗手盆。_____
- 我经常使用的评判性的话：_____
- 我如何换种方式表达：_____

明确而坚定的技能

明确而坚定是一种技能，它来自关注的力量，并且可以让别人知道该如何对待我们。通过这种技能，我们可以明确设定我们认为适当、安全和可允许的行为范围。它可以让我们对"光盘"上的错误信息、与我们的目标不一致的行为以及其他人说"不"。它还可以让我们对儿童说"不"，并且教会儿童以可接受的方式对其他人说"不"。此外，它还可以让我们主动接受能够给我们提供帮助的互动，并且教会儿童选择适当的时机。明确而坚定让我们在不会贬低他人的需要、想法和愿望的基础上，建设性地表达我们自己的需求、想法和愿望。简而言之，它是一种媒介，通过它我们可以教会儿童尊重他人。儿童不尊重他人的行为表示，他们的生活中缺少一位明确而坚定的成人。我们必须首先掌握明确而坚定的技能，然后才能教会儿童明确而坚定地向他人表明自己能够接受的限度。

明确而坚定是一种媒介，我们可以借助它教会儿童尊重他人。

要想取得成功，明确而坚定是至关重要的，因为它是在三种大脑状态下均有益的少数几种技能之一。在低级别大脑状态下可用的技能通常在高级别大脑状态下也是可以使用的。但是，明确只能在高级别大脑状态下使用的技能则通常无法用于低级别大脑状态。例如，提供两个积极的选项可以帮助处于情绪状态的儿童做事更有条理，但是，对于身处生存状态的儿童，选择则会增加他的痛苦。（回想当你因为压力而完全束手无策的时候，如果有人问你想喝咖啡还是茶，你或许很容易就情绪崩溃地说"我不知道"。）与所有其他安全感技能（"警察"技能）相似，明确而坚定是我们在所有三种状态下都可以成功使用的少数几个技能之一。

认识三种语气

别人对待我们的方式都是由我们自己决定的，这适用于所有的人际关系。消极被动只会招来冒犯，一次冒犯又会引来更多的侵犯，而明确而坚定则会制止侵犯。看上去优柔寡断的人就会给予他人颐指气使的机会，或者在自己并不真正需要帮助的时候也得到了他人的"帮助"。一个充满攻击性的人会让他人自觉地保持沉默，或者为自己强势地辩护。而那些能够运用坚定的语气与他人沟通的人，既可以让别人知道他容忍的限度，同时也能做到尊重他人的需求。

消极被动只会招来攻击，攻击会引来更多的侵犯，而明确而坚定则会制止侵犯。

要想做到明确而坚定，学会辨别消极被动型、攻击型和明确而坚定型的语气是非常必要的。一旦我们认识到我们沟通交流的方式（无论是否有效），我们可以有意识地选择更有可能实现我们目标的沟通方式。

第 1 种语气：消极被动型

消极被动的目的是取悦他人。对于一个消极被动的人，他的言行似乎一直在说："赞同我吧。同意我吧。爱我吧。"消极被动的人把自己的权力交给儿童，但同时企图控制儿童的行为。他们总是让别人做决定，让渡自己的权力。"我们该吃什么呢？"他们会不断征求别人的同意。"宝贝，让妈妈挂了电话再和你聊天。"一个消极被动的人喜欢让别人做主，一旦出了岔子，他们会回避自己的责任。

和成人相处的过程中，消极被动的人很少会直接表达他们的意愿，害怕自己的想法和别人的想法不一样，因此，他们会采用暗示和试探的方式，比如说："我们全体老师聚一下，会不会很有意思？"有时，他们也会说出他们不想做的事。但不会陈述自己的观点，例如不会直接说出："我不想整天和不认识的人一起工作。"而是以问句的形式说："你不觉得大家增进一下友谊是很重要的吗？"

和儿童一起工作的时候，消极被动的人把自己的权力让渡给儿童，他们希望儿童能够利用这种权力作出"正确"的选择或者适宜的行为。如果孩子们做不到，他们会感到无助和沮丧，而这种沮丧经常会引发攻击性行为。被动—攻击的相互触发会让成人产生内疚感，内疚的成人在和孩子互动的时候会变得更加被动。

李老师表现出了一个消极被动型老师会表现出的几乎所有行为。最初，她为了几个儿童的牢骚就轻易改变了自己的时间表，把她自己避免冲突的需求置于儿童得到有用信息和明确期望的需求之上。然后，她通过类似于"艾玛，该收拾东西了，好吗？"这样的评判不断地把自己的主导能力交给了儿童。"好吗"表示儿童可以选择是否服从。她让科迪完成一个不明确的目标："收拾东西。"她一直在让渡自己的权力，最终马库斯选择了拒绝配合。

当李老师要求马库斯选择准备大组活动时，他

> **消极被动型老师的真实写照**：李老师宣布现在是清洁时间。她提前两分钟的提醒引起了少量的牢骚，因此她将提醒的时间提前至5分钟。她尽可能等了很长时间才开始唱清洁歌，并且帮助那些有困难的儿童。"艾拉，该收拾东西了，好吗？"艾拉忙碌地把书放在书架上。"科迪，把一样的玩具放在同一个玩具箱里，好吗？"艾莉森需要帮助，李老师回答道："等我先把这里打扫完，我马上就来。"
>
> 李老师最后在教室里转了一圈，帮助那些落后的孩子们。"马库斯，你准备好大组活动了吗？"马库斯继续画画。李老师有点不悦，说道："马库斯，现在几点了？你应该在哪里？你应该做什么？"马库斯对李老师视而不见。她感到心情沮丧而且很无助。已经到大组活动区的几个孩子开始胡闹。李老师大喊："马库斯，马上停下！不要逼我把你撵出去！"马库斯仍然继续画画。"我警告你。这是不好的行为。你为什么这样？"

选择了继续画画。李老师的话并未提供任何有帮助的信息："现在几点了？"和"你应该在哪里？"这些不涉及行为动作的问题让马库斯感到困惑，同时激怒了李老师，她威胁道："不要逼我把你撵出去！"李老师使用了"逼我"这样的词语，因她自己的被动选择而责备马库斯，并且传递出这样的信息——马库斯控制了她的决定。李老师无意识地示范了逃避责任和交出自己的权力，结果她发现很难重新掌握权力。消极被动型的人具有下列特点：

1. 消极被动型的人会要求儿童完成一项难度适中但不够明确的任务；

   示例：友善待人。尽你所能收拾东西。更好地听从指示。

2. 消极被动型的人会质问儿童的行为。但是他们的问题本身并不能给儿童提供可用的可参考信息；

   示例：你应该在哪里？你为什么这么做？

3. 消极被动型的人不会落实最后的结果，并且会为了适应儿童的情绪而调整既定的活动；

   示例：好吧，再来一次，然后停下。我警告你，这是最后一次！

4. 消极被动型的人会将自己的掌控权让渡给儿童，由儿童主导他们的关系；

示例：你准备好以后，我就开始。等我先把这里的做完再去帮你。

5. 消极被动型的人会让儿童为他自己的愤怒和失控的行为承担责任；

示例：你这是逼我把你撵出去。别逼我拿走那张纸！

6. 消极被动型的人会在一些不需要做选择的事件上给予儿童自主选择权；

示例：该收拾东西了，好吗？你们准备好休息了吗？

7. 消极被动型的人会完全忽视孩子的某些不当行为，期盼着那些不可接纳的行为凭空消失。

消极被动是放弃自我主导权的一种状态。一旦我们把这种权力让渡给他人，就难以再收回来。在任何人际关系中都是如此。在家中，当我们说"亲爱的，我感觉身上有点脏，我先洗个澡再上床睡觉，好吗？"以及类似的话时，我们会发现我们已经把本该属于自己的权力交给了我们的另一半。如果这种对话成了一种习惯，我们会招来一些质问，如"你要去哪儿？你在做什么？你做之前为什么不告诉我？"这会让我们非常生气，"我为什么要告诉你我在做什么，或者为什么要得到你的允许？"然而，这种令人不悦的对话方式是由我们自己的说话方式带来的，得到我们的反复鼓励。我们说话的语气在不知不觉中教别人选择哪一种方式对待我们。

第 2 种语气：攻击型

带有攻击性的沟通交流目的是通过压制对方而取胜。"取胜"指让对方按照我们的想法做事情。攻击型老师或许不会说她赢了，但会说这种技巧很管用。

攻击型的老师经常使用"你 ___ 我"（"你-信息"）这种对话方式，如"你总是打断我。"这种对话方式关注的重点在于对方而不是问题本身。如果老师说"你伤了我的心"，那么儿童会感到受到了攻击。如果老师说"我感到伤心"，则没有隐含任何攻击的意思。因为"你-信息"这种表述方式重点在于对方，而信息的接收者通常会感到他必须为自己辩护。对于成人，我们将这类对话称作争吵；而对于儿童，我们则称为顶嘴。

攻击型的人经常会替别人作出回应，并且好像能看懂别人的心思。他们会描述对方的观点（通常是错误的）——"你觉得你在我的班里这样做就安然无事？你最好想清楚。"攻击型的人还会使用"总是"和"从来不"这样的字眼作为一种攻击方式。"你从来不记得带午餐钱。""一遇到事情，你总是推三阻四。"在这种对话方式下，我们认为儿童要么全是优点，要么一无是处。通过这种极端归纳的做法，我们教会了儿童对他们自己和其他人作出以偏概全的总结。他们长大后会经常说"我从来都搞得一团糟"或者"所有电脑专家都是书呆子"。

> **攻击型老师的真实写照**：沃尔老师一天都很不开心。她看到三个儿童还在饮水机旁边，朝着对方喷水，她大喊道：" 你们在饮水机边上干什么？我跟你们说过多少次要待在自己的座位上？你们从来不听。" 劳拉试图向老师解释：" 沃尔老师，卡里的……" 沃尔老师打断了她：" 你只是用卡里当作捣乱和不做作业的借口。"" 可是，沃尔老师……" 塔拉抱怨说。" 你是个孩子，不要跟我顶嘴。马上回去做作业，不然我就把你的名字记到扣分板上。你觉得你想干什么就干什么，但你错了。我是这个班的班主任，你妨碍了其他孩子学习。" 沃尔老师说。孩子们不情愿地回到座位后，沃尔老师开始威胁他们：" 你们不许这样。你们应该感谢我没有让你们去见校长！"

沃尔老师表现出攻击型的人的大多数特点：

- 她喜欢以别人的口气说话，而且经常错误地描述他人的观点，而不是表达她自己的想法和感受。" 你们只是把卡里当作不做作业和在教室里捣乱的借口。"
- 她使用了" 总是"和" 从来不"这样的字眼。" 你从来都不听话。"
- 她觉得其他人都在挑衅她。" 你是个孩子，不要跟我顶嘴。"
- 她使用了惩罚性的威胁。" 马上回去做作业，不然我就把你的名字记到扣分板上。"
- 她使用了" 你－信息"这种表达方式，对人做评判，而没有就问题本身给出解决办法。

" 你－信息"这种指责式的表达方式会让儿童感觉受到攻击。

尽管沃尔老师没有出现下列这些行为方式，但攻击型经常会：

- 强加过度严重的结果。" 课后留校两周。"
- 通过肢体动作应对发怒的儿童，如用力晃动儿童的身体、用力抓儿童的手臂和敲打儿童。

对别人品头论足而不反省自己的感受或想法，易于产生咄咄逼人的个人性格。

第 3 种语气：明确而坚定型

明确而坚定的目的是通过沟通交流明确地让他人了解我们希望他们怎么做。明确而坚定型的人言辞肯定，其目的是帮助儿童取得成功而不是试图控制他们的行为。

当我们自信、明确而坚定地与别人交流时，我们会直截了当地说出我们的感受、想法和意愿，如" 我今天想吃比萨。" 如果总是想要盘问别人（" 你想要做什么？"）、预设别人的角度思考（" 你可能想吃中餐！"）或者企图控制他人（" 大家都喜欢比萨。你为什么不喜欢？"），这样并不是一个明确而坚定型的人应有的作为。想要做一个行事明确而坚定的人，我们必须专注于我们本身，而不是整天在想别人会怎样想、感受如何、怎样说或怎样做。我们不能在明确设定我们容忍的限度的同时迎合别人的感受。

> **明确而坚定型老师的真实写照：** 格蕾丝似乎在做作业的时候有点三心二意。家庭开放日时，卡奈普老师仔细观察了格蕾丝和她妈妈的行为。她妈妈不断地试图引起格蕾丝的注意，她一直在说："格蕾丝，看着我。我在和你说话呢。格蕾丝，你在听我说话吗？格蕾丝，你听到没有？我还要再跟你说一遍。格蕾丝！"接着，她妈妈感到心情沮丧，抓住格蕾丝的手臂，教她如何懂礼貌和听别人讲话。卡奈普老师与格蕾丝沟通的方式则完全不同。她走过去，蹲在格蕾丝的面前。她耐心地等待格蕾丝注意到她并且和她目光接触，然后才开始和格蕾丝说话。她以一种坚定的语气说："格蕾丝，拉着你妈妈的手。该回家了。希望明天再次见到你。"卡奈普老师等到格蕾丝向她的妈妈招了招手，马上对她说："你做得很好！你先要找到你妈妈，然后才能拉着她的手。"

明确而坚定的言语和行事风格能够让儿童明白他们应该做什么，因此他们可以成功地达到你的期望。要想做到明确而坚定，我们必须：

1. 敏锐且及时地告诉儿童他们应该做什么，为他们提供有用的信息。 同时我们还要帮助他们在大脑中形成预期行为的画面；

明确而坚定： "坐下，左右看看，你和你的朋友们是否有足够的空间？"

反面示例： "不要挨得那么近。""和你的朋友们坐好。"

2. 观察描述儿童的行为。 要想做到这一点，我们需要使用描述性的语言明确地、不加任何评判地与儿童沟通我们期望实现的目标；

明确而坚定： "米奎尔，坐下来，把科学书翻到41页，开始找铅笔。"

反面示例： "干得好，米奎尔。你马上就要准备好了。"

3. 通过非言语的方式传递"就这么干吧"的信息。 想要做到这一点，我们需要使用某些特定的语调和肢体语言。给出一个明确而坚定的指令时，通过非言语的方式传递出"毋庸置疑"的信息，可以营造一种安全感，让很多儿童放下他们的戒备心，并且听从我们的指令；

4. 认清你所传达的信息背后真实的意图。 明确而坚定的沟通背后是"明确"。你的语言背后隐含的意图比措辞更加强大。如果你的意图是避免冲突（消极被动型）或者迫使儿童服从（攻击型），事实上这些都算不上明确而坚定。只有当你的意图改变为真心实意地希望儿童取得成功，这种"明确而坚定"才真正发挥了作用，而且儿童也愿意配合。

根据表5-3回顾三种语气。

表 5-3　回顾三种语气

角度	语气类型		
	明确而坚定型	消极被动型	攻击型
目的	清晰和成功	通过讨好的方式避免冲突	通过高压的方式避免冲突
语调	肯定	征求他人意见	威胁
权力	自己掌握	让渡给他人	剥夺他人的权力
感受	直接表达自己的感受	间接表达，含糊其词	间接表达，含沙射影
信息	有益、具体	无用、混乱	无用、挑衅

活动：识别三种语气

请分别用消极被动型、攻击型和明确而坚定型语气要求你的同伴："坐下，看着我。"分别使用上述三种语气给出这些指令。在表 5-4 中记录每种语气在心理、听觉和视觉层面给你带来的感受。

现在，请评价你当前的沟通风格，留意你使用每种沟通风格与儿童交流的时间比例。切记，要想做到明确且肯定，你必须使用一种毋庸置疑的语气明确地告诉儿童你希望他们做什么。你能说出在压力状态下，你的语气会发生怎样的变化吗？

- 消极被动型占 ＿＿＿＿＿＿＿％
- 攻击型占 ＿＿＿＿＿＿＿％
- 明确而坚定型占 ＿＿＿＿＿＿＿％

成人的明确而坚定

要想成功地给出明确而坚定的指令，我们必须明白请求和指令之间的差别。指令是不可讨价还价

表 5-4　识别三种语气

类型	层面		
	心理感受	听觉	视觉
消极被动型			
攻击型			
明确而坚定型			

的服从。"把你的笔记本放在书桌里,然后排队等着吃午饭。"无论在法律层面还是在道德层面,你都不可能把孩子留在房间里,自己去吃午餐。这是不可以讨价还价的,因此它属于一种指令。如果儿童服从你的指令,你可以反馈一个有效的表扬,如"你做得很好"或者"你很棒"(见第6章)。请求则给儿童提供了一种选择,询问他们能否为我们做某件事,"请帮我把这支铅笔递给梅利莎好吗?"如果儿童重视彼此之间的关系并且善意地回应请求,你应该借此机会教给她们一些礼貌用语,如"请"和"谢谢"。

我们小时候,大多数人收到的指令都使用了请求的措辞。"基思,把垃圾扔出去好吗?"实际的意思是"现在站起来,把垃圾扔到路边的垃圾桶里去。"指令和请求的混淆会产生两个问题。首先,儿童必须要分辨二者。这可能需要我们无休止地说教和惩罚,孩子们需要很多天甚至很多年的时间才能弄明白。在这个过程中,你们会共同经历很多的挫败、不必要的愤怒和相互伤害。其次,在这种语言风格环境下长大的人最后会变得听不到他们拥有的选择权——生活就是一连串的、不得不执行的义务。当熟人邀请我们共进晚餐时,我们会本能地告诉自己不得不去,这都是童年经历产生的不良影响。学会给出明确而坚定的指令可以消除这种混淆。

混淆指令和请求也会让儿童感到混乱。老师们可能会说:"翻到书第32页。"然后又说:"谢谢。"谢谢给人的理解是"你们是为了我翻开书。"这样便剥夺了指令本来应有的明确而坚定的力量。如果我们用请求的措辞给出指令,或者在指令后再加上一句"谢谢",我们无异于在说:"为了我,请你们规矩点;为了我,请你们表现得好一点;为了我,请你们照着我说的做吧。"这种请求在当时的情境下硬生生地加入了我们和儿童的个人关系之中。如果彼此关系不够融洽,儿童会为了自我保护而本能地拒绝。如果我们的目的是让儿童选择服从,我们必须给出清晰、明确而坚定的指令,从当时的情境中剥离我们与儿童之间的个人关系。

除了"翻转"(前文已有讨论),下列技巧也会帮助儿童服从指令。在面对雇员时,管理者同样可以使用这些明确而坚定的技能。

1. 使用名字、动作、图像
2. 毋庸置疑的语气
3. 对于有抵触情绪的儿童,应明确告诉他你的指令并且加以示范
4. 向集体发布明确而坚定的指令
5. 转移关注点
6. "我-信息"

技巧1:使用名字、动作、图像

心智模式支配着我们的行为。大多数儿童在3岁时已经具备了如何上厕所的心智模式。你本人也具备了驾车到杂货店所需的心智模式。专业的高尔夫球手每次击球前,都会在心中反复排练每一次击球的景象。由于缺乏成熟的内心对话,儿童会把图像当作一种心智模式,支配他们的行为。他们需要把我们的指令转化成图像才能成功地再现这些指令。因此,与儿童明确而坚定地沟通有助于帮助他们在心里勾勒出可接受的行为,从而在内心中建立这种行为的图像。消极被动型和攻击型沟通则无法实现这一目标。使用名字、动作、图像这一过程可以帮助我们通过下列步骤与儿童进行明确而坚定的沟通和交流。

第 1 步：叫出名字。与儿童进行目光交流。要想与儿童进行目光交流，首先要让自己的脸部靠近儿童，直到他注意到你。对于易于分心或走神的儿童，这一距离可以是 20 厘米，而对于其他儿童，90 厘米即可。如果儿童没有抬头，你应该观察描述他非语言性的线索以及肢体语言，实现目光交流。"你的手（头、手臂、腿等）看上去就像这样（模仿）。"实现目光交流后，应叫出儿童的名字。

> 某些文化会教育儿童在某些特定的情景下不允许直视长辈，比如在接受训斥的时候。但给出指令不是训斥，其真实的意图是帮助儿童获得成功。如果你认为儿童缺乏目光交流是文化因素所致，应进行深入的调查研究。

第 2 步：说出动作。把你期望的行为用语言说出来。你使用的语言应以动词为句首，并且应尽可能具体。"拿走所有试卷和书本，把它们放到你的书桌里。"

第 3 步：建立图像。通过手势以及可用的任何视觉线索在儿童心中建立预期行为的图像，帮助儿童取得成功。当你说："拿走所有试卷和书本，把它们放到你的书桌里。"同时用手指向桌子上的试卷和书本，然后用你的手臂和手示意儿童应该将它们放到哪里。

这一过程涉及的感官越多，你的明确而坚定的指令就会越有效。与每一种感官相关的指令示例：

- 视觉：利用目光交流和手势；
- 听觉：叫出儿童的名字，说出你期望的行为；
- 动觉：走到儿童的身边；
- 触觉：拍一拍儿童的肩膀，摸一摸儿童的脑袋，为儿童提供温柔的指导；
- 精力：带有关爱、积极意图，明确表达你的期望和帮助儿童取得成功。

活动：使用名字、动作和图像

下列哪些指令能够产生明确的心理意象。重写那些不能产生明确心理意象的示例。切记，我们在儿童心里产生的意象将成为他们行为的蓝图。

"站住！不要跑。不准在大厅里跑来跑去。"

_____

_____

"注意安全。注意安全。注意安全。"

_____

_____

"班规里关于乱跑的规定是怎么说的？你现在应该做什么？"

_____

_____

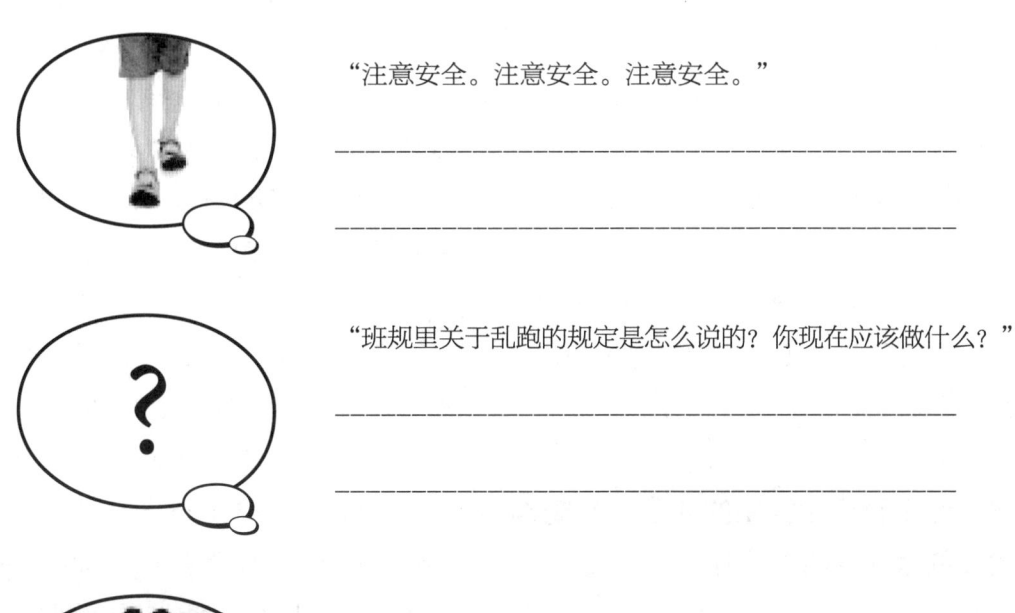

"卡萝，在大厅里走路的时候要像这样（模仿），给你身边的人留下足够的空间，这样每个人都很安全，也包括你自己哦。"

这种明确而具体的视觉图像能够让大脑有机地运作，从而成功地实现预期的行为。

我们通过词语和动作描绘的意象越完整，我们在儿童大脑中建立的心智模式便越清晰。因此，名字、动作、图像这一过程能够显著提高儿童的执行度。

技巧 2：毋庸置疑的语气

你的语气是关键。据估计，93% 的沟通是通过非语言的方式实现的，包括语气、肢体语气和肢体语言（Mehrabian，1971）。您可通过下列方法做到语气明确而坚定而坚决：环顾你所处的房间，抬头向上看，然后说："这是屋顶。"向下看，然后说："这是地板。"以同样的语气说："坐下，看着我。"你已经成功地使用了明确而坚定的语气！毫无疑问你的上面是屋顶，脚下是地板。同样，你的指令是"坐下，看着我。"这种毋庸置疑的语气能够确保你的非语言沟通和语言沟通能够相互匹配。

我们经常听到一些脾气暴躁的成人凶巴巴地说："我爱你。现在出去玩吧！"当我们说的话与隐含的语气不一致时，我们将其称为混杂信息（mixed messages）。如果这些非语言信息是消极被动的，那孩子们很容易会选择不服从；如果我们的非语言信息是攻击型的，孩子们会抗拒和试图保护自己。接收到混杂信息的儿童无法分辨：他们应该相信听到的话语还是他们根据非语言形式感受到的信息。长此以往，儿童会不信任自己并且不再接触自己内心的自我引导。

当非语言性沟通和语言性沟通能够相互匹配，我们便可以言行合一。儿童首先观察我们的面部表情、说话的语气以及肢体的动作，然后才决定是否听从我们给出的指令。如果我们表现得自信且自制，言辞充满了肯定和确信，相信他们能够做得很好，并且使用手势传递信息，那么就会提高儿童听从的可能性。

技巧 3：对于有抵触情绪的儿童，应明确告诉他你的指令并加以示范

对于那些抵触我们明确而坚定的指令的儿童，他们事实上在向我们传递一种信息，即他们需要更多的支持。如果他们选择不服从我们的指令，那么我们必须改变做法，提供必要的帮助。你可以自问："我应该怎样做才能帮助这个孩子达到我的期待，同时满足他自身的需求？"在这种情况下，"告知和示范"是一个很好的方法。你需要明确地告诉儿童你期待他做什么，然后示范如何做，并鼓励他们完成。我们需要有意识地向他们传递一种信息："这就是我期待你做的。我会帮助你完成它。"

第 1 步：给出明确而坚定的指令。 "约书亚，该吃午饭了。把铅笔放下，排队等待吃午饭。"如果儿童服从，你可以说"你做得很好"或者"你很棒"。如果儿童充耳不闻，你可以继续第 2 步。

第 2 步：观察和感染他人。 当事情不顺时，我们会退回情绪状态。这种状态下，如果儿童对我们的指令置若罔闻，我们很容易感到沮丧或对他们大喊大叫。当我们感到被人忽视时，我们可以深呼吸，让这种情绪恢复平静。深呼吸，然后走到孩子面前，有意识地观察描述他的行为和肢体语言，直至他和你目光接触。"你低着头，手像这样（模仿儿童的行为）。"当儿童抬头看到你的动作时，你马上开始"微笑星"用平和的心态感染他，然后进入第 3 步。

第 3 步：你可以说："嗨！我正要教你怎么开始呢。"你可以说："我正要教你_____。"温柔地引导儿童听从你的指令。"我来教你怎么和我们学校大家庭的其他成员一起排队。"然后，轻抚他的后背，通过肢体的动作引导他。如果儿童选择合作，你可以鼓励他说："就是这样！你做得很好！你已经准备好，去吧！"如果当你触碰儿童时他躲开了，这说明他正处于生存状态，请继续第 4 步。

第 4 步：观察、描述和感染他人，然后提供两个积极的选项（见第 6 章）。 如果儿童的行为表示他正处于生存状态，应观察描述他的行为。"你的手像这样，身体像这样转动。"等待和他进行目光交流，然后深呼吸几次，把平和的心态和安全感传递给他。接下来，应提供两个积极的选项，帮助他实现你的目标。"约书亚，你可以做一个选择。你可以排在马利克后面，或者你可以问问马利克能不能和他并排。你觉得哪个更好？"如果约书亚配合，你应说："就是这样。你做得很好。你选择了征求朋友的同意。"如果约书亚仍然拒不配合，请继续第 5 步。

第 5 步：无论儿童说什么或做什么，重复这些选择，并始终保持一致且平和的心态。 "约书亚，你可以做一个选择：跟在马利克后面或者跟他并排。"约书亚的回应可能会把你引入一场权力斗争。

他可能会说"你不要逼我"或者使用一些不敬的语言。你要做的是利用抽离法让自己保持平静。你可以平静地重复四次:"跟在马利克后面或者跟他并排。"然后,如果有必要,你可以走开。如果你仍能保持平静并且能使用和善的语气、手势和意愿为他祝福,这个儿童通常会选择听从你的指令。他在服从你指令的同时,可能会跺脚、翻白眼或者嘴里偷偷地嘟囔着什么。你只要对这些行为视而不见就好了。这些行为只是儿童在释放他们过量的肾上腺素和皮质醇激素。一旦他服从了,你可以走到他身边并且对他说:"这很难,但是你做到了。你做得很好,约书亚。"

与所有技能相似,我们可能会过度使用"告知和示范"。如果我们的目的是让儿童取得成功并且拥有能力,成人需要相应地引导自己的行为。如果我们的目的是强迫儿童服从,我们也需要如此沟通。如果儿童长期忽视我们的指令,或者拒绝服从,成人需要自我反省你的期望是否合适,以及你的意图是否是关爱的?你与儿童是否建立了亲密的关系?**长期的抗拒通常是一种信号,它提醒我们重新调整我们的意图或重建与儿童的关系**。请记住,良好的人际关系是合作的前提。"告知和示范"需要反复练习,在这个过程中出一些差错是在所难免的,只要坦然接受便好。

技巧4:向集体发布明确而坚定的指令

向集体发布指令的过程与我们前文讨论的向个人发出指令的过程大体相似,但在开始发布指令时需要给所有人一个信号,或者让大家集合,从而保证所有人的注意力都能够转移过来。许多教师和儿童看护者使用闪烁的灯光或者某种乐器(如鼓或三角铁),或者一首特定的吟诵、歌曲作为发布指令前的信号。你需要告诉全班你会使用什么样的声音和视觉信号。在下列示例中教师首先发出声音信号,然后发出视觉信号。

年初,平德尔老师决定使用鼓声作为她的声音信号,儿童们听到后要举起手作为她的视觉信号。她以一个民间故事为例,讨论了鼓如何作为不同语言人群之间沟通的桥梁。她明确地告诉全班,当所有人听到鼓声时,他们需要停止手头的事情,深呼吸并找到老师的位置,然后举起手提醒小伙伴们并且仔细听老师的要求。

首先,她提供了一段时间让儿童自己讨论。"假如你正在画画,这时你听到了鼓声。你会怎么做?""假如你正在和朋友聊天,这时你听到了鼓声。你会怎么做?"接下来,她留出一部分练习时间。儿童参加讨论和运动类的活动,然后练习停止活动、深呼吸、寻找老师、举手和注意听接下来的指令。每次儿童成功地停止活动并且改变关注的焦点后,平德尔老师都会夸奖他们。

有时，儿童过于分散，情况十分混乱。此时，集合比单纯的信号更加有效。集合能够让全班聚集到一起并开展统一的活动。齐声喊口号也是一种号召所有人加入集体活动的方式。如果你的班级集合口号是"友爱班集合"，当老师喊出"友爱班集合"时，全班一起应答"时刻准备着互相帮助！"活动完成后，引导全班一起做"微笑星"，并且告诉他们接下来要做什么。

下面是在集体环境下发布指令的基本流程：

第1步：利用信号或进行集体喊口号或集体活动。当你成功吸引全班的注意后，引导他们完成"微笑星"或者进行一项解压活动，如"气球""泄压水龙头"或者"开心麻花"。

第2步：观察描述儿童的行动。"菲利普、雷纳尔多、韦恩、艾希莉，你们都停下来，看着老师，认真听老师说什么。你们听到了信号并且已经准备好接下来的活动。菲利普，你正在和雷纳尔多聊天，然后你们两个像这样（示范）一起转过来。"应避免使用"我喜欢"开始的句子，如"我喜欢玛丽亚像那样停下来并且抬头看。"当你在话语中使用了"我"这样的描述，会让儿童觉得这是你的事情而与他们无关。

第3步：通过语言告诉儿童你希望他们做什么。当你成功吸引儿童的注意后，应马上告诉他们你希望他们做什么。让他们（尤其是年幼的儿童）等待只会产生更多的麻烦。

活动：反思你当前的集体指令

请反思下列内容：

- 你是否告诉了孩子们你会使用什么样的信号？这个信号有没有声音、视觉和活动（呼吸）元素？有没有练习这种信号持续21天，使其成为一种习惯？_____
- 儿童是否学会提醒和帮助那些没有听到信号的人？（举手提醒其他人）_____
- 你是否对那些留意并且按照信号要求做的儿童给予适当的鼓励，而不是评判他们的完成情况？（"你停下了正在做的事情，深呼吸后用目光找到了我。"）你是否对儿童的表现进行评判，培养他们的依赖感？（"你很善于听别人讲话！"）你是否通过与儿童的亲密关系控制他们的行为？（"我喜欢_____认真听的样子。"）_____。
- 你打算如何改变你的做法？我要_____。

技巧5：转移关注点

转移关注点能够将儿童的注意力从当前事物转移到更安全或更可取的事物上。转移关注点是我们早已掌握的技能并表现为多种形式。一般来说，想要转移儿童的关注点，你可以说"不可以_____，但是你可以_____"，或者"你不可以在这里_____，但是你可以在那里_____"。转移关注点中的关键做法是与儿童一起参与，然后转移他们的关注点。以下是同一情景的两种不同的处理方式，在应对的过程中，成人分别参与和未参与儿童的活动。看看你是否能感受到二者之间的差别。

情景：阿斯特尔去奶奶家探望。他正为了盖上茶叶罐，非常努力地研究茶叶袋上的密封条。

没有参与：妈妈在房间的另一个角落说："阿斯特尔，放下那个茶叶罐。到这里来玩我给你买的玩具。阿斯特尔，快看这个玩具！它还带着一个开关！快看这个玩具！非常有趣！"

参与：妈妈走到他面前，蹲下身引起了他的注意，然后说："你看，这个茶叶袋边上有一条小棱。这个是不是能帮你把茶叶袋封好？"阿斯特尔把茶叶塞了进去，盖好盖子并且把封条封好，然后定睛看着妈妈的眼睛。她夸奖了阿斯特尔，然后拿出了她买给阿斯特尔的玩具。"到客厅里玩玩具吧。"阿斯特尔拿着玩具来到客厅，坐下开始研究他的新玩具。

情景：艾米已经 18 个月大了。她发现一个插座盖板，正在用手摸来摸去，指指点点。

没有参与：保姆说："别这样，艾米！这样很危险。你可以去玩积木或者玩具熊。别碰这个。"

参与：保姆走过去，指着插座说："你找到插座盖板，想要把它取下来玩。这样不安全。"她拉着艾米的手带她来到一堆玩具前，对艾米说："我要找几个有意思的玩具，你可以用你的小手拽着玩。"她和艾米一起坐在地板上，让艾米有足够的时间转移她的注意力。

转移关注点要求**面对面地互动**，**共同关注**，以及明确地说出你可以允许的**界限**（比如用夸张的表情表示"不安全"），并**协助**儿童将注意力转移到新事物上。在尝试转移儿童的关注点时，一定会用到全部四种元素。关注是一种全脑活动。当我们转移儿童的注意力时，我们实际上也在促进他们前额叶的发育。对于成人而言，帮助儿童促进前额叶的发育是一件非常辛苦的事。站在屋子的另一个角落里发牢骚并不能促进儿童前额叶的发育。

技巧 6：使用"我 – 信息"

"我 – 信息"的表述方式能让儿童明白：我们觉得受到了侵害。儿童并不是生来就懂得尊重和不敬的区别的。我们需要教育他们。当儿童通过肢体或语言方式攻击我们时，我们可以避开，或恶语相向，或让他们承担不好的结果，或把肇事者送到办公室接受惩戒，或者我们可以通过"我 – 信息"利用这种混乱的局面教他们如何尊重他人和保持明确而坚定。

"我 – 信息"源于我们都有自己的感受，我们有清晰表达我们的感受的权力。我们只有在执行状态下才能使用"我 – 信息"。因此，利用"我 – 信息"的表述方式解决问题的第一步是保持镇定。如果我们认为儿童让我们生气，我们便无法成功地运用"我 – 信息"的方法。在愤怒的状态下，我们会使用"你 – 信息"的方式，这种应对方式传递出一种责备的含义，暗示这个捣乱的儿童正在控制成人的情绪。"你 – 信息"的表述方式使人产生内疚感。"我 – 信息"的表述方式则能明确我们能够容忍的限度，并且有利于教授儿童新的技能。使用"我 – 信息"的表述有多种方式。从其中选择最适合你的表述风格。关键在于，你必须语气平和而坚定地说出内心的感受。

风格 1："我很不喜欢你 _____。"

然后发出一个明确而坚定的指令，并且将其与安全联系在一起。

风格 2："当你 _____ 时，我感到 _____，因为 _____。"

然后发出一个明确而坚定的指令。

> 瑞雷是一位小学一年级教师。她告诉孩子们该把杂志都收起来。其中一个孩子对她的指令置之不理，因此她走到他面前，试图吸引他的注意。这个孩子突然咆哮起来，攥起拳头轻轻地在她的手臂上打了一拳。她回应说："你为什么打我？我打你了吗？这个班里不允许打人。"这个儿童尖叫道："不！"然后哭了起来。他哭的时候，瑞雷老师问他："你为什么这样？"并打电话到办公室要求把这个儿童开除。

这位教师错过了一次教育机会。这个儿童的行为表示他正处于生存状态，瑞雷问他的问题只有在执行状态才能回答。她还使用了指责性的"你-信息"表述方式并且未能提供任何有用的信息。这位教师本来能够使用"我-信息"的形式明确而坚定地说出她能容忍的限度，从而教一个新的技能。她可以说："啊！（表现出夸张的痛苦）打人会让别人受伤的。你这样打我，让我很不开心。如果你想引起我的注意，你可以像这样（模仿）碰碰我的手臂，然后等我看到你。现在练习一下。"或者说："啊！好疼啊。你这样打我，让我很不开心。如果你生气了，你可以说'我很生气！我想把这本杂志看完。'你可以现在试着练习一下。"

当别人不尊重我们的时候，我们必须明确且坚定地回应。如果我们作出攻击型反应，那么我们也在以同样不尊重的方式对待这个儿童，却妄图教他学会尊重他人。以下示例展示了有意识的"我-信息"和无意识的反应之间的差别。你最常使用哪种沟通方式？

无意识地贴标签："你这样打断别人很无礼。"

有意识的"我-信息"："我不喜欢你打断我说话，这样会让我忘记自己在说什么。你可以举手示意，我停下来后会叫你回答。现在练习一下。"

无意识的指令："坐下，安静，不许乱跑。马上！"

有意识的"我-信息"："当我工作时，你在房子里跑动会让我分心。我无法思考。要像这样（示范）安静地走路。"等待儿童服从，然后鼓励他说："你这样走路很安静。很好，不影响我工作了。"

无意识的质问："你为什么这么做？你是不是有病？"

有意识的"我-信息"："你用那样的语调说话让我感到很难过。如果你像我这样说话，我会很乐意听你讲。你和你说的话对我来说很重要。"

无意识的挖苦："你终于还是决定和我们一起吃晚饭了。你真是太好了。"

有意识的"我-信息"："晚餐时间对我们的大家庭是很重要的。如果你不和我们一起吃饭，我们会很想你。我叫你的时候你要一起来，这样我们所有人都在一起。"

无意识的指责："你只想着自己而不管别人。你应该感到羞耻。"

有意识的"我-信息"："你总是对我爱答不理，我感到非常生气。我要让自己先平静下来，然后再和你说话。"

活动：练习"我-信息"的沟通方式

发自内心地使用"我信息"的沟通方式应对下列情景。和搭档一起分角色扮演或填写下列空格。

1. 你反复要求儿童安定下来。他们仍继续嘻嘻哈哈，说说笑笑。_____
2. 一个儿童说你很蠢。_____
3. 一个儿童打了你一下。_____

请审视你自己。你是否完成了下列步骤？如果已经完成，你可以说"我做到了！"如果没有，你可以说"哦！"然后再次尝试。

- "我-信息"这种表述方式能够教儿童承担责任并收回我们自己的权力。"你-信息"的表述方式传达出一种责备的信息，使人感到内疚并且把自己的情绪交由儿童控制。你是否使用了"我-信息"的表述，而不是"你-信息"的表述方式？

- 明确而坚定的沟通要求我们使用适当的面部表情、肢体语言和"毋庸置疑"的语气。你的表情、语调和使用的字词是否平和且坚定？

- 你会从你所关注的领域收获更多。你和儿童对话的时候，是否会在结束时使用积极正面的词语，告诉儿童该做什么？

明确而坚定沟通的其他技巧

清晰、直接： 给儿童的选择应是切实可行的。"你准备好听故事了吗？"暗示儿童可以作出选择；"现在是故事时间。安静地坐好，并且认真听。"表示接下来将发生什么，应尽量避免提问；"坐好，然后检查你旁边的小伙伴是不是都有足够的空间。"是一种明确而坚定的表述，"谁能演示如何坐好？"则不是明确而坚定的表述。

表达你自己的感受： "当说话被打断的时候，我感到很生气"就是一种明确而坚定的陈述方式。"看看你干的好事"和"我说话的时候你就不能安静点吗？"则不是明确而坚定的陈述。

使用具体的词语： 抽象和评判可能会引起混乱。教儿童如何做一个优秀、友善的人，而不是给他们贴标签。"你可以对小伙伴说'请让我玩一会'。"这样的做法也是明确而坚定的，"友善地对待你的朋友"则不是明确而坚定的表述方式。

活动：练习明确而坚定的沟通

练习在下列场景给出明确而坚定的指令。与伙伴进行角色扮演，或使用建议的技能填写下列空白处。

使用名字、动作和图像： 帮助一个在桌子旁边闲逛的儿童站到队列里。_____

告知和示范： 帮助一个在房间里四处溜达的儿童回到自己的座位上。_____

"我-信息"：让出言不逊的儿童明白你能容忍的极限。_____

转移焦点：帮助玩易碎品的孩子把注意的焦点转移到安全的物品上。_____

请回忆最近一次你未能明确而坚定行事的情景。你可以说"哦！"然后写下你下次运用明确而坚定技能的时候怎么说。

我承诺：这个月，我愿意有意识地、敏锐地描绘出我想要孩子做什么的画面。当我自己没有做到的时候，我也愿意换一个角度思考，说一句"哦！"原谅我自己。

签名：_____ 日期：_____

儿童的明确而坚定

儿童会冒犯成人的个人空间和尊严，他们也会用同样的方式对待自己的同辈。无论对于儿童还是成人而言，"我-信息"的表述方式都同样是必不可少的。意外的冒犯行为（不小心撞到别人）和故意的欺凌行为（为了财物而打别人）在学校中屡见不鲜，以至于学龄前儿童因此被停课的概率比基础教育阶段的学生高13倍。坏消息是，在普通的幼教班中，有一种冒犯行为每天每分钟都在发生！好消息是，我们大约每隔60秒就有一次教学生学习新的社会情感技能的机会，因为在这个年龄段，他们的前额叶发育十分活跃，能够随时学习新的技能。如果我们想要抓住这些教育机会，作为成人，我们必须学习有效的新技能。

> 大多数班级都针对肢体和言语的冒犯行为制定了各种班规。这种行为的结果通常是留校检查或失去某些权益。本书后文（第10章）中将这种形式的结果称作"逻辑结果"，是由成人决定并强加到儿童身上的。逻辑结果能刺激儿童使用他们已经掌握的技能，但无法学习新的技能。正因如此，我们看到同一批儿童会一次又一次地失去他们本应得到的权益。他们尚未具备必要的社会、情感或语言技能，因而无法成功地说出："你在我的卷子上写字让我很不开心，你在你自己的卷子上写吧。"因此他们解决的方式就变成推搡或者骂人。在智慧自律中，我们把日常发生的人际冲突（而不是极端的打架斗殴）当作教学的机会，帮助儿童习得亲社会技能。

解决冲突的第一步是利用关注的力量，让我们把注意力集中在我们重视的事物上。如果我们先接触攻击者并试图劝告他，实际上是重视伤害行为，由此会带来更多伤害。其实，我们应该重视的是有益行为和解决问题策略，所以，我们首先找到那些受害者，教给他们正确的沟通方式。儿童很快就能认识到，某些特定的行为在班里是被重视的。你会重视伤害行为还是有益的解决方法？如果你认为有益的解决方法是应该推崇的，那班规应该是"受害者优先"。这同样适用于大多数情景。但是，如果一个好斗的儿童在很短时间内连续欺负了多名儿童，我们必须首先解决挑衅者的问题，目的是维持班内的安全。这种说法很夸张，但是通过下列示例，我们可以记住"受害者优先"原则以及其特例。

> **受害者优先**：比如，研讨会结束后我们正在闲谈，这时一个人跑上前，用棒球棒打了我的头，然后趁我流血倒地之时夺门而逃。你会救我还是去追那个拿着球棒的人？我希望你先帮我包扎流血的伤口，然后处理这个袭击者。当你想要追那个班里的施暴者时，请记住这个场面。
>
> **特例**：假如，我正在一次户外活动中演讲，一名狙击手朝我们所有人射击，人们相继倒下。你会照顾受伤者还是解决枪手？在这种情况下，你必须尽快解决枪手，这样才能恢复人群的安全。

当你先去接触受害者时，应问问受害者"你喜欢这样吗？"这是非常有意义的。这种在沟通开始时提出的问题能够实现三种效果：

1. 激发儿童的执行状态技能，为解决问题做好准备；
2. 了解儿童明确而坚定的程度；
3. 为所有相关人员创造非常有力的教育机会。

1. 激发执行状态技能，为解决问题做好准备。"你喜欢这样吗？"能够激活大脑更高层级的神经中枢，要求儿童自我反省。当儿童背地里打别人的小报告时，我们经常看到他们脸上反映出这种情形。等儿童下次再向你打小报告时，请仔细观察。他们可能会说："她在我的纸上乱写。"当你回答："你喜欢这样吗？"请仔细观察他们的面部表情。你会发现，当他们反思时，他们的眼睛会瞟向右上方。有时，儿童的情绪过于激动，此时这种问题就不合时宜了。在这种情况下，你应该首先帮助儿童镇定下来，然后使用明确而坚定的技能。

2. 了解儿童的明确而坚定程度。 儿童对"你喜欢这样吗？"的反应为实现有效的辅导提供了重要信息。如果他大声、有力地回答："不！我不想！"这表示在与另一个儿童交流前，让他主动平静下来有助于降低挫折感程度。你需要教这个儿童如何深呼吸数次，和他一起练习几次，确保他的语气坚定但没有侵略性。如果他声音微弱地回答："不喜欢"，这表示这个儿童需要额外的辅导和帮助才能掌握明确而坚定的语气。你需要深呼吸几次，鼓励他，然后练习如何使用恰当的字眼和语调，直到他说话的语气和其他肢体动作表现得足够明确而坚定坚决。

3. 为全班所有人创造一个学习新技能的教育机会。 好消息是，我们有很多绝佳的机会教学生掌握新的社会、情感和语言技能。但坏消息是，一名教师无法一一解决所有肢体冲突。因此，智慧自律让班里的每个儿童都能成为社会技能的传播者。明确而坚定使我们让他人知道我们希望自己如何被对待。当我们教一个班额22人的班级如何表达"我不喜欢你抢我的马克笔。如果你想用,你可以说'能借给我用一用吗?'"事实上这22个儿童能够互相学习如何在课堂上、在大厅里、在公交车上以及在生活中从事得体。

在解决更大问题过程中,"你喜欢这样吗?"是一个关键。当你看到或听到一个儿童欺负另一个儿童时,你可以遵循下列完整流程应对。

第1步:首先,准备安抚被欺负的一方前,让自己的心态平静下来。如果你看到了整个事件的前因后果,你可以公开地描述自己看到的情节,等待受害者作出反应,在必要时予以澄清,并问:"你喜欢这样吗?"如果儿童私下向你报告某件事情,你可以直接问:"你喜欢这样吗?"

成人:你低着头。捂着脚踝。发生了什么事情吗?

受害者:迈克尔把我绊倒了!

成人:当你经过的时候,迈克尔伸出腿来绊你。你喜欢这样吗?

受害者:帕克刚刚取笑我,说:"嗨,胖墩,我们正在这里玩呢!"

成人:你喜欢这样吗?

请记住,如果受害者的反应较弱或者喋喋不休,你应加强他明确而坚定的语气。如果他的反应听起来十分具有攻击性,你应和他一起进行数次深呼吸,然后冷静下来。如果有需要,你可以接下来辅导受害的一方"学我的语气",直至他能够学会明确而坚定的语气。

第2步:接下来,要辅导受害的一方明确而坚定地说出:"我很不喜欢你_____(负面行

为)",然后帮助他想出他希望对方怎么做,迅速把这种负面的违规行为转变为积极正面的行为。如果儿童年龄较小,应明确地告诉他该怎么说,对于年龄稍长的儿童,可以问他:"你希望她怎么做,而不是推你?"他们的第一反应通常是:"我很不喜欢你推我。住手。""住手"并不能让冒犯的一方知道他应该怎样做。如果我们没有明确地说出想要什么,我们便无法教会冒犯者新的替代技能,不能让受害者学会明确而坚定地表达自己的想法,也不能营造一个社会技能娴熟的班集体。"住手"必须变成"你可以说'看,队列在移动,我们被落下了',提醒我向前走。"

成人:"去告诉迈克尔,'你要是想引起我的注意,可以轻轻拍我的胳膊。'"

成人:"你希望帕克应该怎么做,而不是给你起外号?"

受害者:"直接叫我的名字!"

成人:"告诉帕克,'你这样给我起外号让我很不开心,你应该直接叫我的名字——贾尼斯。'"

受害者:我不喜欢你叫我胖墩。请直接叫我的名字。"

第3步:最后,应鼓励冒犯者完成期望的行为或使用新的技能。改变的意愿来自人与人之间的亲密关系和归属感。儿童之间如果关系密切,那么他们更愿意合作,被边缘化的儿童则不太愿意听他的同辈或老师的话。关键在于建立一个学校大家庭的文化氛围,这是我们解决问题的基础。当冒犯者接受了新的行为或表达方式后,你需要注意到这种转变并且给予适当的夸奖!

成人:"我们一起练习。"

(练习拍肩膀打招呼)

成人:"你做到了!杰丝,你已经教会你的朋友如何引起你的注意!迈克尔,你拍了他的肩膀!这样会让全班所有人安全相处!"

成人:"你愿意直接喊她的名字吗?我们再来一次!"

冒犯者:"嗨,贾尼斯,我们正在这里玩呢!"

成人:"你做到了!贾尼斯,你已经坚决地告诉帕克,给他人起外号是不对的!帕克,你答应以后喊贾尼斯的名字而不用其他难听的字眼!这对我们的班级安全很有帮助。"

打小报告:当有人打小报告"他打我"时,老师通常的应对包括下列三种方式(我们将在第10章中讨论如何将"打小报告"作为教学工具):

- "这让你有什么感受"会让打人者控制被打者的内在状态,并且让这一事件涉及的所有人都处于情绪状态,他们可能会在"谁先动手"以及"谁对谁做了什么"这些问题上吵来吵去。"你喜欢这样吗?"能够让儿童努力去解决问题,而不是闹情绪;
- "用语言来表达自己的想法"则是让儿童在心烦意乱的情绪状态或生存状态时,使用社会上可以普遍接受的表达方式。如果有儿童打架,他们在生存状态下的反应就是反击。情绪状态下的反应是使用他们"光盘"上的技能,比如可能是辱骂。"你喜欢这样吗?"可以激发儿童的执行状态,可以学到新的技能;
- 找出过错方并给予适当的惩罚。这种反应错失了此种情形下的教育机会。正如数学测验让我们明白哪些数学知识和技能应该重点讲解,抢别人的笔而不是好言相借则告诉我们应该教儿童学习哪些技能。我们需要使用自然结果,而不是挑毛病。让朋友不开心的自然结果应是教孩子学习如何帮助他们。

明确而坚定语言的发展过程

"我不喜欢这样"是一个强有力的个人喜好表达,但是儿童并非生下来就能熟练地使用完整的语句。对于那些尚不会说话的儿童而言,所有对话都是由我们完成的。我们会说:"看她的表情。她在说'住手!'她想让你像这样摸她的头发。"我们会抓住幼儿的手,帮助他松开娃娃的头发,然后教他如何温柔地触摸。表5-5简要地描述了培养明确而坚定的语言表达的发展过程。表中列出的年龄段仅作为一般性指导,每个儿童的发育水平各不相同。

表5-5 儿童明确而坚定语言的发展过程

年龄	第1步:准备	第2步:表明限度	第3步:告诉孩子要做什么
婴儿	看他的表情。	他好像在说:"住手,我不喜欢这样。"	"像这样做。"看他的表情。他喜欢这样。
1~2岁	他不喜欢你_____。	说"停"或者用手比出"停止"的手势。	他想让你_____。

续表

年龄	第1步：准备	第2步：表明限度	第3步：告诉孩子要做什么
2~3岁	你喜欢这样吗？	说："我不喜欢这样。"	他想让你_____。
3~4岁	你喜欢这样吗？	说："你这样推我，让我感到很不舒服。"	她想让你说："请让一让。"现在把它说出来。
5~12岁	你喜欢这样吗？	告诉_____："我不喜欢你_____。"	你希望她下一次怎么做？告诉她："下一次，请_____。"
12岁以上	对你来说，这样可以吗？	如果你不喜欢这样，那么你可以说_____。	

训练儿童明确而坚定的过程在很大程度上取决于每个儿童的行为、对方对这种行为的解读以及教会儿童与他们成长阶段相符的表达方法，尤其是年纪较小的儿童更是这样。随着儿童年龄的成长，他们能够使用更加复杂的对话方式。儿童年龄越小，要求成人付出更多，更好地帮助他完成这一过程。

10岁：扎拉和杰克逊在操场上玩。扎拉带来了一个球，要和女孩子们一起玩。杰克逊飞起一脚把球从她手中踢飞。扎拉愣在那里，生气地瞪着他。老师首先走到被欺负的一方面前，对她说："杰克逊踢飞了你手里的球。你喜欢这样吗？"扎拉看着地，嘟囔着说："不。我们几个正在玩。"老师和她一起深呼吸，然后开始教她："去告诉杰克逊，'你这样胡闹让我感到很难过。我们正在玩球。把它还给我。'你可以现在试着练习一下。"扎拉支支吾吾地说了一遍。老师继续教她说："学我的语气"，直至她掌握了明确而坚定的语气。老师和扎拉一起走过去，鼓励她看着杰克逊的脸说："你这样胡闹让我感到很难过。去玩你自己的球。把我的还给我。"杰克逊把球还给她，并且嘟囔着说："别生气。"扎拉说："不生气。"然后，老师通过观察描述法把他们之间的互动与自我意识联系起来，并且给予适当的夸奖："扎拉，你用非常明确而坚定坚决的语气告诉杰克逊你的想法。杰克逊，你把球还给了她！你们两个做得都很好！"

6岁：扎拉和杰克逊在操场上玩。杰克逊从扎拉手里抢走了球。扎拉开始尖叫。老师首先走到被欺负的一方并对她说："扎拉，你的脸就像这样！"和她目光接触时，把平和的心态传递给她，并对她说："你看起来很生气。杰克逊抢走了你的球，你不知道该怎么办。你喜欢这样吗？"扎拉大叫："不！"老师继续说："和我一起深呼吸，我们去找杰克逊聊聊。"两人一起深呼吸，然后开始教她："告诉杰克逊，'你抢走我的球让我很不高兴。把它还给我。'你可以现在试着练习一下。"老师和扎拉一起练习，直到她能够使用平静、明确而坚定的语气，然后站在旁边观察她与杰克逊之间的对话，并且鼓励杰克逊服从。然后，老师通过观察描述法把他们之间的互动与自我意识联系起来，并且给予适当的夸奖："扎拉说，我不喜欢这样。把它还给我。然后杰克逊，你做得对！你把球还给了扎拉。你们两个做得都很好！"

2岁：扎拉和杰克逊在操场上玩。杰克逊从扎拉手里抢走了球。扎拉正准备推他一把，然后把球抢回来。老师快速走到被欺负的一方面前，然后描述刚刚发生的情况："杰克逊抢走了你的球。"然后，老师鼓励被欺负的一方明确而坚定地表达自己的想法："告诉杰克逊，'住手！那是我的球！'"老师教杰克逊以大家都能接受的方式得到自己想要的，并对他说："杰克逊，你也想玩。如果想玩，你就说'我想玩'。"然后老师给他们适当的夸奖。"就是这样，你们做到了！扎拉说'住手！那是我的球。'而杰克逊，你把球还给了她，并且说'我想玩'。你们两个做得都很好！我再去拿一个球，这样你们两个都可以玩。"

> "你想"是一个关键词，可以帮助语言技能有限的儿童坚定地说出他们的想法。"你想用一用蜡笔。如果你想用一下，你可以说'我想用一下！'""你想引起乔的注意。如果你想引起朋友的注意，你可以轻轻地拍一拍他的手臂，然后等他看向你。"我们将在第8章积极意图中详细讨论"你想"这一主题。

婴儿：使用"看她的表情"搭配"我不喜欢这样"，从婴儿的角度明确而坚定地说出他们的想法。"看她的表情"能够教年长的儿童仔细观察幼童除语言之外的其他情绪表达方式，而"我不喜欢这样"则能让他们明白这些情绪表达的含义。当5岁的孩子拿走了1岁婴儿的球，你可以对他说："看她的表情。她的脸红红的，她的嘴唇在抖。她在说'我不喜欢这样。我正在玩这个球。把它还给我。'"在儿童学会自己通过语言表达想法前，我们必须帮助他们明确而坚定地说出心中的所想。

> 在商场购物时，我听到有人在哭，我看到一个妈妈推着一辆双人婴儿车，后面坐着一个4岁的幼儿，前面则躺着一个婴儿。我发现，当婴儿哭时，这个4岁的儿童会把他的头当作鼓一样敲。为了安慰啼哭的婴儿，他的妈妈（并未意识到敲打的动作）推着婴儿车前后晃动。我夸赞了她的孩子们非常可爱，并问我能不能更仔细地看看。我弯下腰，看着这个4岁的孩子，等着他和我目光接触，然后对他说："看你弟弟的脸。他在哭。他在说：'我不喜欢你打我。你可以拍你自己的肚子。'"哥哥一边若有所思一边尴尬地看着弟弟的脸。我几乎能听到他的想法"原来这就是他哭的原因啊。"

请记住，除了使用"我不喜欢这样。"明确地教儿童掌握明确而坚定的技能以外，我们每天都在通过自己的行为潜移默化地教给他们各种类型的表达，如消极被动型、攻击型或肯定且坚定型。最重要的是，成人自己必须学会明确而坚定的沟通方法。在明确而坚定的沟通中，我们希望重点向各年龄阶段的儿童传授和示范两个核心内容，包括：

1. 使用具体明确的词语，告诉别人应该怎么做。我们应该帮助儿童把他们的关注点从侵犯或问题转移到解决方法上来。教他们明确、直白、积极地说出他们的想法、需求和愿望（该做什么，而不是不该做什么）。我们需要教他们"把马克笔还给我"而不是"不要抢"。同时，也通过这种方式把你的想法和愿望告诉其他成人。

2.通过非言语的方式表达出毋庸置疑的态度。我们应该教儿童使用适当的语调和肢体语言表达出"就这么做"的意思。如果儿童的非语言信息过于消极被动,其他儿童可能很容易选择不配合。如果儿童的非语言信息攻击性太强,其他儿童会为了防御而抵制他。如果他的非语言和语言交流都是明确而坚定而坚决的,其他人更乐意合作和配合他;如果儿童的面部表情、语调以及手势表现出自信,其他人会注意并且倾听他的话。无论何时,当你和儿童以及家长交流时,应尽可能使用毋庸置疑的语气。

影响明确而坚定的因素

要想做到行事明确而坚定,我们必须明确地表达我们的感受、想法和愿望,同时不贬低其他人。这听起来容易,但要想明确地表达我们的想法和愿望,我们必须能够识别和掌控它们,同时还要相信我们有权利控制它们。简言之,我们必须尊重我们自己,需要把关注的焦点从我们认为他人的可能想法和感受转移到认识我们自己的内心。每个人都可以掌握明确而坚定的技能。这并不是只有部分人拥有而其他人缺乏的个人特质。与消极被动型和攻击型一样,明确而坚定也是一种习得性行为。要想习得这种行为,我们必须做到下列几点:

- **自我认知。**你常常会用消极被动的、具有攻击性的方式与自己的孩子沟通交流,还是经常在二者间摇摆不定?或者你会明确而坚定地与子女互动?
- **时刻留意你自己的思维模式。**你会如何与自己对话?你会消极被动地、有攻击性地还是明确而坚定地自我对话?一旦你学会明确而坚定地与自己对话,你会自然而然地在与孩子互动过程中使用这项技能;

- **在所有的人际关系中学习并使用明确而坚定的技能。**在对待自己和与其他成人交往过程中,如果能够更明确而坚定一些,你会为自己的子女树立良好的榜样。

当班里有人向你抱怨"艾米莉推我"或"内森总是盯着我",你要教他们如何应对才能明确而坚定地说出他们在这些问题上的底线。

小时候,我们会习得一些社会行为指导,如善与恶、文明和野蛮的评价原则,并成为我们内心的行为规范。随着长大,我们学会隐藏或者分享某些特定的感情,会从父母和其他行为榜样那里学到这些规则,它们最终成为我们的"光盘"上刻录好的程序。我们必须记住,这些规则不是一成不变的,尽管转变困难重重,但却是非常关键的。如果我们有意识地决定改变它们,我们就可以做到。

儿童经常会跨越我们以及其他人设置的行为红线。我们对这些冲突的反应成为儿童发展人际交往技能过程中效仿的对象。如果我们通过大喊大叫应对儿童的违抗行为,这意味着我们在教他们用粗鲁的方式对待不听从他们指令的人。如果我们过于放任孩子忽视我们的底线,事实上就等于在教他们侵犯他人的权利或允许他人侵犯我们的孩子。我们划定底线的方式让儿童明白如何在未来的人际交往中设置和维护自己的界限。我们经常期盼儿童能够拥有成人尚未掌握的技能,但如果我们本身尚未掌握这些技能,又如何教给他人?

消极被动型和攻击型的语气深深地植根于我们的恐惧中。攻击型的语气源于我们不知道该如何应对,如果这种不当的行为持续下去,将催生我们对失控或更严重问题的恐惧。儿童感受到我们的攻击性背后的恐惧,这令他们感到惶恐。在这个光谱的另一端,消极被动型的语气同样可怕,因为它会让成人把自己交由儿童控制。儿童明白，他们其实没有能力控制成人。当幼童听到攻击型的或者消极被动型的语气时，他们会感到恐惧，并将这种恐惧情绪演变成一种重新获得控制感的游戏。这种情况在学步期的儿童身上尤其明显。

明确而坚定要从成人自己做起，它会惠及我们的孩子。

凯伦希望她两岁的女儿克里斯蒂娜赶快上车，以便准时见到医生。凯伦说："克里斯蒂娜，坐到你的座位上。亲爱的，到这里来。快上车。"克里斯蒂娜稍作停顿看着妈妈。凯伦因为她的拖拉而感到紧张，紧张情绪升级成愤怒，她咆哮着大喊："别磨叽。赶快过来，坐到车里。"凯伦生气是因为她担心会迟到。作为回应，克里斯蒂娜跑开了，还咯咯地笑，好像在玩捉迷藏。这使凯伦勃然大怒，她一边追赶女儿，一边大叫着威胁她。凯伦最终追上了克里斯蒂娜，在她屁股上狠狠地打了一巴掌，然后把她塞到了汽车座位上。

凯伦认为克里斯蒂娜跑开是不尊敬她的表现，但其实她跑开是对妈妈语气中夹杂的恐惧情绪的本能反应。在类似的例子中，儿童把这些情景当作了游戏，而成人显然不想玩。当教师使用攻击型或消极被动型的语气让学生来办公室，类似的问题也会发生。儿童可能会逃走、拒绝去办公室或者带着情绪见老师（作出翻白眼之类的情绪化动作）。同样，他们会把这种可怕的情境变成一场游戏或权力斗争，以获得一点控制感。要想避免这些问题，我们的语气应该明确而坚定，让你与儿童之间的冲突不涉及任何恐惧感。明确而坚定要从我们自己做起，它会惠及我们的孩子。

> 还在为明确而坚定的语气而犹豫不决？请考虑这些因素：
> - 明确而坚定能够激发成人的执行技能，让我们能够触及内心中那个睿智的自己；
> - 明确而坚定能够教会我们尊重和关心所有人；
> - 明确而坚定能够帮我们描绘未来的景象，帮助儿童取得成功；
> - 明确而坚定能够时时刻刻创造让我们相互鼓励的机会；
> - 明确而坚定让我们划定清晰的底线，而不需为自己的行为过分内疚；
> - 明确而坚定是儿童成长中不可或缺的部分，尤其是将恐惧的场景转变为游戏或权力斗争的孩子；
> - 明确而坚定是儿童在生存状态下唯一可以听到的声音，它可以提高安全感并建立相互信任。

明确而坚定有助于营造安全感

在你每日练习上述认知转变和技能过程中，下列工具能够帮助你在学校大家庭中营造可以真实感受到的安全感。在我们引导儿童成功地达成学校的期待过程中，这是十分关键的。

常规教育和实践模块：视觉仪式、学校大家庭的基本框架

儿童的大脑多使用图像（心智模型）指导自己的行为，使视觉仪式成为让儿童成功不可缺少的组成元素。可视化的常规教育能够通过图像帮助儿童理解成人对他们的期待，这是与幼儿进行明确而坚定沟通的终极形式。这些活动能够详细地阐述我们期待儿童有哪些行为，帮助他们将自己的"手电筒"聚焦在分配的任务上，有助于培养他们潜在的执行技能，如专注力和时间管理能力。建立学校大家庭的关键之处在于知道何时、如何以及做何事。传统上，树立规则的目的是建立班级秩序。在智慧自律中，常规能够明确勾勒出可预期行为，并且提供秩序、可预测性以及一致性。这种班级结构能够培养可明确感知的安全感。

大脑就像一台不断产生和搜索各种模式的设备。我们的感知系统每天都接受数十亿的各种信息的狂轰滥炸，我们的大脑会让已经熟悉的内容（模式）成为后台背景，我们才可以在前台处理新信息（学习）。

当儿童初次进入学校时，所有事物都是全新的。随着在可预测的、一致的模式下一天天重复，大多数儿童无须耗费过多的精力在"该把作业放在哪里"或者"如何转换到午餐场景"这些问题上，使大脑的高级神经中枢能够自由地接收新信息。本质上，建立前后一致的常规和规则可以让大脑感知到充分的安全感，从而能够全身心地投入学习之中。

规则和常规略有不同。规则的目的是制止不当行为，是通过结果的方式强制施行的。而常规仅仅是你期待儿童如何做某件事情的清晰界定。这是一种可以教学的程序，其目的是建立班级内的秩序和可预测性。当我们为孩子们要做的每件事情都制订可预测的常规，比如削铅笔、扔垃圾等，孩子们就能真真切切地体会到安全感，当他们遇到压力事件的时候，常规也能帮助他们保持或重新恢复镇定。若想常规产生好的效果，我们必须有意识地花费一定的时间教他们掌握这些常规。我们可以使用地图法（M.A.P.）：

M（Model）= 为各种程序和期待的儿童行为作出积极的榜样和表率

A（Add visuals）= 增加可视化的材料

P（Practice）= 练习、练习、练习

> 我们应在学校各处贴上与预期行为相关的图片，包括大厅、教室、餐厅和卫生间。儿童会把他们从图片中看到的信息编译到他们的前额叶中，并最终内化成为他们心智模型的一部分。仅仅通过说的方式提醒并不适合儿童阶段的大脑接收信息的方式，无法帮助儿童建立影响深远的心智模型。

如果某个儿童拒绝这些常规，老师必须假设他还需要更多的信息或不同的指导风格。教孩子学习常规与教孩子学习除法之间没有任何不同。如果儿童不能理解除法，我们并不会把他的名字写在扣分板上、取消他的休息时间或者把他的表现卡从绿色翻成红色。我们会尝试着搞清楚如何换一种方式把这些信息教授给他。常规也应如此。儿童或许需要更多的示范、更加明确具体的辅助图片或者更多练习，如果经过所有上述努力后他们仍不愿意接受这些常规，那这就是人际关系问题。人际疏离的儿童

具有很强的破坏性。我们应该修复与他的关系，并且把他拉回学校大家庭中。

班级或学校中的混乱会破坏我们的安全感和镇定，因此我们迫切地需要可视化的常规。一些场景的转换，如到校、放学、上厕所、在大厅里走动、在餐厅就餐都是经常发生混乱的时刻。在这种场景张贴预期行为的海报就好比给学生微型演练我们的预期和行为的机会。学生可以在任何给定的时间反复地练习某一常规。

现在花点时间想想，混乱通常会出现在一天中的哪些时刻，这样能够提示你需要在哪些方面制订常规教育，并通过海报的形式将其细化。这种可视化的表达既可以是单独的一张图片，也可以是与儿童经历的困难相关的画册，或者是讲述全班活动各步骤的连环画。

常规能够提高班级的可预测性和一致性。正如我们的骨骼支撑着我们的身体，这些常规支撑着我们的学校大家庭。请使用下列与儿童大脑发育匹配的做法，强化你的常规教育：

1. **请写下一天中的所有常规**，这样你自己也会很清楚地知道，你希望儿童怎么做以及学到哪些知识。回答下列问题作为指导：

- 我希望儿童到校后怎么做？（到校常规）
- 儿童在管理型活动中发挥什么作用？（到校点名、午餐点名、请假同意书、收拾物品常规等）
- 我希望儿童在场景转换中怎样做？（场景转换常规）
- 我希望儿童在排队时怎样做？（排队常规）
- 我希望儿童在餐点过程中怎样做？（就餐常规）
- 我对儿童个人卫生的期望是什么？（上厕所、洗手、擤鼻涕等）
- 放学后我希望儿童怎样做？（放学常规）

2. **系统化和明确而坚定地传授儿童各种常规**。首先，请写下所有常规的各个步骤，这样将帮助你认识到你要求儿童学习和掌握多少步骤；接下来，请决定首先教哪些固定步骤以及通过哪些策略教这些技能。使用地图法，并且记住：制订规则并不能替代常规的传授。

3. **为个体和集体编制全班共同制作的常规手册**，用于解决具体的问题（见图5-2）。对于较年幼的儿童而言，可以负责将常规的步骤拍摄下来并装订成册。年龄稍长的儿童负责使用照片、插画、短句制作这些常规册。如果某个儿童遇到困难，可以制作一本个性化的常规手册，通过照片反映出他成功完成常规的每一个步骤。鼓励他在场景转换或者学校活动开始前阅读他的常规手册，并且把这本书寄到儿童家，以便他和家人一同阅读。

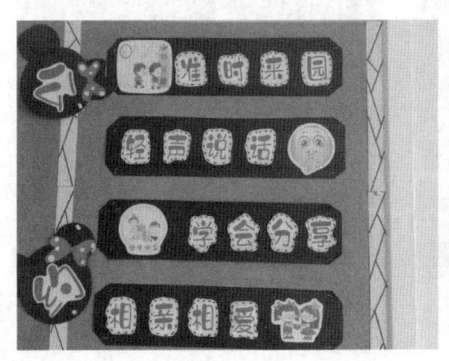

图 5-2　常规手册

实践模块：可视化流程

对于年幼的儿童，可视化流程是必不可少的。通过可视化流程，儿童可以辨别时间并且学会调节他们体内的生物钟。可视化流程能够展现每天在校期间的主要活动。它能帮助儿童预测接下来要做什么，并且让他们有能力应对接下来的任务。

用图片的方式展示一日流程，能够营造一种安全感。当儿童感到安全时，他们的大脑能够将主要精力集中到学习、成长和人际互动上，而不会受制于不确定性、恐惧感和自我保护本能。由于儿童的大脑擅长运用形象化的图片指导他们的行为（如"可视化常规"的相关讨论），我们必须同时以图片和文字方式展示我们每日的课程安排。

可视化流程的目的并不是展示每项活动，而是展示一些关键活动以及每天都在变化的活动。可视化流程包括一系列活动照片，并在每张图片下方搭配简短的描述。最好使用学生参加活动时的照片，也可每年都使用同一组照片。你只要在照片背面贴上魔术贴，然后按照时间顺序将它们排列好即可。你可以每天或每周按照需要修改你的可视化流程。

无论在家里还是学校，想要营造安全感，可视化流程是必不可少的。

你可以每天早上和儿童一起讨论当天的安排，这样他们就会对当天的活动有大致的了解。如果儿童问："然后呢？""什么时候练空手道？"或者"离吃午饭还有多久？"你可以带着儿童一起查阅当天的日程安排，并从中找到具体的信息。最后，儿童会开始利用日程安排找到问题的答案。如果有人在场景转换或者日常安排的其他方面总是遇到困难，则可以为他制作个性化的日程安排。

图 5-3 分别展示了在校期间和在家时的日程安排，旨帮助你制作属于你自己的可视化流程。很多智慧自律产品可以帮助你完成这一工作，其中包括"每日常规卡"和"创意手工"光盘。

学校日程安排　　　　　　　　　　　　家庭日程安排

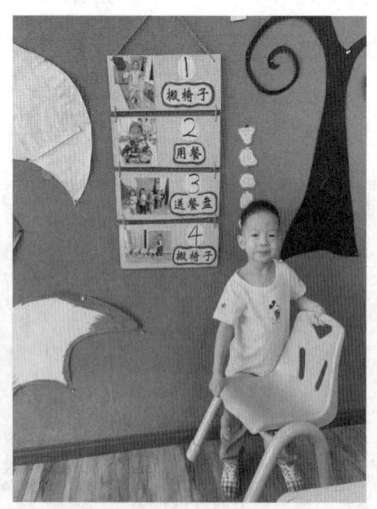

图 5-3　学校与家庭日程安排

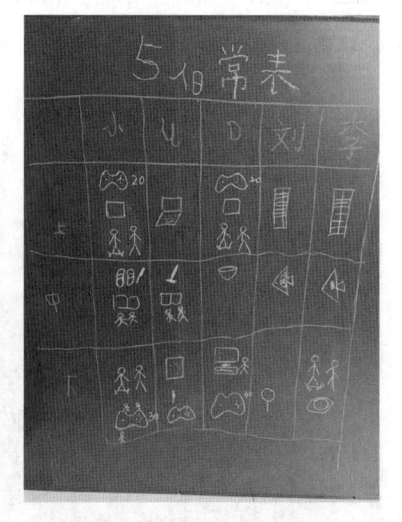

实践模块："时光机"

"时光机"的目的是提供一种途径，帮助儿童把与同学之间的互相伤害转变为互相帮助。"时光机"取得成功的关键在于使用明确而坚定的语言。下文简单展示了如何利用"时光机"（见图5-4）进行明确而坚定的沟通。我们将在第10章深入地讨论如何将"时光机"作为一种解决问题的机制。

> 在做数学作业的过程中，一位小学四年级教师偶然间听到拉桑德拉对马库斯说"闭嘴"。老师走到马库斯面前（受害者优先），对他说："马库斯，拉桑德拉刚对你说闭嘴。你愿意回到过去把刚才的情形再重复一遍吗？这样可以帮助我们学校大家庭的成员学会另一种更好的交流方法。"马库斯回答说："好的。"
>
> 然后，老师转向拉桑德拉，并对她说："拉桑德拉，你愿意用另一种方式和朋友沟通，帮助我们的学校大家庭成员学会另一种更好的交流方法吗？"她同意了。二人和老师一起走到"时光机"前。地垫上印着一些脚印，分别代表了解决冲突过程中的每一步。他们首先从"微笑星"开始，然后移动到下一步互相祝福。接下来，他们一起说："1，2，3，开始。"
>
> 马库斯站在垫子上说："我很不喜欢你对我说让我闭嘴。以后别这样！"既然马库斯没有告诉拉桑德拉应该怎样做，老师参与进来说："马库斯，如果你说话的声音让她没办法听讲，你希望她怎么说呢？"马库斯脸上闪过一丝"恍然大悟"的表情，说："下次，你可以说请安静，我听不到老师讲课了。"拉桑德拉低头看看垫子，然后说："好的，我会这样做的。"最后，两人碰了碰手，表示问题已经解决，谁都没有生气。二人回到座位上，继续做数学作业。班里的其他人目睹了整个过程，学到了有价值的沟通技巧。

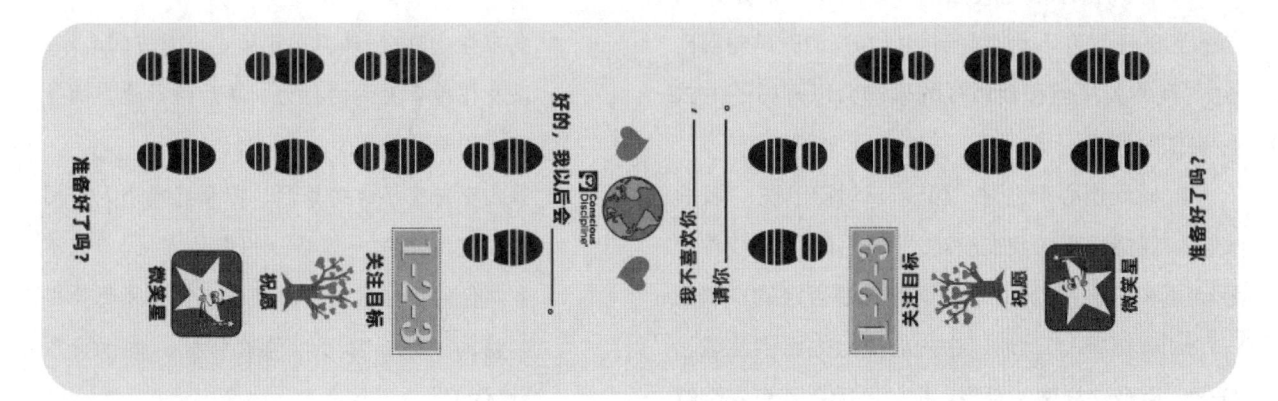

图5-4 "时光机"地垫

每个班都会发生一些冲突、违抗和不尊重他人的情况。想要靠一种"万灵丹"建设零冲突的班级，实际上是在营造一种控制和专制的氛围，无形中向学生示范了欺凌行为。营造互相友爱的学校大家庭应允许存在轻度的人际冲突，并以此为契机，发现和培养儿童缺失的社会情感技能。**健康的冲突始于人际关系，它因隔阂而壮大，并在关系修复后消弭。**这一过程能够强化我们的人际关系以及彼此之间的信任。冲突过后，最重要的是修复我们的人际关系。"时光机"将修复过程融入解决问题的过程中。简短的人际互动仪式标志着"我们已经解决了问题，让一切不愉快消散，我们是一个互相友爱的学校大家庭"，这对"交往—关系破裂—修复"这一健康的人际交往循环是必不可少的。

反思：关注的力量

我们只会看到我们期待的和想要看到的东西，那么我们为什么要选择看到事物消极的一面，而非积极的一面呢？本月，请加强下列练习，重点关注你希望鼓励的行为。

1. **仔细留意你的关注点。**你的关注点是你希望看到的还是你不希望看到的行为？请时常对自己说："我的关注点和我重视的事物会以同样的方式影响其他人。"

2. **感到伤心难过时"翻转"。**对自己说："我很安全。保持呼吸。我能应对。"然后自问："我希望看到更多这种行为吗？"如果答案是否定的，请做一个"微笑星"。然后，在内心描绘你希望儿童怎样做，以及这样做的原因。把"原因"和有安全感的语言联系起来；

3. **每天三次深呼吸并且复习下列原则：**

- 关注越多，得到越多。我要关注我希望看到的行为；
- 当我感到伤心难过时，我总会关注我不想看到的事物。但我可以选择"翻转"；
- 我伤心难过是因为我在抗拒现实。我要深呼吸三次，然后对自己说："现实既定。"

4. **倾听学校周围的声音：**你能听到那些消极被动、攻击性和明确而坚定的声音吗？保持呼吸并且为那些努力掌握明确而坚定技能的人们送上祝福。倾听你自己的声音，当你听到你自己内心中消极被动或者攻击性的声音时，做一个"微笑星"，对自己说"哦！"然后以明确而坚定的语气重申你的指令。

"大脑聪明"教学时刻

每一次冲突和对儿童行为的每一个期待都是一次帮助学生掌握明确而坚定技能的教育机会。关键的教育机会包括：

- **发布指令时：**明确而坚定地说出对方的名字，以及你希望看到的行为。事后给予适当的鼓励（见第6章）；
- **当儿童伤害了你的尊严、归属感或个人空间时：**使用"我-信息"的表述方法。"我不喜欢你的手在我脸前挥来挥去。如果想要引起我的注意，你可以像这样把手举过头顶（模仿）。"
- **当儿童不服从不配合时：**如果儿童不遵守你

明确而坚定的指令，这为你提供了一个新的教育机会。这种情况下，我们可以为儿童示范如何在面对压力时保持镇定，并且通过"告知和示范"过程坚守我们的价值；

- 房间内乱成一团时：需要在教室的各个角落设置明确的常规海报，这些可视化的素材可以编制在班级手册中，或者张贴在教室内各个合理的位置。这些个性化的书本和海报对于那些在某些特定常规上有困难的儿童而言是非常有帮助的；
- 儿童不懂礼貌并且经常互相挑衅：利用这个机会教儿童如何利用明确而坚定的语气，教全班孩子学习社交技能。

技能反思：传统思维和智慧自律

如果可能，请与别人组成搭档，然后大声地把下列两组话说出来（见表5-6）。看看你是否能感受到二者之间的差别。每次发完言后可以分享自己的看法，如"我认为传统思维和智慧自律之间的区别是……"

表5-6 传统思维和智慧自律的对比

传统思维	智慧自律
别逼我把你弄到校长室。	我很不喜欢你用这么难听的话说我。深呼吸，然后用平静的语气和有礼貌的话和我交流，这样我才能帮助你。
等我先把这个做完再去帮你。	我马上就好，然后就去帮你。
你们都坐回自己的座位，这样我才能翻到下一页。	坐在你自己的座位上，屁股坐在圆圈里，这样每个人都能看到这本书。
你当众这么干就是要我难堪！	我感到非常沮丧。我要深呼吸，让自己冷静下来，然后和你讲。
现在大家围坐成一个圈，我们开班会，好吗？	合上你的书，把椅子推进去，然后坐到你在圆圈的位置上。左右扭头看看你的小伙伴是不是都有足够的空间，就像这样（模仿）。
你加入我们太好了（挖苦的语调）！	如果你迟到了，我会很失望，很伤心，因为我们在一起对我来说很重要。

学校大家庭实施一览表

- ❏ 名字、动作、图像。描绘你期望的行为。
- ❏ 当儿童表现出逆反情绪或者不遵守规则时，应明确告诉他们并给予示范。你可以说"我要给你们示范该怎么做，怎样开始，老师希望你_____"等。
- ❏ 主动让自己保持平静，当儿童表现出无礼行为时使用"我-信息"的表述方式。确保每个"我_____"的表述结尾时说明你希望他怎样做。
- ❏ 转移幼儿的关注点。通过面对面的接触，共同关注相同事物，说明行为的边界并帮助他接触新的事物/活动，从而促进前额叶的发育。
- ❑ **示范并使用"我不喜欢这样"。** 教会儿童如何明确而坚定地向他人表达自己的想法。
- ❑ **使用地图法和各种场景的常规海报**，包括到校时、放学时、在大厅走动时以及在餐厅就餐时。在学校各种适当的位置张贴常规海报。
- ❑ **地图法课堂程序。** 留意任何造成混乱的课堂场景转换。回到上一步重新使用地图法重新进行这些场景转换的各种例行活动。
- ❑ 把日程安排张贴在醒目的位置。
- ❑ **编制班级自制手册**，便于儿童了解每天的时间安排和各种常规活动。将自制手册放在班级图书馆里，方便儿童借阅和在家中阅读。
- ❑ **编制个性化的常规手册。** 对于那些无法看懂在校日活动模式的儿童，应该为他们编制个性化的常规手册。

（明确而坚定技能小结见表5-7）

表5-7 明确而坚定技能小结

项目	内容
力量	关注：关注越多，得到越多。
"大脑聪明"教学时刻	注意力支配着神经可塑性和所有学习活动。
技能	明确而坚定的指令、"我要"、告知和示范、"我不喜欢"、转移关注点
学校大家庭常用工具	地图法、日程安排图册、"时光机"、常规手册

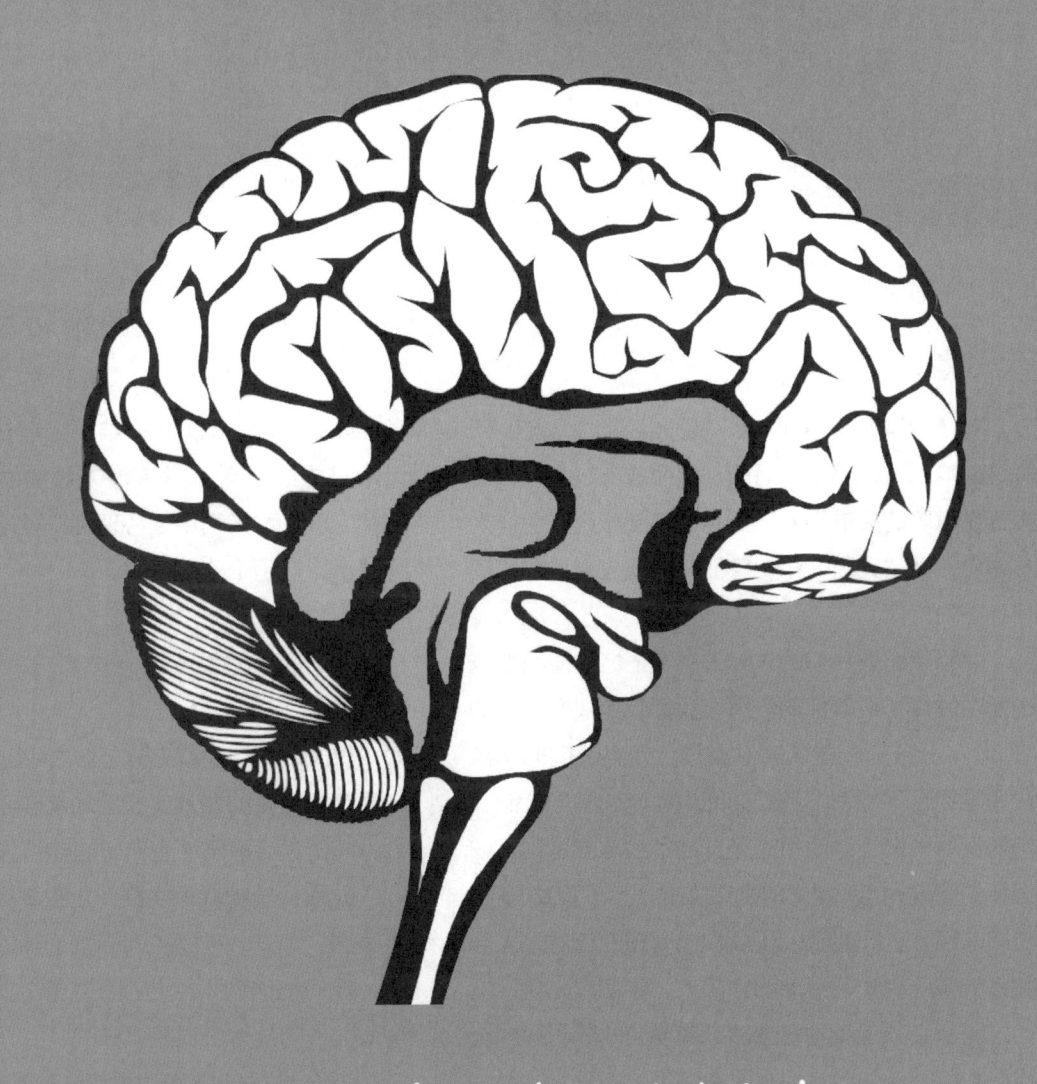

第三部分 建立情感联结的"心理师"技能

E= 鼓励（Encouragement）
C= 选择（Choices）
E= 共情（Empathy）

对"我得到关爱了吗?"这一问题的肯定的回答是影响儿童大脑发育潜能、学业成就、心理健康和合作意愿的关键因素。情感联结部分用蓝色作为主题色,以"光盘"作为象征物,以边缘系统和情绪状态为代表。

情绪状态在我们的人际关系、记忆和情绪形成过程中发挥了根本性的作用。我们会在我们大脑的"光盘"上雕刻一些认知过滤器。如果我们的光盘认为某物是不好的,我们的能量会流向脑干,而我们的身体则会充分动员起来,准备战斗或逃跑。如果我们的"光盘"认为某物是好的,我们的能量将流向前额叶,同时我们可以作出明智的应对。人际关系就像所有学习活动的守门人,我们"光盘"上的过滤器必须感受到安全感、关爱,才能引导能量流向前额叶,从而实现有效的学习。

对于"我安全吗?""我得到关爱了吗?"这两个问题,有些家庭给了儿童肯定的回答,儿童在这样的家庭环境中感受到了安全感,因此能够全身心地投入学习。还有些家庭对于儿童的这两个问题的回答是模棱两可、飘忽不定的,儿童就会感到没有安全感,并在人际互动过程中表现出两个极端,一个极端是过分黏人,寻求他人的关注;另一个极端是攻击他人、责备他人,排斥与人接触,抗拒情感卷入。

无论他们进入学校时来自何种家庭环境,儿童必须能够感受到健康的人际互动和归属感才能进入理想的学习状态。鼓励、选择和共情能够帮助我们学会如何营造一个彼此联结、相互友爱的班级文化,让班级内的所有儿童都能高效地学习。在第6~8章中,我们将学习用"心理师"技能培养安全的人际关系,这是十分必要的。

"心理师"技能

仪式:仪式是实现人与人之间互动的绝佳机会。开展互相关爱的课堂仪式活动能够让每个人更有爱心,同时也会激励学生作出利他行为。

鼓励:鼓励就是要接受儿童真实的状态。鼓励是建立在观察、描述和人际互动基础上的,通过鼓励,我们能够向学生传授班级重视的理念,比如,帮助他人的具体表现是怎样的?

工作:帮助他人可以激活大脑的高级神经中枢。每个学生都被分配了一项工作内容,因此他们每天都会为班级成就作出贡献。

共情:共情让我们学会调节自己的情绪并整合大脑的各种机能,因此儿童可以为他们个人的行为承担责任。

选择:发自内心的选择可以提高合作的意愿,提高决策效率,帮助儿童保持注意力。

学校大家庭:把你的班级称作一个学校大家庭,使用健康的家庭模式作为班级的组织形式,这样做可以满足儿童对情感联结的需求。

Chapter 6
第 6 章
鼓励
ENCOURAGEMENT
构建学校大家庭

鼓励儿童互相帮助能够营造一种归属感，在这种归属感的支配下，儿童更愿意帮助他人而不是寻求关注。

假设全人类是一个整体，就像我们的身体一样，各个细胞有机地合作。每个人代表一个细胞，独特而健康的机能是实现身体健康必不可少的因素。凝聚的力量建立在上述"假设"真实存在的观点上：我们每个人都是独特的个体，杂乱无章却不可避免地彼此联系在一起。与他人联结的内驱力早已写在我们的基因里，我们的想法和行为会强化这种联系，也会破坏这种联系。

凝聚的力量时刻提醒我们：我们是密不可分的，都是这个整体中的一部分。在智慧自律中，我们通过创建学校大家庭（见第3章）来表达这种信念。智慧自律为您呈现的所有力量和技能都是嵌入在学校大家庭中的，凝聚的力量和鼓励的技能与学校大家庭之间的关系错综复杂，几乎是不可分割的。凝聚的力量在学校大家庭中的表现就是营造一种彼此友爱的校园文化，把那些被孤立的、迷失的儿童引导到正确的轨道上来，同时鼓励所有儿童为集体的健康运行作出贡献，这是经过科学和实践证明的有效方法。

凝聚的力量

你有没有好奇过无线通信是怎么实现的？最近，我用手机和一位远在非洲的朋友通话聊天。挂断后，我很快又给我的邻居打了电话。两个电话都通过无线信号传播，让我和身处两个半球的人取得了几乎同步的联系。这对我来说简直就是一个奇迹！无线技术之所以能够有效的运作是因为电磁波能够以光速在大气中传播。尽管我们无法看到它，但电磁波携带了能量和信息。显然，人和人之间看似空无一物，实际上也是存在类似磁场的。

研究表明，人与人之间也存在无形的沟通。我们中的大多数人都有类似的生活经历：我们会感到有人在盯着我们，我们会在电话铃响起之前就知道有电话会打进来，或者我们会感受到我们所爱之人内心的苦楚。看上去我们也能通过周围的电磁波实现"无线的通信"。人类传递的电磁波可以通过心电图（EKG）和脑电图（EEG）……（Tiller & Atkinson, 1996）。我们周围的所有物体，无论我们看得到的或看不到的，都在以某个频率振动，我们也是如此。我们生活在同一个能量和信息的海洋里，从字面意思理解的话，我们是真正意义上的"整体"。

一个生理学上的现实是，我们的心脏和大脑在互换信息，而这些信息支配了我们的思维方式、行为模式和感受……

心能研究所（HeartMath Institute）的研究结果表明，心脏和大脑之间的互动也会发生在人与人之间。研究人员发现，一个人心脏产生的电磁信号在对话距离上便能影响另一个人的脑波律动（Macraty, Deyhle, & Childre, 2012）。我们大多数人都经历过这种影响，比如在靠近某个人时，我们会立刻感到快乐，或者和某人在一起时，我们感到不太舒服。这些互动会改变我们的内在状态，并且让我们对别人的认知产生偏差。当我们进入学校时也能感受到这种能量。有人快乐且热情，有人则可能紧张和消极。产生这种现象的原因是共振（resonance），共振是指能量频率协调一致所产生的现象。当一股较高的能量遇到一股较低的能量时，这些能量必须达到某种形式的均衡才能协调。振动较强的个体几乎每次都胜出。如果班里的一个儿童在大发脾气，其他人则用"微笑星"和祝福对待他，这个发脾气的儿童也会平静下来。反之亦然。如果在这个大发脾气的儿童班里，老师在大喊大叫"别冲动"，其他人感到威胁，最终所有人都会退回到生存状态。这就是凝聚的力量。

> **祝福活动**
>
> 请尝试下面这个实验：
> 下一次当你遇到一个脾气暴躁并且总是爱抱怨的人时，做一次深呼吸，并且发自内心地给他祝福。不要说话，在这个留白的空隙，只是去观察和感受，祝福活动是否会带来改变？

如果我们接受每个人都是人类命运共同体中息息相关的一员这个事实，我们就会形成一种凝聚友爱的理念。当我们深入了解世界文化，几乎所有文化都会倡导："己所欲，施于人。"这条道德行为规范指导了人类许多道德行为。传递同一种观点："我们是一个整体，一荣俱荣，一损俱损。"学校大家庭就是建立在人与人的紧密联系这个基本概念之上的。它不仅要营造一个积极的校园文化或合作的学习社区，还要在凝聚的基础上构建彼此友爱的校园文化。因此，这条金科玉律就是学校大家庭的第一法则。

> **我承诺**：我承认，在某种程度上，我们每个人都是密不可分的。虽然凝聚是抽象的、不可见的，但我们可以从更深的内心感受到它。我愿意接纳所有人成为大家庭的一员，我会以我期望他人对待我自己的方式对待他人。
>
> 签名：_____ 日期：_____

尊重差异使我们凝聚

我们共享着人类的共同能量，但每个人都有着独一无二的表达方式。我们本质上是一致性和独特性的结合体。人与人之间的互相联结并不会抹杀我们的个体性，反而会凸显我们的个体性。世上没有两片相同的叶子，人也如此，每个人都有机会为集体的成功贡献自己独特的才华。就如我们的身体，它是由体内所有细胞共同支撑起来的一个有机体，与此同时，每个细胞都发挥着具体而独特的功能，共同支撑起整个人体的运行。缺少任何一个细胞的独特功能，我们的身体都会受到损害（想象一下，如果肝脏说："我拒绝和肺一起工作，它又固执又无能！"我们的身体会陷入怎样的麻烦之中？）我们每个人就像人体内的一个个细胞，离开其他细胞，我们将不复存在。因此，我们的工作就是要发现我们独特的才能并贡献给整个集体。

以前，我们曾经把个性当作建立自尊的途径。我们要求儿童做一个与众不同的人，并写道："我是与众不同的，因为_____。"不幸的是，那些试图帮助儿童感到与众不同的幼教机构常常教儿童认为自己比他人更加优秀或不如他人优秀。这样成长起来的儿童会认为，在竞争的过程中脱颖而出比与他人和睦相处更重要。这些儿童需要外力才能产生价值感。拥有同样心态长大的成人也是如此，他们常常需要通过外部途径满足自我实现感，比如购买一辆新车、管教子女或获得他人的认可。

以凝聚的力量为核心的教育场所则拥有完全不同的运行机制。它们会教育儿童合作。要做一个合作者，就需要有内部资源支持他们向外输出价值。这种视角的变化是具有突破价值的，因为它要求我们自己首先做到我们希望他人做到的样子，而不是要求他人按照我们的期望改变他们做事的方式。我们打破了"遵我言，勿效我行"的循环，为我们所期待的行为树立楷模。要想使用"凝聚的力量"我们必须放弃让"自己"变得与众不同（源于评判行为好坏）的想法，接纳"人人"都是与众不同的，都需要为集体贡献"自己"的独特价值。我们要求儿童写下"我是独一无二的，因为_____，我要通过_____为我的学校大家庭作出贡献。"

如本书第3章所述，大多数学校都建立了竞争至上、推崇个人主义的学校风气。优秀的儿童将得到奖励，但这经常会牺牲我们与他人建立联结的内在愿望，取而代之的是比别人优秀的动机。这种高度竞争的氛围会系统性地将人区分为好与坏、有本领的与没有本领的，或者成功者与失败者。一个人想要成为凌驾他人之上的胜出者，那么必须有其他人作为弱者衬托。这样便产生了一种持续的压力状态，让儿童始终生活在恐惧中，担心自己会成为弱者。许多人会直接自暴自弃或者违背道德规范而实现个人的特立独行，如关注消极的事物而不是努力与他人建立密切的人际关系。

本质上，优胜劣汰会有两种结果，适应这种模式的一部分人会努力追求卓越，做到最好，不适应这种模式的一部分人会选择自暴自弃，叛逆成性，自我封闭。

个人主义是凝聚的对立面，是建立在对比而非贡献的基础上的。好与坏的二分法就好像给儿童两个桶，他们在桶中注满偏见。一些人可能认为苗条即是美，而丰满便是丑。这些装满了偏见的桶变成一个个棱镜，把我们区分成"我们"和"他们"，忘记了我们本质上是一个彼此联结的共同体。口头拥抱多元化，但却使用各种建立在分类基础上的系统方法（包括奖惩），因而无法实现他们最重视的目标。我们只有在认可共同体的基础上才能接受多样性的存在。

如果我们透过善恶的放大镜审视一个行为，不可避免地将人分为两类，并因区别对待他们而产生两套价值体系。被认为"好"的儿童值得尊敬，成为群体中的一员，感受到自身的价值，并且当他们出现不当行为时，通常被认为是恶劣环境中的无辜受害者。而那些被认为"坏"的儿童，无论如何都很难把他塞回队伍中，这好像都是他们应该承受的，他们就应该被排除群体之外，感到人生没有价值，当他们出现不当行为时，通常被认为是本性使然。

智慧自律专注于安全感并提供一种更加健康的认知，而不是简单地将人分为好人和坏人。我们需要用"安全的"和"不安全的"来认识儿童的行为，把不当的行为看作需要帮助的信号而不是蓄意冒犯。安全的行为表示其内心处于平和或欣赏的状态；不安全的行为表示其内心受到了某种形式的压力。如果儿童的内心处于平和的状态，那么他的行为很可能是有益的，并且愿意探索解决问题的方法。如果儿童的内心处于悲伤难过的状态，他的行为很可能是有害的，他正在为得到帮助而呐喊。表6-1总结了对行为的两种认知方式。

表6-1 对行为的两种认知方式

制造压力的认知方式		健康的认知方式	
好	坏	安全	不安全（危险）
值得	不值得	平和	痛苦
应该感觉良好	应该感觉难过	与人为善	与人为恶
无辜	罪恶	解决问题	寻求帮助

安全的行为预示着孩子的内心是平静的、充满感激之情的。不安全的行为预示着孩子的内心存在着某种形式的痛苦。

传统的以奖惩和优劣分类标准为基础的教育体系教育学生积极的关注比联结更重要，甚至消极的关注也比没有关注更好。这种教育体系剥夺了我们基本的归属感："我们是这个集体中的一员，每个人独特的才华都是至关重要的。"过于关注特殊性而不是将儿童看作独特的、重要的贡献者，这种做法与营造可以切实感受到的归属感是背道而驰的。回想我们在第 5 章开头中手电筒和荧光笔的比喻，我们的关注点可以解释为我们生活中的哪些领域是最有价值的。一位教师可能会说："做得好，贝丝。你拼写测验考了 100 分。再考三次 100 分就能赢得一支刻有你名字的铅笔。"另一位教师可能会说："你做得很棒，贝丝。你在拼写上非常努力，看看你的成果！你可以帮助其他人克服拼写困难。"二人都对儿童的成功作出了评价，但是他们的做法差别很大。第一种回应方式可以培养儿童自身的特别之处，突出了物质的积累；第二种回应方式有助于促进儿童的凝聚、互动和互相帮助。我们可以选择教育儿童重视自身的特殊性，或者我们可以选择引导他们将关注点放在如何把自己独特的才华惠及更多人，让集体更加强大。选择权在我们手里。

> 儿童需要成为有价值的人。他们价值服务的对象以及服务的方式必须适合他们的成长阶段才能变得有意义。儿童对世界的理解随着年龄的增长而不断丰富。幼儿园阶段的儿童最多能够理解他们有能力帮助家庭成员和班里的同学；到了小学四年级，他们还能把社区服务的好处联系起来。就儿童的成长而言，让幼儿园的儿童参加食品募捐活动产生的效果还不如让他们把各种杂货带回自己家；年幼的儿童可以在稍长的儿童参加校级、省级或国家级比赛时充当他们的拉拉队；而年龄较大的儿童可以参加一些社会活动，如到敬老院看望老人，或者帮助那些无家可归的人。这些付出可以与课程挂钩，增加他们学习的意义。

看待事物的方式决定了看到的内容

凝聚的意义深远，它可以影响我们定义我们的世界、我们的关系以及我们自己的方式。

情感联结指一个有价值的人通过付出和另一个人建立关系。我们都在努力回答一个问题："我是谁？"我们根据自己的期望和判断给自己赋予了多种多样的特征和角色，但我们只有通过与他人之间的交流互动才能真正发现我们是谁。

我们看待他人以及与他人互动的方式可以回答"我是谁？"这一问题——"我是有价值的"或"我没有价值"。我们对这一根本问题给出的答案，将改变我们与世界的互动方式。

我们对"我是谁?"这一根本问题给出的答案,将改变我们与世界的互动方式。

我们并不能够通过成就和我们获取的资源来定义自我价值。我们是在与他人的每日互动过程中不断确定或否定我们自己的价值。如果我们总是看到他人匮乏之处,我们也会感受到自己的不足之处。在这种状态下,我们会觉得自己是被孤立的,和其他人处于分裂状态。我们会感到孤独,为此还会将我们内在的恐惧和不安全感投射到其他人身上。我们一生都在努力让自己的需求得到满足,生活就变成了无休无止的索取而不是付出。

欣赏他人最好的一面能够创造我们自己的价值,也能够帮助我们从有价值的角度看待他人。在这种互相尊敬和平等的状态下,我们可以真正地与他人交流和互动。生活变成了付出而不是索取。通过凝聚的视角,老师可能会对心烦意乱的儿童说:"面对这些问题可能会让你觉得不知所措。你觉得我怎么做能更好地帮助你保持专注呢?"她成功地激励了这个儿童和她自己的成就感。如果我们不能改变我们自己以及儿童对错误行为和冲突的认知,创建一个学校大家庭是无法实现的。

我们会根据自己的心智模型赋予这些情景相应的价值和意义。如前文所述,认知会让我们的世界充满了意义。正因如此,教师肩负着赋予生活中各种事件合宜之意义的重大责任。我们的内在状态支配着我们赋予事物的意义,因此我们必须审慎地运用镇定的力量,让我们保持大脑高级皮层功能的正常发挥。我们看待他人、事件和情境的方式会让学生学会以同样的方式看待它们。这些方式也将定义每个孩子在学校大家庭中是否具有价值。

无论我们如何对待他人(关爱、评判、批评、同情),我们都在强化这种观念在我们心中的位置。我们并非生活在真空里,相反,我们生活的世界就好比一个信息和能量交互传递的海洋。在物质世界中,当我们把一件物品赠送给他人时,我们便不再拥有它。但这并不适用于观念和情感的世界。我们的观念并不会因为和他人分享便不再属于我们,观念永远不是无源之水,我们在内心世界中向他人传递的不论是评判、批评、抱怨,还是快乐和关爱,最终都会以同样的形式回馈给我们自己。

我们希望通过以下场景进一步阐述这些观念。

教师 A 看到一个儿童开小差时,问道:"你现在应该做什么?你最好马上开始做作业。如果你再这样浪费时间,你永远都做不完作业。"她的话的确没有错,错在她对这件事的认知方式。看到儿童开小差时,她认为这个儿童的行为很恶劣。首先,她看到这个儿童表现得不够好并因此而感到沮丧;其次,她基于这种认知说出来的话让这个儿童感到沮丧。无论老师还是学生都感到无法沟通、灰心丧气和无能为力。此外,这位老师还教班里的其他学生以同样消极的方式看待这个儿童。

教师 B 看到一个儿童在集中注意力方面需要她的帮助。她走上前帮助他:"你有两种选择。你可以自己开始做数学作业,或者可以举手示意自己做不到,我找一个同学来帮助你。你觉得哪种更好?"

> 她将这个儿童的行为看作一种需要帮助的信号，在帮助他的过程中受到了鼓励并把这种鼓励传递给这个孩子。此外，她还教班里的其他儿童将错误的行为看作需要帮助的信号，而不是给他贴上坏孩子的标签。这些儿童开始将错误的行为看作需要帮助的信号，并有机会向他伸出援助之手。当他们帮助他人时，也建立起心中的自我价值。

活动：把看待事物的方式和看到的内容联系起来

我们的认知既可能让我们欢欣鼓舞，也可能让我们垂头丧气，无论如何，这取决于我们的关注点。请思考下列问题。首先，请记录下你如何以放松、细心的执行状态看待这些问题的。然后，请记录下你在有压力、心情难过的情绪状态下如何看待它们（见表6-2）。两种状态下你分别传递出哪些观念？你能发现你看待他人的方式与对自己的感受之间存在的微妙联系吗？哪种状态让人受到鼓励，更利于看到他人的优点？

表6-2 记录不同状态下的看法

问题	执行状态	情绪状态	反思
如何看待父母在商店对着孩子大声咆哮？			
如何看待舆论和新闻？			
如何看待请求施舍的流浪者？			
如何看待犯了错的同事、子女，以及其他重要的人？			

"求助"的认知框架

教师对孩子如何认知同学以及同学的不良行为有着重要的影响。成人既可以教会儿童将那些行为不当的同学看作是坏人和理应被排斥的人，也可以教会儿童将他人的不当行为看作一种需要帮助的信号。让儿童责备他人还是对他人抱有共情，选择权在我们手里。

智慧自律要求我们以友爱的目光将不当行为看作一种需要帮助的信号，即"请帮助我成功解决这个问题"。深呼吸，然后认真思考下列常见场景：

- 一个孩子在去厕所的途中撞到了另一个孩子；
- 一个孩子在挑选自己的蜡笔时把别人推开；
- 一个孩子说他的朋友是一个五大三粗的势利小人。

这些孩子中哪些人需要得到别人帮助，学习新技能，哪些人是麻烦制造者？

智慧自律让我们认识到：这些孩子都缺少了某些重要的技能。第一，儿童需要在他人帮助下才能保持注意力，认识他身体的线索和（或）管理他的空间关系；第二，儿童可能需要在他人帮助下才能控制自己的冲动并学习换位思考的社交技能；第三，儿童可能需要在他人帮助下才能建设性地管理和表达强烈的情绪（如挫折感）。

在任何特定的时刻，如果儿童有安全感，便愿意通过互助将爱传递给他人，如果他们感到威胁，就会通过损害自己或他人利益的方式寻求帮助。我们可以因为儿童的行为（如上文示例）而对他进行评判和惩罚，或者我们可以看到他们寻求帮助的信号，并且教授他们新的技能。我们如何看待儿童的不当行为决定了我们如何解决这种困境，以及班里的其他人看待行为不当儿童的方式。一种认知会产生一种令人沮丧的班级文化——学生需要做得"足够好"才能获得归属感；另一种认知则营造了一种鼓舞人心的班级文化——让学生切实感受到归属感。看到儿童需要帮助的信号，并不是要让儿童改掉这些不好的行为，而是让他们明白我们对他们的期待，并让他们为这些言论承担责任。

当我们需要回应儿童寻求帮助的信号时，我们可以采用两步走的指导方针，向那些行为不当的儿童、受其影响的儿童以及观察到这一过程的旁观者教授一些新的技能。第一步，靠近这些受到影响的儿童，并教他们设置明确而坚定的界限；第二步，需要教这些行为不当的儿童以有益的方式让自己的需求得到满足。

在下面的两个情景中，教师分别以不同的方式回应了儿童的求助信号。一位教师回应的方式是无意识地给这个儿童贴上坏孩子的标签，而另一位教师则看到了儿童需要帮助的信号。你会为你自己和所照顾的儿童作出哪种表率？

情景 1："杰布需要别人帮助他集中注意力"，还是"杰布就是在捣乱"？杰布和另外四个儿童一起坐在桌子前。全班学生都在各自写自己的日记。杰布无法把注意力集中在写作上。相反，他开始交头接耳，坐立不安。其他儿童受到他的干扰，有点生气。

▶ "两步走"教学法回应儿童寻求帮助的信号

第 1 步：赋权其他儿童对杰布的行为作出回应。老师走到桌前。她首先对受到杰布干扰的其他儿童说："杰布总是和你们说话和坐立不安，是不是干扰了你们？"如果得到的回答是肯定的，那么教师会教他们如何明确而坚定坚决地和杰布进行沟通。她可能会说："你们可以轻轻拍拍杰布的肩膀，等他看着你时，对他说：'如果你总是这样说话，我没有办法专心写作业。请你安静。'"

第 2 步：使用"求助"的认知框架。然后，老师转向杰布。她说："杰布，你好像没有办法专心写日记。你觉得怎样才能让自己集中注意力？"老师还可以引导其他儿童为杰布提供帮助："杰布在集中注意力写日记方面遇到了困难。我们应该怎样帮助他？"

▶ **贴上"坏孩子"的标签**

一步到位：让杰布承担违规的结果。老师看到了教室里的混乱，然后走到桌前。她严厉且直白地对杰布说："杰布，你应该做什么？现在是写日记时间。你在打扰同班里的其他同学。去计分榜上把你的分数扣掉。"

情景 2："艾琳需要人帮助她应对早上的混乱"，还是"艾琳行为举止非常粗鲁"？艾琳一脸暴躁地走进教室。她的身体非常紧张。她对和她打招呼的儿童理都不理，并且把几个儿童撞出了队列。孩子们大声地呼叫老师。

▶ **"两步走"教学法回应儿童的求助信号**

第 1 步：赋权儿童对艾琳的行为作出回应。老师走到被撞的儿童面前，对他们说："艾琳经过的时候撞到了你们。这是你们想要的吗？"几个儿童摇了摇头。"那你们去告诉艾琳，请走路的时候多留心。如果撞到我，我会很疼。"

第 2 步：使用"求助"的认知框架。老师转向艾琳说："艾琳，你今天早上看上去心情很不好，很紧张。好像有什么事情让你难过。你要怎样做才能应对这种局面呢？"老师也可以号召班里的其他人帮助她："艾琳今天早上到校的时候心情非常糟糕。我们应该怎样做才能帮助她心情舒畅一些？"（记得说"帮助她心情舒畅一些"而不是"让她心情舒畅一些"）

▶ **贴上"坏孩子"的标签**

一步到位：让艾琳承担违规的结果。老师听到儿童的喊叫声，然后径直走到艾琳的面前。她不以为意地看着她说："艾琳，推搡朋友的行为很不好。走路的时候留点心。如果别人这样撞到你，你会怎么想？从箱子里拿一张违规条出来。如果你再得到两张违规条，就取消你的休息时间。"

活动：将不当行为看作寻求帮助的信号

使用下列情景完成"寻求帮助"认知架构的角色扮演游戏。如果可能，寻找一名伙伴一起完成，并且记录你的反应。

迈克尔在队列里移动非常缓慢。他拖慢了其他人的速度，使他们感到不耐烦和生气。

第 1 步：赋权其他儿童尝试解决问题，对他们说_____。

第 2 步：回应迈克尔寻求帮助的信号，对他说_____。

几个儿童正在合力制作一件手工作品。玛丽亚不断从别人手中抢物品。

第 1 步：让被抢物品的儿童明确而坚定地说：_____ 以回应她的行为。

第 2 步：回应玛丽亚寻求帮助的信号，对她说：_____。

正确地看待和应对儿童的行为将营造一个安全、鼓舞人心的学校大家庭氛围，反之则会形成可怕的课堂氛围，令其中的每个人都感到沮丧。

"大脑聪明"教学时刻

"有一条黄金法则已经深深地植入我们的神经生物系统（Cozolino, 2013）。人际关系就是所有学习活动的摇篮。只有与关爱他们的人面对面地交流，充满共情儿童的大脑才能实现最理想的成长发育。"我们的大脑生来就为与他人交往、和谐相处和互相学习做好了准备。因此，儿童应积极肯定地回答"我安全吗？"和"我得到关爱了吗？"这样的问题，从而发展出类似实现目标、自我调节和与他人友好相处的技能。没有这些技能，教育的革新无非是换汤不换药。人类刚出生的时候都是需要他人照料的，因此，生物进化创造出了对人际交往的内在需求，保证婴儿能够存活下来。**我们对与他人互动交往的基本需求，开启了我们长达24年的前额叶发育进程。**

刚出生时，前额叶的发育尤其不足，因此需要社会的培养以及和谐的家庭关系，才能使其逐渐发育成那个强大的动力源泉，驱使我们实现我们的目标、解决各种问题和彼此关爱。被集体排除在外的感受是痛苦的，它让大脑的工作机制偏离正常的轨道，严重阻碍学业发展。然而，目前大多数教育机制的设计目的就是将一部分人排除在外。

你知道吗？调节机体痛苦和调节社交、情绪痛苦的是同一套神经系统。

让大脑自上而下地运作，控制冲动、生成意愿

当我们审视所有与大脑相关的杰出研究项目时，一颗璀璨的宝石浮出了水面：**养育和同频的情感联结能够发展大脑内部的神经连接，从而发展出个人意愿和控制冲动的能力。**我们与婴儿之间的依恋关系以及我们与学生之间的情感互动都是整合大脑——让大脑功能更完善的最佳营养。生存脑、情绪脑和执行脑必须相互协调配合才能实现大脑功能最优化，启动大脑高级神经系统对低级神经系统的调节功能。我们称这个过程为自上而下的大脑整合（top-down brain integration）。

假设我们身处佛罗里达州奥兰多市，想要驾车去佛罗里达州迈阿密市。如果两地之间有畅通的公路，就很方便；如果这条公路还是高速公路，更是锦上添花。如果没有这些公路，我们或许会在周围满是蜘蛛、蛇和鳄鱼的沼泽中艰难跋涉。我们或许会半途而废或者生活在巨大的恐惧中，每个影子看起来都是一只恶狼（或者一只残暴的鳄鱼）。这种情形与那些缺乏良好养育关系的儿童的处境相似。由于连接大脑低级神经中枢（脑干和边缘系统）和大脑高级神经中枢（前额叶）的神经通路（公路）尚未铺就，旅行举步维艰。这会导致儿童陷入无节制的紧张状态，他们会作出剧烈的或强硬的反应，只是为了控制周围的事物。我们的神经通路是通过面对面的交流建立起来的，在互动过程中需要有目光交流、肢体接触以及亲子游戏。

大多数人都曾和儿童一起玩过一些社交游戏（如拍手游戏、捉迷藏），或者和一些学龄前儿童一起在嬉戏玩闹中开怀大笑。我最喜欢和我的孙女

玩的一种取自"娃娃圈时间"（Baby Doll Circle Time）的游戏："我左看右看。玛蒂在哪里？我上看下看。啵！玛蒂躲起来了。"我把这种类型的社交游戏称作"我爱你"仪式。这些游戏是面对面进行的，强度较高，可增进人与人之间的关系，游戏过程涉及目光交流、肢体接触以及共同参加有趣的场景。这些情景产生了"快乐果汁"（joy juice）——这是多种积极的大脑化学物质的组合，包括多巴胺、催产素和阿片样物质。这些大脑化学物质可以产生愉快的感受，能够真正地让大脑兴奋起来，控制冲动并且产生意愿。如果把它比作高速公路，这些社交游戏就是在儿童的精神沼泽上铺就了联系低级神经中枢和高级神经中枢的高速公路！"快乐果汁"可以在一定程度上改善前额叶的机能，科学家认为这种改善类似于哌甲酯产生的积极效果（Panksepp & Burgdorf, 2003）。这种脑化学物质还能提高我们在面对压力时的弹性，并且产生一种"没错，我能行！"的生活态度（Sunderland, 2006）。

"快乐果汁"是多种积极的大脑化学物质的组合，包括多巴胺、催产素和阿片样物质。这些大脑化学物质可以产生愉快的感受，能够真正地让大脑兴奋起来，控制冲动并且产生意愿。

我们的社会性大脑的运作机制决定它能够从人际互动活动中获益，如"我爱你"仪式。这些活动不仅限于襁褓中的婴儿和学龄前儿童，这些爱意浓厚的人际互动活动包括目光接触、肢体接触和共同参与有趣的场景，对各年龄阶段的儿童都是必不可少的。那些在目光交流、肢体接触、集中注意力、参与活动和友好玩耍方面有困难的儿童通常也是最难教育的儿童。按照高速公路的比喻，他们还没有建成实现自我调节所需的道路。没有这种完善的大脑运行机制，无论奖励还是惩罚都无法让儿童表现得体，这就像让一个没有手臂的儿童投球一样。我们的学校文化中涉及大量人际互动的活动，因此儿童和成人都能获得一定数量有益大脑成长的化学物质。**切记，这些活动要求开展面对面的人际互动，**这些互动包括目光交流、肢体接触、集中注意力和有趣的场景。我们所有人都能通过这些互动得到一些帮助，我们可以管理我们的思想、情绪和行为，乐于与他人合作，保持专注，更加有效地应对各种压力。这些密切的人际互动活动提供了实现上述目的所需的自上而下的脑功能整合，而且我们从这个过程中的受益远不止于此。

> 神经系统科学家坎德丝·珀特（Candace Pert）博士认为，在我们每一个人的身体里都有一个药铺，我们可以用最便宜的价格买到最好的药品。在体内涌动的某些激素和神经化学物质会让我们感觉良好，但也有一些会让我们感到十分糟糕。如果童年时期来自家庭的应激过量，则会剥夺我们获得那些"感觉良好"的物质的机会。情感的联结、归属感和帮助他人能够刺激大脑的奖励回路，释放这些有益的化学物质。没有这些有益的化学物质，儿童将牺牲他们内心的喜悦，依赖外部药物获得快速而短暂的快感。

建立联结 VS. 寻求关注

联结让我们的各种身体机能够享受到大量有益大脑发育的物质。不幸的是，我们经常把联结和关注混为一谈。我经常听到有老师或家长说："别理他，他只不过想要吸引你的关注。"对我来说，"别理他，他只不过想要吸引你的关注"这种说法毫无道理可言。所有行为都是一种沟通的方式，如果一个儿童想要和我们交流，我们为什么对他置之不理，却同时希望问题得到解决？当然，我也十分清楚，过犹不及。

看看那些社会名流，他们受到大量的关注，但很多人的生活都是一团糟。只有我们给予的关注恰如其分地满足人们对情感联结的需要时，才能得到最好的解决方法。

寻求关注是一种渴望得到帮助的信号。儿童通过吸引他人的关注，让人们认识到他缺失的技能、物品或品质。当我们从一艘船上不幸落水时，我们会呼救并渴望得到别人的关注。我们会声嘶力竭地呼喊，盼望着有人能发现我们，扔下一根救生索，让我们的需求得到满足。寻求关注表示"我的某个东西不见了"这种缺失通常是与情感的联结和随之产生的脑化学物质密不可分的。

联结是某种形式的和谐相处。它是我们放弃以自我为中心的观念，并且全身心地与他人交往时送出的一份珍贵的礼物。当我们与他人亲密互动时，我们不再对别人应该怎样而妄加评判，摒弃对事物如何发展的偏见，不再听从大脑中喋喋不休的错误声音，而是全神贯注。当联结已经实现时，一切都水到渠成。

儿童需要真正意义的联结（如前文所述，包括目光交流、肢体接触、全身心地投入游戏）才能不断发育和成长。不断寻求他人关注的儿童事实上在抗拒与他人互动。他们从之前的生活经验中体会到，脆弱的联结通常会产生痛苦和迷茫，因此他们轻易地舍弃了这种令人"感觉良好"并且有益于大脑发育的"快乐果汁"，不得不勉强接受他们以此换来的哪怕一丁点的关注，无论得到的关注是积极的还是消极的。许多教育者把通过联结产生的"快乐果汁"换成了某些实物奖励，进而让这个问题变得更加复杂。

我们此前已经讨论了联结如何让我们获得更多的"快乐果汁"。乐于助人也起到了类似的效果。研究表明：

- 乐于助人能够改变我们的脑化学状态，激活我们的前额叶并且整合大脑的各种功能，实现理想的学习；
- 帮助他人能够激发大脑的奖赏中枢。磁共振相关研究表明，相互合作和善意的行为能够激活大脑的奖赏中枢，让大脑产生更多的快乐，包括多巴胺（埃默里大学健康科学中心，2002）；
- 乐于助人有助于调整我们自主神经系统的拍手器，关闭身体的"战斗或逃跑"反应；
- 对待他人友善的人能够分泌出更多催产素。催产素能够增进长期的情感纽带，彼此之间的关爱和付出，并且让我们产生信任感和情感的联结（Ketner, Marsh, & Smith, 2010）。

> 鲁宾是蒙大拿州比林斯市碱水溪小学的一名学生。他的经历向我们证明了乐于助人的巨大力量。鲁宾经历了很多困难才学会了如何调节自己的情绪，尤其是在刚开始上学的那段散漫时期。他所在的学校已经实施智慧自律多年，并且认识到他需要额外的帮助才能实现自我情绪调节。解决的方法是让鲁宾有更多机会去帮助别人。周一，鲁宾在办公室帮忙；周二，他会帮助图书馆的管理员等。鲁宾在一次访谈中说："我喜欢帮助别人，因为这表示我有爱心，让我不会用尖酸刻薄的方式对待别人。"

在实行智慧自律的学校里，成人的职责是保证班级的安全，儿童们的职责是协助成人保证班级的安全。本质上，儿童的工作就是帮助他人。当儿童通过帮助他人为班级作出贡献时，大脑自然产生的"快乐果汁"可以产生非常强大的效果，从而替代外部的物质奖励。任何凭借奖惩措施控制他人的教学系统都会破坏我们通过社交解决问题的能力，而这种能力对前额叶的成长发育是至关重要的。每个人都需要通过社会交往和鼓励才能认识到他们所做的贡献对整个集体（无论学校、家庭还是社会）是多么重要。我们需要彼此安慰和支持，分享我们的想法和意见并且相互鼓励才能实现我们每个人前额叶的成长以及我们自身的价值。

在智慧自律学校，孩子们的任务是"协助教师保证班级的安全"。当他们通过帮助他人为班级作出贡献时，大脑自然产生的"快乐果汁"可以产生非常强大的效果，从而替代外部的物质奖励。

人际关系可以影响我们大脑的运作和结构。前额叶是在我们不断与他人和谐相处的过程中逐渐发育成熟的。在传统学校，孩子们必须要在校的6小时内，认真地看着书本，在课堂上集中注意力，不能聊天，管好自己的学业任务。这种学习生活需要得到改进，目标就是更好地教育孩子，而不偏离教育本质。我们应教育儿童互相帮助，建立基于信任、关爱和相互尊重的人际关系。

鼓励的技能

鼓励指关注儿童，与他们互动和接受他们。我们大多数人都曾无数次听到儿童说："看着我！"儿童希望得到并且也需要得到关注。关注是一股非常强大的力量，而且我们表达这种关注的方式既可能让我们欢欣鼓舞也可能让我们垂头丧气。当我们反复评判他们"做得好""你很棒"或者"你是最棒的"时，儿童的成长也可能因此而受到阻碍。如果我们回应"我注意到你了"，儿童将因此感到非常开心。如果我们通过观察和描述的方式鼓励他们："哇！你正在用一只脚站着，你的手臂就像这样（示范）。"儿童大脑将达到最理想的发育状态。如果我们的目标是最大化地满足儿童的发展需求，我们真正要做的是描述我们观察到的儿童付出的努力和取得的成就。如前文所述，观察法是指在不加评判的基础上将儿童的行为反馈给他们。观察法是鼓励必不可少的组成部分。

如果我们的评判过于频繁，这个经常兴奋地喊出"看我!"的4岁男孩成长到8岁时将会充满焦虑，他会反复地问："这样可以吗？"

通过观察给予鼓励

鼓励就是要接受儿童的现实状况。当我们评判儿童时，我们会给他们和他们的行为贴上特定的标签，以此告诉他们在成人看来他们应该如何去做。评判是一种有条件的爱——我爱你，所以希望你优秀。接纳才是无条件的爱——我爱你，如你所是。评判把儿童的行为变成了我们的问题，而观察则让儿童的问题仍然是他们自己的问题。评判产生于我们的情绪状态，并且会刺激儿童的情绪状态。观察则产生于我们的执行状态，能够激发儿童的执行状态。观察鼓励我们和儿童之间的联结和互动，而评判则让我们相互孤立。

评判是一种有条件的爱——我爱你，所以希望你优秀；接受是一种无条件的爱——我爱你，如你所是。评判把儿童的行为变成了我们的问题，而观察则让儿童的问题仍然是他们自己的问题。

我们越关注某种行为，越会看到更多的这种行为（见第5章）。我们关注的焦点还决定了我们会强化自身以及他人的某些方面。如果我们关注儿童是否优秀，是在教他们如何取悦别人和与众不同（比别人更优秀），并以此感受到自己的价值；如果我们关注儿童是否顽劣，是在教他们如何叛逆和通过负面或低劣的行为让自己特立独行；如果我们观察他们的优点，是在教他们如何提高自己的能力。如果我们观察儿童服从明确而坚定的指令的行为，他们将更加遵守纪律。如果我们鼓励他们付出和贡献，是在教他们分享自己优点的重要性。我们可以在各种场合通过观察给儿童以鼓励。现在，我们将主要讨论在作出明确而坚定的指令后如何通过观察鼓励儿童服从我们的指令，突出善意和有益的行为，鼓励他们独特的才华。

观察并鼓励儿童服从明确而坚定的指令

观察那些选择听从我们指令的儿童的行为是非常重要的。回想第5章我们讨论的内容，请求需要留给对方可选择的余地，我们可以说"谢谢"以表达我们的感谢。但是，如果我们在肯定的指令后说"谢谢"，这样传递出信息是：听从是为了满足我们的需要，而不是他们自身的成就。当我们用"做得好"回应儿童听从不可讨价还价的指令时，情形也是如此。"做得好"是我们对儿童积极性所作出的评价，而"你做到了"或"真为你感到高兴"则是夸奖了儿童的自主性。

要想鼓励儿童的听从行为和有效地夸奖他们，请使用观察。

观察儿童服从明确而坚定的指令的公式：

- 你做到了！
- 你＿＿＿＿＿＿。（不加评判的详细描述）

示例："你做到了！你背上了书包并且站在大门口。"

可选的结束语："你做得很好！""就是这样！"

在观察儿童的行为时，应专注于我们希望看到的行为，并且让儿童认识到他们已经完成了我们的指令。选择服从明确而坚定的指令是一个重要的成就。即使在重复指令5次后儿童才选择服从，我们仍然需要坚持使用这个方法鼓励儿童服从。如果儿童决定合作和配合，这种行为都是值得鼓励的，哪怕花费的时间超出了我们认为应有的限度。如果要鼓励他，你可以使用"你做到了""你做得很好"和"就是这样"，而不是"你很棒"或者"谢谢"。

观察并鼓励互助和友善的行为

"我的工作是保证全班的安全。你们的工作是协助我保证安全。"这是安全守护者的口头禅。儿童在班里的主要任务是帮助他人。我们应观察他们互相帮助的行为，帮助他们成功地完成自己的工作。默默地观察儿童互相帮助的行为，然后公开给予表扬。在入学后的前6周内，每天要观察至少10次友善和帮助行为。

观察互助和友善的行为的公式：

- 你_____，所以_____。
  你_____。
- 示例："乔纳斯，你看到贝卡需要一些纸，所以你把自己的纸分了一些给她。你帮助了她。"

第1步：说话时，用儿童的名字或"你"开头。 这是打破评判儿童旧习惯的重要步骤。评判的句子通常都是以"好"或"棒"开始的。用名字或"你"开头，比如"你做到了"或者"看看你"，目的是打破评判他人的习惯。"凯文，你_____。""你做到了！你_____。"

第2步：详细描述儿童做了哪些事。 请把自己想象成一台录像机。开口说话前，请问问你自己："我对着录像机说的话，回放的时候能够知道当时发生了什么事情吗？"如果不能，且你仍然在试图评判时，你可能会说："谢谢你，凯文，你太好了。"录像机是无法根据这个句子重现场景的！那么你需要再说一遍："凯文，你捡到了米娅的毯子，并交给了她……"

第3步：把儿童的行为与他如何帮助别人或全班联系起来。 说出儿童行为对其他人的影响，表示我们所有人都是一个集体，同时还能教儿童学习联结和互相帮助的意义。"这样一来_____。"可以实现这一目的。"凯文，你捡到了米娅的毯子，并交给了她，这样一来她就可以在安全角披着毯子了。"

第4步：使用结束语完成对儿童行为的描述。 结束语可以帮助我们摆脱对儿童进行评判的习惯并且接纳他们。首先，描述儿童的行为而不加任何评判，"干得好"或"谢谢"听起来似乎有点怪怪的。你可以使用这样的结束语"这样做真是帮了大忙了"。然后，将其拓展并且描述这种行为的性质或价值。最后，完全抛弃这种结束语，仅仅观察儿童的行为。以下是一些结束语以及建议的用法。

用于描述品质的结束语——日常使用：

- 这需要很大的决心；
- 这样做非常勇敢；
- 你真是有条不紊。

用于描述价值的结束语——大量使用：

- 这样做真是帮了大忙了；
- 这样的做法很周到；
- 这样的做法非常善良、体贴、有爱心等。

你或许会问："我再也不能和孩子们说他们做得很好吗？"当然是可以的，但是不要过度使用这种宽泛的夸奖。这种评价就像抗生素，如果使用过量，可能会引来更大的麻烦。

活动：通过观察鼓励儿童友善、互助和服从指令

观察下列友善、互助和服从指令的行为。按照下列句式"你_____，所以_____。这样做真是帮我大忙了。"重新组织语言，感受观察和描述法的独特之处。

情景1： 凯尔和金伯莉正在进行一项科学主题活动。阅读让金伯莉非常灰心丧气。凯尔帮助她解释了一些陌生单词。

情景2： 当你对阿莉说："把你的书从地上捡起来，像这样把它们放到书架上，书脊朝外。"阿莉听懂了，并且按照你的指令做了。

情景3： 梅纳德感到很伤心，她找不到她的方毯，无法坐着毯子听故事。玛西亚走到她面前对她说："你可以和我坐一起。"

情景4： 杰克逊老师说："利拉，放下那些彩色铅笔，把椅子推到桌子下面，排在雅各布后面，手放在身体两侧。"老师一连说了4次后，利拉终于站起身，理解了这四条指令。

情景5： 做完数学题后，亚历克斯清理了他的桌子，并且整理了他的材料。

我举办工作坊已经数十年之久，大多数的工作坊中都会包括对我的评价。起初，我惊讶地发现，如果我过于关注两三个负面评价，会让数以千计的正面评价变得毫无意义。当我仔细思考这种现象时，我想起了小时候父母对我的表扬和批评。请再次仔细看看上文中观察的表述方式。如果使用这种表述方式，我们能够告诉孩子他付出的努力有助于提高他人的福祉，而且这种贡献是一种良好的品质，我们可以称为乐于助人、善良、考虑周全等。

现在请反思你自己是如何养育子女的，以及如何夸奖你的子女。当我做了某件在别人看来不好的事情，我的父母会使用类似上述句子的方式，精确地描述我哪些地方做错了（"贝基，我们全家旅行的这一路上，你总是不停地发牢骚和抱怨"），这些行为对别人的影响（"彻底毁了我们所有人旅行的心情"），以及给我贴上一个负面的标签（"你被宠坏了"）。同时，当我做了某些人们认为好的事情，我通常只会得到一句简单的"干得好，贝基。"我做得不好的事情总是被他们着重描述，让我感觉犯下的错误毁坏了整个世界。我做得成功的事情却只是因为我很好，轻描淡写地夸奖一句，丝毫不能让我感受到我对他人的价值。难怪工作坊的为数不多的几条负面评价在我看来如此重要，因为我不想让全世界感到失望！而数以千计的积极评价却如此容易被忽视！

为了下一代健康成长，我们可以作出一些改变。我们可以让孩子们知道：他们的善良、乐于助人和体贴，激励着他们身边的人让这个世界变得更加美好。知道"我是上天赐予集体的礼物"能够让儿童感到满足。

观察并鼓励儿童发展各自独特的优势

要想让儿童感到自信，必须让他们能够感受到自己是有用的人，并且付出是有意义的。正如本章"大脑聪明"教学时刻部分所述，帮助他人有助于刺激前额叶的发展，掌握一些处于萌芽状态的执行技能。为了让儿童感到自己是个有用的人，我们需要发掘儿童的才华，并鼓励他们利用自己的才华为集体作出贡献。要想突出儿童的独特禀赋，我们需要使用另一种形式的观察。

观察儿童的独特优势的公式：
- 你 _____ 。（描述他们的独特才华）
- 你愿意 _____ 吗？（如何利用这种才华让更多人受益）

以下是一些具体的方法，用于鼓励儿童在集体中发挥他们的独特才华。请注意，使用的这些表达方法旨在激发儿童发自内心的意愿，而不是在外部压力下的服从。

"马尔科姆，你读书的时候遇到不认识的词能够自己拼读出来。这对阅读帮助很大。你愿意和泰里分享一下你是如何做到的吗？"

"梅利莎，你花时间规划了怎样才能让你的工作有条不紊。这就是所谓的组织能力。你愿意教教艾希莉怎么整理你的规划信息表吗？你看她是不是需要帮助？"

观察法的总结与比较

请对比运用观察法描述儿童服从行为、善意行为、互助行为和独特优势的表述方式。

儿童服从明确而坚定的指令的行为：

你做到了！

你 _____ 。（不加评判的详细描述）

可选的结束语：最后你可以说"你做得很好"或"就是这样"。

互助和友善行为：

你 _____ ，（不加评判的详细描述）

因此 _____ 。（如何对别人有帮助）

这样 _____ 。（乐于助人等）

儿童的独特优势：

你 _____ 。（描述他们的独特才华）

你愿意 _____ 吗？（如何利用这种才华让更多人受益）

肯定儿童独特贡献的其他方法

我们可以通过许多种方式认可儿童的个人才华，以及他们为学校大家庭所做的特殊贡献。以下是对鼓励至关重要的其他想法。

让学生表现出他们的长处和优点。 让学生把他们的长处和优点写下来或者画下来，有助于提高他们的自我意识、自信心、乐于助人和凝聚一致的精神。切记，应避免某些可能产生"我很特殊，因为_____。"这种想法的活动。特殊暗示着他们比其他人更优秀或更差。相反，我们应该使用一些特定的句式鼓励儿童思考，他们在帮助别人方面的优势。"在学校里，对我来说最简单的是_____，通过_____我可以和别人一起分享我的长处。""我喜欢在学校_____，它能够帮助我的学校大家庭，因为_____。"

营造良好的校园环境，让每个儿童都有机会展示自己的独特才华。 在班会和其他集体活动中，要注意观察儿童之间分享自己独特优势的高光时刻。

- "今天，在读书时，马尔科姆读出了他不认识的词，并且帮助艾希莉读出了一个词。马尔科姆表现得很友善。"
- "在操场上，艾希莉很擅长双人跳绳，并且教她的两个朋友怎么跳绳。这样做真是乐于助人。"
- "在餐厅，有两个女生叫了另一个学生的绰号。玛雅看到了，她说：'看到她的表情了吗？叫别人的外号会让别人很伤心。你们如果不能和气相处就走开。'她给了被欺负的人很大支持。"

使用班级的计算机制作一份"如何帮助他人"的互助板（见图6-1），让学生把他们知道的乐于助人的方式列举出来。在上面加入孩子们互相帮助的图片，指出每个人为了校园大家庭所做的贡献，以这样的句子结尾："我帮助我的学校大家庭_____。"每个人的技能要和互相帮助联系到一起。为了大脑潜能最优化，争强好胜毫无意义，而是要做一个对他人有帮助的人！

图6-1 互助板

活动：通过观察鼓励儿童发挥他们的长处

教师应观察儿童的下列优势。你会公开与学校大家庭的全部成员一起分享这些信息，还是与个别儿童私下分享？

卡洛琳：噢，她真的很喜欢拼写。她一丝不苟地把生字墙上的所有单词抄写到自己的拼写本上。她可以拼读或者找到她需要的任何单词。但是，卡尔却不擅长拼写，他做题很痛苦。

你可以对卡洛琳说："_____。"

如果卡洛琳选择帮助卡尔，你可以对学校大家庭说："_____。"着重肯定卡洛琳的拼写优势和助人行为。

钱斯：相比其他科目，钱斯最喜欢数学。他的作业既工整又正确。他知道很多数学概念，并且可以解释给别人听。卡洛斯却不擅长学习数学，他感到很痛苦。

你可以对钱斯说："_____。"

如果钱斯选择帮助卡洛斯，你可以对学校大家庭说："_____。"着重肯定钱斯的数学优势和助人行为。

适得其反的夸奖

我们已经花了很长的篇幅讨论了如何观察儿童服从指令、友善和互相帮助的行为，以及儿童的长处和优点，来替代传统形式的夸奖，给儿童以鼓励。大多数成人的成长经历都认为，夸奖可以培养和增强儿童的自我价值。但是，长达三十多年的研究已经证明，事实并非总是如此。这是因为传统的夸奖用"我们认为他们应该是什么样的人"的评判覆盖了儿童的自我认知，鼓励就是要接受儿童的真实自我。研究表明，下列形式的夸奖可能会抑制儿童自尊的形成。

过多宽泛的夸奖会让孩子承受因达不到理想标准而带来的巨大压力。或许你成长的过程中经常听到："她是我完美的小天使。""他总是这么爱帮助别人。"反复听到类似的话会产生两种情形：你会努力达到成人赋予你的完美形象；或者你会肆意妄为，并希望成人能够看到你真实的一面。

传统的夸奖用"我们认为他们应该是什么样的人"的评判覆盖了儿童的自我认知，鼓励就是要接受儿童的真实自我。

建立在价值评判基础上的夸奖让学生相信：做得好等于让别人满意，做得不好就让别人不满意。这种建立在价值评判基础上的夸奖也产生了一些副作用，主要包括：

1. 儿童会迷恋别人的评判。他们会焦虑地问："这样好吗？我做得对吗？"
2. 这会让儿童过于关注其他人的评价，而不是听从他们内心智慧的声音。

过分聚焦于儿童表现好的时刻并给予夸奖，会教育儿童一味地寻求他人的肯定。当我们夸奖儿童并希望他们行为更优秀时，这种想法是徒劳的，因为我们关注的是索取而不是付出。我们可能会说："我喜欢杰布安安静静地坐着。"其目的是希望儿童举止得体或者希望以此影响其他人的行为（如端坐）。这种夸奖传递出的信息是："如果你能取悦我，我就喜欢你。"儿童可能会得出这样的结论："如果我取悦别人，就能证明我的价值，如果别人不满意，说明我做得还不够好。"当我们教育儿童外界的某些事物是他们快乐的源泉时，我们并不鼓励他们为社会作出贡献（付出），而是鼓励他们沉迷于索取。鼓励则完全不同，鼓励传递出的信息是："你拥有出色的天赋，能够帮助我们所有人，而这就是你的内在价值。"

来自外界的激励并不能构建儿童内心的自尊，它只会埋下成瘾的种子。

在儿童成功完成一项工作后才给予的夸奖，会让他们以为努力并不重要，结果才是关键。许多成人会给儿童下达指令，但只在完成后才给予夸奖。想象一下，在足球比赛中，如果球迷自始至终只是静静地看着，只有在进球得分后才欢呼一下，这种比赛会有多无聊。球迷显然不会这样，他们助威的声音在比赛过程中此起彼伏。如果我们像对待自己最喜欢的球星那样对待孩子们，我们会为他们赢得不可比拟的主场优势。儿童需要意识到，过程和最终的结果同样重要。你需要关注儿童付出的努力和哪怕最微弱的进步，而不只是关注他们是否进球得分。"就是这样。你做得很好！就是这样，你马上就搞定了。你做到了！"

如果只在任务顺利完成时才给予夸奖，我们事实上是在教孩子们贬低努力的价值。

以外界奖励为基础的夸奖与我们大脑的运行机制背道而驰，并且损害人际关系的价值。我们必须停止这种以外部奖励为基础的夸奖。我们已经用物质奖励替代了人与人之间的互动和情感的联结，如观察和描述、认可和赞赏。久而久之，物质奖励或变得毫无意义，或让儿童误以为他们的价值取决于他们得到的物品。这种物质奖励还会让我们无法获得大脑自然产生的"快乐果汁"，并将我们关注的焦点从建立和重视人际关系转移到看重这些物质奖励。我们必须停止这种奖励计划，用作为一个有贡献的成员获得的内心喜悦，取代这些外界刺激。

活动：自我鼓励

你愿意放弃物质奖励或夸奖，转而利用观察和描述法鼓励儿童吗？如果你愿意，请先利用这种方式激励自己，然后以同样的方式鼓励儿童。想一想你今天做了哪些有益的事情，然后利用我们的核心句式鼓励自己。我先开始："贝基，你花时间写了这本书，（因此）别人会在书中发现一些有价值的内容，并运用到他们的日常生活中，提高生活质量。（这样做）对别人很有帮助。"现在轮到你了：

- 你＿＿＿＿＿＿＿＿＿＿＿＿，
- 因此＿＿＿＿＿＿＿＿＿＿＿＿，
- 这样做＿＿＿＿＿＿＿＿＿＿＿＿。

鼓励那些做了糟糕选择的儿童

每个人都曾作出过不适当的选择。我们最不需要的就是训斥，而是应鼓励儿童解决他们自身的问题。例如：

- "你几乎就要做到了。你只差一步之遥。再试试。你只是需要一些练习。"
- "我相信你会想出别的解决办法。"
- "你会想出能够帮助别人的方法。我了解你。在你心里，你其实也不想伤害别人。"
- "这确实很困难，但是我知道你一定能够做得很好。如果你需要帮助，可以随时找我。"
- "哎呀！每个人都会犯错。那你现在应该怎么做呢？"
- "你可以做到的。"

鼓励的技能是学校大家庭彼此关爱的校园文化的核心所在。无论儿童还是成人都需要归属感和自我价值感。凝聚的力量让我们认识到：付出本身就是收获，它们如同硬币的两面。在佛罗里达州的干旱季节，我们遭遇了严重的火灾。来自全国各地的消防员奋不顾身将火扑灭。当火势一步步逼近我家房屋时，浓烟变得越来越浓烈。我决定在附近的一个避难所做义工，帮助那些被迫离开家园的人们。在这个避难所里，我体会到了为他人提供的实实在在的帮助，我知道我是有价值的、有人爱的，我的付出是值得的，一种被祝福的喜悦充盈了我的内心。我们中的很多人都曾经有过类似的经历，同样，儿童也需要有机会为学校大家庭作出有意义的贡献。

鼓励有助于建立情感联结

当我们实践本章讨论的认知转变和技能时，以下常规教育、仪式和班级环境创设将帮助我们在学校大家庭中建立强大的归属感和可以切身感受到的亲密感。第3章中讨论的十佳学校大家庭仪式也是实现这一点的基本要素。

开学后的前6周，我们的重点工作就是各种常规教育和仪式。常规能够给我们提供安全感，而仪式则鼓励我们彼此互动。儿童对于"我安全吗？"（常规教育）和"我得到关爱了吗？"（仪式）这两个基础问题的肯定回答越快，他们会越快地把注意力集中到学业上来。

仪式：歌曲《我看见》

歌曲《我看见》是一首适用于观察的仪式。在《我看见》这首歌中，教师与每个儿童亲切互动，并且通过观察（不加任何评判）展现每个儿童作为个体的价值。

请在圆圈活动时间开展此活动。在这首歌里，请唱出儿童正在做的两件事："他的_____（身体部位）就像这样"，然后模仿你观察到的姿势或动作。请务必说"像这样"并加以模仿（而不仅仅是用语言描述），其目的是实现目光交流。每唱完一节后，通过目光交流分享互动过程中的喜悦，然后轮到下一个儿童。

在这个仪式活动过程中，最重要的是不要提及身体特征、衣着、首饰等。活动的目标是建立情感联结，训练成人和儿童如实看见彼此情感状态的技能，而不是大家的衣着等外部特征。应直接关注儿童的本质，如下所示：

我看见

（请搭配儿歌《两只老虎》的旋律一起唱。）

"哈啰，马西。"儿童重复。

"看见，马西。"儿童重复。

（看，马西在做什么。她双手交叉放在腿上？）

然后唱：

"她的手就像这样。"（示范十指交叉，手放在腿上。）

（儿童重复并且十指交叉。）

（马西还做了什么？她动了动脚！唱：）

"她的脚像这样。"（示范脚部的动作。）

（儿童重复并且活动他们的脚。）

仪式：情感联结仪式

在本书第 3 章中，我们已经对情感联结仪式进行了讨论。希望你已经观看了相关视频并已经开始实施。情感联结仪式为班级提供了绝佳的"大脑休息"时机。对于婴儿和幼儿，他们的情感联结主要来自成人在每一次照料他们的过程中带给孩子的情感同频。到了学龄前，儿童开始与他们的同辈交往，他们的情感联结不仅来自成人的照顾，还有同伴的反馈。不过，在任何年龄阶段，任何一段拥有真正情感联结的关系，都是建立在相互关爱、面对面的真实互动基础之上的。身体接触会带来安全感和亲密联结，它比食物、物质奖励更重要。

切记，人际互动涉及目光交流、肢体接触和共同参与有趣的游戏！

"我爱你"仪式

我们在第 4 章的"大脑聪明"教学时刻部分中已经探索过这些仪式。这些活动能够实现 4 个目的：

1. 提高儿童的注意力、冲动控制能力和合作意愿；
2. 通过有爱的身体接触提高儿童的学习潜力；
3. 提高语言和社交技能；
4. 增进人与人之间的依恋关系和情感纽带。

小组或与搭档一起练习人际交往仪式。例如：

一闪一闪亮晶晶

一闪一闪亮晶晶。

举起手来动动指。

你是我的好朋友！

手搭在朋友肩膀上。

大大的眼睛圆圆的脸颊。

指指眼睛指指脸颊。

从头到脚都是好孩子。

触摸彼此的头部和脚部。

一闪一闪亮晶晶。

举起手来动动指。

你是我的好朋友！

给他（她）一个温柔的拥抱，击掌或者为他（她）竖起大拇指。

建议拍下儿童参加活动的照片，用于制作班级手册。让儿童把这些手册带回家读给他们的父母听，并且和他们的父母一起进行这些活动。你需要在大班和小班儿童的"阅读伙伴"计划中加入"我爱你"仪式。

音乐和运动

智慧自律提供的音乐目的是促进儿童之间的互动并增进他们之间的情感联结（见第 4 章）。年龄较大的儿童更喜欢使用流行音乐，把一首适合的音乐剪成大约两分钟，然后让儿童编创他们和搭档的身体动作，这些动作应该能够促进儿童之间的目光交流、肢体接触和共同游戏。

让大脑休息片刻

你可以让儿童和他们的搭档一起参加简短的活动，这些活动的目的是帮助儿童改变关注的焦点，让头脑更清醒。同样，这些活动也需要目光交流、肢体接触、共同游戏，通过人与人之间的交往互动促进大脑的发育。以下创意可帮助你开展这项活动。

握手：让儿童互相握手。年纪较大的儿童可以使用左手重复握手活动，并且可以用两只手一起和别人握手，或者也可以在握手的同时增加一些其他的动作。例如，学生 A 和同伴碰碰拳头，而学生 B 和同伴碰碰拳头，然后再加上一个击掌的动作等。

数学抢答：面对着你的搭档，把手藏在身后。数三个数后，每个人用手指比出一个不同的数字。把数字相加，并且说出答案。对儿童给予夸赞，注意夸赞要重点关注目光的交流和友善的肢体接触。

实践模块：互助板或互助册

互助板（见图 6-2）或互助册主要实现两个目标：

1. 利用可视化图像阐述期待的行为，帮助儿童提高注意力并鼓励他们互相帮助；
2. 尊重儿童互相帮助的方式方法。

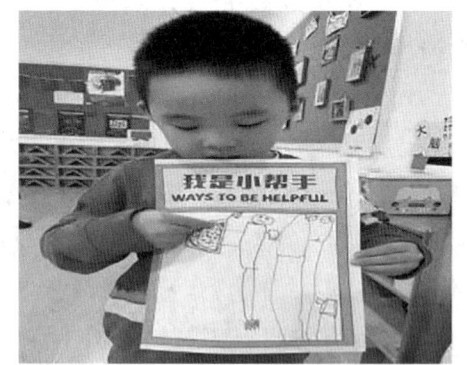

图 6-2　互助板

在入学的第一天宣布学校大家庭的各种工作职责（见第 4 章）："我的工作是保证你们的安全。你们的工作是帮助我保证全班的安全。"和学生一起找出保证全班安全的方法，教学生如何完成他们的工作。

引导学生讨论互相帮助是什么，给我们什么样的感受以及听起来是什么样的。让学生在班级手册中画出或写出互帮互助的各种形式。在此过程中帮助学生掌握具体的操作过程。当我们建议学生要与人为善、懂得分享、有序排队和尊重他人时，我们需要给出具体的可操作的场景和示范，指导他们真正明白这些抽象的语言对应的操作行为，并在生活中成功落实这些良好的品质。

儿童的大脑通常是以图像而非文字的方式组织各种信息的。当我们通过形象的方式展示互助行为时，儿童的大脑便可以立即使用在这一过程中获得的多种信息，因此他们能够更好地在日常行为中实践。这种可视化的描写可以帮助儿童通过在校的学习逐步建立积极的心智模型。

新学年开始时，教师可以在班级内设置一个公告牌，公告牌可以利用绘画、照片和文字等方式全面展示"如何帮助他人"。如果"把东西借给有需要的朋友"是一种互相帮助的行为，那么你可以在公告牌上展示一个儿童把铅笔借给另一个儿童的照片；如果"轮流使用物品"是一种互相帮助的行为，那么可以在公告牌上展示儿童轮流使用物品或做游戏的照片。把你的工作内容分享给儿童的家长。让儿童在家和在学校制作《做个小帮手》书册，并让他们带回家阅读。要求父母拍摄《做个小帮手》的照片并把它们贴在家里的冰箱上。

实践模块：爱心树和爱心记录员

爱心树（见图6-3）和爱心记录员是第3章所述友善仪式的常用形式。这些活动角鼓励儿童的友善和互助行为，帮助成人和儿童从关注负面消极的行为转为关注积极正面的行为（关注越多，得到越多），并且着重突出互相帮助的多种途径和方式。在使用爱心树和爱心记录员的过程中需要留意你的意图，其目的是：观察儿童与生俱来的善良特质，而不是捕捉他们的良好表现。

图6-3 爱心树

根据儿童的年龄阶段，**爱心树**的形式可以是多种多样的（并非所有都采用树的形式）。爱心树可以很容易与数学、语言、社交和科学内容相结合。根据儿童的年龄阶段，你需要使用各种道具并且可以把爱心树和爱心记录员结合使用。关于爱心树的示例包括：

- 利用一棵带有心形叶子的"树"，教师可以鼓励儿童用魔术贴粘上叶子，鼓励在班级发生的那些友善的、互相关心和互相帮助的行为。一天结束时，教师可以引导学生清点友善行为的数量，为一些行为贴上小星星，赞许集体互相帮助的行为。

- 教师可以利用一个专门用于书写和展示便条的场所，鼓励学生写下那些友善的行为，并且贴在该场所的墙上，以便所有人都能看到。在一天的学习结束后，爱心记录员可以在庆祝活动中读出几则便条的内容。

- 便利贴、笔和集中摆放的公告牌可以鼓励所有教职工注意到同事的友善行为。

充分发挥创意和利用各种符号，这是课堂上非常重要的元素。例如，一个学校将羽毛插在老鹰的头上，象征友善的行为。

爱心记录员适用于学生年龄较大的班级，并且是非常好的识字方式。这个活动角需要有笔记本、钢笔或铅笔、爱心记录员和学校大家庭工作志。爱心记录员的职责是记录他在一天中观察到的以及同学们报告的友善行为。当天结束时，记录员可以在全班同学面前公布一些友善的行为，强调我们是一个整体。

学生年龄较大的班级可以选择同时使用爱心树

和爱心记录员。在这种情况下,学生们需要把友善的行为记录下来并贴到树上,而爱心记录员则在一天结束时把这些友善的行为公布出来(而不是记录在笔记本上)。有一位中学教师在门旁边贴了一个"手"形的磁力贴,当学生换教室时,他们会和这只"手"击掌,见证课堂的友善行为。

班级活动角也适用于教职工。你可以在内部会议上公布你观察到的一些友善行为,你会看到这种方法很快会延伸到各个班级。

实践模块:工作板

互相帮助可以激活学生最佳的学习状态,即放松性警觉,从而促进更好的学业成就。当每个儿童都完成自己的工作,为学校大家庭贡献力量时,他们也能体会到互相帮助给大脑发育带来的益处。儿童应该明白,他们的工作对班级的有效运行有着深刻的意义。如果儿童对自己的工作不以为意,教师应教他更加深刻地认识自己的工作,或者暂时将这份工作从工作清单中移除。一些道具通常能够增加工作的趣味性。

在智慧自律课堂上,班级里的每个儿童都有自己的工作。如果班里有 28 个儿童,那么就有 28 份工作。工作板能够帮助教师管理这些工作。智慧自律学校大家庭工作板能够提供大量工作说明、工作卡以及一张工作板,帮你建立起这个必不可少的实践模块。或者,你也可以把一些图书馆借书卡卡袋贴到一张海报板上,以此作为你自己的工作板。每个卡袋里面放入一张与工作相关的图片,并写上对应的职责。让每个儿童把自己的照片贴在一根雪糕棍上。把这些雪糕棍放入对应的卡袋,表示哪些人负责哪些工作。每周要求儿童更换工作并相应地更换卡袋里面的雪糕棍。每个学年年初时,你需要教学生如何完成每一项工作。最好是:当需要做某一项工作时,把它当作一个很好的教学机会。

这需要花费一定的时间,并需要你对课程进行规划,但是这些付出是值得的。你可以把这些工作相关的内容穿插到语言课程中进行。最初的几次课后,每个儿童都可以教下一个做这项工作的儿童完成这些工作的方法。

你可以通过下列方式集思广益,找出你的班级需要进行哪些工作:

- 制作一份班级管理任务清单,并决定哪些工作是可以由儿童完成的;
- 让儿童参与进来。在某一项工作开始时,请他们来帮忙,把工作说明写下来并且制作一张工作板;
- 这些工作能够提供儿童需要的并乐在其中的社会和情感支持。

以下班级工作可以帮助你实现凝聚的力量和学校大家庭。

到校欢迎词创作人:其职责是写下一些欢迎和鼓励性质的词句,早上儿童到校后便能看到它们。

礼仪小标兵:这项工作要求在儿童进入教室时,给他们以适当的问候。迎宾者可以在儿童进入教室时和他们握手、简单地拥抱或碰碰手指。全班可以一起编制其他问候方式,如:

- 蝴蝶:右手拇指固定,其他手指轻轻摆动,做飞翔状上下飞舞;

- 爆竹式碰拳：碰碰拳头，然后模仿爆竹的动作和声音；
- 乘法：数三声后，两个儿童分别用手指比出一个数字。到校的学生需要把两个数字相乘并说出答案。如果答案正确，两个人互相击掌以示庆祝。如果不正确，负责迎接的儿童则会说"哦！"然后二人一起算出正确的答案并击掌庆祝。

小小鼓励员：留意那些因家庭作业、家庭生活或朋友而感到闷闷不乐的儿童，并鼓励他们。这种鼓励可以是一首诗歌或者一张写着"坚持不懈！"的便条、轻拍后背或者上面写着"我们关心你，并希望你成功"的班级爱心。年龄较大的儿童可以写下和设计自己的鼓励语，并将其作为语言课程的一部分。年纪较小的儿童可以创作一些图片或已经提前制作好的爱心。

缺课儿童委员会：这项工作可以由一个人或者一个委员会完成。工作的内容是为那些缺课的儿童做点事情，并传递出"我们发现你不在，我们希望你回来。"他们还可以制作一张欢迎儿童归队的卡片、歌曲或诗歌。

欢迎新同学：这项工作是当新同学加入时，主动做他的好朋友。你可以在班里问："当你来到一个新的班级，谁都不认识的时候，你是什么感觉？"从这个话题的讨论中引申出作为一个新同学的好朋友应该怎样做。以下提供了部分示例：

- 坐在新同学的旁边并把他介绍给其他人；
- 带领新同学四处走走，为他介绍办公室的工作人员等；
- 和新同学一起排队并在休息时和他一起玩耍；
- 晚餐时和新同学坐在一起，给他介绍和示范一些必要的规则和程序；
- 帮助他了解每日常规、安全必备物资，以及学校大家庭的成员之间如何相处。

"微笑星"负责人：这个人的职责是带领全班完成主动让自己冷静的活动。这些活动可以作为镇定技能（第4章）中讨论的"大脑聪明"教学时刻的一部分。到了某一个特定的时间，"微笑星"负责人举起一个顶端带有星星的权杖或者其他类似的道具，号召全班一起微笑、深呼吸、停顿、放松。"微笑星"负责人还可以带领全班完成"泄压水龙头""气球"或"开心麻花"活动。在校期间，"微笑星"负责人还可帮助安抚那些看上去神情紧张或者灰心丧气的学生。"微笑星"负责人可以走到伤心难过的儿童身边，使用他的星星道具并对他说："和我一起呼吸。你可以做到的。"

祝福队长：祝福队长带领全班完成祝福活动。当班里的同学生病、伤心难过或面临其他困难时，可以进行祝福活动。祝福队长可以带领全班选择熟悉的曲调唱下面的歌。

祝你安好

我们祝你安好！

我们祝你安好！

今天一整天，

我们祝你安好！

祝福队长还可以帮助学生写下他们的祝福词并把它放在祝福板上。

实践模块：亲友板

如第 4 章所述，亲友板（或相册）是一个非常有益的实践模块，有助于实现课堂上的镇定和鼓励。它可以展示家人、密友以及所有承诺保证儿童在校安全的人（校长、餐厅工作人员、学校秘书、语言治疗师等）的照片。它象征了凝聚的力量，即"我们是一个集体"这一基本原则（见图 6-4）。

图 6-4 亲友板

反思：凝聚的力量

我们可以选择把这个世界看作一个分裂的、充满评判的地方，也可以选择把它看作一个人和人密切交往并充满希望的地方。凝聚鼓舞着我们共同努力建设一个洋溢着内在动机、奉献、互助和充分展现每个人才华的学校大家庭，为集体的进步作出我们的贡献。我们可以做到！我们可以共同建设一个梦寐以求的班级，每个人亲密无间、互相关心！以下内容将帮助我们取得成功：

1. 己所欲，施于人；
2. 有意识地认识到我们是在做评判，而不是观察和描述；
3. 观察成人有多强烈的意愿（或抗拒）把儿童的行为看作寻求帮助的信号，而不是简单地把它们看作不当的行为。我们需要使用两段式句式，而不是对学生进行评判或贴标签；
4. 支持儿童互相帮助。使用突出儿童"凝聚、互助和奉献"的活动取代突出儿童"特殊性"的活动："我是独一无二的，因为_____，我可以_____为学校大家庭作出贡献。""你愿意通过_____帮助你的同学吗？"

"大脑聪明"教学时刻

使用互助行为作为性格养成课程的核心内容。经常在班内观察下列行为：

- 互助
- 友善
- 轮流、不争抢
- 互相照顾
- 考虑周全
- 有礼貌
- 合作
- 关心他人

每个肯定的指令都是一个绝佳的教学时机。我们可以选择把这种情景变成我们自己的问题，对他们说"谢谢"或"干得好"；或者我们也可以选择尊重儿童的意愿和努力，对他们说"你做到了！""你做得很好"或"就是这样"。观察儿童的优点并鼓励他们运用各自的优点互相帮助。

技能反思：传统思维和智慧自律

如果可能，应与他人组成搭档，然后大声地把这两组话说出来（见表6-3）。看看你是否能感受到二者之间的差别。每次发言后可以分享自己的看法："我认为传统的表述和智慧的表述之间的区别是……"

学校大家庭实施一览表

- ❑ 通过观察给予鼓励，"你做到了！你_____。"当你要对学生进行评判（你很棒）时，让自己有意识地停下来，转而给他适当的鼓励，每天至少练习3次。
- ❑ 转变为"你做到了！""就是这样！"或者"你做得很好！"（而不是"谢谢"或者"干得好！"）
- ❑ 每天有意识地观察互助的行为。你可以使用"你_____，因此_____。这对班级很有帮助。"这样的句式。
- ❑ 鼓励那些做了糟糕选择的儿童。"你几乎就要做到了。再试试。你可以做到的！"
- ❑ 为每个学生分配一项工作，并利用工作板把它们组织起来。
- ❑ 制作一个互助板或互助册。在学校里贴上你所期望的行为相关的照片，展示你所重视的价值。
- ❑ 设置一个爱心树或爱心记录员，鼓励学生互相帮助，而不是"抓住儿童优秀的一面"。
- ❑ 留出一定的时间进行人际互动仪式，并利用学生的工作实现仪式的组织、计划和实施。
- ❑ 在一天的活动中加入更多的音乐、运动和大脑休息时间。

（鼓励技能小结见表6-4）

表6-3 传统思维和智慧自律的对比

传统思维	智慧自律
"谢谢你，艾丽卡。"	"艾丽卡，你认真地把玩具放回了原位，然后把它们放到箱子里，这样每个人都能轻松找到它们。这对班级很有帮助。"
"罗伯托，你很棒。"	"罗伯托，你做到了。你完成了所有作业（或你做得很好）！"
"你滑滑梯非常好！"	"你做到了！你从滑梯上滑下来，双脚着地，成功地落地到我怀里。"
"你很擅长数学。"	"你做完了所有数学题，并且认真地检查了一遍。你愿意帮助卡里姆，让他也成功做完数学题吗？"

表 6-4　鼓励技能小结

项目	内容
力量	凝聚：我们是一个集体
"大脑聪明"教学时刻	鼓励、情感联结和归属感让大脑进入最理想的状态，提升学习成绩
技能	不加评判地观察和描述是鼓励的基础"你做到了！你 ＿＿＿＿＿，因此 ＿＿＿＿＿，这样做很有帮助。"
学校大家庭常用工具	歌曲《我看见》、情感联结仪式、互助板或互助册、爱心树或爱心记录员、工作板、亲友板

Chapter 7

第 7 章
选择
CHOICES
培养自尊和意志力

发自内心的选择使大脑能够分泌大量有益的化学物质，促进乐观的自我效能感，提高儿童的遵从意愿，增强他们的决策能力和专注力。

生活就是一个接一个的选择。最基本的选择之一就是：我们是主动改变我们自己，还是绞尽脑汁地尝试改变他人。很多时候，我们以为我们的职责是按照某一种方式塑造他人，但自主的力量告诉我们："你唯一能够改变的是你自己。"若能理解这句话的真谛，我们的生活便会发生翻天覆地的变化。

想一想你生命中最重要的人际关系。你有多少时间沉浸在"只要他（她）……，那么我就可以……"这种思维方式中？当我们把关注点聚焦于改变他人的执念中，我们会陷入"索取"而不是"付出"的状态，结果就是让我们自己和他人都感到沮丧、挫败和情绪失控。

自主的力量

自主的力量指我要做自己的主人，我是唯一能够让自己转变的人。这同样意味着你也是你自己的主人，是唯一能够让你自己转变的人。自主要求我们尊重自己以及他人的意志，包括需要我们照料的儿童。

自主一直都是我最难以获得的内在力量之一。我总是犯两个错误。首先，我总是觉得是外部事件迫使我做了某些选择。从我的说话方式中就能看出这一点："我不得不运动。""我应该给迈克尔打电话。""不要逼我再问你一遍。"这些都是个人选择，而不是外部强加给我的。我本来可以轻松地说："我想要锻炼一下。""我会给迈克尔打电话。"或者"如果我在一周内没有得到回信，我会一直刨根问底。"其次，我相信我可以让别人按照我所期望的方式行动。这两个错误就如同一枚硬币的两面：如果我相信其他人可以迫使我按照某一种方法做事，那么我就会理所当然地认为我也可以强迫别人按照某一种方式做事。然而，很多人都信奉这两个错误的认知，这给我们的人际关系带来了巨大的麻烦，也深刻影响着我们处理养育问题的方式。

相信外力可以控制我们的行为，以及我们可以控制别人的行为，是同一枚硬币的两面。每个人都只是自己行为的掌控者。

谁在掌控你？

自主是指我们愿意为我们的选择和行为承担责任。你会注意到，我们频繁地使用"不得不""应该"和"逼我"这样的字眼。我们每次使用这些词时，实际上是在宣告自己是周围世界的受害者，别人控制了我们的生活，我们没有自主的力量，也无力改变这一现状。请尝试做一些词语转换练习，把"应该"改成"可以"，"不得不"和"逼我"改成"想要"，然后看看感觉是否不一样。

"逼我"这种语言让我们回避为自己的行为承担责任和义务，因为它本质上的意思是："某个人或某个外部事件迫使我作出了这样的选择或这种做事方式。"这种表达方式剥夺了我们成功的喜悦，以及从错误中吸取教训的能力。我们绝对不要做一个受害者，而是要活得生机勃勃、充满力量。当我们改变"应该""不得不"和"逼我"这种表述时，我们人生选择的责任将回归自己。我们可以更好地掌控自己，并为儿童在个人责任方面作出好的表率。当我们不再责备他人时，我们身边的儿童也会作出同样的改变。

力量源自选择而非权力。

当我们听到大脑中"我必须在周五前拿到这份文件"的声音时，不妨把它变成"我想要周五拿到这份文件"。当我们听到大脑中"这孩子要把我逼疯了"，不妨把它变成"因为教室里吵闹的缘故，我选择了失去理智。我很安全。保持呼吸。我可以作出不同的选择。"这种表达方式能够帮助我们控制自己的情绪，同时也传递了这样一种信息：我对我的选择负责任，孩子们也可以为他们自己的选择负责任。我们向孩子示范了承担责任和自我赋权，孩子们也会理解，力量来源于选择而非权力。

相反，当我们把掌控力让渡给儿童时，很多儿童还不具备承担这种责任的能力。当我们对孩子说"别逼我再对你说一遍"时，有些孩子会马上改正，并且尝试再次得到我们的爱和认可，并从中学到他们的力量来自取悦别人而不是来自自己的选择，因此他们可以通过调节自己的行为来支配父母给予爱或撤销爱。还有一些儿童会作出不一样的反应。当我们说"你让我很生气"时，他们会暗自琢磨这句话背后隐含的信息。他们会想："如果这样会让她生气，那怎样做可以让她哭呢？"他们从中学到的是，他们的力量来自控制别人而不是来自自己的选择。

把我们的自主力量交给儿童，会让他们试图取悦或者控制我们。同时，我们也会掉入责备的陷阱。

当我们把自主的力量交给儿童时，我们无法知晓他们会选择取悦还是控制我们。一旦我们放弃了自主的力量，要么是通过权力斗争的方式努力把它收回来，要么就会臣服于一个受害者的角色，这都是不健康的人际互动模式。而使用承担责任和自主选择的语气时，我们就能收回自主的力量，并且为取悦型和控制型儿童提供了学习新技能的机会。

活动：从无力感到效能感的转变

请练习将无能为力的语气转变为自主选择的语气。如果可能，和朋友一起练习并轮流大声读出下列句子。先使用无力的语言。停顿片刻后，继续用自主选择的语言读出相应的句子。你能感受到二者之间的差别吗？（见表7-1）

请和同伴一起讨论。然后让你的同伴使用后面的句子重复这一过程。

表 7-1　无力的语言与自主选择的语言的对比

无力的语言	自主选择的语言
我应该为周五的聚餐出点钱。	我可以为周五的聚餐出点钱。
别逼我把车停下来！	我要把车停在这里，直到安全带已经扣好，保证所有人的安全。
我得去剪头发。	我可以剪一下头发。
我逼我丈夫陪我一起去看这个演出。	我花了一些时间说服我丈夫，最后他决定和我一起去看演出。

请在一周时间内时刻留意你自己和他人使用的语言。如果你发现自己使用"逼我""应该""不得不"或其他无力的语言，请主动改变自己的语言！

我们能掌控谁？

我们常常相信成人有能力改变他人，或让儿童按照成人的意愿行事，这种信念渗透在我们的日常生活中，就像每天呼吸的空气一样。父母能否养育行为得体的孩子，老师能否控制好班级氛围，管理者能否将学校管理得有条不紊，这些就是我们评判家庭教育和学校教育是否成功的重要指标。学校觉得无能为力的时候，就会召开家长会，让家长更用心地教育子女，遵守学校纪律。恼羞成怒的家长们常常会对孩子说"看看你干的好事""看看你把我气得"，这让我们一次又一次地放弃了自主的力量，同时也剥夺了儿童自主的力量。这种教育模式给学校管理者、老师、家长和学生都带来了巨大的压力，因为迫使他人改变最终是不可能实现的。我们当然可以试图用威胁或控制的方法让别人屈服，但是否服从最终要取决于他们自己的选择。然而我们大多数成人都能体会到，儿童并不会按照我们期望的方式回应我们的"威逼利诱"。为了让儿童行为得体，无论我们给他们施加了多大的压力，他们最终是否会屈服仍完全取决于他们自己的选择。

为了让儿童行为得体，无论我们给他们施加了多大的压力，他们是否会屈服最终完全取决于他们自己的选择。

我们必须先改变我们的观念，更好地管理成人自己，而不是期盼他人作出改变。观念的改变会带来一系列连锁反应：它会改变我们的想法，进而改变我们的感受和行为，带来新的行为模式。我们可以利用家长—教师会谈的重要机会制订一个家校合作计划，帮助儿童取得更大的成功。校长也可以主动和教师合作，参与到班级的管理中，而不是居高临下地挑剔老师的工作失误，这样老师们就会拥有更好的状态，一对一地帮助身处困境的学生解决问题。老师们会说"看看她的表情，她非常伤心"，而不是"看看你把她气得"。这看似没有多大区别，但其实是认知的巨大转变。

你可以说"看看她的表情,她非常伤心",而不是"看看你把她气得",让儿童做自己情绪的主人。

我们将改变和控制自己的过程称为**自我调节**(self-regulation)。控制他人则是滋生专制的土壤。当我们尝试让别人按照我们的意志做事情的时候,我们就会形成依赖强权的惯性。我们强硬的行事风格让学生认识到利用强权控制他人是正当的。通过压制他们的自主选择权,我们用外部权威取代了他们的内在自主的力量,向他们示范了权威至上的人际互动模式。这和我们在儿童欺凌和成人暴力事件中感受到的关系失衡并无差别。利用强权迫使儿童遵守规矩的做法剥夺了儿童自身的意志力和自我价值。当我们说"你唯一能够改变的是你自己"时,我们同时表达的服从与否是自己的选择。孩子是否会服从取决于多个因素,但其中最重要的是成人与他们之间关系的健康程度。情感联结能够促进人与人之间的合作。

> 我和我的健身伙伴在去健身房的路上就有这样的问题。当我说"她非要让我和她去健身房"时,我已经完全放弃了自己的选择权,因此而感到无能为力。"她在帮助我"这种想法则会支持我与她的联结,感受到人际友爱。"我选择_____"这种想法会赋予我力量。不同的思维方式有着截然不同的意义、信念体系和生物化学基础。

从被赋权到赋权

只有极少数人来自拥有"你唯一能改变的是你自己"这种信念的家庭。对于大多数家庭而言,父母有权力要求子女服从他们的想法,仅仅因为他们是成人。正是由于这种心理定势,我们成长的过程中很少听到鼓励我们选择、负责任和自主的话语。我们听到的话语都在暗示我们,要为他人的感受和行为承担责任。其中最经典的或许是惩罚式的威胁——"别逼我过去""别逼我揍你"。父母长年累月地对我们说"都是你逼我这么做的",我们开始产生一种挥之不去的"自己不够好"的感觉。用心良苦的父母让我们产生了一种错觉:误以为我们该为父母以及其他人负责。随着我们长大成人,这些错误的信息已经深深地刻录在我们大脑的"光盘"上。现在,我们成了那个成人,我们必须问问自己,是否愿意改写我们的"光盘",还是继续无意识地重复父母们的错误,代际传递下去。

活动:练习自我赋权

我们经常会使用由"光盘"上的错误信息(孩子们必须服从我们,因为我们是成人,而不是因为我们的行为是正确的)而衍生出的那些字句。除了倚老卖老,这种做法不会让我们获得任何实际的能力。这些语句传递出这样一种信息,即儿童可以控制成人、同辈或班里其他人的情绪。在下列空白处使用承担责任和自主选择的语言改写上面的语句。

1. 等你们安静下来我再开始。
我要＿＿＿＿＿＿。
2. 让我先读完故事再去帮助你。
我要＿＿＿＿＿＿。
3. 别逼我再对你说一遍。
（明确而坚定的指令）＿＿＿＿。
4. 你要把我逼疯了。
我要＿＿＿＿＿＿。
5. 看你把你的朋友气得。
你看她的表情＿＿＿＿＿＿＿。
6. 你把大家听故事的心情搞得一团糟！
（明确而坚定的指令）＿＿＿＿。

现在，请列出你放弃自主的力量时经常会说的话。把它们从被赋权（他们就应该听我的）的语句转变成赋权（我要对我的思想、感受和行为负责）的语句。

过时的、索取权利的语句：＿＿＿＿＿＿＿＿＿＿＿＿＿＿＿＿＿＿。

全新的、自我赋权的语句：＿＿＿＿＿＿＿＿＿＿＿＿＿＿＿＿＿＿。

过时的、索取权利的语句：＿＿＿＿＿＿＿＿＿＿＿＿＿＿＿＿＿＿。

全新的、自我赋权的语句：＿＿＿＿＿＿＿＿＿＿＿＿＿＿＿＿＿＿。

责备游戏

如果我们相信自己可以改变他人，但却没有做到，我们就会感到自己做得不够好。我们为了对抗这种无能为力的感受而开启了一场责备游戏，在这场游戏里，教师责备家长，家长责备学校体制和所有人，当他们都因此感到精疲力竭时，便转而责备孩子们。事实上，这种责备游戏在我们每个人身上周而复始地上演着。

我们每时每刻都在作出选择，但经常都是以一种自动驾驶模式浑浑噩噩地度过每一天，忘记了我们才是各种决定的主人。生活似乎就这样日复一日地在身边发生着，这是因为我们还没有意识到我们可以选择自己的认知和想法。我们下班回家不停地抱怨："这一天可真难受。"问题是，这一天过得怎么样是由谁决定的？这一天发生的事情决定了你的感受吗？如果你换一个角度思考这一天发生的事情，你的感受还是这样吗？那么，到底是事情本身让你感到糟糕透了，还是你选择看待这些事情的视角影响了你的心情？

从"别逼我"到"我要"的转变让我们收回自己的选择权。

放弃自己的选择权只会让我们沮丧，沮丧的时候我们又很容易陷入责备游戏中。一旦我们开启了责备模式，我们就不可能寻找解决问题的有效办法，因为我们的关注点放在我们不想要的事与物上。我们对于不想要的事与物关注越多，就会引来更多不想要的事与物。这是一个恶性循环（见图7-1）。任何时候我们都可以选择开启责备游戏或者寻找解决问题的办法，选择权在我们自己。

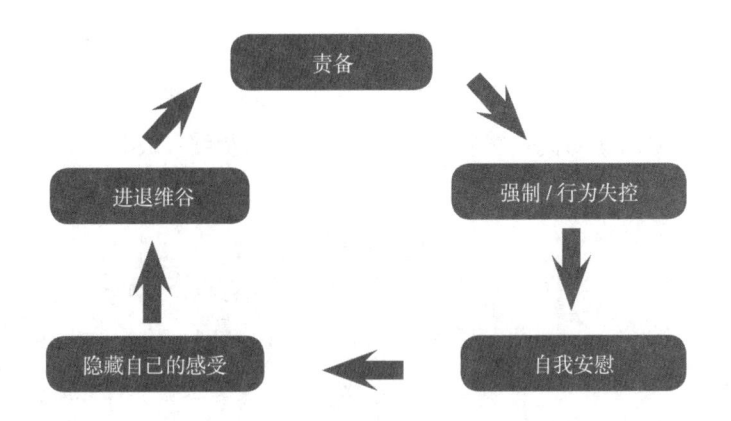

```
         责备
   ↗          ↘
进退维谷      强制/行为失控
   ↑              ↓
隐藏自己的感受 ← 自我安慰
```

图 7-1　放弃选择权的恶性循环

改变责备行为

"他逼我这么干的！不是我的错！他先推我的！"孩子们能够说出这样的话，是因为他们内化了在不如意时责备他人而不是想办法解决问题的应对模式。儿童对他人的责备通常与他们受到的惩罚的数量和严重程度成正比。这是因为成人应对冲突的做法已经让这些儿童陷入情绪状态，而这种状态下责备和攻击都是一种本能的反应。他们害怕自己做选择，也不敢为自己的选择承担责任。长期处于困境并在家中和学校经常受到惩罚的儿童，更不愿意承担他们在错误行为中的角色。他们更容易因为恐惧而撒谎。

对惩罚的恐惧感必须降到最低，这样儿童才会逐渐为他们的选择承担责任，因此才能作出明智的决定。他们关注的焦点必须是如何应对和解决问题。在下文中"你的主人是谁"活动可以帮助经常因为自身原因而责备别人的儿童，收回他们自己的权力。

儿童说："莱克西让我这么干的！"
成人的回答："所以莱克茜是你的主人吗？"
儿童回答："不是。"
成人的回答："如果你的主人是你自己，你会换一种方式吗？"
儿童说："莱克西让我这么干的！"
成人的回答："所以莱克茜是你的主人吗？"
儿童回答："是的！"
成人的回答："太让人伤心了！总是让莱克西对你指手画脚肯定不好受吧。"

活动：改变责备行为

通过角色扮演完成下列责备场景。改变你在回应时的责备行为。

1. 儿童说："布琳让我上课迟到了。"
2. 儿童说："不是我的错。约瑟先推的我。"

提出新问题

如果我们想要从迫使儿童举止得体转变为依赖自主的力量，我们必须问自己一个新的问题。老师们经常问："我怎么才能让孩子们坚持做完他们该做的事？"这些问题使我们的大脑想起以前学会的各种恐吓、强迫、高压或控制式的策略。但如果我们提出一个新的问题，我们会得到新的答案。如果我们问自己："我如何帮助孩子们成功地＿＿＿＿＿＿？"我们的大脑会得到另一套完全不同的答案。这些新答案更有创意，让我们反思儿童的需求并最终形成有利于儿童发育的教育方法。

> 小镇里居住的一家人要出门购物。每个孩子都列了一份帮助家人购物的清单。年龄较大的迪伦负责找到某种特定类型的狗粮，但这家小型商场恰好卖完了这种狗粮，迪伦因此感到不高兴。他开始发脾气。妈妈听到了她内心的声音说："当着这么多人发脾气？我怎么才能让他闭嘴？"但她马上让自己深呼吸，平静下来，并问了自己一个新问题："我该怎样帮助迪伦成功地控制他的失望？"她又深呼吸几次，然后说："确实很让人失望。你想给麦克斯买些狗粮回去。你说，如果给它吃猫粮，它会不会喵喵地叫？"逗得迪伦破涕为笑，轻轻松松地解决了迪伦的情绪问题。

"大脑聪明"教学时刻

关于自由意志（自主）的神经科学研究存在一定的争议。辩论的焦点在于我们究竟是拥有自由意志（free will）还是自由选择"不"的意志（free won't）（Klemm, 2010）。研究表明，一个决定在潜意识中一闪而过，0.5 秒后清醒的大脑就会作出决定（Kiihn & Brass, 2009）。我们并不是选择者，但我们在认识到某个选项后拥有否决权。当我们被激怒的时候，我们并不能主宰愤怒情绪产生的过程，但我们可以选择对愤怒情绪说"不"。

经过三十多年的研究，自我决定理论（self-determination theory）清晰地向我们揭示了内在驱动而非外力强迫的选择或决定，能够提高我们达成目标的概率和自我调节能力（Deci & Ryan, 2008; Muraven, 2008）。就我自己的个人体会来说，我很认同这一系列的研究结论，它们有着深远的现实意义。我曾是一名有烟瘾的运动员，我的朋友、教练和家人总是劝我戒烟。我很抗拒他们这种不厌其烦的劝说，更笃定地认为"这是我自己的生活，任何人都不能左右我的选择"。突然有一天，我在街上散步的时候，我自己意识到是时候戒烟了。当我们选择做一件事情的动力是源于自己的个人意志时，成功的概率远远高于他人的劝说或控制。这一次，我成功戒掉了香烟。

当我们按照自己的需求、价值观和愿望作出选择时，这种感觉非常好。它可以激活大脑中的奖赏中枢，并且可以释放出让我们感觉很好的化学物质，如多巴胺。正因如此，让儿童自主选择（或者不选择）班级承诺是至关重要的。这也是为什么我们这本书的每一章都会多处出现让大家填写承诺书的环节。如果我们的选择是为了取悦他人、迎合他人的预期或避免惩罚，就会产生一种相反的效果，很容易导致压抑和其他形式的心理痛苦。我们通常意识不到这些问题是由我们不自主的选择所导致的，而简单地归因为成人的情感枯竭，或是儿童懒惰、冷漠、缺乏教养。

个人内在愿望驱动的选择可以增强我们的自我调节能力，外界控制驱动的选择则无法做到这一点（Legault & Inzlicht, 2013）。因此，以奖惩为核心的班级是不可能教会学生自我调节能力的。与之不同的是，彼此友爱的学校大家庭能够营造一种良好的环境，尊重每一个学生自主的力量，鼓励他们作出亲社会性的选择，有利于提高学生们的自我调节能力。虽然学校大家庭没有奖励和惩罚机制，但是，儿童作出的每一个自主选择带来的积极心理体验，都能够激活身体内的奖励中枢，得到积极的自我强化。

决策疲劳

掌控自己的生活，这种感觉在让我们广为受益的同时也带来了一定的负面效果，即决策疲劳（decision fatigue）。鲍迈斯特博士（Dr. Baumeister）首先提出了决策疲劳这一概念（Baumeister & Tierney, 2011）。在一项研究中，被试者被带到一张摆满了各种物品的桌子面前。他们被告知，实验结束后他们可以从这些物品中挑选一件作为礼物。其中一组参与者接受了一系列的选择，每次都是从两件物品中选出一件物品：一支钢笔或一支蜡烛？一件黑色的衬衫或一件红色的衬衫？另一组被试者用同样多的时间琢磨同一件物品，不需要作出任何选择。然后，每个人都接受一项自控力测试。拥有选择的一组实验被试者在自我控制测试中的表现要显著低于没有选择的一组。

这项研究以及其他类似的研究结果表明，**决策会影响我们的意志力，就像一块肌肉一样：决策能够锻炼我们的意志力，但如果我们面临的决策过多，我们会感到疲劳。** 在这种状态下，我们的前额叶就会逐步停止工作，使我们进入一种不受限制的冲动状态。

> 决策疲劳会影响所有人。给予多少个选项能够激发一个人的最佳状态？这并没有一个标准答案。但是有一个普遍适用的公式能够帮助我们在自主选择和决策疲劳之间找到一个理想状态：如果儿童可以理解并执行一句话的指令，那么，他应该能够在两个选项中作出良好的决策；如果儿童可以理解并执行两句话的指令，那么他应该能够在3个或4个选项中作出更优的决策。

以下是许多人都经历过的两个主要决策疲劳案例：

1. 孩子们在学校表现得非常好，但是一回到家就变得像野兽一样。这种野蛮的行为正是在校期间的决策疲劳对他们自我调节能力造成的巨大破坏。
2. 我们逛街累得半死，结果买回来的东西很多都不是我们想要的。这种让我们购物选择"过度饱和"的决策疲劳也会降低我们的意志力。

那这些和学校又有什么关系呢?这些情形给我们的启示包括以下几个方面。

- 一天中,我们的大脑需要大约每20分钟短暂地休息一下。孩子们需要活动活动,唱唱歌,短时间地玩一会儿,这样才能避免决策疲劳。
- 我们给予儿童的自主选择空间应该和他们的发育水平、发展阶段相适宜(见图7-2)。
- 学校建设必须将权力共享作为决策的工具。
- 如果把原本属于我们的选择权转嫁给儿童,会导致他们的慢性决策疲劳,提高他们的冲动性,降低儿童自我调节的能力。

- 现在的孩子们拥有太多选择,反而会让他们不知所措。我们给孩子们提供选择的同时,要注意把选择分解成两个积极的选项,避免决策疲劳。

图7-2 选择实践:可视化规则

> **我承诺**:我明白,当我选择相信别人正在迫使我做某件事时,我已经放弃了我的自主的力量,让我的身体承受了压力,并且会让我因为自己的行为而责备和惩罚他人。我愿意为自己的选择承担责任。
>
> 签名:＿＿＿＿＿＿＿＿＿＿＿＿ 日期:＿＿＿＿＿＿＿＿＿＿＿＿

选择的技能

为了建立稳定的自我概念、发展出适宜的行为习惯,儿童必须要在发展过程中试探各种各样的行为界限。儿童尚处于自主意识形成和发展阶段,他们并不会全然接受成人的指令,而是会试图维护自己的主见。我们可以通过提供两个积极选项,而不是给予武断的指令的方式,帮助儿童既可以做到我们期望的行为,又维护和发展了他们的自主性。通过提供两个积极的选项,我们可以帮助儿童:

- 把注意力集中到我们认为重要的事物上;
- 服从我们的期许;
- 学习决策技能;
- 感受到自己拥有的权利,减少权力斗争;
- 引导他们的行为并学会控制自己的冲动;
- 建立和维护自我控制能力。

> 巴里老师正在帮助玛拉控制她的冲动,学习在游戏时间结束后清理物品。她走到玛拉玩耍的地方,俯下身并靠近她,等待和她目光接触。然后,巴里老师给出了一个明确而坚定的指令:"把你的玩具放到箱子里。你可以通过箱子上的图片判断哪些玩具放到哪些箱子里面。"巴里老师说话的同时有意识地用手指着箱子和箱子上的图片。她知道,这些语言以外的肢体动作将帮助玛拉理解她所说的话。巴里老师等待玛拉开始把玩具收起来,然后对她选择的行为给予鼓励。当玛拉全神贯注地完成这件任务时,巴里老师离开去帮助其他儿童。
>
> 几分钟后,巴里老师过来检查玛拉的任务情况。玛拉把所有玩具都从箱子里倒了出来,正坐在箱子里脱衣服。巴里老师先深呼吸一下,再次明确地告诉玛拉她希望玛拉怎么做,并给她两个积极的选项。"玛拉,你要做一个选择。你可以从箱子里爬出来,然后穿上你的衬衣,或者你可以从箱子里爬出来,然后穿上你的鞋。你选哪个?"玛拉开始从箱子里爬出来,说"鞋"。巴里老师夸奖她的选择,用一种积极乐观的语气对她说:"你选择穿上鞋,你做得很好!"选择权赋予了玛拉付诸行动的动力。当她作出穿鞋的自我承诺时,她就已经明晰了自己的意愿,并且能够调节继续玩耍的冲动。

巴里老师给了玛拉两个积极的选项。然而我们大多数人并不是在这种氛围中成长的。这种思维方式刚开始会让人感到尴尬,因为我们已经习惯给出一个积极的选项和一个消极的选项。我们经常听到父母说:"你要吃就吃,不吃就饿着。""你要么现在上床睡觉,要么一夜别睡。"这是一种虚假的选择,目的是通过高压迫使孩子作出选择。当我们提供了一个虚假的选项后,我们让儿童以为如果他们的想法、感受或选择与我们不同,那他们就是坏孩子,他们的行为就是错误的或不值得尊重的,而不是做了一个自己想要的选择。这种思维方式会对他们以后的生活产生毁灭性的影响,一些人会试图强制他们的生活伴侣与他们有一致的想法、感受和行为方式,还有一些人则会尝试作出取悦他人的选择。提供两个积极的选项可以培养儿童的自主能力和个人责任感,帮助他们在未来结束这种不愉快的恶性循环,同时还能鼓励他们在当下的生活中积极配合成人的要求。

两个积极的选项

两个积极的选项在强化儿童自主力量的同时,还可以为他们的行为设置可以接受的范围。下述步骤将帮助你实现这一目的。

第1步:深呼吸,做一个智慧的成人,专注于你希望儿童做的事。在前文中提到的情形中,巴里老师希望儿童从箱子里出来并穿上她的衣服。当我们直接关注我们希望看到的行为时(而非不希望的行为),我们就已经做好了准备,可以提供两个积极的选项实现这一目标。

第 2 步：用积极乐观的语气告诉儿童："你需要做一个选择！"我们积极的态度会缓和当时的场景，尤其是当儿童似乎有抵触情绪时。这样还可以帮助儿童把这些选项看作选择。对于大一点的儿童，我们可以说："我觉得你可以有几种选择。"

第 3 步：明确地说出可以实现目标的两个选项。你可以说："你可以 _____，或者 _____。"对于年龄较大的儿童，我们可以说："你可以按照自己的想法 _____，或者 _____。"

第 4 步：让儿童作出承诺，完成这一过程。我们可以说："你选哪个？"对于年龄较大的儿童，我们可以说："你觉得哪个更好？"如果儿童犹豫不决，请冷静但不失热情地重复这些选项。

第 5 步：观察儿童的选择。要做到这一点，你可以用一种鼓励并带有关爱的语气说："你选择了 _____！"这样可以帮助他明确地理解自己的选择。许多人会无意识地作出选择，事后有一种被生活控制的感觉。当儿童明确地知道他们的选项时，他们能够有更好的自控力，并且不太容易感到自己被外界事物或他人所控制，会减少自己是一位受害者的感受。

活动：兑现两个积极的选项

√ 想想你期望儿童做什么，你希望看到哪些行为以及你希望实现的目标是什么。

× 想想存在的问题以及你不希望看到的行为。

√ 说出两个你能够接受的选项，提供真实、积极的选择。

× 说出一个积极的选项和一个消极的选项，提供虚假的、强制性的选择。

√ "你需要作出选择！你可以开始独立完成下一项作业，或者安静地坐着等着下课。你觉得哪个更好？"

× "你可以安静地坐在那里，或者扣除你 5 分钟自由活动时间。"

使用两个积极的选项的时机

提供两个积极的选项可以帮助儿童从情绪状态升级到执行状态（见图 7-3）。这是一个至关重要的工具，可以在儿童难以集中注意力的时候给予他们有效的指导，在他们陷入无能为力的情境时帮助他们恢复信心，在他们经历了情绪性事件后帮助他们平静下来。提供两个积极的选项需要儿童启动前额叶区域的决策功能和集中注意力的功能，这个过程能够赋予儿童一定程度上的力量感。儿童在 15 个月龄~5 岁时的情绪状态发展非常迅速，因此两个积极的选项对学步期和学龄前的儿童可能产生意想不到的良好效果。

对于处于生存状态并且不知所措的儿童而言，两个积极的选择并不会产生任何帮助。这从我们自己的生活经历中便可见一斑。当我们被压力折磨得精疲力尽、不知所措时，喝咖啡还是喝茶？这样简单的选择都会让我们崩溃地咆哮："随便，无所谓。"生存状态下的儿童（以及成人）需要明确而坚定的指令才能取得成功。

对于处于执行状态的儿童，两个积极的选项同样也不是最有益的做法。这些儿童可以充分运用他们的创造性和聪明才智，他们会发现两个积极的选项过于狭隘。相反，我们应该使用开放式的问题，鼓励他们进行深入的思考并找出他们自己的选项。对执行状态的儿童来说，"做什么事情才能够帮助你开始新的任务呢？"这样的问题可能更有效。

执行状态
=开放式的问题

情绪状态
=两个积极的选项

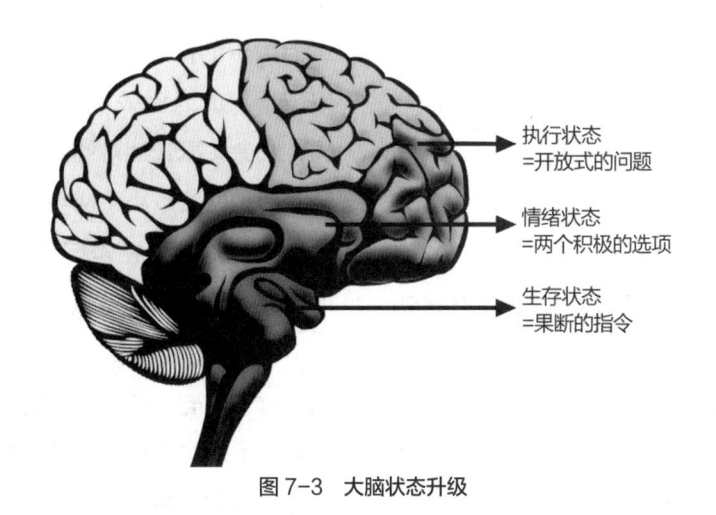

生存状态
=果断的指令

图 7-3　大脑状态升级

观察儿童的选择

当儿童作出选择，即使这一过程耗费了很长时间或者让你颇费口舌，你仍然需要观察他所作出的选择。这样做能够把我们的精力集中在我们认为有价值的事物上。当我们集中自己的精力时，还会引导儿童集中他的注意力完成他的工作。当我们观察儿童所做的选择后，我们还应给他一定的鼓励（"你做到了""你做得很好""就是这样"）。

教师： 你要做个选择。你可以做第 1 题和第 2 题，或者也可以做第 3 题和第 4 题。你觉得哪两个比较好？

儿童： 第 3 题和第 4 题。

教师： 你选择了先做后面的第 3 题和第 4 题（指着对应的题）。你做得很好！

活动：提出两个积极的选项

请想一想你希望儿童怎么做，然后提供两个能实现这一目标的选项。请在下面写出你的回答。如果可能，可以通过角色扮演的形式，以积极乐观的方式说出这些选项。

场景 1：玩食物
午餐时，3 岁的内森用拳头用力地敲打他的比萨。（切记，喊"别敲了！"并不是积极的做法。）

_____

_____

场景 2：倾听
8 岁的梅瑞狄斯正在玩橡皮，而没有听你讲。

_____

_____

场景 3：做作业
10 岁的卡梅隆没有做数学作业，而是在笔记本上画飞机。

_____

_____

现在，请评估你的答案：

1. 你是否深呼吸，然后专注于你希望儿童做的事情？你有没有在内心里想要批评他的错误而不是帮助他解决问题？
2. 你是否提供了两个积极的选项，这两个选项都能让儿童回归正轨？
3. 你是否使用了通用的格式？"你需要作出选择！你可以 _____，或者 _____。你觉得哪个更好？"
4. 当她作出有意识的选择，控制住她的冲动并听从了你提出的方案时，你是否观察和鼓励她说："你选择了 _____。你做得很好！"（或者"就是这样！"）

选择困难的儿童

选择困难的儿童通常属于下列类型：

1. 拒绝作出选择；
2. 抗拒你给他们的选项（你给出了A、B两个选项，但他们选择C）；
3. 举棋不定（在A、B两个选项中，先选择了A，然后改成B，然后再次改成A）；
4. 心智发育尚不足以理解"选择"的概念（发育迟缓）。

类型1. 帮助拒绝选择的儿童

老师让策策选择把书包放在架子上或者挂在钩子上。策策盯着老师，突然大哭起来。对于策策来说，这个选择让她感到不知所措。选择困难的儿童通常都有着难以想象的内在焦虑。这种焦虑可能源于他们经历的某些重大生活事件、发育障碍或糟糕的人际关系，如与朋友打架、被同学戏弄，或者父母长期对他们表达不满意。生活的压力让他们长期处于决策疲劳的状态。他们所表现出来的决策困难就是在告诉我们："我的世界让我不知所措。"

每个孩子的先天气质不同，有些孩子面对压力时更容易感到不知所措，有些孩子似乎就像冲浪者一样，能够轻松应对生活中的任何挑战。不要尝试改变儿童的气质，相反，我们应该学习如何作出最适合儿童气质的回应方式。要想帮助选择困难的儿童，不妨尝试下列方法。

直接说出儿童在一天里要作出的诸多选择。当策策决定使用蜡笔涂色时，你可以说："策策，你今天选择了画画。"她会看着你，好像在说："废话。"很好，这表示她意识到了自己的行为。对于那些发育迟缓、容易气馁或者处于危险中的儿童，他们通常会有不适当的自我说服策略（Jensen, 1997）。简单地说，他们通常并不了解自己认识的事物。我们的职责是通过观察、描述他们所作出的选择，提高他们的自我意识。

做一些能够拉近与你的关系且无关紧要的选择。例如，你可以说："马文，你需要做个选择。在大楼里来回走的时候，你可以拉着我的左手，或者我的右手。你会怎么选？你选择了我的右手！拉着你的手感觉很温馨。"做选择需要一个人的自主意识。在某些特定的时候，对于某些儿童而言，自主是一件可怕的事情。要想纾解儿童对自主的恐惧感，你可以利用儿童与你的亲密关系作为起点。

使用有声思维法为儿童示范如何接纳自己犯错。儿童拒绝选择可能是因为担心让别人失望或者做错事。我们应该为他们示范其实每个人都会犯错误。有声思维和示范对这类儿童是很有帮助的。大声地说出我们内心的想法，可以让儿童看到我们如何应对我们的错误、如何解决问题，或谅解自己和他人。

> 一个老师说："谁拿了我的订书机？你们这帮孩子不至于这么不懂事吧？从我的桌子上拿东西。谁拿了？说话！尊重别人的财产是很重要的。"卡门说："老师，麦尔温老师昨天借了你的订书机。"这位老师认识到她犯了错，刚刚不分青红皂白地指责了全班学生。不过，她很快意识到，这是一个运用"有声思维"教育孩子们接纳自己犯错的绝佳机会。"我犯了一个错误。订书机不见了让我很生气。我一开始觉得你们没有征得我同意这是非常不礼貌的。实际上，我才是那个没礼貌的人。我责备了你们，并让你们像我一样心情变坏。哎呀！我要深呼吸，希望大家原谅我的错误，我自己要放下对自己的责备，做更好的自己。下一次，我感到心情不快时，我会先把问题搞清楚而不是直接责备和吓唬你们，并且会更尊重你们。"

通过有声思维法，这位老师示范了如何建设性地处理错误和承诺改正行为。很多儿童可能会觉得，无论你做了什么，道歉都会让问题烟消云散。事实并非如此，**比道歉更重要的是，我们要改正自己的错误行为。**

通过有声思维法给学生做示范，如果重来一遍，你会表现出更恰当的行为，这个过程就是在教授学生如何改正错误的行为，而不仅仅是简单地说一句"对不起"。

类型 2. 帮助那些抗拒既定选项的儿童

某些儿童会利用你给出的结构化选择与你"展开"权力斗争。学会如何应对儿童的抗拒前，必须要了解控制为何如此重要，以及是什么让儿童反抗你给出的既定选项。

发展性叛逆

所有年幼的儿童都会经历研究者所谓的个性化（individuation）和分化（separation）过程，此过程会帮助无助、依赖性强的儿童成长为独特而自立的人。在成为自我的过程中，孩子们会将自己定义为既不像爸爸，也不像妈妈。任何成人的强硬姿态都会促使儿童作出相反的行为。处于叛逆期的儿童通常会对既定选项不屑一顾，并以此表达出他们的抗拒。他们只是单纯地想要通过这样的试验逐步了解自己是谁，自己有哪些与众不同之处，而不是试图逃避什么，或是故意惹我们生气。要想帮助一个抗拒既定选项的儿童更好地成长，你可以尝试下列做法。

我们需要认识到的是，**如果让自己被迫卷入一场权力斗争，我们就会变成问题本身且无法找到解决问题的方法。**要想避免这种陷阱，请先深呼吸，有意识地明确我们的想法，并专注于我们期望儿童做什么。如果我们不慎将注意力集中到我们不希望看到的行为（不要哭、不要交头接耳、不要打架），我们很可能会陷入权力斗争而无法自拔。

一旦我们成功控制住自己的想法，我们必须**确认儿童"会"或者"不会"在我们设定的框架内作出选择**。强制儿童本身就是问题，而不是解决问题的办法。我们应有意识地选择依赖自主的力量。虽然我们都有一套自己认为得体的行为方式，但我们唯一能做的是控制自己的行为，而不是左右孩子的行为。

此时，**鹦鹉学舌法或许会奏效**。我们可以用一种平静但坚定的语气，不断重复可选的选项。当孩子们坚持要一样东西时就是这样。"我想吃饼干。"我们回答："现在不行，该吃晚饭了"。他们会继续坚持："我想吃饼干。"我们继续试图和一个不理性的孩子讲理。他们一遍一遍地重复，让我们感到非常烦躁。唠叨与他们的做法如出一辙，只是我们互换了位置。

成人："约瑟夫，该把玩具都收起来了。你要做个选择。你可以先收拾小玩具或者先收拾大玩具。你选哪个？"

儿童："不行！"

成人："约瑟夫，该收拾东西了。你可以选择先收拾小积木或者大积木。你选哪个？"

儿童："你不能逼我。我讨厌你。"

成人："小积木或者大积木。你选哪个？"

当我们平静地重复这些选项时，他们很可能作出选择（有时会不情愿）。最重要的一点是，我们要保持镇定。如果我们心烦意乱，或者哪怕只有一丁点儿，我们都会陷入一场权力斗争。儿童经常会步步紧逼，每个回合都更加激烈，试图把我们拖入权力斗争。此时不要纠缠不清，而是使用抽离法并主动让自己平静，目的是帮助儿童认识到权力来自选择而不是胁迫。

如果儿童选择合作配合，我们应该**祝贺他的选择**，肯定他从消极应对转向积极合作，以及在过程中付出的意志力和精力。如果你觉得这是小题大做，不妨设身处地地想一想：你非常伤心难过，这些负面、消极的想法不断累加，就快让你爆发了。但是，此时此刻，你选择了更适宜的应对方式。你没有直接宣泄你的负面情绪，而是选择与人合作，友善地解决问题。在这个过程中，你花了多大的力气才控制住自己的责备、怒气和自以为是？这真的是值得祝贺和表扬的行为，发自内心地肯定孩子，称赞他的胜利。如果你庆祝的是孩子作出了合作而非对抗的选择，那么，你对孩子说的话就是十分完美的，哪怕在选择合作后仍然愤愤不平，也只是他在释放冲突过程中急剧产生的肾上腺素而已。**深呼吸，并给他祝福**。

习得性反对

第二类选择抵制的儿童已经学会通过抵制让自己的需求得到满足。儿童会通过三种基本的途径学会反抗：

- 父母对他的照顾没能满足他的需求；
- 父母对子女的娇惯放纵；
- 严重的家庭问题和精神创伤。

儿童学会抵制既定选项的第一种原因与他们在婴儿时期的需求得到或未得到满足有关。当儿童产生了某种需求（饥饿、保暖、安慰），他会进入一种亢奋状态。如果父母满足了儿童的需求，则会产生一种放松的状态。如果父母没有对儿童的需求作出正确的反应，他会停留在应激状态；如果父母作出了回应，但由于某些原因，如肚绞痛、早产或其他问题，未能充分抚慰婴儿的情绪，他会一直处于过度应激状态。在这个婴儿看来，他的需求还没有得到满足。这种类型的儿童会耗费大量的精力去尝试让一切围绕着他们运行，因为他们认为这是最有可能生存下来的方式。随着他的长大，他们可能会非常霸道，并且拒绝别人强加给他们的既定选项。他们拒绝既定选项只是为了找出自己力量的边界，为了得到安全感。他们对挫折感的忍耐程度极低。

当孩子心情不悦时，娇惯放纵的父母或者向他们妥协，或者回避问题，避免让他难过。这些行为会教青少年对抗各种限制，并通过不当的行为实现自己的目的，除此之外，这样做还会教儿童认识到成人总是口是心非。

最后一种抗拒既定选项的儿童可能经历了严重的家庭创伤（父母意志消沉、离异、去世、酗酒等）。这些问题造成了极大的应激反应，导致儿童感到不知所措，无法作出选择。这样的儿童会试图控制看似已经失控的生活。

帮助习得性反对既定选项的儿童，成人应勤加练习智慧自律提供的各种技能。尽管叛逆的儿童会挑战你的耐性，但你必须保持自我克制才能帮助他，并避免掉入权力斗争的陷阱。任性、霸道的儿童不太容易对建立在恐惧基础上的老式教育方法作出恰当的反应。

无论我们采用哪种教育方式，权力斗争总会发生。但权力斗争需要双方都有参与意愿，如果我们拒绝加入权力斗争，孩子就只能和自己较劲。如果我们加入权力斗争，下列做法可以让成人和儿童在事后弥合裂痕。

第 1 步：原谅自己。 原谅需要三步才能实现，即"3R 原谅法"。

- 认知（Recognize）和接受你的感受，告诉自己"我感到愤怒和焦虑，这没什么。"
- 重新认识（Reframe）当时的经历。不要刻意分辨谁对谁错。要承认在你当时的心态下，你已经做了最大的努力，孩子也是如此。
- 寻求（Request）帮助。平静地请孩子和你一起共同创造一种新的行为模式。

第 2 步：帮助儿童探索他们的自我力量。 要想做到这一点，你可以让他经常参加一些可以获得快乐和成功的活动。最重要的是，应确保儿童有大量机会帮助他人，并对他的这种助人为乐的行为给予观察和描述。

第 3 步：花点时间培养与儿童之间的信任感。 这一点可以通过在愉快的氛围里与孩子进行面对面的互动实现，如我们前文所讨论的"我爱你"仪式。

第 4 步：帮助儿童学习如何应对挫折，参加健康的解决问题活动。 应对挫折需要儿童学会"微笑星"。一个儿童画了一幅画，画中有一颗大星星，周围有许多小星星围绕着它。他把画递给老师说："这幅画送给你，因为有时候需要练习很长时间才能学会'微笑星'。"她一整年都坚定地和他一起努力，他最终真正学会了。

一些叛逆的儿童可能存在神经系统失衡、注意力缺陷或感觉统合问题。我们需要对这些长期问题进行评估。不当行为是需要帮助的信号，有时需要心理健康服务、社会服务或者医疗服务。

类型 3. 帮助犹豫不决的儿童

摩根的老师让她选择零食喝牛奶还是果汁。她选择了牛奶。当老师端上牛奶时,摩根把它推开说:"不,我要果汁。"老师递给她果汁时,摩根又说:"我要牛奶。"老师很快把两种饮料全部放在她手上。

类似摩根这样的儿童其实是在向外界传递信号:他们感到压力。在犹豫不决时,他们或许对自己或周围的世界感到失望,造成这种情况的原因可能是多种多样的。在这种犹豫不决的过程中,摩根正在努力控制她周围的环境。一方面,那些在得到A、B两个选项后选择了C的儿童,正在发动一场直接的、有进攻性的对抗;另一方面,类似摩根的儿童利用了消极对抗的方法而不是直接对抗的方法控制他人。

帮助这些儿童的第一步是诊断——这是一个成长问题还是一个习得行为?犹豫不决是这个儿童的新行为还是长期行为?

如果选择困难的现象无故频繁发生,则表示这个儿童可能由于压力而不知所措。正承受压力的儿童经常会表现出退行行为(退回年龄更小的儿童才会出现的行为)。当儿童出现退行行为时,他们需要肯定的指令而不是选择。老师可以说:"摩根,你今天早上不知道该怎么选。这是牛奶。你如果想喝就喝。"指令能够告诉孩子们该做什么,而选择则教他们如何决策以及恪守承诺。教一个6个月大的婴儿做决定显然是愚蠢的行为,对于一个年龄较大但因为承受了巨大压力并出现退行行为的儿童而言,也是如此。

如果问题是长期存在的,很可能是一种习得行为;如果反复改变主意,他会得到比积极配合更多的关注,这是快节奏生活的一个副作用;当儿童犹豫不决时,我们通常会停下来适应他们的选择和重新选择。无论这种暂停是出于耐心还是无奈,它都会占用我们几分钟时间,而简单的几句抱怨只需30秒。如果这种模式不断重复,儿童就会逐渐学会利用犹豫不决吸引我们的注意力。这时儿童实际上是在寻求与他人的接触和互动。

首先,请花点时间和儿童接触和交流,他们会慢慢地改变自己的想法。类似"我爱你"仪式(Bailey,1977)和"娃娃圈时间"(Bailey & Montero-Cefalo,2012)这样的活动都是非常优秀的互动工具。其次,在向这些儿童提出两个积极的选项时,务必减慢速度并和他们进行目光交流。当像摩根这样的儿童选择了牛奶后,应把牛奶递给她并夸奖她的选择:"你选择了牛奶!"如果她又要求果汁,可以用平和但坚定的语气对她说:"你选择了牛奶。这是你的牛奶。你可以喝牛奶,或者就放在那里。"这时儿童很可能会生气或者小题大做。利用共情(第8章)帮助他应对心中的不安情绪。要保持坚定和前后一致,儿童将最终明白改变想法不再能获得额外的关注。

"娃娃圈时间"(Bailey & Montero-Cefalo,2012)可以帮助幼教中心实现一对一的互动,从而帮助儿童形成健康的与情感纽带、自我调节、人际关系和自我意识相关的行动蓝图。

类型 4. 帮助不理解选项的儿童

有特殊需求的儿童需要系统化的帮助才能理解"选择"的概念。他们可能需要对周围的物理环境进行一定的调整(如沟通板)才能作出自己的选择。要想帮助他们完成这一过程,成人可以直接指明需要作出的选择以及限定可选的项目。要想设计出可控的选项,应仔细观察儿童的游戏过程,找出他们喜欢的玩具。拿给儿童一个他们最喜爱的玩具，这可以给他们带来不一样的快乐。一般来说，儿童会通过注视、手指、触摸、或唠叨的方式选择他们最喜爱的玩具。当儿童作出选择后，应强化他们的选择。"你作出了选择！你选择了积木。给你，你可以玩啦。"你也可以使用玩具的图片而不是玩具本身完成此项练习。有发育迟缓问题的儿童通常需要大量的视觉信息帮助他们理解选项。

> 辛迪还不会说话。她喜欢马。如果老师允许，她可以一整天玩塑料小马！华瑞尔老师借此帮助辛迪理解"选择"的概念。他在辛迪面前放了一辆玩具消防车和一匹玩具马，然后对辛迪说："辛迪，你需要做一个选择。你可以玩消防车或者马。你选哪个？"辛迪开心地欢呼着，伸手拿那匹玩具马。"马！你做到了！"华瑞尔老师使用简单的语言以及些许的鼓励和关爱，便让辛迪意识到了她的选择。

选择建构学校大家庭的情感联结

在每天练习上述认知转变和技能的过程中，下列实践模块将帮助你建立强烈的归属感和学校大家庭的情感联结。

实践模块：班规海报

无论在任何班级，班规都是非常重要的，也是我们自己设立的。如果我们没有明确地、清晰地向学生说明班规，或者没有提供有用的信息，那么学生无法利用他们自主的力量选择遵守班规。如第2章所述，教师经常将班规、班级公约和常规混为一谈。切记，设立班规的目的就是要严格执行它。

在幼儿园以及小学时期，你需要利用海报的方式展示班规（见图7-4），其中两张明确说明哪些事是可以做的，最后一张则规定哪些行为是不能接受的，这种做法对班级是非常有益的。例如，你可以制作一些涉及下列行为的海报："你可以举手，得到许可后再讲话。""你可以等一等，排到你的时候再讲话。"和"你不能在别人讲话的同时讲话。"当某个儿童发现自己的行为不妥（违反班规）时，教师要做的是引导他到"该如何帮助他人"的海报前，让他作出有益的选择。

图7-4 班规海报

传统班级

1. 班规是采用文字形式张贴到墙上的，经常和班级公约相互混淆（见图7-5）；
2. 班规旁边张贴违规的结果；
3. 违反班规的结果逐条列明。首次违反班规的结果通常是警告。

智慧自律班级

1. 班规以文字和图像的形式展示两种友好互助的行为以及一种有害行为（见图7-5）；
2. 班规海报会出现在班级里所有有需要的地方。例如，如果排队成为班级的常规教育无法解决的问题，就需要在门口张贴与排队相关的班规海报；
3. 首次触犯班规的结果不是警告，而是重新选择对学校大家庭有益的行为（第10章提供了与行为结果相关的详细信息）。

图 7-5　传统班级 V.S. 智慧自律班级的班规

例如，莉娜在别人讲话时插话。老师指了指墙上的班规，班规规定了当别人正在讲话时哪些事情是可以做的。她说："莉娜，当别人正在说话时，你不能打断他。抬头看这里，你可以选择对学校大家庭有益的做法，重新作出选择。"老师指着海报大声地说："你可以举手，或者等轮到你的时候再开始讲话。你觉得哪个更好？"当儿童不知道该怎么办时，我们要做的是通过清晰、明确而坚定的沟通引导她的认知回到关注的焦点。如果儿童选择不改变她的行为或者抵制遵守班规，那么她可以选择去安全角，让自己冷静下来。当她返回后，等待她的仍然是两个有益的选项。上文中的对话揭示了以警告和损失利益为基本管教方式的传统班级和智慧自律的班级之间存在的差异。我们将在第10章进一步详细讨论传统结果型的完整对话。现在，我们应该尝试从警告转向将选择作为第一次违反班规的结果。

使用班规海报（通过图像形式）描述两个积极正面的选项和一个消极负面的选项，让学生重新选择作为违反班规的结果（而不是警告），这样可以实现下列效果：

- 将不当行为视作一个学习的机会，而不是将它视作一个负面的经历，做错的一方将受到惩罚；
- 让教师能够快速了解如何提供两个积极的选项，而不是临时抱佛脚；
- 将不当行为转变为学习的机会，还可以练习个人社会情感技能；
- 让教师有能力专注于他们期望的行为，并且为学生示范这种行为；
- 教学生如何为他们的目标和期待的结果建立积极的心理意象；
- 鼓励学生将糟糕的选择转变成明智的决定；
- 传递出强有力的信息："你非常优秀，但是这次你作出了不好的选择，你有能力作出不一样的选择。"
- 时刻让学生专注于班级的活动，以及如何保证班级的安全。

我经常听到教师们说"这是个很好的选择""一定要作出明智的选择"或者"停下来，好好想想，作出明智的选择"。不幸的是，在一种情形下的"好"选择，换到另一种情形下可能是非常糟糕的选择。大脑前额叶让我们可以适应瞬息万变的环境。当前额叶发育成熟且大脑各项功能完备时，我们便能够根据当前的情境调整我们的行为。我们学会了在公开场所遵守公开场所的行为规范，在学校遵守学校的行为规范，同样在操场遵守操场的行为规范。我们学会了在每个不同的情境中作出理性的反应。最终，我们希望孩子们也能根据当时的情境作出明智的、适当的选择，而不是预先设定的所谓"好"的选择。

大多数儿童已经认识到，好的选择包括有礼貌、与他人友善相处以及尊重朋友。如果儿童面临同辈施加的压力，且必须与"好的选择"背道而驰，当说"不"才是明智的决定时，在这种情境下会发生什么状况？在这种情境下，他需要强大的意志力并勇敢地拒绝，并让这个小集体中的成员听到他的决定。在智慧自律中，我们教儿童根据当前的状况作出明智、灵活的决定，而不是墨守成规。

作为成人，我们需要深刻地认识我们的选择，并将这种认识作为一个强大的礼物留给我们的孩子。当我们接受了"我们在不断作出选择"这一事实，我们就能掌控自己的行为，继而掌控我们的生活。我们认识到，力量源自我们的内心，而不是企图控制或操纵他人。当我们为自己的思想、感受和行为承担责任，并收回我们的力量时，就能激活我们的前额叶，并以不同的视角看待我们的生活。

我们已经学会如何唤醒镇定的技能，保持冷静、平和的心态，克服冲动的反应；明确而坚定的技能帮助我们专注于我们期望的行为并且给出明确的指令；将注意力集中在目标上，帮助我们利用鼓励的技能。无论我们如何利用前述三种技能，都会遇到儿童不情愿的情况以及权力的斗争。要想应对这种障碍，我们可以利用选择的技能提高儿童服从的可能性。即便有这些强大的技能在手，令人心烦意乱的情绪仍时有发生！下一章主要讨论共情的技能，旨在帮助我们应对事情不如意时儿童大吵大闹的情形。

反思：自主的力量

很多人白白浪费了大量时间试图改变他人。自主的力量却告诉我们："你唯一能够改变的是你自己。"我们可以继续尝试让别人按照某种特定的方式做事，或者我们可以接受"改变只能发生在我们心中"这一现实，收回我们的自主力量。请按照下列步骤有意识地拥抱你的自主。

1. 留意我们是否企图控制他人，并认为他们在逼迫我们；

2. 将"逼我"的语言转为选择的语言。不要说："别逼我把车停下来"，而应该说："我要靠边停车，请系好安全带，这样我们大家都安全"。

3. 注意我们的想法"我怎样才能让这个儿童_____？"让这个问题变成"我如何帮助这个儿童成功地_____？"

4. 把"应该"改成"可以"，然后作出选择。当我们开始要说"我应该马上赶到干洗店"时，控制住这种选择，转而说"我可以马上赶到干洗店"，然后再决定是否要这样做。"应该"是不存在的，它们都只是选择。现在请开始选择！

5. 练习允许别人拥有他们自己的想法和感受。控制想要取悦别人的冲动。

6. 在一天时间里，完全抛弃"我不知道，也不在乎"的态度。这种态度只会让我们逃避选择并放弃我们的权力。我们需要知道并且在乎。如果朋友问你中午吃什么，你应明确地说出自己的喜好。

"大脑聪明"教学时刻

对于处于生存状态的儿童，肯定的指令是至关重要的。两个积极的选项让我们赋予儿童力量的同时保持明确与坚定。这些方法对处于情绪状态的儿童效果最佳。而对处于执行状态的儿童，最好的做法是提出开放性的问题，如"怎样才能帮你开始？"

请将下列内容作为指导。

肯定的指令通常可以让下列处于生存状态的儿童从中受益：

- 长期犹豫不决的儿童；
- 压力过大的儿童；
- 容易不知所措的儿童。

两个积极的选项通常可以让下列处于情绪状态的儿童从中受益：

- 起初不愿意听从指令的儿童；
- 无法专注于自己任务的儿童；
- 有些叛逆且喜欢对周围的人指手画脚的儿童；
- 选择困难的儿童；
- 看上去感到无助的儿童；
- 在生活中面对巨大压力的儿童。

开放式的问题通常可以让处于完善的执行状态的儿童从中受益。

技能反思：传统思维和智慧自律

如果可能，可与别人组成搭档大声地把这两组话说出来。看看你是否能感受到二者之间的差别（见表7-2）。每次发言后可以分享自己的看法："我认为传统思维和智慧自律之间的区别是___。"

表 7-2 传统思维和智慧自律的对比

传统思维	智慧自律
你这让她怎么想?	看到她的表情了吗?她的表情在说:"你这样推我,让我感到很不舒服。请离我远一点。"
你要做完数学作业,不然就不要休息!	你要做个选择。你可以先做第四题或者第五题。你觉得哪个更好?
别逼我再过去把你们俩分开。	我要让你们俩分开坐,这样你们都能专心做自己的事。你们可以在休息的时候一起玩。
我怎样才能让孩子们在大组活动时间认真听课?	我怎样才能帮助我的学校大家庭在大组活动时间认真听课?
下班后,我必须在杂货店停一下,带上一些东西。	下班后,我可以在杂货店停一下,捎上一些东西。
克妮莎,你这样选好吗?	克妮莎,深呼吸,看看其他同学。作为我们班级大家庭的一分子,怎样做才是一个明智的选择?

学校大家庭实施一览表

- 在适当的地方张贴适当的班规海报,充分利用两个积极选项和一个消极选项的固定形式(见图 7-6)。
- 口头说出儿童可选的两个积极的选项。当他们处于情绪状态时,这样做可以更好地帮助儿童服从指令。
- 使用鹦鹉学舌法应对不服从管教的叛逆型儿童。
- 改变责备的行为。你可以对儿童说:"那么,_____ 就是你的主人!如果你是自己的主人,你要做哪些有益的事情?"
- 因人而异制订计划。针对选择困难型的儿童,要量体裁衣,针对儿童的具体情况制订适当的计划。

(选择技能小结见表 7-3)

图 7-6 适合大龄儿童的班规海报示例

表 7-3 选择技能小结

项目	内容
力量	自主：你唯一能够改变的是你自己。
"大脑聪明"教学时刻	选择源自内心，帮助我们实现目标和促进自我调节。
技能	两个积极的选项，改变责备的行为，鹦鹉学舌法，"你的主人是谁？"
学校大家庭常用工具	班规海报

Chapter 8

第 8 章
共情

EMPATHY

管理自己的情绪

共情让我们学会调节自己的情绪并且整合大脑的各种机能，因此儿童可以为他们个人的行为承担责任。

记得披头士乐队（The Beatles）有一首歌《顺其自然》（Let It Be）。哼唱几句，你能感觉身体放松吗？接纳的力量类似于顺其自然，它的意思就是"当下即真相"（The moment is as it is.）。当你认真思考这句话时，想想曾经多少次你会认为事情本不应是现在这个样子的。你可能会说："你现在应该去做什么？"或"我不敢相信你居然会这么干！"这说明你在反抗此时此刻正在发生的事情；或者说："我们不会在大厅里乱跑！""我们在学校不会这样对待班里的其他同学！"这说明你在否认孩子们正在做的事情。

当我们接受了现实而不是与之对抗，我们就能对自己和他人产生共情，并从多个视角看待问题。接纳和共情是实现转变的先决条件。没有它们，我们会在旧模式里固步自封，日复一日、年复一年被同样的问题所困扰。

让我们一起停下来，短暂地思索一下，开始探索接纳的巨大力量吧。深呼吸，吸气的同时，对你自己说"当下即真相"；呼气时，让自己放松并对自己说："要求事物按照我的方式进行，只会带来争斗，而不是改变。"现在，请静待片刻，顺其自然。

接纳的力量

接纳就是主动、不加评判地拥抱此时此地的经历，专注于自己的行动。接纳能够提高成人和儿童的幸福感（Burke, 2010; Teper, Segal, & Inzlicht, 2013）。我经常把接纳比喻为手动挡汽车的空档。如果想要从一档进入二档，我们必须要经过空档才能实现换挡。如果避开切换到空档，会损坏变速器。我不清楚你们是什么情况，但我的一生中花费了大量时间损耗这些变速器！

对抗现实只会让冲突升级，并且会让不适宜的行为模型在大脑中更加根深蒂固。当我们情绪激昂地抗争说"不应该……"或者"应该……"时，会让我们的大脑停留在反抗和应激模式中。我们越反抗，这些让我们不喜欢的事物反而会持续越久，让大脑变得不接受外界事物并且更加迟钝。长此以往，这些老旧的思想和行为会更加顽固，我们也会更加易怒。愤怒和失望蒙蔽了我们的心智，让我们执着于自己的评判标准，而看不见彼此。我们拒绝对我们的评判提出质疑，习惯了"我们需要做什么""我们应该做什么"以及"我们不应该做什么"这一类思维模式，任何与之冲突的观点或做法都是我们的敌人，我们要予以反击。我们对于评判的执着也会让我们害怕犯错，这就使我们不可能从错误经验中学习并作出改变。

> 正如本书中反复提到的那样，不接纳内在状态常常会导致对外部事物的成瘾行为。因为我们总是尝试通过食物、购物、酒精、工作、清洁、运动等外部方式否定和缓解我们的情绪，错误地以为寄托于外部事物能够改变我们内心的感受。分散注意力或许能够暂时缓解情感痛苦带来的不适感，但却无益于治愈我们内心的痛苦，最终会破坏我们学习和成长的终极目标。

接纳的力量从另一个角度为我们提供了改变的思维框架，即安静地、如其所是地观察当下发生的事情。作为我们自己的"空档"，接纳包括全然地拥抱此时此刻，不忽视、不分心、不逃避，也不否认。这是让我们能够以共情对待他人和自己的关键所在。让每时每刻的事物都能够按照它们自身的轨迹自然发展，不作出好或坏的评价，能够让我们感受到不同的人对于同样的事物会有多么不同的认知，也由此能够让我们不再受制于破坏性的评判和期望。真相是相对的，而人与人的相互理解是真实的。我们经常将接纳和退让、认可混为一谈，事实上，我们可以在接纳此时此刻发生的事情，同时保留我们对于不同方式的喜好。

对抗现状是攻击的前兆

最近，我为了我的外孙女入托拜访了多家学前教育机构。一天上午，我们拜访了三所不同的学校。从跨进学校的那一刻起，我便开始抗拒现状。"幼儿园应该比这个做得更好"的评判就是我的引爆点。这些幼儿教育机构严重缺乏儿童玩耍的机会，也缺乏对儿童成长的深刻理解，这让我感到难以置信。我很快进入一种失控的状态，甚至不愿和那些管理者们多说一句话。我担心，这种缺乏认可的态度会让我内心的话脱口而出。我内心在咆哮："我付出了如此多的时间和努力，一生都在努力改善教育现状，而我自己的外孙女居然没有办法进入一所合格的学校！我一切的努力都白费了！太不可思议了！"我们离开后，我憋了很久的话终于脱口而出。我没有接纳现状，陷入世界不如我意的失望情绪中。你们也能感受到，我在这件事情中有多么地自责？我的抽离能力荡然无存！

我们不愿意接纳现状，就会开始不断地攻击别人和自己。我用"大惊小怪"来描述我们在事情不遂心愿时的情绪爆发。学步期儿童在墙上乱涂乱画的时候，如果我们拿走他的蜡笔，他会嚎啕大哭；一个4岁儿童想吃饼干，但我们并没有准备，他会尖叫着说"我讨厌你"；一个9岁儿童想去朋友家过夜，但是被我们拒绝了，他会愤怒地摔门；30岁的老师要求学生举手发言，但是学生没有举手就开始你一言我一语地交流，老师会勃然大怒；一个

61岁的奶奶想为孙女找一家满意的幼儿园，却发现幼儿园教育质量普遍不理想，于是大发雷霆。

对抗现状会让我们沮丧，使我们一直处于情绪状态，并导致攻击行为，却不愿设身处地为他人着想。人人都需要他人的理解，而不是评判，这样才能够逐渐成长并蓬勃发展。然而，我们经常会否定现状，而不是欣然接受它！拜访幼儿园的经历不是我第一次发脾气，当然也不会是最后一次。多年以来，我已经清楚地认识到成人多么容易动怒。我估计，成人80%的时间都在发脾气。成人的动怒程度不一，从温和的抱怨（右前额叶执行状态）到使用批评、咒骂和评判的中等程度的语言攻击（情绪状态），再到带有肢体伤害的严重的攻击行为（生存状态）都有可能发生。

有的情绪很难处理。我们所有人都需要学会如何建设性地应对这些情绪。我们有大把的机会可以学习这一技能，并把它传授给孩子们。每当孩子们满口怨言、捶胸顿足、大喊大叫、口出恶言，或者用其他方式攻击自己或他人时，当事情没有按照他们预想的方式进行时，这便是教育的机会。我们必须接受此时此刻真实发生的事情：托德刚才说你是个白痴；进度报告马上要交了，6个学生将不及格；下水道又堵了；你感到生气并且受到了伤害。每当这些时刻，如果我们能对自己说一句"是的，这件事发生了"，我们就能运用共情，并且教育孩子们建设性地调节情绪上的不安。

对抗现状让人感到难过。这种情绪让我们停留在大脑的低级神经中枢，阻止我们从他人的角度看待这个世界，抑制了我们解决冲突的机会。

识别情绪，调节情绪，接纳情绪

我们都经历过任由情绪爆发而不加控制的时候。事后，我们经常因此而感到内疚，觉得自己宣泄情绪的行为很不合适。情绪就像天气变化，时而雷雨交加，时而阳光明媚。我们既无法控制天气的变化，也无法控制我们的情绪。但是，我们可以有意识地掌握天气变化的相关信息，做好明智的应对方案，如下雨天带伞或者晴天戴太阳镜。对待我们情绪也是如此：我们可以有意识地了解我们的情绪，作出智慧的反应。要想做到这一点，有意识地接纳情绪是十分必要的。

对许多人来说，随着一天天长大，情绪变成了一个糟糕的词语。父母常常为了安慰我们，无意识地说出一些忽视情绪、否定情绪或惩罚情绪的话，比如，"没那么糟""别担心""别吵了，没什么大不了的"或者"别想它了，干点别的，转移一下注意力"。父母还会设法挽救我们自主选择后的一些不良结果，保护我们免受负面情绪的困扰。比如，父母会把孩子们忘带的午餐费送到学校，帮助孩子们完成他们因拖延而未完成的学校手工作业，或者当孩子们的冰激凌不慎掉到地上时，再给他们买一个新的。有时，父母会让我们体会不到我们因为自己做了糟糕的选择而产生的复杂情绪，他们只是训斥我们说："你怎么能又忘了？你就不动动脑子？""如果你按照我说的上周就开始，就不会这样了。""我告诉过你，如果你一直这样跑来跑去，那冰激凌肯定会掉到地上，可你就是不听。"他们的这种反应使我们的关注点都聚焦于他们的愤怒情绪，而不是我们自己的懊悔。成人对情绪的理解经常是扭曲的，而孩子们还很脆弱，缺乏应对自己或他人复杂情绪的能力。

> 成人经常将想法（thoughts）与感受（feelings）混为一谈。如果我问一位朋友："你是什么感受？"她回答说："我觉得事事都不顺心。"这是一种想法而不是感受。我们练习一下，"你现在是什么感受？"你会用一个感受的词回答吗？比如焦虑、兴奋、忧伤或者沮丧？如果不是，那你表达的很可能只是一种想法。用想法来替代感受会使我们远离自己的情绪。我们和感受之间的疏离感会妨碍我们有效地管理自己的情绪。

我们大多数人会欣然接受快乐、幸福和兴奋等积极感受，而远离负面消极的感受，如伤心难过、愤怒和恐惧。我们错误地以为，如果我们任由自己感受这些情绪，它们就会一直缠着我们，让我们失去理性，成为情绪的奴隶。我们害怕情绪。讽刺的是，我们越抗拒，就越难以摆脱它们。如果我们随自己的情绪起伏，在这个过程中将感受情绪、接纳情绪作为我们的一部分，它们反而会自动消散。

情绪并不是坏东西，它们在我们的生活中发挥着重要的作用。它们是我们的内心引导系统，是我们的道德领航员，是我们分辨是非的核心系统。当我们的生活偏离轨道，它们会警示我们并将我们带回关爱的轨道上。我们不需要控制它们，而是要敏锐地觉察它们，管理它们，倾听它们提醒我们回归最高价值的声音，并且学会以更加适当的方式表达它们。**情绪是连接问题和解决方案的桥梁**（见图 8-1）。

通常情况下，女性遇到情绪上的困扰时会邀请朋友一起聊天，她们会一遍又一遍地讲述自己的经历，并且谈论她们的感受。但是漫无目的地和朋友聊天只是封闭了她们此时此刻的真实情绪，使她们难以克服自己的情绪，找到解决问题的有效办法。而男性则会尽量避开情绪感受。他们会尽快从问题出发找到解决办法。这种性别的差异在日常生活中随处可见。女性回到家可能会跟丈夫抱怨："我的工作越来越难做了。孩子们简直都疯了！我也不知道还能忍多久！"她的丈夫可能会回答："那就换份工作。"女性一直沉浸在情绪化表达中，男性则轻而易举地越过了挫折和恐惧等情绪信息，直达解决方

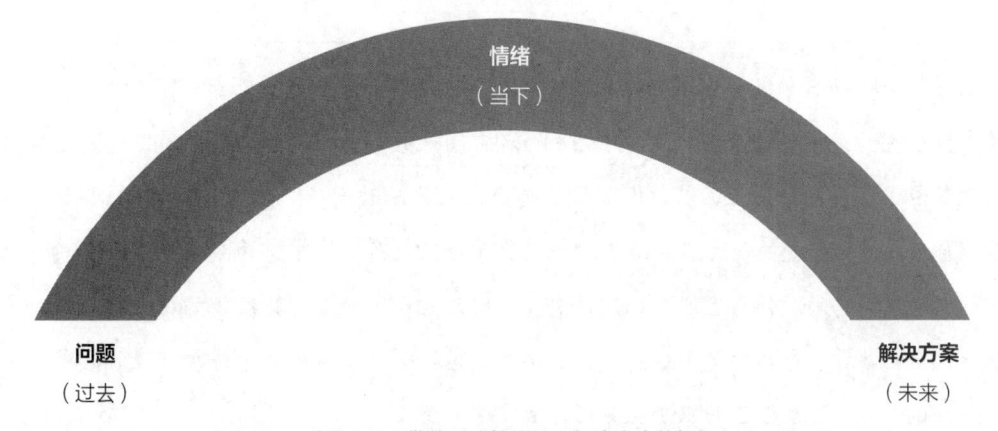

图 8-1 情绪是连接问题和解决方案的桥梁

案。跳过情绪会让我们错过情感所表达出的重要信息，通常会导致我们的解决方案无效或者不够全面。

每一种情绪最初都会引起一些身体反应，如心跳加快或者喉咙发紧。这种感觉会无意识地表现在我们的脸上、肢体和语气中（正因如此，我们需要多加留意）。它们会绑架我们的认知，让我们成为情绪的表达工具。这种现象在语言上的表现尤为明显。我经常听到自己说："我受到了打击！"当然，我并没有受到打击，我只是那个感觉受到打击的贝基。当一种情绪如此让我们迷失自我，我们就会把情绪宣泄出来，而不是调节情绪。相反，如果我们有意识地接纳（不加评判）情绪的起起伏伏，我们就可以注意到这种情绪，给它命名，并且驯服它。

首先，我们可以通过有意识地觉察情绪，注意到情绪的存在；

其次，我们可以给这种感受起一个名字；

最后，我们可以把它和生活中的事件联系起来，并且学会充分地调节情绪，作出明智的决策，通过这种方式我们可以驯服它。

情绪自然发生的过程也是我们向儿童传授情绪知识的过程，反之，如果我们对情绪持有一种评判的态度，我们就会抑制儿童情绪能力的发展（见图 8-2）。因此，有意识地接纳情绪是情绪调节必不可少的前提。

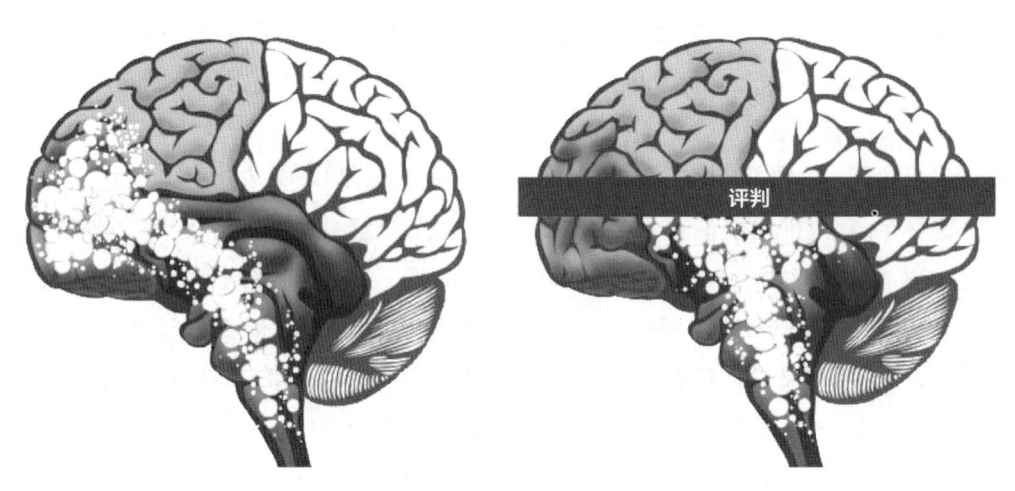

图 8-2 评判阻断了我们认识情绪的途径

> 亚历山德拉是一个三年级学生，当她不喜欢别人说的话时，她会脱口而出："闭嘴，傻瓜！"亚历山德拉的老师会因为她的情绪爆发而惩罚她。她会说："亚历山德拉，骂人是非常令人厌恶和粗鲁的行为。我们不应该这样对待班里的其他人。取消你今天的休息时间。"老师的评判抑制了亚历山德拉识别并调节自己的情绪感受的能力。亚历山德拉没有学会任何新的技能，只能尽力不被老师抓到现行。她学会了趁老师不注意的时候再宣泄自己的愤怒。一些儿童私下向老师抱怨她的攻击行为，但是亚历山德拉不承认自己做过。老师的评判阻止了亚历山德拉学习如何调节挫折感并用健康的方式把它表达出来。相反，她学会了否认自己的感受，并通过谎言逃避惩罚。

调节情绪包括接纳情绪和学习新的调节技能两部分（Fruzetti, Lowry, Mosco, & Shenk, 2003）。一旦我们能够调节自己的情绪，我们就会自然而然地改变自己的心态，成为一个更加完整的人。在完善的执行状态下，我们可以从多个角度看待问题，从而有机会选择改变这些问题，得到可行的解决方法。智慧自律教我们利用下列五步法实现自我情绪调节（Bailey, 2011），具体而言包括前文所述的觉察、命名和驯服过程。一旦我们学会调节自己的情绪，我们就可以把它传授给其他人。

I Am　第1步：触发情绪

我被激怒，情绪激动。

I Calm　第2步：积极暂停

深呼吸并且留意自己的内在状态，让情绪自然流露。

I Feel　第3步：识别情绪

识别自己的感受并给它起个名字，从"我生气"转变为"我感到生气"。

I Choose　第4步：调节情绪

放松，改变自己的心态，重构问题。

I Solve　第5步：解决问题

可以实现双赢的解决方案有很多。

《管理混乱情绪：儿童自我情绪调节5步法》深入探讨了情绪和自我调节，帮助成人和儿童学会如何更好地管理那些痛苦的感受。"心情娃娃"自我情绪调节工具包提供了大量资源和道具（见图8-3）。

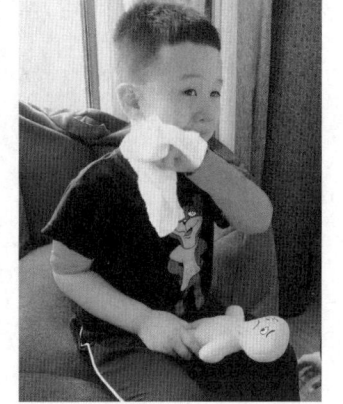

图8-3　儿童与"心情娃娃"

对一个深谙自我调节过程的老师而言，亚历山德拉的故事会有一个完全不同的版本：当亚历山德拉脱口而出"闭嘴，傻瓜！"时，老师会怒火中烧，但是她认识到了自己的愤怒，接受了愤怒并且利用镇定的技能让自己冷静下来，关闭了大脑中反复播放的"光盘"。在执行状态下，她可以看到亚历山德拉正在请求帮助，因此回应道："你看上去很生气。你想让她跟你说话时礼貌一些。"

通过这种感同身受式的理解，亚历山德拉可以提供更多的细节："她总是摸我的头发，并且叫我卷毛。"老师可以帮助亚历山德拉学会如何更加明确且坚定："难怪你会感到生气。你还不知道该怎样告诉她，让她礼貌地对你。当她摸你的头发并且叫你卷毛时，你喜欢这样吗？"亚历山德拉摇摇头，老师提示她一些有用的新表达方法："你可以告诉她，我不喜欢你摸我的头发，还叫我卷毛。如果你想引起我的注意，请你叫我的名字。"

我们必须开始有意识地接纳自己的感受，这样我们才能调节它们。我们经常在心里和自己对话，现在我们需要用一种有利于情感调节的方式进行这种对话。然后，我们可以把这种有益的对话方式教授给我们的学生。要想切身地体会儿童的感受并且帮助他们接纳自己的感受，我们必须首先接纳自己的感受。

当一种情绪逐渐上升到意识层面时，你可以利用下列自我对话模式："你看上去_____（描述感受的词）。你想要_____（说出你想要做什么）。"或者"你希望_____（说出你的愿望）。"对于孙女的幼儿园事件，我会这样说："贝基，你看上去很失望？你希望我们国家到处都是适合儿童成长的幼儿园，这样你就可以为玛蒂选一家最理想的幼儿园。"

> 我们时时刻刻都在获取信息或获得理解。情绪状态下的人努力获得他人的理解，这种理解通常是以共情的方式表现出来的；执行状态下的人则努力获取各种信息。我们的职责是让自己与儿童合拍，从而辨别哪些时候需要运用我们的共情，哪些时候需要提供信息。共情和信息如果搭配不当，则会破坏我们的关系，同时破坏我们实现转变的意愿以及控制冲动的能力。

如果我们不能辨别自己的感受，我们就会把它表现出来。儿童经常会用攻击性的方式（打人、发脾气、骂人），或者消极被动的方式（拒绝交流、发牢骚、心情郁闷），或者消极反抗的方式（操纵、让别人内疚）表达他们的感受。此外，成人更易于通过批评和评判来表达他们的感受。我们每次否认现状时，都在否认内心的感受。只有接受现状，用心去体会自己的感受，我们才能帮助儿童体会到他们自己的感受。

只有用心去体会自己的感受，成人才能帮助儿童体会他们自己的感受。

> 玛格丽特是三个孩子的母亲，在家照料子女多年后重返教学岗位。新的工作挑战和自身的能力让她感到恐慌。玛格丽特努力让自己忙碌，从而逃避自己的感受，但是她显然无法摆脱那种深深的力不从心的感受。她表面上看起来积极乐观，还总是肯定孩子们的表现，对孩子们说："你真是一个优秀的小姑娘。"但她这么做就是把自己内在的感受投射给了孩子们，并试图帮助孩子们感觉好一些，以此回避管理自己的感受。然而，如果我们否定自己的情绪，怎么可能帮助孩子调节他们的情绪呢？当她的孩子伤心难过的时候，她会对孩子们说"你很好"或者"没必要难过"。因为她自己也从不会让自己的焦虑显现出来，因此她会无意识地教孩子们忽视或抑制消极情绪。作为成人，我们对待情绪的方式会潜移默化地影响孩子们，我们可以有意识地选择接纳自己和他人的情绪，设身处地地为他人着想，或者无意识地被情绪本能牵着走，成为以自我为中心的情感操控者。
>
> **点评**：我们不可能教孩子学会成人本身尚未掌握的技能，因此我们必须学习感受自己的情绪，通过建设性的方式表达我们的情绪。我们帮助学生调节情绪的技能同样可以运用在我们自己身上。这是一种双赢的结果！

我承诺：这个月，我会仔细体会我自己的感受而不是评判它们。只有实践接纳的力量，我才能做到这一点。当我觉得当时的情况、事件、想法或感受不应该是它所呈现的样子时，我会有意识地转移我的注意力，静观其变。

签名：_____ 日期：_____

"大脑聪明"教学时刻

本书中，我们反复地讨论了与儿童之间建立安全的依恋系统的重要性。一个人在童年期和主要抚养人建立依恋关系的方式，会成为他们后期与其他人建立依恋关系的蓝本。但是，并不是儿童与成人的每一次互动都有助于建立安全的依恋关系。当儿童感到痛苦的时候，依恋系统的工作模式是这样的：不安的情绪激活了依恋系统，内心深处有一个声音对儿童说："向你的依恋对象寻求安慰吧。"理想情况下，依恋的对象能够在情感上和儿童产生共鸣，为他提供恰到好处的安慰，从而缓解他的痛苦，让他获得安全感。痛苦情绪得以妥当安放后，依恋系统会暂时关闭，探索与学习系统会再次启动，儿童回归到正常的学习或玩耍中。如果能够以健康有益的方式反复这一循环，儿童将会开始学习情绪调节，对于一系列负面情绪感受的耐受度会提高。然而，未能和任何成人建立安全依恋关系的儿童，其依恋系统会一直处于激活状态，从而没有心理资源进行有效的学习或玩耍。

依恋系统开启 = 学习系统关闭
依恋系统关闭 = 学习系统开启

痛苦耐受度（distress tolerance）指我们能够忍受痛苦并保持平静心态处理当前状况的程度。每个人的痛苦耐受度各不相同，我们在某些日子里也会比平时做得更好。生活中，我们经常会遇到一些痛苦耐受度较低的朋友或家人，他们稍受刺激就会火冒三丈，或者长期生活在忧虑状态中；还有一些人，他们能够处变不惊，从容应对。每一个情绪性事件的痛苦阈限的建立，完成于生命早期，是儿童与依恋对象共同建立的。通过有规律地、一致地回应儿童的痛苦，我们可以帮助儿童形成健康的情绪阈限。图 8-4 为情绪调节的各个环节。

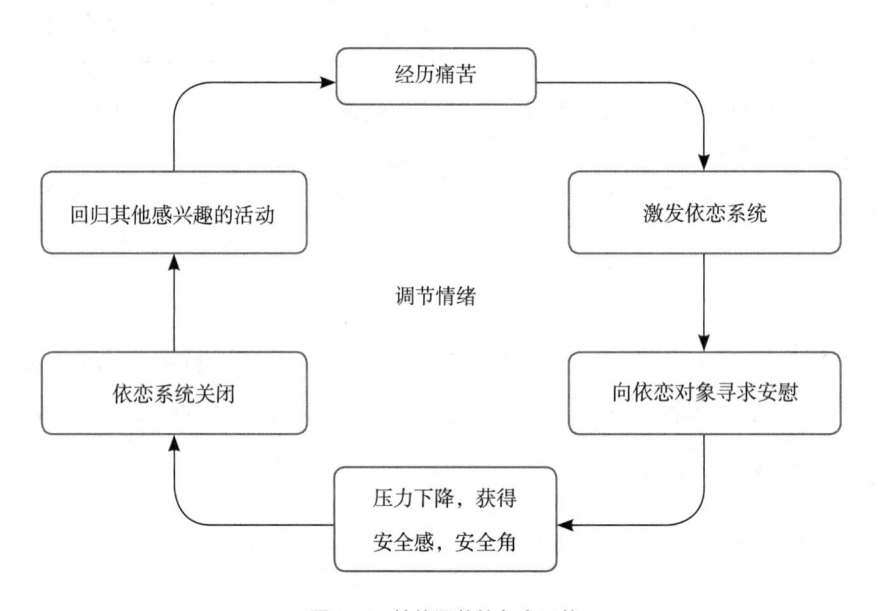

```
        经历痛苦
       ↗        ↘
回归其他感兴趣的活动      激发依恋系统
      ↑     调节情绪      ↓
   依恋系统关闭      向依恋对象寻求安慰
       ↖        ↙
     压力下降，获得
     安全感，安全角
```

图 8-4　情绪调节的各个环节

儿童常常会显现出情绪上的不安，而成人未能用同理的、协调一致的方式作出恰当的反应，因而无法释放他们情绪上的不安。如果我们不能通过共情关闭儿童处在痛苦状态下的依恋系统，那么他们的依恋系统将始终处于活跃的状态。这是一种唤醒系统持续激活的状态，儿童的"拍手器"的节奏会越来越快，使他们一整天都在寻求与人建立情感联结的机会，而不能有效地学习。情绪调节能力与保持专注的能力是息息相关的。只要依恋系统处于开启状态，那么前额叶就会处于关闭状态。也就是说，如果儿童的"拍手器"在不断地发出嘈杂的拍打声，学习和专注就会变得异常困难（Wesselmann, Schweitzer, & Armstrong, 2014; Siegel, 2010）。

我们都曾感受过依恋系统长期开启所产生的焦虑感。想想你和家人吵架的时候。一旦怒气消散，你会迫切地需要重新和他们恢复建立情感联结。这种迫切感就是你的依恋系统正在告诉你：你需要得到安慰。如果对方也期望和你重新建立情感联结，那么痛苦（焦虑）将得到抚慰，而你又回到了高效学习和工作的状态。如果对方还未准备好和你重建情感联结，你的依恋系统将一直处于开启状态，这一天剩下的时间将非常难熬。

共情的最终目的是帮助儿童能够勇敢面对多种形式的痛苦情绪。当然，我们能否实现这一目标取决于我们如何应对儿童面临的痛苦。如果我们能够掌握成熟的共情技能，那么悲痛中的儿童将可以得到关注、抚慰和安全感。这样我们就能帮助儿童学会调节他自己的情绪，建立安全依恋的心理模型，提高他们处理各种事物和学习的能力。

共情和大脑功能整合

理想的大脑发育需要大脑功能的有机整合。从大脑边缘系统通往前额叶的神经纤维数量远远超过从前额叶通往大脑边缘系统的神经纤维数量。这意味着什么？这意味着情绪是非常强大的整合器。情绪会在大脑中描绘和记录下我们每时每刻所做的选择以及我们长期的目标。除非我们学会有效地管理我们的情绪，否则它们会带我们进入一种极具破坏力的行为模式。

勒杜（Ledoux, 1996）曾经说过："当恐惧变成焦虑，欲望变成贪婪，烦恼变成怒火，愤怒变成憎恨，友谊变成妒忌，爱情变成执念，或者快乐变成沉迷，我们的情绪就开始处处和我们作对。"心理健康需要良好的情感健康。共情就是情感健康的源泉。大多数的情绪都是在我们毫无察觉的情况下发生的。共情为儿童看见自己的感受提供了一面镜子，从而意识到自我的存在。我们越是能够设身处地地为儿童着想，他们的情感发育就越加健全，同时他们的大脑功能越能更好地整合。本质上来说，共情让我们从生存状态进入情绪状态，然后与执行状态整合，为儿童发展个人责任感、实现毕生成功搭建了良好的大脑神经网络路径（见图8-5）。

在这一章，我们通常将共情界定为成人有意识地与儿童互动的心理过程，但是共情本身也是大脑整合身体、情绪、想法和行为的一系列过程。共情有许多种类，不同阶段的表现也不一样，它们分别是：运动共情、情感共情、认知共情和成熟共情。

当我们看一位滑冰者表演时或者看一个儿童从跳板上一跃而下时，大脑的镜像神经元会把这些动作复制下来，让我们在滑冰或跳水的时候模仿他们的动作。这些镜像神经元就是运动共情的生理基础，而**运动共情**（motor empathy）是我们通过在头脑中想象和复制他人动作，掌握一些生存技能的基础。大多数情况下，运动共情是无意识的，它会在我们的潜意识中不断地发生。同样的神经学机制会产生运动共情和同步性。军队强调士兵动作协调统一地进行某些训练（如行军和齐声呼喊口号）是出于多种原因的，其中一个是这些活动可以让军队更加凝聚。研究表明，协调统一的步伐、歌唱或运动能够促进团队内部的合作。每分钟60~80次的节律是一种非常原始的节奏，让每个人回忆起胎儿时听到的母亲的心跳。每分钟80次的节奏可以增强副交感神经系统（刹车），并且让我们的"拍手器"达到平衡，关闭"战斗或逃跑"的反应（Behrends, Muller, & Dziobek, 2012）。在智慧自律中，我们在"大脑聪明"教学时刻环节充分利用运动共情效应和可以促进凝聚的各种音乐和运动活动。智慧自律还会通过观察和描述让运动共情从无意识的活动扩展到有意识的活动中来。"你的手像这样（示范），你的脸像这样（示范）。"

情感共情（emotional empathy）在很大程度上也属于无意识的活动。它可以让我们体会到其他人的感受。情感共情的例子随处可见：看电影看到伤心处哭泣、和别人一起放声欢笑、看到别人吃东西时露出难受的表情，让我们对这种食物产生厌恶，以及我们在孩子摔伤膝盖后，对她的痛苦感同身受。情感共情也是一种基本的生存技能，它植根于我们的副交感神经系统。镜像神经元能够让我们看到他人面部表情传递出的信息，并且马上体会到他人的感受。智慧自律的目标是通过观察和描述让情感共情从无意识活动转变为有意识的活动，并且给这种感受加上一个标签。"你看起来很生气。"

认知共情（cognitive empathy）需要前额叶的参与。有时候我们也把认知共情当成是心理理论，这种能力既需要想象力，即想象其他人当时的感受、愿望或期望，也需要语言技能。我们会对自己说："这个孩子现在心里肯定不好受。如果我遇到他这样的事情，我肯定也会很难过。"认知共情是有意识的，但如果没有不加评判的接纳，它同样可能导致错误的共情。智慧自律的目的是撤掉我们的评判过滤器，让儿童能够真正感受到他们得到了关注。"你多么希望拥有更多的时间来完成你的学习项目啊，现在这么超负荷地赶任务，肯定让你感到很难受吧。"

认知共情要求成人处于放松性警觉的执行状态。如果负责想象儿童观点的前额叶与大脑的其他共情元素是相互分离的，成人就会按照已有的熟知感受来评判儿童。我们会把孩子的痛苦与我们自己的经历联系起来，或者给他一些建议。我们可以在情感上感受到儿童的痛苦，并启动我们的前额叶评判儿童的情绪感受。我们可能会试图帮助他或者用满怀同情的语气与他交谈，下意识地认为我们自己无法应对这种境况。这就是错误的认知共情的典型例子。

成熟的共情是将运动共情、情感共情和认知共情有机地整合在一起。实现这一目标的基础是我们作出有意识的、互相关爱的决定，在经历不安和痛苦时站在一起。此外，我们还应明确地认识到，我们不需为别人的感受、思想或行为承担责任，但是我们可以理解他心里可能的想法，并且有意识地身临其境地、感受当时的状况，付出我们的关爱并接受现状。

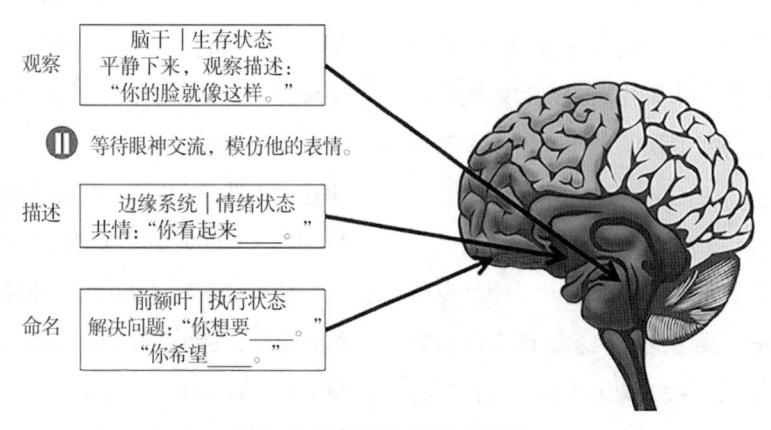

观察　| 脑干｜生存状态
　　　　平静下来，观察描述：
　　　　"你的脸就像这样。"

⏸ 等待眼神交流，模仿他的表情。

描述　| 边缘系统｜情绪状态
　　　　共情："你看起来____。"

命名　| 前额叶｜执行状态
　　　　解决问题："你想要____。"
　　　　　　　　"你希望____。"

图 8-5　共情促进大脑功能整合

共情的技能

共情的技能尝试将行为矫正和情感联结整合起来，先处理孩子情绪上的不安全感，然后帮助儿童实现行为改变。它可以帮助成人和儿童明白，即便我们在养育过程中为孩子设定了行为界限，甚至会发生冲突，但我们的关系仍旧可以很好。共情意味着，我们的关系在有冲突或者情绪激动的时候会暂时性地偏离常态，但绝不会破裂（Tronick，2007）。它还可以让儿童真正成为自己感受的主人，并且负起调节情绪的责任。失控、不安的儿童需要共情安慰才能恢复秩序，进入大脑的高级神经中枢系统。

共情能够舒缓痛苦和促进大脑功能整合。不幸的是，我们中只有极少数的人能一以贯之地付出或接受。相反，大多数人所经历的共情都是可以用忽视、袒护、惩罚或轻视描述的。在儿童身上实践共情前，我们必须认识我们通常从依恋对象那里所获得的共情风格，以及我们希望给予他人的共情风格。请完成下列评估，然后阅读研究者经过多年探索对共情风格的分类。

活动：共情风格评估（前测）

请写出你会如何应对下列情景。请准确地写出你会使用哪些词汇。

情景：卡尔文上学迟到，来到了教室。你告诉他到办公室签到。这瞬间点燃了卡尔文的怒火。他捶胸顿足、大喊大叫："我才不去那该死的办公室，你不要逼我！"你勃然大怒，按照"光盘"上记录的方式作出反应。请在下面的空格处写出你会下意识地说出的那些话。

可能的"光盘"反应：

_____

_____

我们所说的话可以明确地反映我们使用的共情风格。如下文所述，研究人员目前已经认定了四种尚未成熟的共情风格，而第五种共情风格，即教导（coaching），是智慧自律倡导的成熟的共情。哪一种风格与你的"光盘"上刻录的共情风格最为接近？

共情风格 1：忽视。这种风格的成人会忽视情绪，仅关注行为。他们未能充分利用情绪激动的时刻与儿童进行互动，同时也未能教他们学会如何建设性地管理或表达他们的感受。

"卡尔文，你知道学校的规定。如果你迟到了，你必须到办公室签到。这样我们就知道谁到了，谁没有到。"一些孩子看着卡尔文和老师。老师教他们专注于他们应该做的事情。她来到卡尔文面前对他说："你还没有蠢到在班里说脏话吧。规定你都知道。现在马上去办公室签到，把这个纸条交给校长。她会好好跟你聊聊在学校说脏话的事。"

这个老师是一个典型的忽视学生的情绪，并且教学生忽视自己的情绪的人。卡尔文的痛苦与迟到无关。当我们忽视了儿童的情感性自我时，他们的情感调节、拍手器和学习会受到怎样的影响？

共情风格 2：袒护。某些成人注意到了儿童的感受，但是却抱着帮助他们脱离痛苦的目的与他们互动。他们的目的是无论遇到任何问题，都会解决问题，试图让儿童"高兴起来"。

"哦，卡尔文，你今天早上看上去很不开心啊。家里或者在上学的公共汽车上肯定发生了什么状况吧。没关系的。你总算到校了。没必要说这么难听的话。你知道我们的学校大家庭在这里等着你呢。我会给办公室打电话，告诉他们你已经到了。必须要通知他们一声，这样我们才能保证你的安全。"

教师努力抚慰卡尔文不安情绪的行为，使她错失了一个教授责任心、帮助卡尔文控制自己怒火的机会。通常来说，总是想着解决各种问题或者帮助儿童渡过艰难情绪的人，常常是因为他们自己在调节情绪的时候会感到不安。他们根本不懂得如何帮助儿童调节情绪。如果孩子从来都没有感受过负面情绪，怎么可能学会有效地调节情绪呢？

共情风格3：惩罚。这些成人会批评孩子们的情绪表现。他们会禁止儿童将愤怒情绪表现出来，一旦儿童表现出非理性的情绪行为，就会受到惩罚。情绪，尤其是消极负面的情绪，通常会被认为是不体面的。

"卡尔文，你胆敢在教室里说脏话而且不尊敬我！你马上去办公室，现在就去。如果你觉得我不能让你去办公室，就等着我叫你妈过来！我又不是你的保姆，我是你的老师。现在马上去办公室签到，把这个纪律通报交给校长。"

惩罚只会给学生示范那些原本想要从学生身上摒除的行为。请注意，这位老师的行为与卡尔文的行为并无二致。对儿童施以惩罚会对他们未来应对情感困苦和拍手器的能力产生哪些影响？对卡尔文的痛苦耐受程度产生哪些影响？

我们万不可将不服从等同于不敬，只有这样我们才能运用我们的共情。

共情风格4：轻慢。采用这种风格的成人会采用"大事化小，小事化了"或"快刀斩乱麻"的方式处理儿童的情绪感受。他们的目的是终止这种内心的痛苦，而不是调节他们的感受。无论儿童内心多么沮丧，这种风格的成人最常说的一句话就是："没什么大不了的。"

"卡尔文，下次说话注意点。你一大早就要我给你扣分吗？不管为了什么，事情已经过去了，没必要这么大惊小怪。骂人也不能解决问题。现在，冷静下来，去办公室签到。"

教师并未采取任何措施帮助卡尔文解决他的情绪问题。她告诉学生没什么大不了的，以此消解他的负面情绪，并且试图用学生表现卡来压制他。她的所有做法都无助于帮助学生感受、接受和改变他的情绪，使之成为一种健康的技能。轻慢地对待儿童的情绪问题会对儿童情绪调节能力、拍手器的稳定合拍以及未来关系的发展产生哪些影响？

共情风格5：教导。一些教师认识到，错误的行为通常表示强烈的感情找不到发泄的出口。这些教师利用 D.N.A. 法（Describe, Name, Acknowledge；即描述法）通过设身处地的教导，以儿童内心的悲痛为契机，教导他们学会调节自己的情绪。

当卡尔文表现出叛逆的态度后，她的老师很快深呼吸并且让自己平静下来。她对自己说："我很安全。保持呼吸。我能应对。"打开心扉并且完成祝福后,她提醒自己卡尔文只是在寻求帮助。

"卡尔文,你的脚就像这样。你的手就像这样。你的脸就像这样(示范)。"当卡尔文扭头看向她时,她停顿了一下,做了一次"微笑星",然后把她的镇定示范给卡尔文。他下意识地和她一起呼吸,他的身体开始略微放松。老师对他说:"你今天早晨看上去有点生气。上学的路上肯定发生了什么不愉快的事情吧。"

卡尔文绷紧的表情放松下来,泪水流了下来。"我爸爸要离开我们了。他们打架了,可凶了。警察都来了。"

老师回答道:"难怪你会那么说。"当卡尔文开始放声痛哭时,她抚摸着他的背,对他说:"你的情绪让你失去了理智。今天早上太可怕了。我现在要保证你的安全。和我一起呼吸,卡尔文。"

必须注意,当卡尔文恢复平静后,这位老师将与卡尔文讨论他不当的语言和行为问题。"你希望我知道你当时情绪非常激动,所以你说了那些伤人的话,并且通过肢体语言表达出你当时的感受。下次再遇到这种情况时,你要说我遇到了大麻烦,我需要帮助。你现在这样说练习一下。"她会看到卡尔文在得到所需的帮助后,很乐于遵守学校的规定。"你可以独自或者和杰克一起去办公室,杰克是本周的'关爱队长'。你觉得哪个选择比较好?"

当儿童正在承受心理伤痛时,我们的职责是像一面镜子一样映射出他们的内在状态,这样他们才能够调节自己的心态并改变他们的外在行为。

活动:共情风格评估(后测)

请仔细思考你在前测里给出的答案,你的共情风格是成熟型的(教导)还是不成熟的(忽视、袒护、惩罚或轻慢)。现在请想一想你的主要依恋对象在你童年时期给予你的共情风格。

1. 你的母亲、父亲和其他重要家庭成员是如何运用他们的共情的(忽视、袒护、惩罚、轻慢或教导)?

2. 他们如何回应你们的消极情绪?
当我感到伤心时,他们会提供_____型共情。
当我感到愤怒时,他们会使用_____型共情。
当我感到失望时,他们会使用_____型共情。
当我感到_____时,他们会使用_____型共情。
当我感到_____时,他们会使用_____型共情。

3. 你在与学校的学生、自己的子女、朋友以及其他重要人员互动时,分别会表现出哪个层次的共情?

4. 请与你的伙伴讨论,和陌生人相比,为什么我们对自己喜爱的人作出共情的反应会更困难?

共情之外

上文中的共情风格1~4是在特定前提下的结果,如没有首先使用接纳的力量(接纳现状),或者是不知是否有必要要改变现状。忽视、袒护、惩罚和轻慢属于不成熟的共情风格。我们设计出了多种反应方式,目的是促进不成熟的共情风格变得成熟。下面这些情景你熟悉吗：

分享我们生活中相似的经历——迈克尔走到老师面前说："昨天晚上，我们不得不对我家的宠物狗实施安乐死。"老师回答道："我知道你可能感到很难受。两年前，我们也做过同样的选择。真的是让人非常难过。"

我们这样做的目的是通过分享我们自己的经历纾解别人内心的痛苦。谈论我们自己的经历可以分散别人的注意力，让他们的情绪不再继续发酵，对他们的心理健康也是至关重要的。这样做的原因是，当有人和我们分享某个经历时，它能够引起我们大脑的共鸣，唤起我们类似的经历。我们需要通过有意识的练习才能克服这种本能的心理反应，放下我们想要谈论的自己的需求，并且真心地倾听对方。

给出一个"解决问题"的建议——卡洛斯内心非常难过。他在公共汽车上丢失了午餐钱。当他把这个情况说给老师时，她马上给卡洛斯提供了一些解决问题的建议。这样做，教师忽略了卡洛斯的主要顾虑。他担心的并不是午餐，而是奶奶对他的粗心行为可能作出的反应。

当我们尝试解决别人的问题时，我们经常会传递出这样一个微妙的信息："别烦我，自己想想办法。"试图通过忙碌和分散注意力的方式应对自身痛苦感受的成人，给儿童提供的建议通常会传递出这样的信息："做点有意义的事情，你内心的伤痛就会消失，这对我很有效。"无论通过哪种方式，我们都亲自出马试图解决儿童的问题，而不是给他们提供共情，以便他找出属于自己的解决方法。对于年幼儿童，通过提供建议应对内心痛苦，可以让儿童错误地认为别人有责任保证他们的快乐。

利用幽默缓和形势——考特尼把她的作业弄丢了。她心里非常难过，她似乎一点也想不起来丢在了什么地方。当她向老师解释自己内心的不安时，她的老师回应说："我猜你需要用魔术贴把它贴在身上。"

有些成人会通过幽默的方式消解他人的情绪感受，以此让气氛轻松一些。但是，玩笑和幽默只是在转移他人的注意力，并没有投入情感。这些成人往往内在充满了紧张不安的情绪，幽默是他们面对不擅长处理的无聊、情感联结和情绪事件的防御机制。

宽慰——梅利莎正在和小组里的其他同学一起完成一个项目。她对自己的工作一丝不苟，并且认为其他组员不够努力。她满怀着对其他组员的不满找到老师。老师的回应是："船到桥头自然直，你只需要耐心等待，一切都会好的。"

宽慰是一种微妙的、漠视他人情感的方式。其潜在的信息是："没有必要大惊小怪。"许多失败的共情往往表现为：告诉儿童不要产生某种客观存在的想法。这种做法植根于成人自身对情绪产生的不安。本质上来说，这个成人是在说："不要用你心里的痛苦让我感到不安。"很多人都对未来充满了担忧，并且经常和我们分享他们的忧虑。如果我们可以掌控将要发生的事，那么向他们保证一切都会好起来就是有用的；但是我们并不能够掌控未来，因此，我们更需要倾听他人的担忧，然后有意识地理解他人的感受。

同情心泛滥——瓦妮莎放学回到家中，得知她的家人刚刚发生了一起车祸。她的妈妈和弟弟仍在医院中接受治疗。瓦妮莎把这一消息告诉了班里的其他人，麦克林老师说："哦，这太糟糕了！你和你的家人好可怜！太可怕了！你肯定非常担心你的妈妈和弟弟！"

麦克林老师对瓦妮莎和家人夸大的担忧与瓦妮莎的经历毫无关系。事实上，麦克林老师几乎没有认真听瓦妮莎所说的话，因为她正忙着表达"你这个无助的可怜人！"这一信息。她直接捕捉到了瓦妮莎的感受，却没有倾听她经历的真实事件。一些成人认为，泛滥的同情心与共情是一样的。但其实他们这样做的目的只是告诉别人，他们是富有同情心的、有礼貌的人。

活动：改变共情方式

> 请使用上文中不成熟的共情示例，帮助你认识自己属于哪种共情风格。看看你是否掉入了不接纳现状就盲目表现共情的陷阱。
>
> 在下面的空白处写出你经常给出哪些错误的共情反应（从最常见到最不常见排序，再写出不太常见）。然后，请阅读右侧的条目，圈选出你的答案。
>
> 1. _____我会原谅我自己并且作出改变。　是　否
> 2. _____我会原谅我自己并且作出改变。　是　否
> 3. _____我会原谅我自己并且作出改变。　是　否
> 4. _____我会原谅我自己并且作出改变。　是　否
> 5. _____我会原谅我自己并且作出改变。　是　否

> **我承诺**：我愿意有意识地反省我下意识的错误共情方式。我要努力做到换位思考，而不是妄加评判，亲自着手解决他们的问题，或捕捉他人的情绪感受来展示自己的同情心。简言之，我会接受当时的状况而不妄加"好"与"坏"的评判。
>
> 签名：_____　日期：_____

有意识的共情和游戏

渴望得到他人理解的愿望是人类进步的一个强大的动机。这是我们的基本生存需求之一。暴力（每一次战争和争吵）与共情的缺失是密不可分的。没有共情，我们会互相攻击；当我们展现共情时，我们就能够和谐统一。在《好好说话第一步：学会倾听》一书中，尼克尔斯（Nichols, 1996）说："渴望自己的声音被听到和理解，这种愿望其实是渴望脱离孤立，弥合导致我们分裂的鸿沟。我们彼此伸

出双手，揭示我们内心的真实感受，并渴望得到他人的理解，以此努力克服导致我们相互分隔的障碍。"共情能够改变人与人之间的关系。它提醒我们每个人都是相互依赖的，并且能够强化我们的自我认知。当别人理解我们的感受并与我们产生共鸣，我们会感到彼此的相互亲近，这让我们的想法更加清晰，展现我们的内心世界并更好地理解他人的感受。共情产生的这种相互融合的过程让我们感到更加健全。

有意识的、成熟的共情包含两个要素：情感要素和认知要素（Findlay, Girardi, & Coplan, 2006）。二者均需要在游戏中才能健康发展。

从**情感**方面来看，共情要求我们理解其他人的感受，从而更好地认识自己。这有助于我们共同调节彼此的情绪。成人和儿童通过有意义的游戏共同调节和增强他们之间积极的依恋系统。通过共情，他们可以合力调节和减少那些不和谐的情绪。要想实现情感方面的健康，共情和有意义的游戏都是十分必要的。面对面的游戏，如亲子之间的嬉戏和"我爱你"仪式都是实现自我调节的关键。在情绪调节和注意力方面存在某些问题的儿童，需要与重要的成人进行更多的面对面游戏。

面对面的游戏可以调节积极的情绪，而共情可以调节消极情绪。

从**认知**方面来看，共情要求我们深刻地洞悉他人的思想和行为，帮助他人了解自己的思想和行为。共情是一种想象行为，我们必须设身处地站在对方的角度进行思考。认知共情可以帮助儿童认识他们自己的观点、情绪和行为之间的各种联系。

我们的共情为儿童健康的情感发展奠定了基础。它是我们亲社会行为的动力（de Waal, 2008）。想象性游戏也能够支持儿童的情感发展。在幼年时期减少或限制儿童的想象性游戏将阻碍他们共情的发展。我们能够送给自己以及儿童最大的礼物莫过于一个和谐、友爱的校园环境，儿童拥有众多机会可以充分参与想象游戏。当我们看到没有共情的人可怕的样子，我们便能够认识到共情有多么重要。穷凶极恶的罪犯们，比如强奸犯、猥亵未成年儿童的罪犯以及家庭施暴者，这些人都是缺乏共情的人，只有缺乏共情的人才会故意伤害他人。

你如何回应孩子内心的烦恼，孩子就会学习以同样的方式回应他人内心的烦恼。

认知共情的发展阶段：心理理论

很多人认为当别人内心痛苦时，我们必须表现出同样的痛苦才能表示我们真正地关心。当一个朋友打电话向你诉苦时，我们会认为我们应该和她一样内心痛苦才对。有意识的共情要求我们不加评判地接纳，而不是与朋友拥有同样的痛苦。共情的发展始于婴儿时期，其发展尽管非常迅速但是可以预测的（Zahn-Waxler & Radke-Yarrow, 1990）。心理创伤和长期得到不成熟的共情可能会延缓这一进程，进而导致我们错误地认为应该在别人伤心难过时"分担"他的痛苦。通过下文描述的共情发展阶段，你能否看到我们对共情的认知存在哪些扭曲的理解？你最经常会用到哪一阶段的共情？

第一阶段：同感式苦恼（0~1岁）：由于共情是与生俱来的，所以婴儿会将周围其他人的苦恼和痛苦当作自己的苦恼和痛苦。当托育所里的一个婴儿开始哭时，其他婴儿也会一起哭！请注意观察班里的学生。当其他人哭时，他们是否也有想要哭的迹象？请仔细留意你自己，你是否会把别人的感受当作你自己的感受？

第二阶段：自我中心式共情（1~6岁）：当儿

童学会区分自己和其他人时，他们可能会对其他人的苦恼而感到忧虑。当学步期的儿童逐渐认识到，他人内心的苦恼与自己无关时，他们需要决定该如何应对他人的苦恼。学步期儿童应对的方式或许不那么恰当，因为他们仅仅通过以自我为中心这种原始的角度观察这个世界。3岁的卡洛琳走到一个尖叫的婴儿（1岁）面前，把自己的饼干分给他。这个婴儿试图避开她。但卡洛琳一直跟着他，在他眼前晃了晃饼干然后轻轻地拍了拍他的背。这个婴儿更加狂躁起来。卡洛琳通过自己的行为表示她理解了他的苦恼，并且试图用别人安慰她自己的方式（食品和抚摸）来安慰他，但她完全没有意识到，她的行为反而进一步增加了这个婴儿的苦恼。

儿童使用的这种共情充分展示了最初的照看者给予他们何种共情。你和你所照料的儿童会通过哪种方式彼此安慰？拥抱，语言，玩笑，还是分散注意力？你是否发现当你的朋友一直在哭泣时，你会不停地给他提供各种建议？

第三阶段：互惠型共情（6~9岁）：儿童认知能力逐渐趋于成熟，他们在人际交往中可以展现更多相互的共情效应。尽管在家和在校的人际交往仍然是以自我为中心的，但这一年龄段的儿童能够辨别他们展现的共情是否有益于交往的另一方。请想一想你自己以及你照料的孩子们。你能做到从他人的角度看待问题吗？你所作出的各种反应是否以有利于儿童的发展作为第一准则？

第四阶段：全球共情（9~11岁）：随着儿童逐渐进入青春期，另一个视角的认知转移开始逐步显现。青春期前期的儿童开始感受到全球各类人群的痛苦，开始对压迫、贫穷和疾病感到担忧。在此之前，共情仅限于他们自身生活中具体的、直接的苦恼。班级主题活动，如全球性的饥荒、热带雨林和无家可归主题开始变得有意义，并且成为他们发展自己共情的重要渠道。

第五阶段：有意识的共情（11岁及以上）：有意识的共情是一种成熟的共情。它是建立在接触和有意识的关爱的基础上的。爱每时每刻都在发挥着下列五大功用：

1. 提高安全感（减少对失去的恐惧）；
2. 从被依恋到尊敬他人（感受过被爱的人，才有爱人的能力）；
3. 承认自主的力量（人们可以自由选择他们的观点、想法、感受和行为）；
4. 看到别人的长处；
5. 相信一切顺利，不要担心。

有意识的共情需要我们倾听他人的声音，并且坚信这个苦恼的人有能力掌控自己的情绪和眼前的形势。切勿将那些内心承受痛苦的人看作牺牲品，而应乐观地看待形势（即使对方对这种负面的认知深信不疑）。如果你能够为他人创造一个宽容的空间，让每个人都可以拥有他们自己的情感，那你就已经做到了有意识的共情。

提供适合儿童年龄以及共情发展阶段的活动，为儿童创造最有利的成长环境。例如，鼓励6岁的儿童完成一件普适共情项目，如拯救热带雨林就无助于儿童的成长，相反，应在班里以及附近的社区里组织一些更贴近儿童家庭生活的活动。当儿童的发展达到了普适共情所需的阶段，拯救热带雨林的活动才会自然而然地吸引他们的兴趣，并且顺利地进行下去。

通过描述法使用有意识的共情

要想成功地运用我们的共情，应大胆地让儿童承受一些苦恼。如果我们的痛苦耐受度较低，则会在无意识的情况下被儿童内心的痛苦和苦恼激怒，进而无法设身处地地从他们的角度着想，并且同时拉低了他们的耐受度。智慧自律的描述法可以帮助我们提高我们的痛苦耐受度，并掌握这一技能。它能帮助我们更好地运用共情，帮助儿童从大脑的低级神经中枢进入高级神经中枢，从而高效地解决问题。随着我们利用各种机会不断促进这一过程，我们为儿童提供了一个外部声音，这种外部声音将最终促进儿童形成健康的自我调节的内部声音。

共情并不是调整我们的行为界限，而是帮助儿童拥有更好的能力接纳这些行为界限，并且在日常生活中实践它们。

以一栋三层楼房作为比喻，我们现在可以回顾一下情绪痛苦和大脑的运作机制，并解读描述法的运用过程。地下室代表了生存状态。第一层代表了情绪状态。顶层代表了执行状态，而老板的办公室就设在顶层。任何冲突都是在顶层老板的办公室解决的。

所有冲突都始于内心的烦恼，因此我们需要管控自己的烦恼才能真正地解决冲突。当情绪激动时（通过行为表现出来），我们进入了大楼地下室的电梯，然后向上进发。当情绪稍微缓和时（通过语言表现出来），我们进入了第一层的电梯并且继续向上走。当我们心情逐渐舒缓下来，只是不含情绪的抱怨时，我们或许已经到达了这栋楼的顶层，但我们仍然需要走到老板的办公室。当我们走过大厅时，必须让我们的抱怨从我们不想看到的情形转移到我们希望看到的行为上。最终的目的是来到老板的办公室，并积极地解决问题，而不是单纯地咆哮、胡言乱语或者抱怨。每一层都展现了一种不同形式的共情，每一种共情都帮助我们来到更高的一层。地下室的开关是D，表示描述（Describe）；第一层的开关是N，表示命名（Name）；而顶层的开关则是A，表示确认（Acknowledge）。

描述

描述我们通过运动共情观察到的情绪信号（面部表情和身体线索）以及肢体动作。这样做的目标是通过语言形容当时的状况且不加任何评判，实现目光交流。如前文相应的章节所述，我们是通过观察法实现这一目标的。我们可以说："你的手像这样（示范），你的脸像这样（示范）。"

当儿童看着我们时，我们就可以启动调节过程，首先深呼吸，保持冷静，降低此时此刻的情绪强度。暂停能够给予儿童一段时间舒缓情绪的紧张，减缓生存状态下感知到的紧迫感。通过观察进行描述是帮助儿童进入第一层的情绪状态必不可少的一环，只有在情绪状态中才有可能保持持续的情感联结。

通过观察法实现目光交流 + 用平静的心态感染儿童 = 进入更高的楼层

命名

给儿童表达出的感受起一个名字。"你看起来很生气。"使用疑问语气和你能想到的全部知识猜测儿童的感受，如果你猜错了，儿童还有机会纠正你的表述。在上述三层楼的比喻中，命名就是指快速穿过情感的大桥，在第一层短暂停留。我们必须快速从"命名"进入"确认"环节。如果暂停的时间太长，我们就是在邀请儿童回到第一层的情绪状态。当儿童要在谁对谁做了什么、谁先动手以及让他们彼此憎恨的各种其他原因纠缠不清时，他们就会停滞在第一层的情绪状态中。下面就是一个教师与两名从电梯上掉下来、困在第一层的女生之间发生的对话。

教师：你们看起来心情低落（停顿）。
艾莉：是啊。我讨厌她。她总是骂我。
贝亚：我也讨厌你。你先骂我的！
艾莉：胡说。你说谎！
贝亚：你才总是说谎呢。难怪谁都不喜欢你，所有人都讨厌你，我也讨厌你！

在你说完"你们看起来心情低落"后，哪怕片刻的停顿都会把二人带到情绪状态，她们会在第一层转来转去（就像前文中描述的被困在桥上的女性的例子）。给儿童的感受命名可以让我们从"我很生气"升级到"我感到生气"，从而让我们调节情绪的过程全速转向执行状态，因此我们必须快速进入大楼的上一层。

确认

共情过程的最后一步是通过积极意图确认儿童的愿望，同时肯定他们的经历。这是共情中认知方面的组成部分。对这一过程极其有利的两个阶段分别是"你想要_____"和"你期望_____"。这种表述能够帮助我们承认儿童内心最真挚的愿望并且有助于解决问题。你可以把这种表述当作一种试验性的猜测，然后等待儿童给予确认或否定（就像给儿童的感受命名一样）。你可以说"你似乎很生气。你想让她叫你的名字"，中间不要有停顿。

如果我们实在不清楚儿童期待的是什么，我们可以要求给予他们帮助。"你看起来很生气。发生了什么事情吗？"然后使用一些额外的信息进入解决问题的环节。"哦，你希望_____。"

除"你想要"和"你希望"的感受外，我们也希望有所确认。这种时候，我们发自内心的做法必须是建立在仔细倾听的基础上，并且应该反馈儿童在对话中传递出的信息的本质。这种反馈能够证明我们确实在认真听他们所说的话，并且理解他们的观点，同时没有夹杂任何个人评判。儿童可能会说："你不能逼着我洗澡。身体是我自己的。"你可以回应说："你看起来心情低落。你想要让我知道你对照顾好自己的身体承担责任。"主动的倾听是很难教的，因为它要求我们亲身参与。下文的示例可以帮助你完成这一过程。

- "你看起来心情低落。停下自己喜欢的事情然后去做别的，这样确实让人感觉不好受。保持呼吸。你可以做到的。"
- "你看起来很害怕。这确实挺可怕的。难怪你想要跑开。我会保护你的安全。跟我一起深呼吸。我在身边帮助你。"
- "你看上去有点伤心。失去亲人让你感到非常难过。我们会一起渡过难关的。我们会陪着你。"

现在我们再一次审视两个女孩相互辱骂的例子。

教师：你们两个看起来都闷闷不乐。你们希望解决问题，但是不知道该怎么办。
艾莉：她说我蠢。
贝亚：她说我的头发看上去像兔子屁股。
教师：难怪你们两个看上去很生气。你们两个都知道如何有礼貌地交流你们的挫折感。

教师对艾莉：她说你蠢的时候，你喜欢这样吗？

艾莉：不。

教师对贝亚：她把你的头发说成兔子的时候，你喜欢这样吗？

贝亚：不。

教师对二人：看来你们两个都需要大声告诉对方，你们希望对方怎么做。

教师对艾莉：告诉贝亚"你这样说我蠢让我很不开心。如果你想和我讲话，要叫我的名字。"

教师对贝亚：告诉艾莉"你取笑我的头发让我很不开心。如果你想和我聊聊我的头发，你要么恭维我几句，不然就不要讲话。"

和这两个女孩一起完成这个活动，证明她们有意愿使用新的技能，并且通过重建人际交往的仪式修复二人之间的关系，如击掌或拥抱。

命名 + 确认 = 更有可能进入顶层

切记，在给儿童的感受命名后要快速进入确认环节。这种快速的转变能够促进问题的解决，而停顿则会让这一过程停转并停留在情绪和冲突状态。不要在由情绪控制的第一层下电梯。

确认儿童的愿望能够帮助他们从他们不想看到的情形转换到他们希望看到的结果上来（见表8-1）。这与本书第5章中所讨论的"翻转"法遥相呼应，并且利用了下一章的积极意图的相关技巧。当我们、儿童、家长以及我们的同事抱怨时（主要抱怨我们不想看到的情形），我们正在大楼的顶层四处游荡而无法进入老板的办公室。尽管老板办公室拥有解决问题的能力，但我们只有在"思维翻转"并且将注意力集中在我们希望看到的结果上时，才能顺利地进入老板的办公室。

确认 + 思维翻转 = 为解决问题做好了准备

如果我猜错了怎么办？ 如果我们猜错了，儿童会纠正我们。如果我们说："你想有一些能和你一起玩的朋友。"儿童可能会回答："不，我希望奥利维亚帮我画完这幅画。"你可以在这时接上："哦，那么你想从奥利维亚那里得到帮助。"

表 8-1 思维翻转

儿童描述	教师确认
谁都不喜欢我。	你想有一些真正关心你的朋友。
他拿了我的铅笔。	你想要把你的铅笔要回来。
我不喜欢数学。	你希望我们继续上科学课。
所有人都过来烦我。	你想独处一会儿。

活动：练习共情的电梯法

按照前文中电梯的比喻，你可以练习在哪一层进入电梯：地下室（生存状态）、第一层（情绪状态）或顶层（执行状态），以及你在表8-2的情景下会首先使用哪些技能（描述，命名或确认）：

表 8-2 练习共情的电梯法

情景	楼层	技能
1. 儿童说："闭嘴！"		
2. 儿童避开你的目光。		
3. 儿童说："为什么又是数学？"		
4. 儿童说："数学真是蠢！"		
5. 儿童对你置之不理。		

> **运用描述法时常见的错误**
>
> 质疑却不描述，表现得什么都懂的样子而不是提供温和的反馈，这是在实践描述法过程中常见的两个错误。
>
> 提出疑问的目的是获得信息，而描述法的目的是提高儿童的自我认知。如果总是提出问题，我们就无法描述、命名或者确认。提出问题要求儿童思考他们的感受，而不是体会和调整他们的感受。你应避免一些特定的言辞，如"你生气了吗？"和"你为什么生气？"
>
> 给人无所不知的印象同样会阻断共情过程。我们对儿童感受和动机的反馈应该是试探性的，并且是可以纠正的。我们希望留给儿童大量空间，以便他们在必要时回应和纠正我们的认知。试探性的询问有助于发展真正的共情，你可以说"你看起来很生气？"避免"你肯定感到很难过吧"和"我知道你正在气头上。"这类结论式的反馈。

当我们运用共情时，我们就像在说："我看到你了，我也能体会到你的情绪并且愿意倾听你的声音。"（见图8-6）当儿童感觉他们得到了关注、安全感和安慰时，这将有助于建立和修复维系他们关系的依恋系统。描述法让我们可以首先解决儿童的情绪问题，因此我们可以在顶层老板的办公室里教授他们相应的技能，给他们适当的辅导或者让他们承担某种结果。

描述法的关键在于我们要认识到儿童的内在状态，因此才能鼓励他们调节自己的情绪。如果我们仅仅想着科学课需要哪些材料，没有时间应对儿童不安的情绪或者想着我们回家后还要做饭，那么我们将错失儿童表现出来的面部和肢体信号，而这些信号会引导我们帮助儿童实现自我情绪调节。当儿童的内心处于不安的状态时，描述和示范他们的面部表情，可以让我们与儿童和谐相处并且关注当下情境，因此我们可以利用大脑的高级神经中枢给儿童提供适当的共情和引导。这样还可以帮助处于内心痛苦状态的儿童，以及学校大家庭中目睹这一互动过程的所有其他成员，发现一些语言以外的线索，以及这些线索反映出的情绪和愿望。

共情帮助我们成为自己感受的主人

镇定的技能提醒我们，不论我们认为谁在操控我们的感受，我们都已经将自己交由他们摆布，因此我们需要收回我们的权力。我们可以用共情帮助儿童收回他们的权力，让他们相信他们才是自己感受的主人，并且他们有能力、有责任管控自己的情绪。想象一个写着感受、权力和责任等词语的沙滩球（见图8-7）。

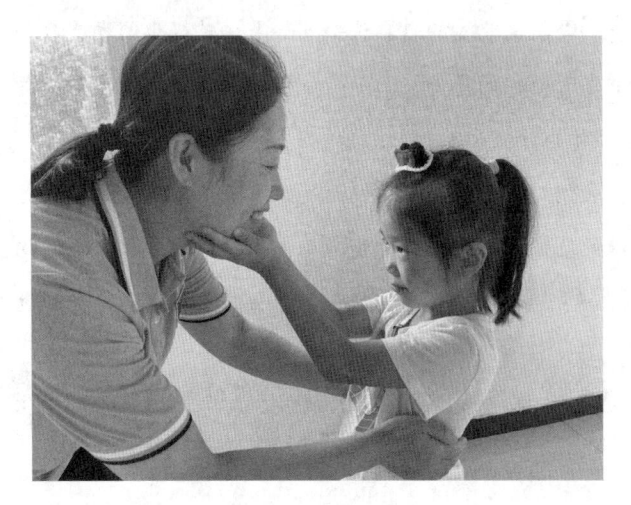

图8-6 运用共情

图8-7 "感受、权力、责任"沙滩球

拿到球的人需要负责自己的感受，并且有权力也有责任调整它们。如果我认为我弟弟让我生气，那么他正在拿着我的球，他有权力和责任控制我内心的痛苦。如果他不改变，那我可能要痛苦几十年了！为了实现个人的幸福感和健康的人际关系，我们每个人都必须拿住自己的球。试图让别人为我们自己的内在状态负责，会让我们放弃自己的权力并成为生活的牺牲品。

婴儿出生时，我们的内在状态可以左右他们的内在状态。为了生存，我们必须要控制他们的沙滩球，掌控他们的内在状态，并且以一种同频共振的方式回应他们的需求。随着婴儿逐渐长大，学步期儿童的需求（生存状态）逐渐扩大为期望（快乐）。他们想要整天玩耍，把睡觉抛在脑后。当我们开始为他们的行为划定红线时，他们内心的痛苦随之产生，并可能因此大发脾气。当这些有益健康的行为红线越发严格时，那些曾经成功帮助儿童舒缓情绪的成人成了他们现在痛苦的来源。强烈的情绪控制了他们，因为这种情绪来得十分猛烈，而且他所掌握的应对能力仍然微不足道。当儿童处于这一年龄段时，成人所要做的主要是将代表了儿童感受、权力和责任的沙滩球轻轻地交回他们手中，帮助他掌控自己的情绪。现在，成人已经转变成一个辅助的调解人或教练的角色。

我们必须使用描述法轻轻地将球交回儿童手中。但是，一个不断尖叫的孩子并不总是能够优雅地接过递来的球。这种时候，镇定技能和安全角可以提供极大的帮助。当孩子对我们说"都是你的错，我很生气！"时，他把球传给了我们，并且把他内心的痛苦也投射在我们身上。我们的职责是通过共情温柔地把权力还给他，帮助他调节自己的情绪和

建立有意识地利用共情的"模板"。利用描述法轻轻地将沙滩球交回儿童手中是我们作为辅助情绪调节人的职责。当儿童接过他自己的沙滩球后，他便可以着手解决问题或者在别人的帮助下遵守纪律。如果与选择技能相结合，共情将会提高儿童合作的意愿；如果与行为结果技能相结合，还可以提高从教训中学习的能力。下列示例中，请检查一下你是否能够找出智慧自律的各种力量和技能是如何相互结合的：

成人在提出警告两分钟后发出指令：艾米莉亚，收拾好你的书本，然后回到你的座位上。

艾米莉亚：不！我还没完呢！别打扰我！我不会妨碍任何人。

成人：你看上去有点失望。你想把它做完，并且很不想停下来。你可以做到的。跟我一起深呼吸。你要做一个选择。你可以用便利贴或你的书签在上面做个记号。你觉得哪两个更好？

艾米莉亚：好吧（翻白眼）。书签吧。

成人：你做得很好，艾米莉亚。换一种活动或许会让你感觉不开心，请深呼吸几次然后回到你的座位上。

艾米莉亚把她的沙滩球扔给了老师，说："如果你让我做我想做的事，我就没事了，而且还做得好好的。"老师并没有过多理会艾米莉亚的感受，而是利用共情、选择、鼓励和镇定把球温柔地交还给她。这位教师发现艾米莉亚处于情绪状态（大楼的第一层），然后使用共情的方法说出了艾米莉亚的感受并且很快承认她的感受。

> 就像蹒跚学步的儿童一样，成人有时也没有做好充分的准备，或者不愿意掌控自己的沙滩球。有时候，我们需要时间和一些额外的技能。对于儿童而言，安全角就是为了这一目的设置的。成人的安全角在他们的内心中，我们称为接纳。

活动：把沙滩球还给它的主人

请在下列活动中运用这些新知识：

成人指令：把书翻到第32页。（除了圣地亚哥所有人都照做了）

成人：劳伦，你可以帮助圣地亚哥翻到第32页吗？

圣地亚哥：闭嘴！谁也别来烦我。

成人：你看起来＿＿＿＿＿＿＿＿＿＿＿＿＿
＿＿＿＿＿＿＿＿＿＿＿＿＿＿＿＿＿＿＿＿。
你想要＿＿＿＿＿＿＿＿＿＿＿＿＿＿＿＿＿
＿＿＿＿＿＿＿＿＿＿＿＿＿＿＿＿＿＿＿＿。
你要做一个选择。你可以＿＿＿＿＿＿＿＿
＿＿＿＿＿，或者＿＿＿＿＿＿＿＿＿＿＿＿。
你觉得哪个更好？（圣地亚哥选择了第二个选项）

成人：你做得很好！你＿＿＿＿＿＿＿＿＿
＿＿＿＿＿＿＿＿＿＿＿＿＿＿＿＿＿＿＿＿。

通过共情平息愤怒

有时候，我在举办工作坊的时候，会让参加学习的人在7张卡片上分别写出7种教育的技能。我会把场景告诉他们，参加学习的教师们会举起他们认为与儿童互动时最有效的方法。在本次练习中，我给出了一个摔倒并且磕伤膝盖的儿童的例子，而参加学习的老师们则举起了"共情"的卡片。我给出了一个儿童对着朋友大发脾气的例子，我又一次看到了"共情"这张卡片。当我举出一个儿童骂老师愚蠢的例子后，大家都举起了"行为结果"这张卡片。对于骂我们愚蠢的儿童以及那个磕伤膝盖的儿童来说，共情是同样必不可少的。抑制冲动，不去攻击那些攻击我们的人是很难的，但是为了教学生学会自律，我们必须学会并以身作则地运用这些技能。请和生气的儿童一起运用描述法练习共情，帮助他们学会保持平和的心态，进行自我情绪调节，从伤痛中恢复过来。

发脾气和宣泄挫折感

发脾气和宣泄挫折感都是愤怒的表现形式（见图8-8、图8-9）。我们首先应区分生存状态下的发脾气以及在情绪状态下因挫折感而产生的怒火。发脾气是一种具体的极端行为。这是一种不可控的愤怒爆发，通常始于儿童在掌控形势的过程中遭受的挫折感。这种爆发后随之而来的就是伤心失望或痛哭。发怒的儿童似乎在说："我已经竭尽全力让事情按照我希望的方式发展。现在我已经疲惫不堪，我受不了了。我感到非常害怕、无助和无能为力。"发脾气的儿童讲话时结结巴巴，面带非常痛苦的表情，并且会痛哭流涕。

儿童因为无法得到他期望的结果而备受挫折且喋喋不休地抱怨，这不属于发脾气。宣泄挫折感是儿童试图表达他们内心的痛苦，逼迫成人屈服并且满足他们的需求。处在这种因挫折感而产生的愤怒中，尽管儿童内心也是痛苦的，但他们能够表达自己的需求（通常通过发牢骚），而且大多是假哭。

发脾气这种行为通常与年幼的儿童有关，并且大多发生在1~4岁，而因挫折感而产生的怒火则是相伴一生的。二者之间的差异以及我们应对的方式是至关重要的。再次回到大楼的比喻中，发脾气发生在代表了生存状态的地下室，并且要求成人镇定地用他们平和的心态去影响发脾气的儿童。因为挫折而产生的怒火则发生在代表了情绪状态的第一层，要求我们运用共情帮助他们到达代表执行状态的顶层。

儿童之所以会发脾气，是因为儿童大脑的高级神经中枢和低级神经中枢之间关键的通道尚未发育成熟，或者因睡眠不足、饥饿或压力而暂时关闭了。当某件事物唤醒了大脑的低级神经中枢时，使他们的唤醒系统（"拍手器"）严重失衡，进而导致儿童发脾气。与压力相关的一些化学物质分泌会在儿童体内急剧升高。这是一个非常让人痛苦的时刻，这种情绪的强度通常会超出该系统所能承受的能力。

如果成人总是对儿童的情绪问题置之不理或者对他们大发雷霆，这些做法可能会抑制儿童大脑的发育。拒绝、抛弃和羞辱会产生更多的愤怒，进一步增加儿童发脾气的几率。我们必须有意识地通过镇定和安慰来抚平他们内心的痛苦——"你很安全"，从而帮助他们发展出关键的压力调节系统，减少未来发脾气的概率。

当我们帮助儿童成功地度过这一难过的时刻，我们便已经教他们用一种更好的办法应对和影响他们的世界。发脾气通常会有两种形式：情绪失控但不会对自己或他人造成威胁，情绪失控且对自己或他人产生了威胁。如果没有威胁，那么镇定、共情

图 8-8 发脾气

图 8-9 宣泄挫折感

> 请记住，我们只有真正掌控自己的情绪才能帮助那些失控的儿童。就像空乘人员经常说的："首先戴好你自己的氧气面罩。然后再给孩子戴。"请从制止儿童发脾气转到帮助儿童渡过难关上来。

和时间即可帮助这个发脾气的儿童恢复井然有序的状态。如果产生了威胁，我们必须安全地约束儿童的行为，帮助他平静下来并且安慰他："你是安全的，我会保护你的安全。"

> 梅丽莎是一个6岁的女孩，当任何人靠近她时，尽管仍有相当大的一段距离，她都会表现出很大的敌意。一天早上，在每天开始时的圆圈活动时间，卡桑德拉坐在了梅丽莎的方垫上。梅丽莎马上躺在地上，一边踢一边大喊大叫。布鲁克斯老师打电话到办公室寻求同事支持，请他们帮忙照顾班上其他孩子。然后很快进行了几次深呼吸。她对自己说"要理智地面对现实。放松心情并且解决问题。"她开始描述所见所闻。"梅丽莎，你的手臂就像这样（模仿）。"梅丽莎继续甩着手臂，同时大声地喊叫。"你的脸都皱起来了。"布鲁克斯老师模仿梅丽莎的表情做了个鬼脸。梅丽莎抬头瞟了一眼，和老师目光接触。布鲁克斯老师继续努力让自己保持平静，并且试图用平和的心态感染梅丽莎。"你的整个身体告诉我，你感到生气。"梅丽莎瞪着卡桑德拉，然后冲着她挥了挥拳头。
>
> 布鲁克斯老师加快了与梅丽莎的沟通："卡桑德拉，梅丽莎挥拳头是想告诉你，如果你坐在她的方垫上，她会感到生气。"布鲁克斯老师继续说："你看起来非常生气，梅丽莎。你希望卡桑德拉离开你的垫子。"梅丽莎逐渐放松下来，开始哭。布鲁克斯老师带着她来到安全角，让她平静下来。过了一会儿，布鲁克斯老师让梅丽莎和卡桑德拉做了一次简单的"时光机"（第10章），以此重现当时的场景并且提供了一些有益的技能："梅丽莎，你希望卡桑德拉离开你的方垫。如果你希望别人走开，你可以说'请走开'。你现在试一试。"梅丽莎说："请走开。"卡桑德拉走开了，三个人一起庆祝问题得到了解决！

在这个故事中，布鲁克林老师使用了镇定技能让自己保持充分冷静，因此她可以运用共情技能帮助梅丽莎渡过难关。她向梅丽莎展示了自己的共情，并且教班里其他学生学会如何用共情对待失控的人。此外，她非常了解梅丽莎，并且认识到需要打电话到办公室寻求支持，请同事帮助照顾班上的其他孩子，因此她可以陪着梅丽莎，而不是分散她的注意力。

当天晚些时候，另一个儿童不小心坐到了梅丽莎的方垫上。梅丽莎开始大喊大叫并且直接躺在地板上。布鲁克林老师再次打电话到办公室寻求帮助，并开始描述："你的手臂挥来挥去，你的膝盖磕在地板上。"当布鲁克林老师模仿梅丽莎的动作时，梅丽莎踢了她一脚。布鲁克林疼得尖叫了一声，抓住了她的小腿。梅丽莎挥舞着拳头朝她打去。

布鲁克林老师深呼吸几次，然后控制住梅丽莎，确保她的手臂紧紧地抱在胸前。布鲁克林老师对她说："我会保证你的安全。我不会让你伤害自己或者其他任何人。"她明确地说出自己能够接受的底线后，布鲁克林老师深呼吸后用平和的心态感染梅丽莎。她只用了一次共情技能，梅丽莎的身体便开始逐渐放松下来，这表示她的"拍手器"正在放缓速度。她开始描述："你的手臂正在推我的身体，你的脚就像这样（在保证儿童安全的条件下尽可能模仿她的动作）。你的整个身体告诉我你感到生气。情绪失控让你感到害怕。但是，我会保护你的安全。我不会让你伤害自己或者任何其他人。"

梅丽莎大喊："放开我。我会听话的。放开我。"布鲁克林老师说："你看上去好了很多，你希望我放开你。如果你的身体能够放松下来并且能像我一样深呼吸，我就放开你。"开始时，梅丽莎用力试图挣脱，但是几秒后，她开始深呼吸而她的身体放松下来。她开始啜泣。布鲁克林老师抱住她，轻轻晃晃她的身体说："没关系，哭吧。虽然有点害怕，但是我会保护你的安全。"布鲁克林老师温柔地带梅丽莎来到安全角，让她自己冷静下来。

在梅丽莎内心感到痛苦时，布鲁克林老师按照下列步骤帮助梅丽莎保持镇定，恢复安全感和运用共情。

1. 将行为看作需要帮助的信号，因此我们可以与儿童共同克服困难；
2. 有意识地让自己保持冷静，用平和的心态感染儿童；
3. 儿童的身体开始放松后，使用描述法运用共情；
4. 必要时出于安全原因可以限制儿童的活动，可以使用下列语言：
   "我会保证你的安全。我不会让你伤害自己或者任何人。"
   "如果你的身体能够放松下来，并且能像我一样深呼吸，我就放开你。"
   "你很安全。跟我一起深呼吸。"

因为挫折感而产生的愤怒要求成人运用共情帮助儿童为他自己内心的痛苦和选择承担责任。由于儿童将他们宣泄挫折感的行为作为一种策略，目的是得到心仪的物品或者迫使成人改变主意，因此我们必须使用共情和选择技能加以应对。如果这样的应对无效，我们必须走开，不再卷入他们的乞求、威胁和顶嘴之类的宣泄行为，给他们时间和空间作出不一样的选择。

在幼儿园小班，卡姆登正在玩水，玩得不亦乐乎。他的妈妈来接他。他看到了妈妈，然后开始尖叫："不！不！不！"他捶胸顿足，躺在地上说："我要玩，我要玩。"奥尼尔老师进来对他说："你的手臂就像这样（模仿）。你的脸就像这样（模仿）。"当卡姆登看向她时，她深呼吸后把她的平静传染给卡姆登。他回答道："不！"她继续说："你看上去有点不开心。你看到了妈妈，并且知道不能再玩了，要回家了。你想要再多玩一会。这让人非常难过。"她拉起卡姆登的手对他说："你可以做个选择。你可以说再见，水池，或者你也可以对妈妈说'嗨'。你的妈妈非常喜欢你的鼻子（她同时摸了一下他的鼻子）。"卡姆登说："妈妈。"

更严重的情况：暴怒

愤怒要求儿童冷静下来。而暴怒则要求儿童先走开然后再平静下来，因为它比愤怒更加激烈。为了帮助儿童控制他们的暴怒，我们必须教他学会有意识地在一开始时（在愤怒升级之前）认识自己内心的感受。就像我们帮助患有癫痫病的儿童了解发作前的征兆一样，我们必须主动地帮助儿童认识暴怒的警示信号。儿童经常把暴怒的初始阶段描述为"令人厌恶的感觉"。应当为儿童提供一个可以跑、跳或骑健身车的场所，当儿童发现这种令人厌恶的感觉后，这些场所和设施将帮助他们释放身体上的刺激。下列活动可以帮助儿童控制他们的暴怒。

第1步：提供支持服务。 在学校内提供支持服务，这样有助于你顺利完成暴怒应对方案，教育涉事的各方（包括学生家长）了解这些规程。

- 你如何寻求支持？
- 你向谁寻求支持？
- 当你帮助学生时，可以让这位提供支持的人照顾你的班级。
- 当学校大家庭的某位成员内心痛苦时，带领班里的其他人开始做"微笑星"和祝福仪式。

第2步：帮助儿童有意识地了解诱发暴怒的环境刺激和身体反应。 当儿童处于一种放松且机警的执行状态时，帮助他们辨别最容易出现暴怒情绪的情境。他们的肌肉是否感到紧张，脸发红等？用这一信息教儿童认识暴怒即将发生，并且教他们利用各种方法释放这种令人厌恶的感觉。

第3步：陪伴儿童，发展信任关系。 这一点可以通过在愉快的氛围里与孩子进行面对面的互动实现，如我们前文所讨论的"我爱你"仪式（Bailey, 1997）。

第4步： 编制一本暴怒应对手册，拍摄儿童发怒前的照片，展示暴怒带来的破坏，并且演示当这种"令人厌恶的感觉"发生时的一些健康的做法。这些做法包含三个步骤：

1. 活动腿部的大肌肉（跑、跳、骑车等），释放身体的刺激。展示具体的做法：儿童应该去哪里，做什么事情，以及谁会帮助他们。
2. 到安全角完成自我情绪调节的五个步骤，让自己恢复完善的执行状态。你可以利用《管理混乱情绪》和"心情娃娃"自我情绪调节工具包进一步详细地了解这五个步骤。
3. 在课程中加入"心情娃娃"的内容，让学校辅导员提供与"心情娃娃"相关的小组练习。

对于智慧自律涉及的所有技能而言，我们的意图是运用共情技能的关键所在。如果我们的意图是制止儿童的某种行为，我们会利用共情操纵儿童的行为，这时我们的言行将背离我们的初衷。我曾经听到一位备受打击的教师生气地说："我知道停止这种行为让你感到难过。现在把你的杂志放下！"她试图利用共情迫使儿童听话，而不是帮助儿童有条理地做事和认识他们自身的行为。在工作坊中，经常有教师讲："我试过共情，但是根本不管用！"我的问题是："你所谓的管用是指什么？"答案通常是：孩子们无法愉快地听话。共情远不止听话。它能够让大脑有机地整合，从容地应对各种情绪，如失望、挫折和愤怒，而不会采用有害的方式宣泄情绪。就像任何技能一样，运用自如是需要长期练习的。如果我们教一个婴儿"杯子"这个词三次的话，你觉得他能学会这个词吗？显然是不能的。共情也是这个道理。情绪的调节需要成人的支持以及大量的练习。最需要共情的儿童都是最容易失控的儿童。

没有任何一句话或者一种技能可以在寥寥数次之内教会儿童调整自己的情绪。情绪的调整是一个渐进的过程，它进展缓慢，可能需要数年或数十年之久。要想加快这一过程，我们必须首先有意识地改变我们应对儿童内心痛苦的方式。所有冲突都起源于内心的痛苦。如果我们不能调节自己内心的痛苦，解决问题就无从谈起。共情让儿童做回他们内在状态的主人。对于学习和个人转变，这是至关重要的。切记，我们的目标是帮助儿童做他们自己沙滩球的主人！

共情构建学校大家庭的情感联结

在我们练习上述认知转变和技能过程中，下列实践模块将帮助我们在学校大家庭中建立情感联结。

实践模块：关爱中心

每个社会情感技能都要求我们通过一些实践模块提供练习的机会。关爱中心（We Care Center）就是表达共情的一个典型途径（见图 8-10）。该模块的效果也取决于儿童的年龄和知识水平。教学生掌握关爱中心的使用方法以及关爱中心的意义就像我们教学生认识紫色或者算术乘法表一样。你需要把关爱中心与语言技能和核心标准相结合。

图 8-10　关爱中心

> **幼儿园**：李老师所在的幼儿园决定采用大手提袋形式的关爱中心，手提袋中放入了儿童向他人表达自己共情时所需要使用的各种工具。李老师在手提袋上写下了这些句子："在我们的学校大家庭中，我们彼此关爱和守护。"一天，李老师正在关爱中心时间读一本书。突然，卡西开始放声大哭。当周的"关爱队长"卡里姆拿起关爱手提袋走到卡西面前。他说："这个能帮你吗？"在关爱手提袋中有一个毛绒动物、几个创可贴、一瓶洗涤剂和一个小毯子，卡西可以从中选择有用的工具。她没有说一句话，默默地把手伸到手提袋中，拿出毛绒熊抱在怀里。她的身体开始放松。
>
> **小学五年级**：在卡特老师所在的五年级，米歇尔由于违反学校规定而休学了。几个学生来到班级的关爱中心，关爱中心有精美的文具、笔和信封。他们给米歇尔写了几封信，和她保持联络并祝福她在离开的日子里一切顺利。在信中，学生们表示学校大家庭的成员都很想念她，并且全班都期望她早日归来。卡特老师把写信和实践的核心要求联系到一起。

关爱中心的目的是把共情作为一种班级生活方式，因此学生们可以辨别和理解自己与他人在承受内心痛苦时表现出的各种语言以外的线索，并用一种互相友爱的方式加以应对。关爱中心不仅有益于学生的发展，而且对于学校的教职员工也是如此。一所开设智慧自律课程的学校决定把学校的心理咨询中心改造成关爱中心。在另一所小学，四年级的一个班级为在切除扁桃体的手术中受到惊吓的成员创作了一首说唱歌曲。还有一些二年级班级做了班级拼图，目的是安慰一个因丢失金毛犬而伤心难过的学生。其他班级则开设了线上关爱中心。就像儿童互相分享的创意和关爱一样，关爱中心的形式是不受任何限制的。

到目前为止，我们已经学会利用**镇定**和**明确而坚定**的技能建立儿童的安全感。镇定让我们保持充分冷静来做到明确而坚定，明确而坚定要求我们始终关注我们希望儿童怎么做。我们也已经学会利用**鼓励**、**选择**和**共情**培养儿童的联结感和归属感。关注积极正面的事情让我们能够利用鼓励的技能营造出互相帮助、互相友爱的班级氛围，班级里的每一个人都主动帮助他人；专注于一步一个脚印地走向成功，有助于所有人员都能处于理想的学习状态；选择的技能有助于提高儿童服从的可能性，同时让我们仍然能够继续努力实现我们的教育目标。当内心感到痛苦时，共情的技能可以帮助我们应对（与行为限制、公约和班规相关的）选择无法发挥效能时产生的各种喧闹和愤怒。

目前已经掌握的技能可以帮助我们营造一个学校大家庭，积极肯定地回答"我安全吗？"和"我得到关爱了吗？"这些问题。它们能够让大脑灵活有序地组织起来，因此儿童能够主动地解决问题并为之做好准备。由此，我们可以进入第 3 部分：解决问题。请思考和磨炼我们的共情技能，为即将到来的解决问题技能做好准备。

反思：接纳的力量

请顺其自然，专注于认知我们为自己和他人设置的各种"应该"。我们必须实事求是地接受各种想法、感受、行为、他人、我们自己以及现实的状况，这样才能在适当的时刻作出最明智的选择。否定现状的同时会否定现状中的所有人。

请按照下列步骤开始实施接纳的力量。

1. **留意我们是否经常希望事情有不同的发展方式**。请注意一些想法，如"他们／我应该 _____。""他们／我需要 _____。""他们／我为什么不 _____。""我们班里不会 _____。"

2. **把我们在生活中面临的挫折与接纳现状的缺失联系起来**。内心的痛苦源自我们的抗拒。

3. **留意我们是否把想法和感受混为一谈**。你可以说："我感觉 _____。"并说出你的感受（如失望、生气、高兴等）。

4. **练习陪伴和倾听内心处于痛苦中的同事、重要的其他人和朋友的心声。抵制把任何人判定为受害者的想法**。

5. **认识共情的风格**以及我们如何分散自己的注意力（购物、打扫卫生、饮酒、工作、吃东西等）。

"大脑聪明"教学时刻

注意观察儿童如何表达他们的感受和共情。观察伤心、失望、愤怒、快乐、欢乐、焦虑和恐惧等情绪在语言、非语言（面部表情、肢体语言）、肢体攻击（两臂交叉、打人、跺脚）方面的表现方式。表 8-3 可以帮助我们关注课堂中情绪方面的内容。

表 8-3 课堂中的情绪

伤心和失望		
语言表达	非语言表达	肢体表达
• "这不公平。" • "我希望我们可以 _____。" • "太烂了。" • "懒汉。" • "我不在乎。"	• 垂头丧气 • 蜷缩身体 • 目光无精打采，表情呆滞 • 动作缓慢 • 脚步拖沓	• 退缩 • 不愿参与 • 哭 • 撅嘴 • 唠叨 • 抱怨

续表

受挫和愤怒		
语言表达	非语言表达	肢体表达
• "真蠢。" • "我讨厌你。" • "我讨厌_____。" • 咒骂 • 辱骂 • "你别逼我。" • "你说我们可以_____。"	• 皱眉头 • 面部紧绷 • 手臂交叉 • 肌肉紧张 • 握紧拳头 • 脸红	• 大喊大叫 • 扔东西 • 跺脚 • 肢体攻击 （打人、踢人、咬人等）
焦虑和恐惧		
语言表达	非语言表达	肢体表达
• "我们必须这样做吗?" • 找借口和责备 • "我不知道。" • "我不想。" • "我不会。"	• 瞪大眼睛 • 呼吸急促 • 眼神飘忽不定 • 缺乏目光交流	• 坐立不安和多动 • 手忙脚乱，坐在手上 • 咬指甲 • 揉手臂、腿等 • 退缩和躲藏 • 非对话式语言（"好""行"） • 身体不适（头疼、胃疼）

技能反思：传统思维和智慧自律

如果可能,可与他人组成搭档,大声地把表 8-4 的这两组话说出来。看看你是否能感受到二者之间的差别。每次发言后可以分享自己的看法："我认为传统思维和智慧自律之间的区别是……"

表 8-4　传统思维和智慧自律的对比

传统思维	智慧自律
你为什么那样想?	你看上去有点失望。你想出去吃饭。
没必要那么做。	你看上去有点焦虑。你想在考试前有更多时间。
没什么大不了的，算了吧。	你看起来心情低落。如果别人对你的建议不屑一顾，确实让人感觉很难过。

学校大家庭实施一览表

- ❑ 体会自己的感受，而不是去评判它们。你可以讨论它或者分散注意力不去关注它。
- ❑ 确认你的感受。你可以使用下列内心对话："我似乎_____。我想要_____。"（或者"我希望_____。"）
- ❑ 如果事情没有按照我们期望的方式发展，你可以这样想："现实就是这样，放松（呼吸）然后解决问题。"
- ❑ 每天使用描述法利用共情安慰内心痛苦的儿童。"你的眼睛就像这样。你的嘴像这样（停顿一下然后等待目光接触）。你似乎_____。你想要_____。或者，你希望_____。"
- ❑ 区分因为内心痛苦而发脾气和因挫折感而发怒。然后作出相应的应对方案。
- ❑ 必要时，启动暴怒帮助计划。
- ❑ 继续观察和描述儿童当前的大脑状态（生存状态、情绪状态、执行状态），目的是利用最有效的技能开始和儿童互动。
- ❑ 创建一个关爱中心。在班级和（或）学校里创建一个关爱中心。

（共情技能小结见表 8-5）

表 8-5 共情技能小结

项目	内容
力量	接纳现实，一切都是最好的安排。
"大脑聪明"教学时刻	共情可以整合大脑，发展个人责任感和自我控制力。
技能	用于情绪调节的描述法，与暴怒相关的书籍和帮助项目。
学校大家庭常用工具	关爱中心

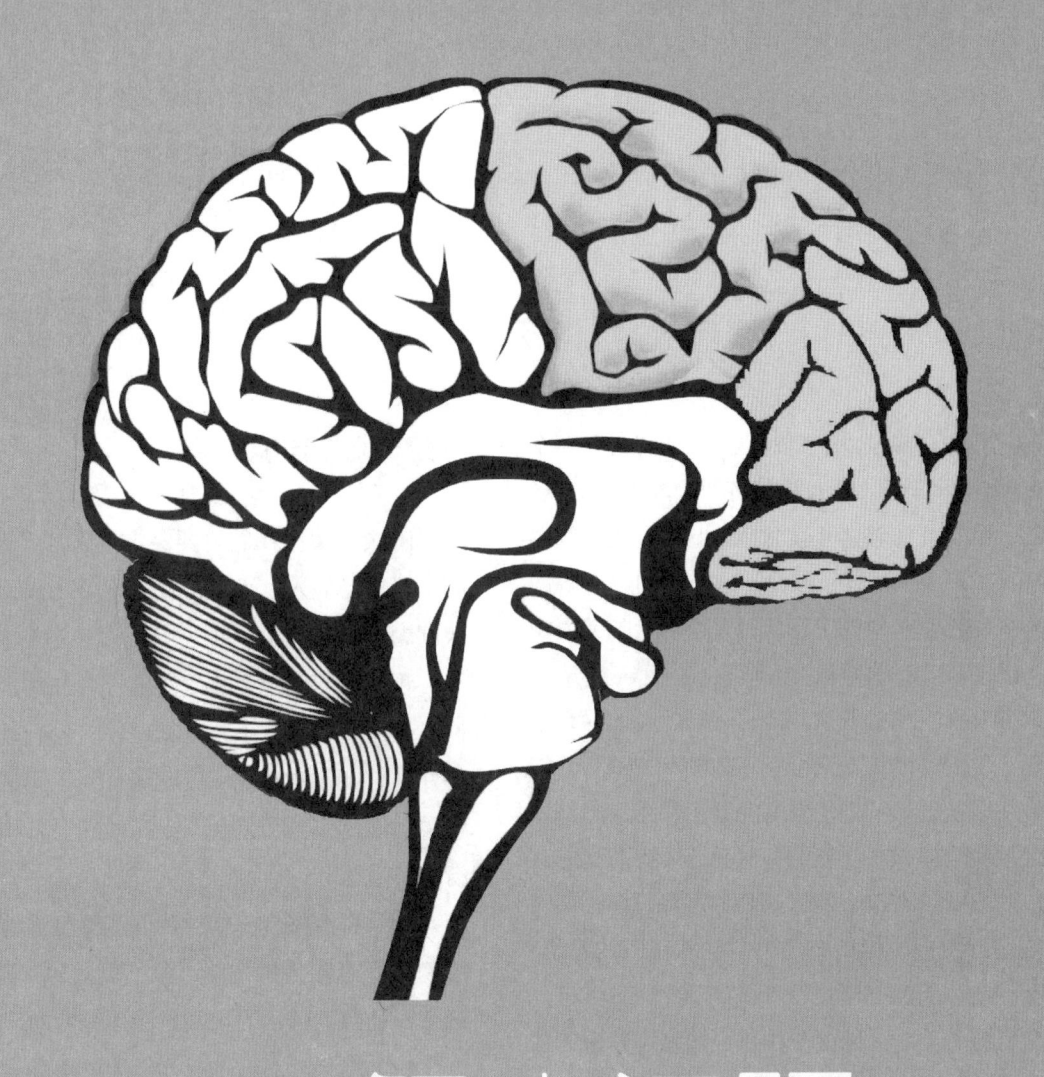

第四部分 提高解决问题能力的"建筑师"技能

P= 积极意图（Positive Intent）
C= 行为结果（Consequences）

对"我安全吗?"和"我得到关爱了吗?"两个问题的肯定回答可以让大脑的各项功能更加完善。完善的大脑功能能够让儿童激活大脑的高级神经中枢,提出"我可以学到什么?"这样的问题。解决问题部分使用绿色作为主题色,以心形太阳镜为象征物,以前额叶和执行状态为代表。

前额叶具有情绪调节功能,可以超越边缘系统和脑干产生的冲动和不安全感。前额叶的调节功能让我们可以从他人的视角看待问题,并在作出行为反应之前稍作停顿,让我们有时间选择有益而非有害的应对方式。在这个停顿的间隙,我们能够调节我们的行为反应,保持专注力,反思我们的思想、感受和行动,用道德理性设置和实现我们的目标。

执行状态要求大脑处于由积极情绪培养出的放松性警觉的状态。执行状态只有在高挑战、低压力的氛围下才能实现。如果校园文化不能满足儿童对安全感和情感联结的需求,选拔性考试就是对实现长远教育目标不利的。儿童必须肯定地回答"我安全吗?"和"我得到关爱了吗?"然后才能提出"我可以学到什么?"这样的问题。学校里的大多数纪律问题都是情绪调节功能缺陷造成的。奖惩措施会扼杀而不是促进儿童自我情绪调节的发展。积极意图和行为结果技能为我们提供了一整套方法("建筑师"技能),这些方法都是我们支持儿童前额叶发育和自我情绪调节功能发展的必备方法。

"建筑师"技能

解决方案:我们需要警觉地聚焦于解决方案,而不是责备他人,否则,我们不可能找到有效的解决问题之道。

积极意图:希望儿童作出行为改变,我们必须换一个角度看待儿童,尤其是那些我们最难以接纳的儿童。向儿童展现积极意图有利于促进儿童大脑各种功能的完善和整合,提高他们反思和改变自身行为的意愿。

教学资源整合:如果我们能够全盘理解学校大家庭的概念和各种技能,我们就能够将班级管理、纪律、社会情感学习和学业课程整合为一体。

行为结果:有效的行为结果能够教导儿童审视他们的行为,反思其影响,作出必要的改变,直至实现他们的目标。而无效的行为结果尽管反复被施加,但不会产生行为的改变。

执行技能:成人必须将自己的执行技能外借给儿童,为儿童的发展搭建脚手架。只要我们开始将不当的行为看作一种寻求帮助的信号,我们便开启了整合儿童学业能力和社会情感能力的教育之路。

Chapter 9

第 9 章
积极意图
POSITIVE INTENT

创造教学时机

我们必须从不同的视角看待儿童，才能帮助他们改变自己的行为。

我们拥有选择看到彼此的优点或是缺点的权利。关爱的力量要求我们看到他们的优点，可以让我们无论在任何时刻都能看到每个人闪光的一面。看到彼此好的一面并不是为不当行为找借口或者消除结果。关爱的力量是一种信仰，这并不是一个宗教概念，而是一种隐形的信念。

深呼吸。吸气时，对自己说"我愿意看到"；呼气时，对自己说"别人的优点"。当别人的行为与我们的期待相符时，我们会很容易看到别人的优点。但如果我们认为他们的行为选择和我们的期待存在冲突，我们就很难做到从积极的角度看待他们的行为。在不同的脑区激活状态下，我们对儿童行为与我们的期待之间的冲突会有不一样的看法（见表9-1）。

在生存状态下，我们认为冲突是对我们的权威性、教学能力以及安全感的挑战和威胁。因此，我们将冲突看作不好的事情，并认为引起冲突的人应该受到惩罚。

在情绪状态下，我们将冲突看作是令人烦恼的事情，制造冲突的人是在给我们的生活添麻烦，我们应该制止冲突。只有在进入完善的执行状态时才能使用各种执行技能，包括我们从他人的角度看待问题的能力。

表9-1 状态决定认知

状态	认知
执行状态	冲突既是一个寻求帮助的信号，也是一个教育的机会。 我们必须使用新技能**解决**冲突。
情绪状态	冲突能够激起人们的愤怒和内心的痛苦。 我们必须**制止**冲突。
生存状态	冲突是一种威胁，是糟糕的。 冲突者必须受到**惩罚**。

从更加全面的视角来看，我们面临冲突时仍是有选择权的。我们可以将儿童的不当行为看作一个强烈的寻求帮助的信号，或者一种无法容忍的违抗行为。我们可以教授新的技能，或者惩罚相关人员。无论何时，我们都可以选择运用关爱的力量，这是一种极其强大但在很大程度上被忽视的资源。通过关爱的力量，我们可以觉察出儿童行为背后隐含的信息。关爱的力量的象征物是一副心形太阳镜。

关爱的力量

关爱的力量促进了同情心的发展。同情心是一种透过相互依存和互相联结的角度观察世界的方式。"若要给人一杯水，自己先要有一桶水"是智慧自律最基础、最重要的原则。我们一直以来都抱持的一个谬误是：我们能够通过攻击他人（无论语言上或是肢体上）而保全我们自己。最近，我的一位朋友说："我永远都不能原谅我的侄子。"她固执地认为，她的愤怒会在某种程度上改变她的侄子，并且要求侄子为他的行为承担责任，而这仅仅是一个被误导的错觉。对别人抱有负面消极的看法将不可避免地影响到我们自己。选择看到别人的最好的一面能够帮助我们从最佳状态界定他人和我们自己。关爱的力量鼓励我们成为自己思想、感受和行为的主人，并且让我们更加乐于改变和学习新的技能。只有我们选择运用关爱的力量看到他人的优点，我们才能生活在我们所梦想的积极向上、自主选择的世界里。

关爱的力量要求我们在每一个当下都能运用学到的全部方法。管理好我们对外部刺激的反应，保持冷静，看见他人最好的一面，这是一项极具挑战的任务，尤其是面对那些最难教育的学生的时候。最起码，我们必须掌握镇定的技巧，超越那些诱发我们消极情绪的外部情境刺激。其次，我们必须搁置我们对于他人意图的评判，并且愿意从需要帮助的角度去看待那些作出伤害行为的孩子。

> 请想一想，生活中你猛烈斥责所爱之人的时候。你当时发自内心的想法是让事情变得更糟吗？想让他们认识到自己的缺陷？还是仅仅发泄你自己的紧张情绪？现在请想一想这样做的结果。最直接的结果是，可能会产生一种义正词严的感觉，但是随着时间的推移，内疚或羞愧将会抹除所有的满足感。那些行为失当的儿童也会体会到同样的情绪爆发。我们的职责是保持充分的冷静，看到他人的优点并且帮助他们学习新的技能。我们控制引发自己愤怒的导火索的能力越强，我们帮助他人的能力也会越强。

评判他人的意图

假设朋友承诺在周五给你打电话，讨论一个非常重要的问题。周五到了，你并没有接到电话，打过去也没人接听。你开始琢磨她为什么没有接电话？你想知道她是不是生你的气了，是不是发生了什么事情？

大多数人在不知不觉中花费大量时间思忖他人的动机，尤其想知道他人"真实的目的"是什么。我们会有意无意地接收到他人通过语言、表情、动作和手势传达出的微妙线索，并创造出各种关于"人们为什么要那样做"的理论假设。我们会提出一些可检验的问题，逐个验证我们的理论假设。我们会在大脑中不断回放过去的对话，就像法庭上的法官对待证词一样。我们会用此前的对话以及从其他来源获得的证据检验新的信息。当我们建立了一套相对完整的理论后，我们会把朋友们卷入讨论我们的假设。这些对话或许会持续数个小时或数日之久，牵扯的人会越来越多。最终，完成这些调查工作后，我们自以为是地作出了结论。不论对错，我们会按照"我们懂得他人动机"的方式对待他人。我们并没有接纳当下即真相这个事实，而是耗费大量的时间和精力推测别人的动机，努力作出能够保护我们免受攻击、羞辱，又不显得没有教养的反应。

大多数人相信我们可以精确地判断他人的意图。事实上，婴幼儿相关研究已经证明我们的确与生俱来地拥有这种能力。但是，随着年龄的不断增长，大脑中的那张"光盘"会变成我们解释周围事件的自动滤镜。作为成人，我们对事物的判断基于我们过往的经历，而不是对方当前实际的意图。关爱的力量鼓励我们绕过这些"自动滤镜"和我们的主观判断，生活在当下，并主动选择看见他人最好的一面。只有坚信他人拥有善意的侧面，我们才能创造出我们期待的充满善意的生活。

儿童（以及成人）会利用已经学到的任一技能满足自己的需求。我的一位大学同学金杰在上小学时遇到一位老师，这位老师告诉班上的同学，当他们感觉不舒服的时候，可以低头、趴在桌子上。这种做法一直隐藏在她的潜意识里，直到高中。一天，她和几个朋友在上课时闲聊了几句。老师停下来，严厉地斥责他们不顾及别人的行为。一种痛苦的感受席卷了她的全身，金杰本能地低下头，趴在桌子上。那位老师大喊："行啊，金杰，你要是觉得我的话没意思或者让你昏昏欲睡，你可以马上去校长的办公室。我最不能容忍这种没有礼貌的学生。"在金杰心里，低头是一种表达尊敬和悔过的方式。但是在那位老师看来，金杰低头的动作却是一种不敬。

几年前，一个小男孩和他的黑色的拉布拉多犬在佛罗里达州的森林公园迷路了。幸运的是，第二天人们终于找到了他们。记者报道说，那只狗一直依偎在小男孩的身边为他取暖。我好奇的是："有人采访那只狗，询问这个行为背后的意图吗？"很快，拉布拉多犬在佛罗里达州的销量暴增，家长们争先恐后地买来保护他们的孩子。如果我们喜欢猜测他人行为的动机，为什么不能往好的一面去想呢？如果人可以看到一只宠物狗的行为闪光点，我们不妨以同样的方式对待彼此、我们自己以及类似金杰一样的学生！

一方面，许多儿童学会用不当的方式表达他们的情绪、满足他们的需求，他们学习的途径可能是直接的学习经验（如金杰的例子），也可能是模仿成人的消极行为。生气时大喊大叫，遇到挫折时打人，想要得到某些物品时操纵他人，以及为了避免冲突而撒谎或姑息他人，这些都是最常见的做法。我们可以将这些行为背后的动机视作不敬或怨恨，并给儿童打上"坏孩子"的标签，或者我们可以停止这种消极的评判，利用关爱的力量把这些行为看作一种需要帮助的信号。

另一方面，当儿童作出的选择深得成人之意时，大多数儿童会认为他应该得到我们的表扬和赞美。

我们经常通过表扬来肯定孩子正确的选择，其隐藏的信息是：只要你做了我想要你做的事情，你就能够得到我的爱和肯定。这样就会把爱与认可联系在一起，使爱变成一种有条件的爱。很多成人已经在心中接受了这种想法，他们会努力表现以获得认可和极力取悦他人。但这并不是因为他们爱这些人，而是因为害怕不能得到成人的爱。

如果儿童犯错或者作出某种有害的行为，那些把爱和认可联系起来的成人会停止爱的给予。反复犯错的儿童通常会感觉自己糟糕透顶，他们通常感受不到足够的家庭关爱，因而无法建立信任，也无从获得安全感。一旦收回本应给予儿童的关爱和表扬，会强化他们对自己和世界的消极认知。那些戒备心强的儿童会对自己和他人作出伤害行为，关爱的力量能够让我们透过这些行为看见他们寻求帮助的信号，以及他们的成长潜能。我们必须有意识地从不同的角度看待儿童，这样他们才会从不同的角度看待他们自己。

> 我注意到，当我感到不确定、不值得或者自己做得不够好时，我的选择往往是非常糟糕的。在这种时候，我常脾气暴躁而且喜欢批评别人。我也许会通过过度工作或者其他方式放任自己沉浸在失败感中。在这种时候，我需要他人的理解和关怀，而不是说教，后者只会激发我更强烈的内疚感。这同样适用于那些行为不当的儿童。

有一次，当我拜访城里的一所中学时，我正努力寻找他们的办公室，以参观者的身份签到。这家学校规模很大，而我迷路了。我转过一个弯。站在我面前的是一个身高1.83米的学生，他正在体育馆的外墙喷涂一些脏话。我们看到了彼此，然后都愣住了。我必须承认，我的第一反应是非常震惊。我想要跑开，而我敢肯定他也是这么想的。我让自己冷静下来，有意识地放松我的身体，然后利用关爱的力量找出他的优点。"看来你想让所有人知道，你今天很不开心。"他站在那里，直勾勾地盯着我。我继续说道："你觉得这个学校里谁最关心你？"他喃喃地答道："谁也不关心我。"我说："好吧，这确实是个问题。考虑到你的回答，你会这么样做就完全说得通了。"他慢慢放下油漆罐，肩膀也稍微放松下来。我问他："这个学校里有谁是孩子们可以信任的？"他回答说："我想是辅导员卡恩斯。""那好吧，"我继续说，"我需要找他聊聊。"

信不信由你，他居然带我找到了辅导员卡恩斯。我们三人讨论了如何帮助这个男生在学校获得成功，以及如何把体育馆墙上的涂鸦清理干净。

正式交流之前，我先做了深呼吸，确保我能够有意识地选择看见他好的一面，然后才对他说："你想让所有人知道你今天不开心。"如果我在情绪状态下作出反应（"你破坏学校财物时是怎么想的？"）或者我在生存状态下作出反应（冲向他或者跑开）而不是让自己平静下来并且使用关爱的力量，你觉得结果会变成什么样子？

揪住别人的错误不放意味着我们的目标是责备

和惩罚，而不是帮助孩子作出改变，或者我们太急于想要解决问题。如果我们不能看见孩子寻求帮助的信号，就会给孩子贴上"坏孩子"的标签，从而设定了惩罚而不是教育的思考框架。面对这种情况，儿童通常有两种选择：接受自己是个坏孩子的事实，或者试图通过权力斗争证明自己的价值。

当我们抛开惩罚取向的思维方式，把不好的行为看作需要帮助的信号时，我们才让自己摆脱枷锁，以健康有益的方式设定行为界限、传授新的技能。有时候，我们会错误地认为运用关爱的力量意味着我们要放纵儿童的行为。面对那个在墙上涂鸦的男生，我的处理方式是在放纵他吗？不是！关爱的力量让我们以一种友善的方式猜测那些内心挣扎的孩子们的行为动机，帮助他们清晰地认识自己的行为，成为自己行为的主人。我用关爱的意图帮助这个男生深刻思考引起他愤怒的根本原因。他和辅导员一起制订了一份计划，其中包括参加自修课，提升他的学习成绩和在校的人际交往，此外他必须为自己的涂鸦行为承担责任，利用在校停课期间把涂鸦清理干净。个人责任只能通过教育实现，高压或强迫则无法实现，儿童必须为自己的行为承担责任，然后才能选择改变他的行为或者学习新的技能。哪怕是最难管教的儿童，关爱的力量也能改变他们，并让那些攻击性强的或者孤僻的儿童转变为学校大家庭中富有合作精神的成员之一。

消极意图把儿童看作一文不值的人。在这种观点看来，儿童或者接受自己没有价值这种想法，或者通过抗争证明自己的价值。而这种方式必然会通过证明其他人没有价值来凸显自己。结果就是没有一个赢家，因为斗争双方都会通过攻击对方的价值来捍卫自己的价值。

事实上还有另一条出路：积极意图认为每个儿童都是一颗隐含着无限成长潜力的种子。在这种观点看来，儿童可以选择接受或抗拒他们与生俱来的价值。长期经受消极意图折磨的儿童起初会抗拒承认自己是"值得被重视的、可爱的，有能力的"。我们必须有耐心地、始终如一地运用积极意图帮助这些陷入困境的种子开花结果。

我承诺：今年，我愿意运用关爱的力量看到至少两个问题学生的优点。我明白，用富有同情心的目光看到他人并不是单纯地帮助他摆脱困境，而是鼓励他们自我反思，解决问题和实现自我转变。惩罚和责备于事无补。

签名：_____ 日期：_____

关爱的力量看到了伤害自己和他人的儿童渴望得到帮助的信号，以及埋藏在他们心中的具有无限成长潜能的种子。

"大脑聪明"教学时刻

在大脑边缘系统中，杏仁核会不断扫描我们的周围，检查是否存在潜在的危险，它可以充当大脑中能量流动的守门人，在我们的记忆中标记和保存负面的情绪事件，留作未来参照。作为守门人，杏仁核可以给向上的执行状态发送能量流和信息流，将儿童的各种活动和思想有机地组织起来；杏仁核还可以给向下的生存状态发送能量流和信息流，让儿童行为紊乱、举止失范。我们与儿童之间的良好关系可以帮助儿童保持杏仁核的冷静，发展健康的威胁认知和安全感，不良的关系则会让儿童的杏仁核过度反应，使儿童对恐惧、威胁和不信任更加敏感。

健康的人际关系可以让大脑释放催产素，催产素的作用是让杏仁核保持平静，因此我们可以更好地进入执行状态、利用关爱的力量（关爱不是一种浪漫的感觉，而是选择看到他人的优点）。它可以增进彼此之间的信任并让我们有安全感。这些激素只有在埃克哈特·托利（Eckhart Tolle）所说的"当下"起作用（Tolle, 2004）。关爱要求我们的陪伴，并进一步要我们停止妄加评判和猜测他们的意图。

> 催产素是大脑在建立依恋系统时产生的一种荷尔蒙。它会影响我们的胸襟和气度，提高我们的共情，建立信任（Kosfeld, Heinrichs, Zak, Fischbacher, & Fehr, 2005；Zak, Stanton, & Ahmadi, 2007）。

相反，不健康的人际关系会提高大脑中皮质醇水平，让杏仁核异常兴奋，不信任他人成为最优先的立场。不健康的人际关系可以产生强烈的、失真的"光盘"过滤器，扭曲我们对他人的观点和看法。如果不能使用关爱的力量，我们会不断地寻找那些错误的信息来验证我们的假设，认为别人不尊重我们，会伤害我们。我们会把他人的行为错误地解读为故意针对我们，完全忽视了一个基本事实，即它只是我们凭空想象出来的，并且我们随时都会改变我们的看法。如果杏仁核和"光盘"过滤器都处于过激状态，我们就会时刻处于戒备状态，随时准备使用防御、攻击、操纵和强迫的方式处理和他人的关系。我们的身体也处于持续应激状态，我们的大脑的低级神经中枢会异常活跃。我们错误地认为，如果我们可以预测下一刻要发生的事件，我们就能够控制它，让世界按照我们期望的方式运转，以及保证我们自己的安全。然而，只要我们心中总在想着过去和未来，那我们根本没有任何安全感可言。安全感只存在于当下。

我们在生命的头三年与主要看护者建立的依恋关系及关系质量，能够决定我们的杏仁核是被过度激活还是保持健康的警觉状态。我们既往的人际关系在一定程度上决定了我们如何看待他人的意图。当我们透过不信任的滤镜看待他人时，我们会看到一群擅长操纵他人的人，一旦放下戒备，他们便会利用我们；当我们透过关爱和信任的滤镜看待他人时，我们会主动使用积极意图，并且认为他人正在利用已经掌握的技能倾尽全力做得更好，且将每个难以相处的行为看作需要帮助的信号。尽管如此，我们仍旧拥有选择的自由，可以不受限于大脑"光盘"的人际经验，自由地运用关爱的力量从不同的角度看待各种事物，只是对于那些拥有消极过往人际经验的人来说，需要更加勤奋地练习。请审视你自己：你是否不愿意看到你的同事和所照看的儿童的优点和长处？审视你自己：观察你的早期经历和人际关系是否是造成这种现象的因素。

当我们以消极、审判的心态看待这个世界，就会给自己带来巨大的压力。随着这种消极心态的介入，大脑会启动一系列生物化学反应，通过释放皮质醇让身体为可能的状况做好准备。释放皮质醇只是一种权宜之计，目的是帮助我们的身体快速作出战斗或逃跑的反应，在经历长期压力过程中不会一直发生。过量的皮质醇可以杀死脑细胞，损害大脑中的海马体，降低大脑存储信息的能力。长期的评判、怨恨、控制、恐惧和愤怒可以抑制改变和学习的能力，导致身体和大脑的永久性损伤。关爱的力量有助于训练我们的心智，让我们看到他人的优点和长处。通过关爱的力量，我们能够从根本上改善我们的身体健康，发展健康的人际关系，帮助儿童建立健康、高效的大脑神经网络系统。

我们不可能做到对他人意图的精确推测，因为我们的推测会受到杏仁核激活阈限和大脑"光盘"过滤器的影响，编造一些并不符合真相的内容。当我们依靠自己的想象判断他人的动机时，我们的心中就会充满戒备，作出的各种反应均来自大脑的低级神经中枢。如果我们想象他人的动机是积极的，就能保持平和的心态，成功启动我们的前额叶功能，运用我们的执行技能和促进转变的关爱的力量。我们心中的"光盘"会先入为主地作出积极的或消极的想象，但我们需要最终决定接受还是克服第一反应。第4章中提及的主动让自己保持冷静过程中的祝福环节就是一种有效的途径，它可以随时唤起关爱的力量。我们每时每刻都在选择，我们可以选择关闭我们的心扉或者打开心扉给他人送上我们的祝福。在这一开一关之间，大脑的高级神经中枢也在作出同样的反应。

整合左右半脑

大脑分为左右两个部分——左脑和右脑（见图9-1）。每个脑半球都以不同的方式处理不同类型的信息。关爱的力量和积极意图技能能够帮助我们整合两个脑半球和前额叶，实现我们的长期目标。在我们充分认识到大脑功能整合的重要性和原因之前，必须先了解大脑的左右半球是如何处理信息的。

左半球专门用于控制在日常熟悉的情形下已经建立好的模式。它负责处理积极情绪以及与语言、意识、理性和线性思维相关的信息。面对我们熟悉的、条理清晰的、可以预测的事件时，左半球能够轻松应对，也能够让我们保持专注，坚持按照计划行动（Cozolino，2013）。我非常理解这一点，因为当遇到的信息、人员和情形是我已经熟识的，那么我会轻松很多。在这种情况下，我的参与度更高并且更加专注。

右半球主要是情绪唤醒系统，可处理遇到的新信息。它可以处理消极情绪和撤退行为。它还非常擅长通过非语言的沟通方式搜集信息。所有非语言的、无意识的、全局性和情绪性信息处理将在大脑的右半球完成。正是由于右半球与大脑边缘系统和脑干的紧密联系，它成为我们控制冲动的区域（Cozolino，2013）。我对此情况也非常熟悉，因为每次出现新的情况我会更加犹豫不决，并且对通过面部表情、语调和肢体语言表现出来的言外之意更加敏感。还有很多次，当我的右前额叶充满过多负面的情绪能量时，我会在冲动下作出非常愚蠢的反应，而不是利用我的智慧。

表9-2显示了两个信息处理系统的特点。

左 / 右前额叶皮质区

左
- 解释
- 故事
- 逻辑，线性
- 言语的
- 积极情绪
- "我会集中注意力。"

右
- 姿态
- 语调
- 面部
- 非言语的
- 消极情绪
- "我不会这样做。"

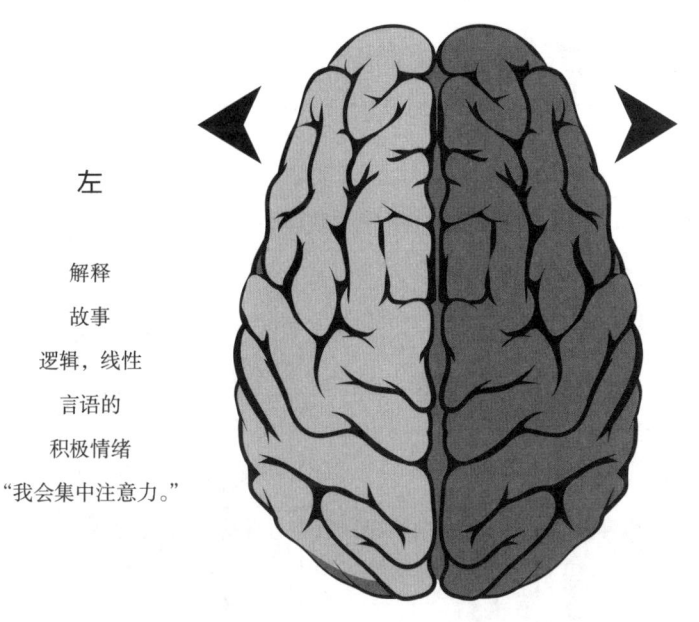

图 9-1　大脑的左右半球

表 9-2　大脑左右半球的信息处理特点

左半球	右半球
熟悉的	新颖的
言语信息	非言语信息
逻辑信息	情绪信息
有意识	无意识
线性信息	宏观、大局
文字	情境
词汇	图片
法律的条文	法律的精神

右半球与大脑的低级神经系统（大脑边缘系统和脑干）联系更加紧密。这使我们拥有了各种"直觉"，可以接收和解释情绪信息。大脑的右半球也会被某些强烈的情绪触动，促使儿童说出"我讨厌你！别烦我"这样的话。大多数人试图用大脑左半球的立场引导自己，但右半球才是控制冲动的地方。

正因为如此，成人必须通过言语观察和描述儿童的非言语行为，通过可视的图像方式展示他们的行为规范。我们必须让大脑的左右两个半球密切合作，才能帮助儿童控制他们自身的行为。在图 9-2 中，请注意能量如何从大脑的低级神经中枢流向大脑的右半球。

前额叶
大脑的CEO
实现目标和自我情绪调节所需的执行技能

左半球
语言、有意识的系列信息

右半球
想象的、无意识的情绪信息

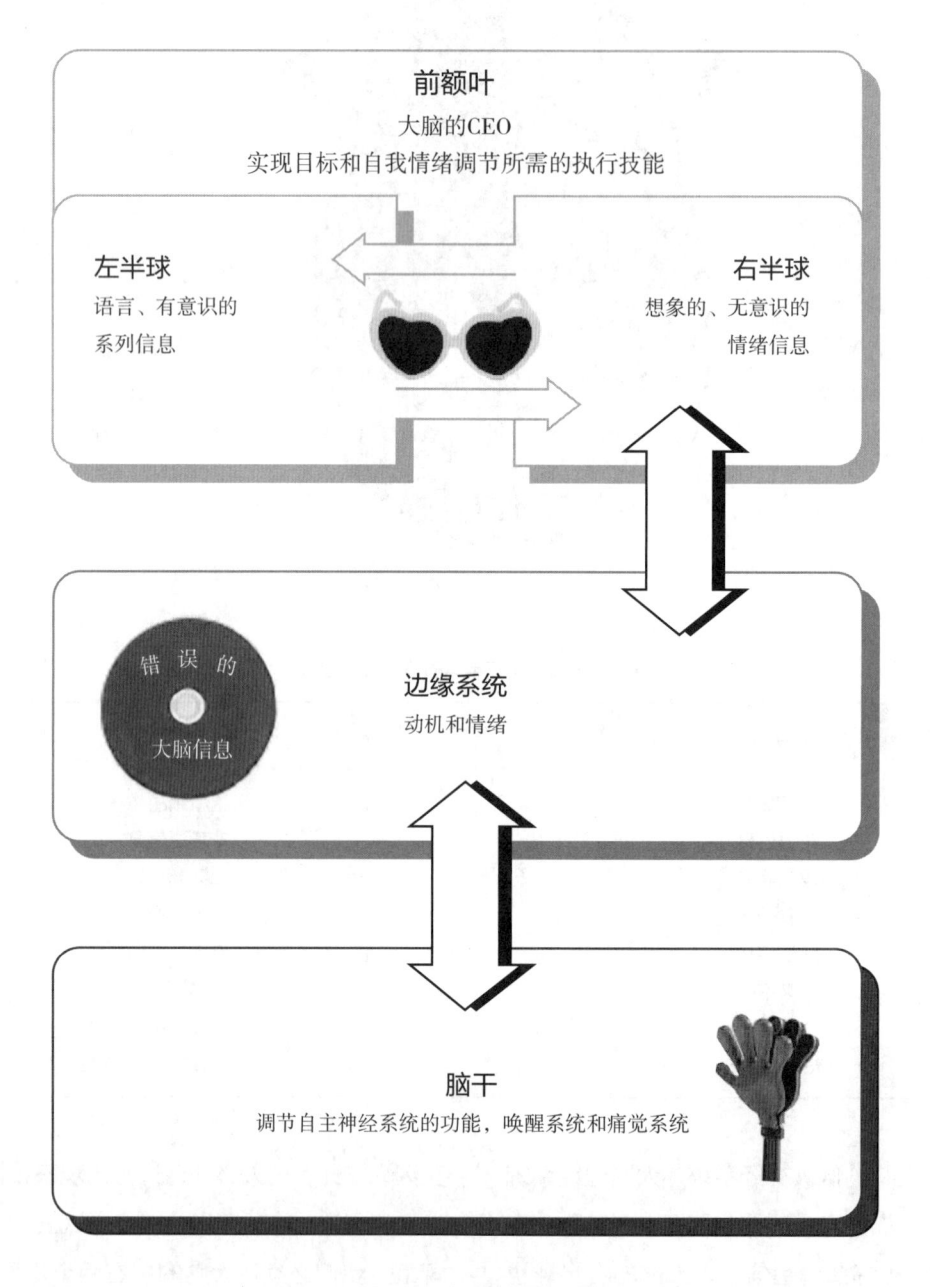

边缘系统
动机和情绪

错误的大脑信息

脑干
调节自主神经系统的功能，唤醒系统和痛觉系统

图 9-2　大脑的能量流动

我们的目标是帮助儿童（以及我们自己）整合大脑左右半球的各种功能，建立和维持健康的人际关系和理想的学习状态。如果我们过于偏向右半球，我们会被强烈的情绪淹没并且经常会失控；如果我们过于偏向左半球，我们会刻板地期望控制所有人和所有事物，不愿意合作或协商。大脑功能整合才是关键所在！

集体主义的纪律要求、学校的常规课程以及西方世界的主导文化都过于重视大脑左半球的信息处理能力，而忽视了大脑右半球的情绪信息和宏观思维。两个大脑半球的功能失衡不利于儿童获得学业成就和心理健康。要想获得成功，我们可以做什么？

1. **以身作则，为儿童展示大脑右半球的自我情绪调节技能**。针对自我情绪调节的研究表明，父母（以及其他成人）对待彼此的方式对子女自我情绪调节能力的发展产生的影响力甚至远大于父母（以及其他成人）对待其子女的方式（Volling, Blandon, & Kolak, 2006）。我们必须以身作则，在所有交流互动中，而不是仅在与子女的交流和互动中展示我们希望看到的技能。尽管本书是针对教育者而编写，但本书中提供的各种技能也适用于各种类型的人际关系。你需要和其他重要的人、同事以及你自己的子女一起练习这些技能。

2. **重视讲故事的互动形式**。应鼓励儿童分享他们在心理痛苦时的个人经历。讲故事能够促进大脑左右半球的整合。为了讲一个有意义的故事，大脑的左半球负责将各种事物通过文字和逻辑组织起来，而大脑的右半球则可以通过调动情绪和个性化的记忆丰富故事内容。成人往往对自己痛苦的经历避而不谈。人们认为，讲述这些经历会加剧痛苦或者让事情变得更糟，或者这些应该是心理咨询师或家长的工作。然而，老师们在教孩子们识字和阅读的过程中增加一些激发强烈情感的故事分享环节，能够促进深层次的大脑区域整合。

3. **重视游戏和艺术**。将艺术和游戏元素作为课程设计的重心，这样能够创造大量学习机会、丰富学习环境，促进学生大脑右半球习得信息加工能力。三种游戏对于自我调节能力的发展是至关重要的：打闹游戏、戏剧游戏、和面对面社交互动游戏（如我爱你仪式、"娃娃圈时间"）。

4. **练习积极意图的技能，并在与所有儿童（尤其是那些难以管教的儿童）的互动过程中使用这些技能**。那些难以管教的儿童只是缺乏大脑功能的整合。积极意图的技能能够让大脑的左右前额叶部分有机地整合。这样可以帮助我们实现长期的目标而不是释放短期的压力。左前额叶说："我要专心完成我们目标。"右前额叶说："我不会因为冲动行为而分神。"如果可以通过积极意图以及其他途径将二者整合起来，我们就能专注于我们的长期目标。凯利·麦格尼格尔（McGonigal, 2012）在她的《自控力》（*The Willpower*）一书中将大脑的前额叶分为三个区域，如图9-3所示。

我要做、我不要、我想要

"我想要"的力量

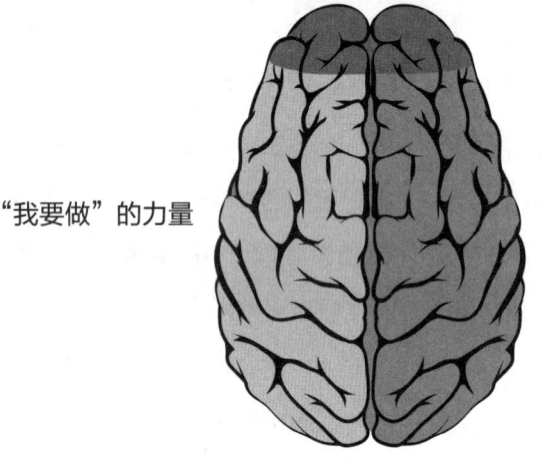

"我要做"的力量   "我不要"的力量

我要做（左）
开始并坚持完成枯燥乏味的、难以处理的任务。

我不要（右）
"停！"会抑制我们的冲动和渴求。

我想要（中）
生活有目标，时刻记着我们的目标、承诺和最高价值。

图 9-3　大脑前额叶的三个区域

在过去的十年中，教育越来越多地强调测试、标准和核心科目。按部就班的线性教学，更少的休息时间，更少的艺术学习时间以及越来越形式化的幼儿园已经成为这个强调问责制的时代盛行的准则。我们正在不断系统化地减少促进大脑右半球发育的活动，把更多的时间用在与左半球相关的核心课程的学习和责任上。尽管这些措施更易于度量儿童的进步，但它们也在抑制执行技能、目标实现、道德水平和自我情绪调节的发展，而这些才是让儿童取得真正意义的进步的核心素养。

教育者必须要认识到，如果不能让左右两个半脑有机地结合起来，我们不会也不可能实现我们为儿童设置的教育目标。如果我们的教学实践过于偏重训练左半球，那么，我们只能教会儿童在知识层面明辨是非，却不懂得如何在行动层面做一个正直的人。知行合一需要大脑左右半球协同合作。

积极意图的技能

积极意图始于我们的内心深处，并且能够让我们真正地敞开心扉。它能够将我们的意识从大脑的低级神经中枢提升到高级神经中枢，因此我们可以恰当地应对各种形势，让冲突中的各方能够合力解决问题。它还能让大脑的左右半球有机地整合起来，因此我们可以做回那个睿智的自己，并且运用我们的才华实现双赢的结果。

积极意图是我们与最难管教的儿童接触时必不可少的技能，因为这些儿童已经把自己定义成了"坏人"或"不值得尊重的人"，并且已经让这种想法深深地植入他们的自我概念，并在学校中不断让这种自我实现预言变成现实。

> 把你自己想象成马克,一个5岁的男生,正在和几个人一起坐在桌子前。幼儿园老师在你面前放了一整桶的玩具,打算在数学课上使用这些算术熊道具。你的想法则截然不同!它们就是玩具嘛!你抓起玩具桶,紧紧地抱在怀里。你把目光投向其他人,警惕别人会动你的玩具。
>
> 突然间,一些让你无法理解的事情发生了。你身边的那个儿童"哇"地哭了出来,另一个尖叫着去找老师。你对面的儿童双手抱在胸前,对你说:"你以后不是我的朋友了"。其他儿童纷纷离开座位去了其他区域。老师走了过来,你感觉到紧张的气氛越来越浓。你把玩具桶抱得更紧了,奋力保护那些玩具熊,老师说:"马克,那些熊是大家一起用的。如果别人把熊都拿走,一个都不给你,你会怎么想?你难道不想和朋友们一起分享吗?"如果你可以跟自己说话,你会说:"不,我全都要。你觉得我会分享吗?"但是,作为一个5岁的儿童,你尚未发展出成熟的内心语言,而且大多数情况下是通过动作交流互动的。你会转过身,把玩具桶抱得更紧一点。
>
> 老师不耐烦地说:"马克,你应该把所有玩具熊都拿走吗?你应该怎么做?班规里关于分享是怎么规定的?"显然你非常了解班规,你答道:"轮流玩。"当然,知道答案和放弃这些玩具熊是两码事,所以你把桶放在腿上,保护得更加严密了。
>
> 老师非常懊恼,大声说:"马克,把玩具桶给我。"你对她不理不睬。她怒气更盛了,对你大喊:"马克,你想要你的名字上惩戒板吗?你是不是想一个人待着?"你只要那些玩具熊,根本就不在意去哪里!因此,你拿着桶走开了。老师过来抢夺你手里的玩具熊。你奋力抓紧了玩具桶,最后在反抗中打了她一下。接下来要发生的事情你很清楚,你会被带到校长办公室,你妈妈会过来接你离开。一种厄运即将来临的感觉席卷你的全身。

在这个故事里,教师下意识地认为马克是恶意的,并且尝试各种手段说服他与其他人分享。当我们认为别人的意图是消极、恶意的,我们会很敏感并且开始攻击。我们每次试图让他人感觉糟糕、做了错事,或者应为我们的痛苦承担责任时,我们都是在营造一种危险的氛围。对方通常会以一种防御的心态应对这种威胁,从而引发双方之间的冲突。如果我们一意孤行,而不是想办法激发对方的合作意愿,这种冲突将会逐步升级。当我们学会积极地看待他人的意图时,我们就能鼓励儿童合作的意愿,从而将抗拒转变为合作。

用消极负面的意图看待儿童的行为可以产生三种结果:

- 它会将儿童的本性和行为定义为坏的;
- 它会让我们的意识停留在大脑的低级神经中枢,在这种状态下责备和惩罚是唯一的选项;

- 它会让班里的其他学生和教师认为，这个儿童是个"坏孩子"。

用积极正面的意图看待儿童的行为也可以产生三种结果：

- 它会将儿童的本性定义为善良的，并且认为儿童的行为需要改变；
- 它会让我们的意识保持在大脑的高级神经中枢，在这种状态下我们可以解决问题和实现转变，并且可以明智地辨别儿童缺失了哪些执行技能，并有针对性地开展教育工作；
- 它会让班里的其他学生和教师认为，这个儿童仅仅是犯了错误，但他愿意学习。

终有一天儿童会反抗成人的做法。儿童正处于成长过程中，随着认知能力的发展，他们肯定会在某些特定的时刻和某些特定的情景下质疑班级和学校的规章制度及行为界限。儿童需要通过说"不"来挑战成人设定的行为界限和社会规则。与明确坚定型的成人相比，那些消极被动型和攻击型的成人更容易无意识地鼓励儿童挑战他们的行为界限。在成年之前的每个阶段，人们总是在不断地对抗和质疑中弄清楚自己是谁以及我们的信念是什么。

我们如何应对儿童的挑衅行为是至关重要的。许多教师想当然地认为儿童的动机是消极负面的。正如上文中的案例所示，消极负面的意图总是会诱发儿童更多的对抗行为。马克的老师想当然地认为他的行为是出于自私的目的，因此无意识地刺激马克与他对抗，而不是合作。我们作为教师的首要任务就是启发和鼓舞儿童与教师合作，这样我们才能够教会他们社会赞许的行为规范。

消极负面的意图总是会诱发儿童更多的对抗行为。

当马克的老师第一次认识到班级出了一些状况需要解决时，她对马克说："马克，这些熊是所有学生一起玩耍的。如果别人把熊都拿走，一个都不给你，你会怎么想？你难道不想和朋友们一起分享吗？"她的这番话就是在说，马克的想法是错误的，这些熊不属于他自己，而是供所有人玩耍的。这位教师还暗示马克是个自私的人，而友善的儿童会主动地与他人分享。马克面临两个选择：他可以在老师的指责下屈服，承认他做错了并且放弃这些玩具熊，或者他通过抗拒维护自己的尊严。马克选择屈服还是抗拒取决于他的性情、年龄和心情。有时，他可能会屈服并暴躁地把桶推到桌子中间。或者他可能会放弃这些玩具熊并且拒绝参加集体活动，以示屈服。无论哪种情况，他对学习的乐趣将受到损害或者丧失殆尽。在我们的案例中，马克选择了反抗他受到的指责，并紧紧地抱住装有玩具熊的桶。

即使我们克制住自己的冲动，没有用严厉的语言指责儿童，我们非言语的沟通方式（暗示和语调）也会对他们造成深深的伤害。

马克没有听懂老师最初的指责，但是他可以感受到。当老师第一次企图影响马克的行为失败时，她走上前下意识地发起了语言攻击："马克，你应该把所有玩具熊都拿走吗？你应该怎么做？班规里关于分享是怎么规定的？"她的消极信息变得更加直接。在马克的心中，他听到的信息是："你是不是有病？你傻吗？你懂不懂事啊？"马克再一次面临了两个选择：屈服还是自卫。如果马克屈服，他会无意识地接受这些伤害他的标签（错、坏、傻），并且会把它们纳入自己的自我概念中。马克再一次选择了自卫。

现在，老师变得更加生气了，她大喊着威胁道："马克，你想要你的名字上惩戒板吗？"她所表达的意思是："你应该内疚，应该受到惩罚。"她已经让自己消极的意图变成了惩罚。你可能会觉得"惩罚会让他学到教训！"或者"难道他不需要认识到自己的行为是错的吗？"是的，他当然需要调整自己的行为。但是，我们的目标是用一种儿童能够听进去的方式进行沟通，并且营造一种好的环境，让他在维护自己的尊严的同时选择合作。如果马克反复听到别人说他只想满足自己的愿望而对别人毫不在乎时，他会真的认为自己是个自私自利的人。他会通过行为证明这种自我形象。这就是所谓的自我实现预言。切记，关注越多，得到越多。我认为马克只有5岁，他仍然在学习如何与他人分享。在每一个当下，一个5岁的孩子都会努力用自己能做到的最好的方式影响他人，同时让世界按照他的想法运转。如果我们认为我们的工作是让马克掌握执行技能，并在下一次遇到同样的情形时作出不同的行为，那么惩罚并不会帮助我们实现这一目标。惩罚只会让他停留在大脑的低级状态，在这种状态下，学习是不可能实现的，他能使用的技能也是极其有限的。我们不应该惩罚马克，而是帮助他重新回到执行状态，这样他就可以认识到，生活并不会总是按照他的想法发展，他需要正视现实，并且在下次遇到类似的情况时，可以利用一些技能做出不同的行为。他不需要产生自己是一个坏孩子、自私自利的人或者没礼貌的人这种想法。

当人与人之间的这种攻防的过程不断循环时，沟通交流和情感的联结将变得支离破碎。

在一攻一防之间，我们已经丧失了和他人友好接触或者传授他们技能的能力。如果我们自己犯了错，我们也会因此而陷入深深的自责。这种责备让我们背上巨大的负担，只能停留在大脑的低级神经中枢，愈发地相信"光盘"上记录的消极信息。我们经常会对自己感到难过和懊悔（情绪状态），丧失了解决问题的勇气（解决问题是一种执行状态的功能）。我们不可能在对自己的状况难过和懊悔的同时，专心于通过我们的努力改变这些状况。让自己陷入自责还是努力改变我们的生活，选择权在我们自己手里。

有一个更好的方式可以帮助儿童应对冲突。既然冲突是因为我们没有先赢得对方的主动合作而产生的，我们必须在沟通交流开始时确认我们仍然是处于同一阵营的。我们可以主动假设儿童的动机是好的，而不是先入为主地从消极负面的角度看待儿童，并让双方都不好受，这种观念必须改变！我们应该认为他这样做仅仅是为了实现某一个目的，但是缺乏适当的技能。

活动：确定马克的真实意图

当马克抓起那些玩具熊时，你觉得他的意图是什么？请从下列选项中选择一种：

- ❏ 他想阻止其他儿童学习数学；
- ❏ 他想在其他儿童面前羞辱老师；
- ❏ 他不想尊重老师的威严；
- ❏ 他想确保自己有足够数量的熊。

答案： 真实的情况是，我们根本无从知晓马克的意图。我们只是凭空想象而已。如果我们只是想象他人的意图，我们大可以想象出一种积极正面的意图。当我们从积极正面的角度看待儿童时，我们就是在支持他们发展高自尊，让儿童和我们自己都停留在高级的大脑状态。前三种选项大都是消极的意图，而最后一个选项则认为马克的意图是积极正面的。

如果我们全靠凭空想象（儿童的意图），我们大可以把它想象成积极正面的！

当我们从积极的角度看待儿童的意图时，我们可以让自己和儿童为接下来的教学做好准备。此外，我们还要以身作则，给予儿童尊重和善意。请再次把你自己想象成小马克。你拿走了做算术练习用的所有玩具熊。老师走上前对你说："马克，你想要保证自己有足够多的玩具熊。我也希望这样。你从里面选出 10 个留给自己，然后给同桌的每个人选 10 个玩具熊。"你可以真实地感受到以积极意图开始互动和交流将更易于促进对方的合作。下文进一步详细地阐述了消极意图和积极意图之间的差别。

消极意图

亚当： "我不想拉着你的手。"

迪伦： "你是我的伙伴，我需要拉着你的手。"

亚当： 把迪伦推开，并对他大叫"不行！"

教师： "亚当，你干什么呢？你这样推你的伙伴好吗？你推开他并且不和他拉手时，你觉得他会怎么想？你想别人也这样对待你吗？去排到队伍的最后。今天你没有伙伴。"

亚当： 尖叫"不！"然后跑走了。

教师： 派两名学生到办公室求助，然后去把亚当抓回来。

积极意图

教师： "噢，迪伦，亚当像这样推开了你的手，并且对你大叫'不！'你喜欢这样吗？"

迪伦： "不。"

教师： "告诉亚当，我很不喜欢你把我的手推开还冲着我大喊大叫。你可以说，我们今天并排走，不要拉手。"

教师： "亚当，你想要今天走路的时候不拉着手，而且你希望迪伦能够理解你。如果你想要并排走，你可以说，迪伦，我们今天并排走吧，不用拉着手。"

教师： 对二人说："今天，你们两个并排走，手只要放在自己身边就可以了。你们将是一对特别的好伙伴。"

迪伦和亚当： 两个人并排，安静地穿过大厅。

在第一个示例中，老师通过暗示和对话表示亚当是一个行为恶劣的儿童。亚当对此的反应是可以预测的。在第二个场景中，老师从积极的角度看待他的意图，她不仅能够自己保持冷静，而且能够帮助两个儿童保持冷静，并教会他们重要的新技能。迪伦学会在被误解的时候明确而坚定地表达自己的想法，而亚当则学会在受到挫折时，向别人寻求帮助而不是诉诸肢体上的攻击。这位

教师学会了灵活应对并且用开放的心态接受了搭档之间互动的方式。

当我们从积极的角度看待儿童的行为时，我们就能够让自己保持平和的心态，并且能够帮助他人保持冷静。我们给儿童传递出这样的信息：他们的内心和本性都是非常善良的。此外，我们还传递出另外一种信息，即他们作出的选择无益于目标的达成。有了以上两条信息作为支撑，大多数儿童都乐于主动学习新的技能，遵从成人的指令，或者选择更加适宜的行为反应方式。

消极负面地看待他人的意图助长校园欺凌和拉帮结派

如前文所述，我们如何看待儿童的意图将影响儿童的自我形象和他们在其他人眼中的形象。请想象你是下面的班级中的一员。你会如何看待案例中欺负人的学生、被欺负的学生以及他们的老师？你认为谁在掌控当时的局面？他们在这一过程中展现出了哪些社会技能？

利亚姆正在自己的座位上做数学题。梅森对着空气痴痴地发呆了一会儿，然后突然抓起利亚姆的笔记本并开始在上面写字。利亚姆大叫："你是个傻子！"同时推开了梅森并抢回了自己的笔记本。

班级A：麦吉老师听到了班里的骚动，说道："利亚姆，你不至于骂人和推别人吧。你知道我们班的班规。"利亚姆试图解释："可是，可是他……"麦吉老师坚决地说："不要找借口！去计分榜上把你的分数扣掉。今天你少休息10分钟。"利亚姆再次试图解释："他抢了我的笔记本，并且……"麦吉老师提高了音量："我不管他干了什么。总之不允许骂人和推人。你再说一句，就马上给你纪律通报。这就是你想要的结果吗？"利亚姆愤怒地掀翻了桌子。

- 你如何看待利亚姆？你愿意挨着他坐，并且继续和他做朋友吗？
- 你如何看待梅森？你愿意挨着他坐，并且继续和他做朋友吗？
- 你从麦吉的应对方式中学到了哪些应对冲突的技能？
- 你认为谁在掌控当时的局面？
- 未来当你遇到问题的时候，你会找麦吉老师吗？

班级B：麦吉老师听到了班里的骚乱，立即深呼吸，然后起身到现场解决问题。她到达了冲突的现场并描述了所看到的情形。"梅森，你像这样搂着肩膀。"（示范）梅森回答说："利亚姆推我！"麦吉老师问道："你喜欢这样吗？""不喜欢！"梅森叫着回答。利亚姆马上跳出来反驳："是他抢了我的笔记本，还在上面乱写乱画！"麦吉老师问道："你喜欢这样吗？"利亚姆回答说："不喜欢！我正在做题。"麦吉老师利用积极意图迅速转移了现场的状况："难怪你们两个都这么生气。你们俩都不知道该怎么和对方说。现在和我一起深呼吸。"他们一起深呼吸之后，麦吉老师继续说道："梅森，你想引起利亚姆的注意。如果你想让他注意你，你可以轻轻拍拍他的肩膀，然后等他抬头看着你的时候，你可以对他说：'嗨，利亚姆'。利亚姆，你想要回你的笔记本。当你想要拿回你自己的东西时，你可以像这样伸出手说：'梅森，请把我的笔记本还给我。'现在你们可以用这个方式重新试一下。"

利亚姆明确而坚定地对梅森说。梅森把笔记本还给了利亚姆，但是利亚姆看到笔记本上的涂鸦时，他心情难过得重重地坐在了椅子上。麦吉老师看到并且询问了他的状况。利亚姆回答说："笔记本都让他给画满了。"麦吉老师说："这确实是个问题。梅森，你该怎样做才能帮到利亚姆？"梅森说："我很无聊，想和利亚姆玩。我可以把乱画的那些擦掉。"麦吉老师转身对利亚姆说："梅森感到很无聊，因为他在数学题上遇到的困难。你怎样才能帮帮他？"利亚姆说："等擦干净后，我可以教教他怎么做。""你们解决问题的方法都很好"，麦吉老师回答说："我会检查你们是不是做到了自己承诺的事情。你们可以做到的。"

- 你如何看待利亚姆？你愿意挨着他坐，并且继续和他做朋友吗？
- 你如何看待梅森？你愿意挨着他坐，并且继续和他做朋友吗？
- 你学到了哪些解决冲突的技能？
- 你认为谁在掌控当时的局面？
- 未来当你遇到问题的时候，你会找麦吉老师吗？

消极的意图会让人们在毫无意识的情况下给别人贴上标签，并想当然地认为儿童是恶意的、刻薄的、自私的或不体谅人的。随着时间的推移，儿童通常会接受这些标签并且变得更加暴戾、畏缩不前、表现出欺凌行为。他们的同学很快也会有样学样，要么排挤他们，要么和他们成为朋友。那些选择和他们做朋友的同学通常会被称作他们的"狐朋狗友"。如果我们看待他人的意图是消极负面的，我们会引导儿童认为他们自己是"坏孩子"，并且让这些"坏孩子"混在一起。这些消极负面的意图最终促使学生拉帮结派形成一个个小团体；当我们用积极意图看待那些难以管教的儿童时，我们能够启动他们的执行状态，让他们有意愿学习如何解决问题，愿意作为学校大家庭中的一位成员，而不是游离在集体之外。

预防欺凌必须从小做起

一项长达 25 年（1980—2004 年）的针对校园欺凌干预计划的综合分析显示，大多数此类计划并未产生任何有意义的改变（Merrell, Isava, Gueldner, & Ross, 2008）。在另一项涉及 195 所学校、7 000 名小学六年级到高中一年级学生的研究中，密歇根州的研究者最终的结论认为，校园欺凌干预计划实际上助长了欺凌事件的发生。"与我们想当然的认知恰恰相反，在开展了校园欺凌干预计划的学校中，学生更容易受到同学的欺凌（Jeong & Lee, 2013）。

传统的欺凌防范计划通常只是寥寥几句口号和零容忍的应对策略，这种做法实际上毫无效果，甚至增加了欺凌事件的发生。智慧自律防止欺凌事件的做法截然不同，结果也大不一样。在开展了智慧自律的学校，我们通过关爱的力量阻止欺凌事件的发生，真诚地应对他们寻求帮助的信号，并且让欺凌与被欺凌的学生都重新回到了学校集体。

欺凌是一种特定形式的攻击性行为，这种行为是有意为之的（目的是对对方造成身体、心理的伤害），是危险的并且长期存在的。当人际关系中的力量失衡时，校园欺凌事件就会发生。

欺凌行为盛行的校园文化可能会蔓延到人际互动和交往的方方面面，包括学校、家庭、工作场所和邻里之间。建立在竞争、专制和外部控制基础上的任何文化都可能成为滋生欺凌、受害关系的土壤。因为竞争、专制和权威本身就是在示范欺凌行为。这样的校园文化只会使欺凌现象愈演愈烈，只有在包容的、凝聚友爱的、权力共享的学校大家庭，利用积极意图主动发现那些行为不当的儿童优势的一面，才能够从根本上消除欺凌现象。事实上，这些欺凌他人的孩子们并非入学第一天就觉得"我是一霸！"他们需要很多年才能变成那个爱欺负人的家伙，并且大多数欺负人的人都是从被人欺负开始的。

> 让人欣慰的是，我们正在逐渐认识到这一问题以及它产生的结果。但坏消息是，我们现在仍然无法分清攻击性行为和欺凌行为。孩子们放学回家不会对父母说"他推我了"，他们会说"他欺负我了"。成功的干预要求我们将日常的冒犯行为和欺凌行为区别开。

路标1：难以建立安全的依恋关系（0~3岁）

某些在出生前就承受应激刺激的儿童，出生后可能会形成困难型气质。一些困难型气质的儿童不能与他们的主要看护者建立安全的依恋关系。由于缺乏安全的依恋关系，他们很难管理自己的行为，有些儿童会因此受到严厉的惩罚。如果这种情况一直持续到幼儿3岁，我们开始逐渐看到两种不同类型的受害者。一种儿童表现得好斗、叛逆并且脾气暴躁，另一种则表现出消极被动、逆来顺受和时刻感到焦虑。

路标2：难以和同伴一起玩耍（3~5岁）

在这一阶段，儿童发现自己处于一种复杂的社会情景中，如学校和幼托中心。稍有不顺，那些攻击型儿童往往会抢夺他人的物品，打人或者易怒；而消极被动型儿童则不断地屈服和放弃。两种类型的儿童均难以和他人一起玩耍，因为他们缺乏基本的社会技能和调整自己行为的能力。教师使用的一些排除式应对策略，比如停课，则可能让这一问题更加复杂。

路标3：难以结交朋友（5~8岁）

当两种类型的儿童都进入结交朋友的年龄，这种排除式应对方法会让事情变得更糟。两种类型的儿童（攻击型和消极被动型）都会经历巨大的社会性痛苦。对于大脑而言，社会性痛苦实际上与身体痛苦别无二致。在这一阶段的某个时刻，被拒绝和排斥的社会性痛苦会变得巨大无比，致使大脑发生显著的变化，由此"恶霸"和"受气包"诞生了。

路标4：长期被社会排斥并逐渐形成了"我不在乎"的态度（8~12岁）

无论"恶霸"还是"受气包"，他们大脑中负责主动关爱的部分已经关闭，因此任何惩罚或奖励都毫无裨益。当儿童说"我不在乎"时，他们的大脑其实在说"我觉得所有人都不在乎我"。对于"恶霸"和"受气包"来说，只有让这些儿童与他人建立深刻的情感联结，才能让他们的各个脑区重新建立联结。

路标5：大脑的共情系统关闭（青少年）

到了这一阶段，一方面，那些欺凌者通常会与其他性格彪悍的人沆瀣一气，或与那些尖酸刻薄的人厮混在一起。他们拉帮结伙，通过网络欺凌、散播谣言、打架斗殴和威胁恐吓让自己感觉好一点。此时，这些欺凌者已经成为非常危险的问题少年，他们的大脑已经发生了两个重大变化：

- 大脑已经形成固定的模式，在伤害他人过程中分泌出的生物化学物质让他们产生了快感。欺凌者大脑内的"药房"为他们提供了类似于吗啡的物质，让他们对生活经历中的痛苦感到麻木。这个时候的青少年本质上是沉迷于欺凌他人的。
- 他们的大脑已经对被拒绝和被排斥免疫了。他们已经不再需要归属感或者关爱。共情已经完全下线了。

而另一方面，在欺凌事件中受害的一方，他们的大脑中缺乏像欺凌者一样能够提供心理安慰的"药房"。这些"受气包"更倾向于默默地忍受，然后在某个时刻爆发。痛苦可能变得异常强烈，导致他们出现自杀或伤害他人，正如我们在校园枪击案中见到的场景。

用强硬的手段惩罚那些欺凌者以及用零容忍规定排斥他们，只会让问题变得更加复杂。我们用以牙还牙的方式对待那些欺凌者，以为这种方式能够杜绝欺凌事件，是一种天真的想法。预防欺凌必须从儿童幼年时期做起。它要求我们创建一个学校大家庭，教授儿童自我情绪调节的能力以及社会技能，以便他们能够与他人友好地相处。如果我们无法运用智慧自律的各种技能帮助儿童达到执行状态，一切都是空谈。尤其是，积极意图的技能将帮助成人发现儿童的优点和长处，只有这样才能帮助儿童看到自己的闪光点。

重新建构我们的意图：从消极到积极

作出换个角度看待世界的承诺并不意味着我们马上就能取得成功。相反，这是一条辛苦的、需要刻意练习的道路。我们需要不断有意识地选择重新认识我们面临的情境，直到这种全新的视角成为我们认知世界的稳定模式。每次当我们内心痛苦时，我们会特别关注我们不希望看到的事物，并产生消极负面的意图。要想知道我们是否需要换个角度看待我们面临的情境，最简单的办法是问问我们自己：我们的内心是否是痛苦的。如果答案是"是的"，我们就必须重新认识它。

- 请留意你的内心是否是痛苦的。主动让自己平静下来（做个"微笑星"，"我很安全，保持呼吸，我能应对"和祝福）；

- 专注于你想看到的结果。转移你的注意力，你的意图会随之转移；
- 改变你对他人意图的想法，实现从消极到积极的转变。

活动：重建积极意图

将消极意图重新建构成为积极意图（见表9-3）。

表9-3 重建积极意图1

消极意图	积极重建
有些孩子就是刻薄。	有些孩子需要学习社会技能。
他们肯定知道怎样惹我生气。	_____。
他毫无理由地伤害别人。	_____。
他阻碍别人学习。	_____。
她破坏了整个班级的氛围。	_____。
她只是懒而已。	_____。

当你审视自己的答案时，你会注意到，消极意图让我们困在问题中无法摆脱，而积极意图则让我们保持开放的心态，寻找解决问题的方案。"有些儿童就是刻薄"这样的想法让我们感到无助和无望；"有些孩子需要学习社会技能"这样的想法让我们在儿童的生命中发挥重要的作用。在表9-4的示例中，请观察儿童的意图而不是单纯的行为，这样才能利用这些场景解决问题和教授技能。使用"你想要_____。"和"你希望_____。"这样的表述可以帮助你实现转变。

表9-4 重建积极意图2

消极意图	积极重建
一个儿童推了另一个儿童。	你想要_____。
一个儿童对你要求他关闭计算机的指令不理不睬。	你希望_____。
艾玛趁埃尔顿不注意时偷拿了他的爆米花。	你想要_____。
一个儿童抢了另一个儿童的铅笔。	你想要_____。
一个儿童说："走开，蠢货。"	你想要_____。

当我们运用积极意图看待事物时，似乎冲突中的所有人都能回到执行状态。在执行状态下，儿童会问："我能学到什么？"，我们也可以问自己："我如何才能帮助这个儿童在＿＿＿＿＿＿上取得成功？"我们现在就能够教授儿童缺失的那些社会技能。我们可以说："你想让她走开。如果你希望她走开，你可以说'请走开'。"

> **我承诺**：深呼吸，放松，肯定地对自己说："当我看到他人身上的某种特质时，我也在强化自己身上的这种特质。攻击别人必定也会让自己受到伤害。我愿意把儿童破坏行为和攻击行为看作一种需要帮助的信号。我理解，这样并不能帮助他们脱离困境，但是可以让我摆脱束缚，更好地引导他们使用社会接纳的行为满足自己的需求。
>
> 签名：＿＿＿＿＿＿＿＿＿＿＿＿　日期：＿＿＿＿＿＿＿＿＿＿＿＿

积极意图，伤害行为

到此为止，我们已经重点讨论了从不同的角度看待我们面临的情境。此外，我们还要以不同的方式应对这些情境。积极意图是本书中的第6项技能，因为要想运用积极意图，我们需要用到几乎所有其他技能。这些必要的其他技能包括：

- 我们必须主动让自己拥有平和的心态（"微笑星"），从而保持镇定；
- 我们必须明确而坚定地关注我们希望看到的事物；
- 我们必须让那些受到伤害的人自信地、大声地表达自己的想法；
- 我们必须建立一种彼此友爱、相互鼓励的学校大家庭文化，因此每个成员都乐于学习新的技能；
- 我们必须运用我们的共情，安慰那些正在经历内心烦恼的儿童，帮助他们进入执行状态。

当我们把这些技能熟记于心，我们才能够通过传授新的解决问题技能，更好地处理欺凌行为。

教授受害者明确而坚定的技能

在我们介入儿童之间的冲突前，我们需要让自己内心平静下来，专注于我们希望看到的结果，并采取积极意图对待每一个人。除非发生暴力行为，否则我们应始终先走近被欺凌的一方——这表示我们更加重视治愈他人，而不是伤害他人。这么做也能够赋予受害者力量，让他们有勇气告诉对方，如何对待他们才是可以接受的。正如明确而坚定技能所述，我们应该问被欺凌的一方："你愿意被这样对待吗？"然后提供一些辅导，教他学会明确而坚定的技能。例如，我们可以说："告诉卡梅隆，我很不喜欢你推我。请离我远一点。"在很多情况下，成人还可以利用下文中提出的六步法教欺凌者学会新的社会技能，以此为被欺凌的一方提供帮助和支持。

教欺凌者学会新的技能

使用六步法教欺凌者学会新的技能。在我们与欺凌者接触的过程中，如果我们使用了积极意图，会让对方更乐于学习新的技能，否则可能进一步加剧欺凌行为或遇到对方的抗拒。因此，我们在每一次互动时必须使用积极意图。

第1步：使用积极意图。使用积极意图重新描述欺凌者的动机。请补全下列句子："你想要_____。"或者"你希望_____。"这样做可以让对方产生安全感并促进与对方的合作。

"你想要马利克走开。"

第2步：不加任何评判地观察儿童的行为。说出儿童实现自己目标使用的技能。不要加入任何个人评判，单纯地观察和描述儿童的行为。使用一些句式，如："所以你_____。"这样可以增加儿童的自觉意识并且刺激他们的前额叶。

"你希望马利克走开，所以你推了他。"

第3步：指明儿童缺失的技能，让儿童享有改正的权利。"你只是不知道该怎么说才能_____"和"你只是不知道该怎么做"这样的表述方式仍然认为儿童是善意的，只是犯了错误。

"你希望马利克走开，所以你推了他。你只是不知道还有别的什么办法。"

第4步：设定行为界限。说明行为界限并详细说明行为界限的必要性。这样能够让儿童清晰地明白可容忍的行为限度。请补全下面的句子："你不可以_____。_____会伤害到别人。"把那些不好的行为与伤害他人或缺少安全感联系起来，将儿童的行为与学校大家庭的承诺联系在一起，促进班级的安全。

"你希望马利克走开，所以你推了他。你不知道还有别的什么办法。但你不可以推他，推人会伤害到别人。"

第5步：教授新的技能。要想儿童学会新的行为方式，你可以说"如果你想要_____时，你可以说（或者做）_____。现在尝试一下。"

"你希望马利克走开，所以你推了他。你不知道还有别的什么办法。但你不可以推他，推人会伤害到他。如果你想要马利克走开，你可以对他说'请让开一下'。你可以现在试着练习一下。"

第6步：给予鼓励。鼓励儿童双方主动尝试不同的解决办法。以努力解决问题和修复关系的方式与儿童进行互动。

"你做到了！你尝试了一个新办法。你们都愿意从现在开始改变自己的行为方式。你应该怎么做或者怎么说才能继续履行朋友间互帮互助的承诺呢？"

活动：练习用积极意图应对伤害行为

情景1：西尼把卡莱布从饮水机旁边推开。

▶ **教被欺凌的一方首先学会明确而坚定地表达自己的感受**

观察："卡莱布，西尼刚才把你从饮水机旁推开，因为她非常口渴。你喜欢这样吗？"（停顿一下等待儿童的反应）

教授技能："你可以告诉西尼，我不喜欢你推我！请排在我身后等待。"

▶ **然后教授欺凌者新的技能**

第1步：积极意图。"西尼，你想要＿＿＿＿。"

第2步：观察。"所以你＿＿＿＿＿＿＿＿＿。"

第3步：说明缺失的技能。"你不知道＿＿＿＿。"

第4步：设定行为界限。"你不可以＿＿＿＿＿＿。＿＿＿＿＿＿＿会伤害到他人。"

第5步：教授技能。"如果你想要＿＿＿＿＿，你可以说（或者做）＿＿＿＿＿＿＿＿。"

第6步：鼓励。"你做到了！"

情景2：诺亚毫无缘由地打了安琪。

▶ **教被欺凌的一方首先学会明确而坚定地表达自己的感受**

观察："安琪，诺亚刚才走过来打了你。你喜欢这样吗？"（停顿一下等待儿童的反应）

教授技能："告诉诺亚，我很不喜欢你打我。如果你有怒气，你可以去安全角。"

▶ **然后教授欺凌者新的技能**

第1步：积极意图。"诺亚，你想要＿＿＿＿。"（尽可能猜测）

第2步：观察。"所以你＿＿＿＿＿＿＿＿。"

第3步：说明缺失的技能。"你只是不知道＿＿＿＿＿＿＿＿。"

第4步：划明行为红线。"你不可以＿＿＿＿＿＿。＿＿＿＿＿＿＿会伤害到别人。那是不安全的。"

第5步：教授技能。"如果你想要＿＿＿＿＿＿＿，你可以说（或做）＿＿＿＿＿＿＿。"

第6步：鼓励。"你做到了！"

可能的答案：以上这些练习都没有唯一正确的答案。切记，我们的目的是在每个具体的时刻发现每个儿童的优点和长处。

紧急情况下运用行动法

上述解决的过程适合年龄稍长的儿童，并且需要比较充裕的时间，但有时候你必须尽快行动起来。针对幼儿或时间比较紧迫时，你可以使用基于上述策略的行动法（A.C.T.）。

A. 确认（Acknowledge）儿童内心深处的愿望和意图。

"你想要＿＿＿＿＿＿＿＿"或者"你希望＿＿＿＿＿＿＿＿＿＿＿＿。"

C. 清楚地说明（Clarify）待使用的技能。

"如果你想要＿＿＿＿＿＿你可以说（或做）＿＿＿＿＿＿＿＿＿＿。"

T. 花点时间（Take time），勤加练习。

"你现在试着练习一下。"

教育学生认识那些与他们正在学习的社会技能相符的非语言行为。例如，在学习轮流玩玩具或使用物品时，儿童需要学会伸出手，手心向上说："请给我玩一会儿。"当儿童学习引起别人注意的技能时，她可以练习轻轻地拍拍朋友的肩膀，等朋友扭头看着她时再喊出朋友的名字。

练习行动法

两岁的肖恩正坐在加勒特旁边玩耍。他伸手去拿加勒特手里的球。

"肖恩，你想要＿＿＿＿＿＿＿＿＿＿＿＿＿＿。如果你想要＿＿＿＿＿＿＿＿＿＿＿＿＿，可以说＿＿＿＿＿＿＿＿＿＿＿＿。我们一起练习！"

3岁的萨凡纳想要引起艾米丽的注意时，总是拍她的脑袋。

"萨凡纳，你想要＿＿＿＿＿＿＿＿＿＿＿＿＿。"

如果你想＿＿＿＿＿＿＿＿＿＿＿＿＿＿＿＿＿＿＿＿，
可以说＿＿＿＿＿＿＿＿＿＿＿＿＿＿＿＿＿＿＿＿。
　　我们一起练习！"

如果我们不知道儿童想要什么怎么办？

　　有时我们真的猜不透儿童想要什么。我们看到的都是儿童使用非语言的沟通方式（咬人、推人）实现自己的目标。当这种情形发生时，我们有两种选择：尽可能猜测儿童的想法，让儿童纠正我们的猜测，或者观察和描述儿童的非语言行为，然后等待儿童作出回应。观察和描述可以整合大脑左右半球的功能，因此儿童通常会和我们讨论发生了哪些事情。如果儿童仍然默不作声，我们可以用询问的语气问："发生了什么事"。以下是一个示例。

　　情景：儿童用力把自己的数学书摔在桌子上，凶巴巴地坐在椅子上默不作声，双手抱在胸前。

　　观察："你用力摔了你的书，然后坐在椅子上，双手像这样抱在胸前。（示范并且用自己平和的心态感染他。）你的身体告诉我，你感到很沮丧。"

　　儿童："我不会做那些数学题。我太笨了。"

　　积极意图："你想让我知道你需要我的帮助，所以你用力摔书，这只是因为你不知道还有别的什么办法。如果你感到心里难过，可以像这样举手示意我：你需要帮助。"

　　练习："现在请举手，表示你需要帮助。就是这样。你做得很好！"

积极意图，伤人言语

　　肢体冒犯是生存状态的典型特征，而当儿童处于情绪状态时，他们很可能会恶语相向。这些儿童通过语言来排斥他人。"滚开，我们不喜欢你！"他们会通过骂人来互相攻击。"打死他，死胖子！"当他们无法控制自己的情绪时，他们会破坏学习的过程。无论生存状态下的肢体攻击还是情绪状态下的恶语相向，我们都可以运用积极意图将这些消极负面的情景转变为积极正面的人际互动，其中涉及所有人都能学会的、有效的表达方法。

　　情景："走开，蠢货。"

　　莫妮卡正在和朋友们聊天，这时桑德拉走了过来。莫妮卡转身对桑德拉说："走开，蠢货。"教师看到了这一场景。

　　▶ **教授受伤害的一方首先学会明确而坚定地表达自己的感受**

　　观察：老师走到桑德拉面前对她说："莫妮卡刚才骂了你，你喜欢她说话的方式吗？"桑德拉回答说："不喜欢。"

　　教授技能：你可以教桑德拉明确而坚定地向莫妮卡说出她的感受，你可以告诉她具体应该怎么说。"桑德拉，告诉莫妮卡，说'我不喜欢你骂我。我的名字是桑德拉。请叫我的名字'。"

　　▶ **然后教攻击者学会新的技能**

　　第 1 步 - 积极意图："莫妮卡，你想让桑德拉知道你正忙着和朋友们聊天呢。"

　　第 2 步 - 观察："所以你用脏话骂了她。"

　　第 3 步 - 说明缺失的技能："你看上去心情很沮丧，而且不知道其他可用于沟通的办法。"

　　第 4 步 - 设定行为界限："你不可以骂人，骂人会让别人很伤心。"

　　第 5 步 - 教授技能："如果你想要让同学知道你希望保护自己的隐私，你可以说'桑德拉，这是我的隐私。我只想和我的朋友们单独聊。你可以等会再聊。'你现在说一遍。你可以练习用这样有用且不会伤害别人的话表达自己的想法。"

第6步 – 鼓励："当你的感情受到伤害时，换一种行为方式是很难的。你们两个都可以试一试。你们做得很好。你们要不要击掌或者拥抱一下，表示你们仍然是学校大家庭的成员并且互相尊重？"

活动：用积极意图应对伤人的言语

通过角色扮演和同伴一起完成下列场景。首先安慰受伤害的一方，教他学会明确而坚定的技能，然后用积极意图应对攻击发起者，创造教学的机会。角色扮演完成后，使用下列问题相互检查。

场景1：当卡里姆穿着粉色的袜子出现在大家面前时，詹姆斯叫卡里姆"变态"。

场景2：塞拉答错一道数学题时，梅丽莎说她："一看就是傻。"

场景3：几个男生一起起哄："女生都是蠢猪！"

1. 你有没有先安慰被欺负的一方？你有没有问："你喜欢这样吗？"或者你会惊呼一声然后说："这样会让你怎么想？"
2. 你有没有教被伤害的一方明确地使用正确的表达方式，或者你有没有问："你会怎么说？"
3. 你有没有运用积极意图应对攻击者，如"你想要_____？"或者你有没有用"你为什么_____？"的方式开始沟通？
4. 你有没有设定行为界限，并把攻击者的行为与伤害或安全联系起来，或者你有没有开始说教？
5. 你有没有要求攻击者当场练习新技能？
6. 在事件结束时，你有没有鼓励双方？你是怎么说的？

改变和反思：从抱怨到解决问题

强烈的情绪状态和日常的牢骚抱怨是有差异的。比如，我们常常会抱怨："你知道我们老师要做多少案头工作吗？说出来你都难以置信，唉！"而愤怒的情绪表现则是"我讨厌案头工作，我根本没有多余时间可以教授新的知识和技能，这是有史以来最荒唐的政策"。右前额叶是大脑中负责处理消极负面情绪的部分，日常抱怨和悲观主义情绪都由这个区域掌管。积极意图是帮助我们将日常抱怨转向解决问题的最完善的沟通方式，它会使用"你想要_____。"或者"你希望_____。"这样的表述方式。

在与满腹牢骚的学生家长、同事或学生沟通交流时，一些表达方式如"所以你_____。"和"所以你希望_____。"可以帮助我们把那些着重强调消极负面信息的表述转变成积极正面的表述，并把这种表述方式反馈给对方。此外，这种沟通方式也有助于在对方不断抱怨时改变我们内心的自我对话。以下是一些相关的示例。

满腹牢骚的学生家长

学生家长：我家孩子从不把作业带回家。我不知道班里发生了什么状况。

教师：所以你希望持续关注子女的进步。

满腹牢骚的同事

同事：今年这批家长啊。让他们回个电话、签个通知单，不管干什么都不肯配合！

教师：你希望今年家长积极配合你的工作。

满腹牢骚的儿童

学生：你非要这样做才行吗？这很无聊。

教师：你希望我们多上几节科学课。

满腹牢骚的自己

自己：我在想什么呢？学校教育政策从不会改变。

自己：我希望关注的焦点转移到儿童的需求上。

我们使用了积极意图而不是把当时的情形定性为"糟糕"，如果我们通过这种沟通方式加入互动，我们就可以为教学活动以及目标的实现打下一定的基础。这样做可以提高班级内的安全感、情感的联结，并有利于问题的解决。

积极意图能够将解决问题的思路融入学校大家庭

当我们运用积极意图创造珍贵的教学机会并且运用关爱的力量发现他人的优点和长处时，下列实践模块、仪式和常规教育可以帮助儿童把解决问题作为他们受益终身的技能。

实践模块：庆祝中心

庆祝中心的目的是庆祝儿童取得的成功。庆祝的主题多样，例如，一些改变（如换牙），欢迎新同学，高年级的儿童毕业，或者祖母的生日。还可以利用庆祝中心表扬儿童在学习上和帮助他人上付出的努力，以及儿童提出的并对他们很重要的建议。庆祝中心目的是让儿童尊重彼此以及他们的成就和付出。请不要把它用作特殊活动时或对表现出色的学生进行奖励的场所。

幼童

对于年幼的儿童来说，庆祝中心包括特殊的庆祝座位和一个道具箱。我建议使用儿童自己装饰的椅子。道具箱放在椅子的旁边或下方，里面包含庆祝活动所需的各种物品。一名教师手里拿着从庆祝道具箱中拿出的木质牙齿项链。换牙的儿童戴着牙齿项链坐在椅子上，同时全班同学为他唱《牙牙歌》。

牙牙歌

（请按照《山谷里的农夫》的曲调唱出来。）

你掉了一颗牙。　新牙会长出来。
你掉了一颗牙。　新牙会长出来。
你一天天长大。　你今天掉了一颗牙。
你掉了一颗牙。　新牙快长出来！

大龄儿童

大龄儿童可以协助老师确定庆祝中心使用的各种素材，包括他们喜欢的庆祝内容和庆祝方式（见图9-4）。一个四年级的班级决定把庆祝中心安装在计算机上。

在指定的时间，学生们将来到计算机前，为需要庆祝的同学制作一张奖状。他们会在早上常规活动与老师分享他们的工作成果，并且讨论他们如何颁发奖状。如果教师批准了他们的计划，他们将按照计划进行。一天早上，我拜访了这个很特别的班级。为了庆祝道格拉斯在拼读方面的突出表现，全班决定为他颁发一份奖状。因为在拼音上的进步，道格拉斯收到了一张奖状和这首打油诗：

> 你是拼读的老大难，
> 一到考试就玩完！
> 你不灰心不气馁，
> 辛苦付出不白给！
> 好好学习天天向上，
> 学会了拼读你真棒！
> 全班为你来庆祝，
> 学会拼音你真酷！

道格拉斯的反应非常有意思。他说："谢谢大家关心我，g-u-a-n，x-i-n-g。"全班哄堂大笑，老师看上去有点紧张。他接着说"逗你们的！d-o-u，n-i，m-e-n-g，d-e。"[1]全班笑得更厉害了，这时老师也忍不住笑了出来。

图9-4 庆祝椅和庆祝板

仪式：祝福

真心希望你这一年都在班上举办祝福活动，祝福可以首先从为缺席儿童送上祝福开始。现在，如果你已经在这样做了，你需要把祝福活动扩展到儿童感觉难以理解和应对的其他各种场景。儿童可能会希望为某个生病的亲人送上祝福，为失业的父母送上祝福，或者为即将参加考试的姐姐送上祝福。你可以在早晨的常规活动、放学的常规活动以及其他日常活动中为这些祝福活动创造一些机会。你可以邀请儿童分享和祝福，并且你自己也要这样做。

常规教育：学校大家庭全体成员大会

在校历中加入学校大家庭全体成员大会，可以每一个月、每两个月或每季度举办一次。学校大家庭全体成员大会的目的包括：

1. 促进和弘扬学校大家庭以"安全、情感联结和解决问题"为特点的文化氛围；
2. 促进智慧自律在全校范围内的实施；
3. 建立学校与家庭和社区之间的联系。

在第4章的"大脑聪明"教学时刻环节后，你可以与学校的管理者以及工作人员共同示范如何召开学校大家庭全体成员大会。你可以向志愿者征求活动的计划和设计。当每个人都对活动的成功举行充满信心时，如果儿童的年龄允许，可以将活动的

---

[1] 此处的 x-i-n-g 和 m-e-n-g 应为孩子故意所为。——译者注

计划和组织转移到班里的学生身上。以下是一个学校大家庭全体成员大会的提纲。

1. 进场曲
2. 促进凝聚的活动：欢迎语和凝聚主题的歌曲
3. 释放压力的活动：这些活动适合在高能耗活动后进行。
4. 促进人际互动的活动：
- 欢迎新同学和新老师
- 说说你的生日
- 庆祝
5. 迷你智慧自律课堂：由校长或指定的团队发起的短课程。
6. 承诺
7. 结束音乐和退场

进场曲

让所有班级有序地进出集会现场要求我们进行大量的事先规划、演练和以图像的方式展示我们期望的做法。利用地图法（示范、图像展示和练习）展示我们期望的做法。当学生进场时应播放特定的音乐。当所有班级全部入座后，教他们在自己的座位上完成特定的动作。

促进凝聚的活动

欢迎儿童、教师、员工以及家庭成员和社区成员参加活动。"欢迎参加利特尔河学校大家庭全体成员大会。在利特尔河学校，我的工作是保证全校的安全。你们的工作是_____。"让出席者回答"协助保证学校的安全"。然后让所有出席者做三次"微笑星"。"我们时刻铭记全校的约定（使命陈述等），保证全校的安全。我们现在大声地说出来吧。（齐声说）切记，公约是我们对我们自己（指着自己）、我们的朋友（指着朋友们）、我们的教师（指着教师）以及我们整个社区（指着其中一位来访者）所做的庄严承诺。如果你愿意和我们共同守护利特尔河学校的安全，请竖起你的大拇指。"然后合唱一首带有规定动作的、以凝聚为主题的歌曲。

释放压力的活动

在每首歌或每个高能耗活动后，让学生完成释压活动，如"微笑星""泄压水龙头""开心麻花"或"气球"。

促进人际互动的活动

邀请新加入的学生、家庭、员工或教师起立，然后全体人员鼓掌或轻声欢呼表示对他们的欢迎。合唱杰克·哈特曼（Jack Hartmann）的《欢迎歌》（你可以把歌曲剪辑为大约1分钟长度的）然后邀请所有自上次集会后已经过完生日的成员站起来合唱瑞德·格拉默（Red Grammar）的《你出生的那一天》。最后，邀请儿童上台分享他们庆祝的内容。务必要让老师们事先选好上台的学生并且鼓励他们庆祝他们所选定的内容。

> 在佛罗里达州奥兰多市的弗恩溪小学，全校的庆祝活动包括让上台的学生穿过舞台走到话筒前，宣布他们的庆祝内容。有的学生会说："我叫特勒尔。我来自罗宾老师所教的二年级班级。我要庆祝我妈妈的新工作"，人群会欢呼。有一次，一个5岁的儿童德玛里奥走到话筒前说："我要庆祝我没有和人打架"，然后就走开了。台下的人为他的成功而欢呼。他很快又回到话筒前补充道："一整天都没有！"台下掌声雷动。

我们经常会暗示学生应该庆祝哪些内容，比如考试得到高分或者读了多少本书。这样做会抑制儿童在庆祝活动时的成功感和快乐感。我们必须让儿童自由地选择他们认为有意义并且希望庆祝的事物。一所美国小学在最初推行这些庆祝活动时，大多数学生选择了学习之外的成就。实施智慧自律两年后，大多数学生反而会选择庆祝他们在学习上取得的成绩。他们已经体会到了学习本身的乐趣。

迷你课堂

开展迷你课堂活动（不超过3~5分钟），这项活动是对你作为一名教职员工在学习智慧自律后的心得体会的有益补充。如果你每月进行全体教职员工的读书会和每月定期召开的全体成员大会（见图9-5），你可以为每个章节学到的技能设置迷你课堂活动。首次活动的主题是通过腹式呼吸实现镇定，第二次活动的主题可以是使用你的"大嗓门"。

承诺

从迷你课堂中选择一项具体的事物，询问参与者是否愿意实践这项特定的技能或者重点关注这项事物。设计某种形式的口号或动作（**竖大拇指**）表示愿意作出承诺。后续通过每天早晨的公告、大厅的布告以及课堂活动强化这些概念。

结束音乐和退场

选择一首歌作为退场时的音乐，让所有班级按照预先设定的方式有序退场。就像进场程序一样使用地图法。其目的是所有参加集会的人都能在内心中感受到更多的关爱、喜悦、亲密和鼓励，当然也包括所有工作人员！如果教师觉得他们是在监督学生而不是和他们一起分享喜悦，那么应该花更多的时间和他们一起策划和专注于期望的结果。

由学生主导的学校大家庭全体成员大会　　在大会上实践"气球"呼吸法

图9-5　学校大家庭全体成员大会

反思：关爱的力量

我们已经讨论了，主动发现他人的长处和优点让我们对那些"无可救药"的儿童保留一定的希望，为那些感到惶恐的儿童创造安全感，鼓励那些灰心丧气的儿童重新振作。关爱的力量和积极意图的技能可以把儿童的抗拒转变为合作的意愿，并且为我们提供了一个重要的舞台，教那些通过伤人的行为和语言表达且渴求帮助的儿童学习新的技能。请完成下列练习，实践关爱的力量。

1. **请认真思考我们没有意识到的价值**。我们透过眼睛看到的正是我们内心所在意的。

2. **用积极意图对待我们自己**。停止自责："真不敢相信，我居然忘了去商店"，改变自己的行为。你可以对自己说："我想早点回家，这样孩子们一下校车就能看到我，所以我要现在陪着孩子们，以后再去购物。"

3. **有意识地观察我们是否经常猜测和评判他人的意图**。这种行为会占据我们多少精力？请注意我们是否经常通过消极负面的角度看待我们自己、我们的合作伙伴、同事和学生。我们会把改正的权利交给谁，又会对哪些人妄加最严厉的评判？

4. **继续祝福**。在日常活动中提供大量机会，鼓励儿童为他人送上祝福。遇到困难时，为我们自己和他人送上祝福。

5. **从消极的意图转向积极意图**。让自己摆脱内心的苦楚！深呼吸，然后对自己说："我愿意换个角度看待问题。"然后问自己："我有没有付出关爱或向别人寻求帮助？"必要时，可以向他人寻求帮助。

"大脑聪明"教学时刻

重点关注儿童通过语言或动作彼此伤害的行为，切不可坐等受伤害的孩子来找你。你应该主动把这些冲突当作教学机会（见表9-5）。主动运用积极意图对待攻击者并先安慰受伤害的人（除非攻击者仍在欺负其他儿童）。

表 9-5　可以用作教学机会的行为

肢体伤害	社会伤害或情感伤害
• 推搡 • 抢东西 • 戳刺 • 打人 • 绊人	• 骂人 • 排斥他人 • 歧视 • 不能容忍身体上的差异

技能反思：传统思维和智慧自律

如果可能，应与别人组成搭档，然后大声地把这两组话说出来（见表9-6）。看看你是否能感受到二者的差别。每次发言后，可以分享自己的看法："我认为传统思维和智慧自律之间的区别是_____。"

表9-6 传统思维和智慧自律的对比

传统思维	智慧自律
他妨碍别人学习。	他需要更多针对性的工作才能成功。
她在破坏课堂秩序。	她需要帮助才能专心完成手里的工作。
她就是懒。	她需要别人推一把才能开始。

学校大家庭实施一览表

- ☐ 通过"你想要_____"的表达方式运用积极意图教授社会技能，如轮流发言、寻求帮助和引起他人的注意。
- ☐ 运用积极意图或行动法把挑衅和攻击性的行为转变为教学机会。
- ☐ 如果我们不能清楚地理解儿童想要什么，请观察和描述，停止评判。
- ☐ 如果我们对儿童的猜测"你想要_____"是错误的，要相信儿童能够纠正我们的错误。
- ☐ 创建一个庆祝中心。
- ☐ 召开学校大家庭全体成员大会。

（积极意图技能小结见表9-7）

表9-7 积极意图技能小结

项目	内容
力量	关爱：看到彼此最好的一面。
"大脑聪明"教学时刻	积极意图能够让大脑的各项功能完善整合，并且可以促进催产素的分泌，提高信任感、安全感和道德行为。
技能	"你想要_____"；"你希望_____"；行动法；重建积极意图。
学校大家庭常用工具	庆祝中心、祝福、学校大家庭全体成员大会。

Chapter 10
第 10 章
行为结果
CONSEQUENCES
帮助儿童从错误中学习

行为结果能够教会儿童审视他们的行为，反思选择所产生的影响，并作出必要的改变，直至实现他们的最高目标。

我们终于来到了行为结果技能部分。行为结果是本书介绍的最后一项技能，但这并不代表它不重要，而是因为它需要以有效使用智慧自律的其他 6 个技能作为前提。在运用行为结果技能的传统模式下，儿童日复一日感受到的都是同样的行为结果。在你心目中，你会如何讲述这些孩子的故事？他们是冥顽不灵、傻头傻脑，还是故意捣乱？当你迫使他们到办公室接受惩罚，看着他们总是得不到其他孩子经常可以收获的奖励时，你是否有心痛的感觉？无效的行为结果会让儿童和教师感到心灰意冷，信心丧失殆尽。心灰意冷的儿童难以和他人建立情感联结，从而成为对自我和他人的潜在威胁。

一般来说，我们会把行为结果当作对不当行为的惩罚。是时候作出改变了！本书全程都在为我们建立基于有效行为结果的学校和班级做准备，促进持久的行为改变。某一个行为真正的行为结果并不是这种行为实际产生的行为结果，而是我们对行为结果的感受，后者才是推动我们采取行动的真实动机。如果我们不能觉察到自己的感受，做自己感受的主人，我们就会把行为的行为结果归咎到他人以及外部情境上，这样做的行为结果无非是让我们从主动改变自身转变为为了我们自己的安全感和关爱感而企图改变他人。我们可以拥有一种更好的转变方式！

行为结果技能的象征物是迷宫。每完成一轮迷宫都能够为下一轮更机智地穿过迷宫提供有效的反馈。走迷宫失败并不会让我们感觉很糟糕，它只是要求我们重新选择路线，再来一次。"错误是学习的好机会"，当你思考这句座右铭的意义时，不妨想一想你曾经犯过的那些错误。花点时间，慢慢梳理一下这些事件是如何改变你人生的轨迹，让你成为现在的自己的。我们都曾经作出过错误的决定，并因此而伤痕累累。这些行为结果是激励着你对此进行反思并试图改变你的生活，还是让你陷入内疚、悔恨和耻辱的深渊中无法自拔，并一次次重复这些没有意义的错误行为？"激励"这个词是关键所在。行为结果本身并不能教我们习得新的技能，它只会激励我们重复或停止使用已经掌握的技能。要想让行为结果发挥效用，必须保证这一技能的运用对象是已经建立了情感联结，并且拥有智慧自律的社会情感技能的儿童。在一个没有实施智慧自律的班级，儿童会一次次承受传统教育模式带来的行为结果，因为他们与班集体是缺乏联结的（"我不在乎"）或者缺少必要的技能。智慧自律的 7 个技能教我们如何与他人建立情感的联结，并且教儿童掌握必备的新技能。在此基础上引入行为结果技能，才能产生有效的影响力。

动念的力量

动念的力量告诉我们：错误是学习的好机会。我们的每个行为和动作都有其目的和动念。面对某一种状况时，我们的动念将对最终的行为结果产生极其深刻的影响。动念可能是无意识的，随着我们的情绪和冲动而四处飘摇，就像一艘没有舵的小船，或者我们也可以在行动前就已经有意识地明确了动念。智慧自律鼓励我们有意识地感知我们的动念，从而实现我们的最高目标。因为动念是一股非常强大的能量。狄巴克·乔布拉（Deepak Chopra）曾经说过："动念就是定向的意识，你会在其中植入一颗种子，并期盼着它长出你要的果实。"（Chopra，2011）。我们会不断地种下动念的种子，某些种子是要让儿童为他们的错误感到懊悔，而有的种子是希望他们能够从错误中学习新的技能。

在我们行动之前，我们的动念就已经渗透到了情境中。我们知道，这样的动念往往会变成现实。如果有人带着攻击我们的目的接近我们，我们能够感受得到，并会让自己变得满怀戒备。如果别人用一种开放的态度和我们交往，我们也会感觉得到。动念拥有一种强大的、无形的力量，它能够让我们紧密地凝聚在一起，坦诚地交流，并促成目标的实现。当然，也有可能产生截然相反的效果，就如一句谚语所说："通往地狱的道路都是由善意铺就的。"

我早在童年时期就已经认识到，人和人之间不断传递和接收一种无形的能量。想当年，我只要手里拿着天线就能让电视画面大为改观，这让我感到不可思议。后来，我把天线拆了下来，然后把我自己的手指插进去，居然能让画面更加清晰。我认识到，我变成了某种无法看到、无法捉摸的东西的发射机和接收机，而它就在我身上。让我感到同样神奇的是，当我父亲在家时或者我母亲发脾气时，屋子里的这种能量是不一样的。今天，研究已经证实了我年幼时的观察。正如凝聚的力量中提到的，我们生活在能量和信息的海洋中，并且在不断地彼此沟通和交流。研究人员发现，当夫妻中的一方向患有癌症的另一方发出期望治愈的动念时，二人之间会产生大量同步的生理反应，如心电波、脑电波、血液流动和呼吸频率。即使二人被金属墙分隔在两个不同的房间，这种现象同样会发生（Radin & Schlitz, 2005）。这种饱含爱意的能量能够从一个人传递到另一个人，使二人紧密地联系在一起。

当我们的动念和行为带来的影响相符时，这种沟通和交流就是健康的。在某一场景中，如果我们的动念是帮助他人并且使用对方看来有益的沟通方式，就会产生相得益彰的效果，一切都井然有序。但是当二者不符时，这种沟通会很快变质。我们必须清晰地认识到沟通的动念及其产生的影响，尤其是在教育儿童的时候。如本书反复提到的，所有的冲突都起源于内心的痛苦和不安。如果我们不能在解决问题前有效地管理自己的不安，我们的注意力会集中到我们不希望看到的事物上，同时我们会企图伤害（防御、强迫、争吵或欺骗）对方。

我们经常会错误地把动念当作一个魔法棒或一

张"免责"卡。例如，我可能会伤到他人（无论有意或无意），然后为自己辩驳"这不是我本意"，其隐含的意思是，你不应该觉得受伤害，因为我不是故意要伤害你的。如果能够为自己的行为承担责任而不是巧言辩驳，我们与他人的沟通效果就会大为改善。我们必须认真考虑我们行为的动念和产生的影响，而不是用"好意"来掩盖我们应当承担的责任。一种有益的沟通方式是"我不知道这样会伤害到你。我并不是有意要＿＿＿＿＿，但是我认识到了它造成的伤害"。然后采取具体而明确的措施，改善我们的沟通方式或者弥补伤害。我们常常用善意掩盖自己的过失，是因为无心之过通常比故意为之更易于被别人谅解。无意的行为可以归因于外部因素，如疲劳、饥饿或工作，而有意的行为则会被认为是内在品质所致。

不论何时，只要我们关注的是我们不想要的事物，我们的动念就是有害的。但是如果我们关注的是自己期待的行为，那么我们的动念通常是有益的。当沟通变质时，请反思下面四个问题：

1. 发生了什么？我使用的沟通方式产生了积极的影响还是消极的影响？（不要理会动念，而是强调影响。）
2. 最终的行为结果与我的动念有何不同？我内心深处的愿望是＿＿＿＿＿＿。
3. 我该如何承担责任？如果我真心希望我的行为带来的影响和我的动念保持一致，这一过程的哪些步骤可以做得更好？
4. 我如何才能消除不良影响？我该如何在下次遇到同样的情况时采取不同的方式并与别人分享我的方法？

活动：判断动念

请思考：在下列场景中，乔纳斯的行为是无礼的，还是他缺少了一项技能？其中的一种情形比另一种更糟糕吗？如果更糟糕，原因是什么？

场景1：乔纳斯在排队时不小心推了詹妮弗一下。

场景2：乔纳斯在排队时故意推了詹妮弗一下。

我们经常认为故意的行为需要受到惩罚，而无意的行为是可以接受的小差错，教育一下即可。动念的力量让我们在两种情形下将乔纳斯的行为看作他缺少了一项技能。在第一种情形里，乔纳斯可能缺失了执行状态下保持注意力的技能，在第二种情形里，乔纳斯可能缺失了执行状态下控制冲动的能力。

对我们的动念和影响保持有意识的觉察可以提高我们的沟通技能。此外，这样还能提高我们的自我情绪调节能力和实现个人目标的可能性。如果你像我一样，你也许会经常怀有一些非常美好的生活目标，但却未能如愿实现。研究显示，执行动念远比目标动念更有意义，因为它能够支持我们完成承诺（Gollwitzer & Sheeran, 2009）。目标动念常用的表达句式是"我想要实现＿＿＿＿"和"我想要减肥到＿＿＿＿斤"。执行动念则更加具体和程序化："如果＿＿＿＿发生，我会＿＿＿＿。""当我很想吃糖的时候，我会吃苹果。"儿童，尤其是那些在苦苦挣扎的儿童，会作出非常宽泛的承诺，如"我会一整天都听老师的话"。他们需要成人帮助他们发展执行动念才能真正达成目标。你可以建议他们："如果老师上课时我在和朋友们聊天，我会摸摸我的耳朵，然后认真听讲。"当我们设定了一个明确且对我们非常有吸引力的目标时，我们通常会按照目标作出反应，创造有利的机会并作出和我们的动念一致的选择。

> 本书用了很多篇幅重点讨论了有意识地觉察我们的意图和行为影响。很多教育者在这个过程中采用的是让儿童循规蹈矩的意图。希望你已经开始主动地让自己的意图从"让儿童循规蹈矩"转变为"帮助儿童取得成功"。这种转变虽然看上去不起眼,但却意义十分重大,你会更多地体会到"欲变世界,先变其身"而不是"遵我言,勿效我行"。

控制 VS. 教育

我们运用行为结果技能的动念(控制儿童的行为和教授技能)将决定儿童会把错误当作学习机会还是由天生缺陷导致的失败。如果我们觉得儿童的行为对我们构成了威胁,我们的动念会本能地变得更具有防御性。当我们因此而感到沮丧时,我们就会本能地想要制止这一行为,从而导致我们采取惩罚性的或纵容性的应对方式。如果心态平和、镇定并具有充分的自制力,我们将会作出明智的选择。(只要我们主动让自己的心态平静下来,我们就能运用镇定的力量)。就行为结果而言,我们通常会有三种核心的动念:惩罚、袒护和教育。

惩罚:惩罚的目的是让儿童自我感觉糟糕或者为他们的行为感到内疚。"你本来挺懂事的。""你怎么会变成这样?""你就不能好好听?如果你认真听我的,这一切都不会发生。"惩罚的态度表示儿童应为他的行为而感到惭愧、痛苦、羞耻和内疚。它隐含的意思是"你自己的感受都是错的,要按照我告诉你的去想"。还记得我们在第8章提到的沙滩球的比喻,不管是谁拿了球,都拥有改变的自主权,同时承担改变的责任。惩罚就意味着成人拿了沙滩球,却逼迫儿童承担责任,而不是温柔地把沙滩球传递给儿童,让儿童主动承担自己应负的责任。如果我们的目的是惩罚儿童,儿童将学会用他们的智慧和精力责备他人、为自己辩解、逃避,而不是主动为自己的行为承担责任。

在任何既定的场景中,我们要么勇敢承担责任,要么责备他人。选择权在我们自己!

袒护:袒护是指成人帮助儿童规避行为结果,从而达到不让儿童经历痛苦感受的目的。儿童经常会求你"我再也不敢了。我保证。艾丽卡逼我的。求你不要给我的家长打电话。我会听话的。"作为家长,我们经常心急火燎地带着孩子遗忘的家庭作业或午餐钱送到学校,救他们于"危难"中。这种"救孩子们于危难"的做法传递出的信息是"不要伤心难过。这种感受是不好的。这一次我可以救你,下次不要再发生类似的事情了"。成人拿到了并且控制着儿童的沙滩球,因此儿童不会因为自己的选择而感到痛苦。如果行为结果不能触及他的情感和感受,这些行为结果会毫无意义。这种情形背后隐含的信息是:"伤心痛苦的感受是不好的"或者"你还没有能力妥善处理自己的感受"。儿童会充分利用他们的"小聪明"操纵成人的行为,把本应自己承担的责任推到成人身上。

教育:教育的目标是帮助儿童反思他们所作出

的选择带来的影响，最终帮助儿童为他们自己的行为承担责任。儿童因为行为结果而产生的感受是他们学习新技能和未来改变行为方式的动力。

学生："我做了家庭作业。我只是忘带了，我可以明天带过来。"

教师："作业就应该今天交，明天就不收了。"

学生："真是废话！我讨厌你。我确实做了！这不公平。"

教师："你看起来心情低落。花时间做完了作业，但是最终却功亏一篑，这确实让人很失望。深呼吸几次。先让自己的心情平静下来，我们一起想办法，确保你以后不会再忘记。"

当我们把最终的目标设置成教育，儿童会利用他们的各种才能控制住自己强烈的情绪，为自己的行为承担责任，并在未来的生活中作出更健康、更适宜的选择。教育儿童为自己的行为承担责任需要通过四个基本步骤实现：

1. 给儿童分配可以胜任的工作，并给予适当的指导；
2. 退居幕后，让儿童走到台前；
3. 积极运用共情的力量，让行为结果激励儿童作出改变和学习新的技能；
4. 在适当的时候，给儿童分配同样的任务来运用新技能。

我们不能通过要求或威胁儿童承认错误的方式教儿童为自己的行为承担责任。相反，我们应该营造安全感和建立情感联结，帮助儿童反思和认知他们认为的自己的行为对世界产生了哪些影响，通过这种办法我们才能教儿童为自己的行为承担责任。基于奖惩机制的班级和基于智慧自律的班级持有的动念是截然不同的。我们在智慧自律中经常提到的一句话是：从"心"出发。随着年龄的增长，我越发地认识到这句话的真谛。

> 我们必须对我们的行为意图和实际影响保持有意识的觉察，这是至关重要的。我们经常用我们的动念评判我们的行为，而忽略了这些行为对他人造成的影响。相反，我们会用他人行为对我们产生的影响来评判他人，并且忽略掉了这些行为的动念。学校的管理者必须对行为的实际影响更加敏感，因为人们往往会对那些权威者的行为进行更加多样的解读。尽管出于善意，但领导者常常并不能理解自己的行为对其他人产生的意外影响。

"大脑聪明"教学时刻

在本书第 3 章有关智慧自律大脑状态模型的部分，我们曾经讨论了前额叶作为大脑的 CEO 代表了一种完善的执行状态。前额叶是大脑中各种功能整合最完善的一部分，它将脑干和边缘系统联系了起来（Ramnani & Owen, 2004）。就像一家大企业的 CEO，前额叶控制着进出各个部门（脑干和边缘系统）的信息和能量。自我情绪调节能力下降是大脑整合缺陷的明确信号，这种情况表现为无序（过度情绪化）的行为或刻板（控制所有事物和所有人）的行为，或二者兼而有之。

有些经历能够损害大脑功能的整合，而有些经历则会强化大脑功能的整合。那些出生时就患有孤独症、躁郁症或精神分裂症的儿童，在他们出生时，大脑的各种功能整合就已经受到了破坏。创伤、贫穷、营养不良和环境毒素也与儿童发育迟缓或脑纤维受损有关（Siegel，2012）。除上述列举的因素外，我们日常与儿童之间的互动也会增强或降低大脑各种功能的整合，在发生冲突时更是如此。如果我们的目的是帮助儿童取得成功，那么我们就能够促进大脑各项功能的整合以及自我情绪调节能力的发展。相反，如果我们的目的是逼迫儿童循规蹈矩，那么随着控制和权力取代情感联结和教育机会，儿童大脑功能的整合将受到阻碍。

智慧自律的目的是帮助我们有意识地觉察哪些维持纪律的方法会抑制儿童的大脑功能整合，然后大胆地放弃这些方法。我们希望强化那些促进大脑功能整合的各种技能和系统。大脑功能的高度整合离不开积极的情绪。只有当我们心态平和，心中充满了喜悦、关爱、欢乐和感激之情时，我们才能够建立大脑各个区域的整合，维持我们生活的完整性。正因如此，学校大家庭是实现学业整合必不可少的基础。与之相比，长期处于消极情绪（剧烈的忧伤、愤怒和恐惧）则会抑制大脑功能的整合。因此，我们必须改变通过外部惩罚羞辱儿童或者让他们感到难过的想法。羞辱会损害大脑功能整合所需的神经元回路。这样做会提高儿童的自我仇恨，并让他们陷入孤立状态而无法摆脱，即使他们非常期望与他人进行密切的交往（Siegel，2012）。我们必须帮助儿童反思他们自己的感受，然后利用这些感受激励自己作出行为转变，而不是责备和羞辱儿童。当我们运用有效的行为结果技能，就能够实现这个目标。

执行技能

完善的执行状态让我们可以运用我们的执行技能。这些技能共同作用会：

- 将我们的注意力导向我们的目标以及实现目标的方法，而不被干扰；
- 调节我们的情绪和抑制冲动行为；
- 让信息汇集到大脑中，进行自我监控和反思；
- 发展共情和解决问题能力。

我们的前额叶和执行技能都是在社会情境中解决问题而不断发展起来的。我们在生活中所做的几乎每一件事都包含了社会情景（社交媒体和电子游戏属于例外）下的解决问题过程。作为教育者，我们的工作性质就是多线程工作，这要求我们必须具备组织、规划和按重要性排序的工作能力，同时还能够随时灵活地关注情绪烦躁不安的儿童，然后回去上课。我们必须要做好自我管理的榜样，排除诸多干扰、突发状况和分心的事务。就像繁忙的机场空管员管理着数十架飞机在多条跑道上起降一样，我们大脑的执行技能共同发挥各种职能，帮助我们管理我们的班级。

如果儿童的执行技能发展尚不充分，课堂可能会乱成一团，并成为压力的来源。执行技能是儿童为入学做好准备以及取得学业和社交成功所需的关键，其重要性甚至远超幼儿早期的识字或数学（Barkley，2001；Blair，2002）。请回顾第 2 章中讨论的执行技能列表（好妻煮好茶：A TOP WIFE Makes Good TEa）。这些技能在儿童出生后不久便开始发展，并且需要成人在近二十年中不断付出关爱：与儿童保持情感同频，并向他们"出借"自己的前额叶。

> 执行技能：好妻煮好茶（A TOP WIFE Makes Good TEa）
>
> A = 保持专注（Attention）
> T = 管理时间（Time management）
> O = 井然有序（Organization）
> P = 确定优先级（Prioritization）
> W = 工作记忆（Working memory）
> I = 控制冲动（Impulse control）
> F = 灵活性（Flexibility）
> E = 共情（Empathy）
> M = 元认知（Metacognition）
> G = 实现目标（Goal achievement）
> T = 启动任务（Task Initiation）
> E = 调节情绪（Emotional Regulation）

对于那些在生活早期承受了巨大压力的儿童，他们执行技能的运行机制已经受到了破坏。敏感而能够及时回应的教育工作者能够通过和儿童建立安全感、情感联结和传授解决问题的技能，让学校文化变得更加灵活、富有韧性，从而帮助所有儿童发展他们的执行技能，甚至那些最难管教的儿童也会从中受益。研究表明，从出生到 3 岁，儿童执行技能的发展会明显加速，在 3~5 岁时甚至更加显著。儿童执行技能的发展速度在 6 岁后会明显减缓，但仍稳定发展至 25 岁（Weintraub, Dikmen, Heaton, Tulsky, Zelazo, Bauer, Carlozzi, Slotkin, Blitz, Wallner-Allen, Fox, Beaumont, Mungas, Richler, Deocampo, Anderson, Manly, Borosh, Havlick & Gershon）。快速发展的幼年时期即是成人帮助儿童发展执行技能的关键期，成人需要努力做到本书所提倡的转变，才能胜任儿童执行技能发展的"脚手架"这个重要角色。

与大众的认知相反，一些执行功能，如冲动控制能力、专注力和记忆力，并不会随着儿童的生理成熟而自然发展。尽管我们出生时便已经具备了发展这些技能的潜力，但能否发展出这些技能则取决于我们在婴儿时期以及童年时期的个人经历。智慧自律充分利用了各种神经科学和儿童发育研究，在安全感、情感联结和解决问题的基础上创造出优越的学习环境，促进儿童执行技能的发展。用于提高安全感（"警察"技能）、情感联结（"心理师"技能）和解决问题（"建筑师"技能）的各种方法组合能够有意识地发展这些重要的生活技能，从而提高校园文化中的韧性。

"出借"前额叶的 A.B.C. 法

A = 主动保持平和心态，使用执行技能；
B = 愿意将不当行为看作寻求帮助的信号；
C = 训练必要的新技能。

当儿童的行为出现问题时，我要做的首先是让自己保持足够冷静，这样才能把这些不当的行为看作寻求帮助的信号。他在哪些方面出现了困难，是意愿（肯定地回答"我安全吗？"和"我得到关爱了吗？"这些问题）还是执行技能（"我能学到什么？"）。缺乏意愿的儿童同时也缺乏大脑功能的整合。他们总是喜欢站在你的对立面，不愿合作，畏缩不前，并且难以相处和教导，属于最难管教的学生。

但是，对于一个个人目标是自我防御的儿童而言，尝试帮助他发展执行技能只会徒劳无功。这些儿童需要成人帮助他们修整那些构成他们生命的基石。对于诸如"我安全吗？"和"我得到关爱了吗？"的问题，我们需要帮助他们大声地回答："是的！"要想帮助他们，我们必须付出一定的时间和资源，让他们有更多的机会接触培养安全感的方法组合（"警察"技能）和培养情感联结的方法组合（"心理师"技能）。他们一整天都需要更多的观察和描述；他们需要不断地接触明确而坚定的成人和同学；需要更多个性化且以图片形式呈现的社交故事以及常规教育，让目标更加清晰和形象化；他们需要别人频繁地帮助他们保持镇定；他们需要听到有安全感的语言，并且需要帮助才能使用安全角；他们需要更多个性化的联结仪式；他们需要得到鼓励才能实现哪怕非常微小的成功，并且需要工作和各种机会才能帮助他人；他们在情绪过于激动时需要别人的共情，需要通过选择才能保持专注，并且需要辅导才能成为学校大家庭的成员。

> 佐伊需要额外的帮助才能在毕比老师开设的学前班体会到安全感且自由地与他人互动。她调节自己情绪的能力十分有限。毕比老师察觉到她需要特定的"警察"技能，因此开始有意识地给予佐伊更多的关注。毕比老师努力让自己保持平和的心态，并且尽可能经常用自己的镇定感染佐伊。她决定每天细心观察并描述佐伊的行为至少 10 次。佐伊在班里承担了几项工作，其中最重要的是，她担任了安全角辅助员，通过这份工作，她帮助其他人学会保持平和的心态。

> 毕比老师始终如一地利用各种常规海报和镇定的技能提高佐伊的关注力。在拜访佐伊所在的班级时，我注意到一本书，名字是《佐伊的一天》。我拿起书翻看了其中的照片，这些照片明确地描述了佐伊在校期间每个时间段的各种表现。佐伊看到我，她站起身，从我手中抢走了书，对我大喊："这是我的书！"显然，这本书以及它所提供的安全感对她而言是非常重要的！
>
> 此外，佐伊需要得到帮助才能回答"我得到关爱了吗？"这个问题。毕比老师一对一地教佐伊学习更多"心理师"技能。她每天会带佐伊做两次"我爱你"仪式。她注意观察和描述佐伊帮助他人的行为并给她鼓励。她给佐伊分配了更多的任务，让她可以帮助其他人。她充分利用共情和技能设置行为界限。她把佐伊的行为看作需要帮助的信号，在制订的干预方案中鼓励学校大家庭的其他成员帮助佐伊。
>
> 当佐伊产生了强大的安全感和情感联结后，毕比老师开始帮助她掌握一些具体的执行技能，促成她的进一步成功。
>
> 佐伊的每一次成功都能够促进她的积极情绪，强化了她的大脑功能整合，并且让她成为一个安全的、与他人密切互动的学校大家庭成员。佐伊处于积极的情绪状态的时间稳定增加，同时她处于消极的情绪状态的时间减少了。会有成千上万像佐伊一样的儿童发现，那些实践智慧自律的教育者改变了他们的生活。

在针对问题儿童制订干预方案时，应切记以下注意事项：

- 面对新状况和内心承受压力的儿童需要得到更多的支持；
- 与前额叶相关的帮助是个"体力活"；这一过程要求成人的陪伴、积极的互动和与儿童和谐相处；
- 成人必须掌握他们希望帮助儿童学习的技能；
- 自我情绪调节发生在大脑的右半球，因此需要尽可能在你的应对方案中增加游戏、音乐、运动、艺术和视觉元素；
- 被孤立的儿童由于缺乏大脑功能的整合无法利用他们的执行技能。安全感和情感联结是最重要的起跑线。

如果我们本身的这些技能较弱，当我们试图把这些技能"出借"给他人时，行为结果会更让人懊恼的。智慧自律的实践模块能够支持儿童在社交和情感领域发展他们的执行技能。请想想工作板或安全角，以及它们能够支持儿童掌握的执行技能。如果你还没有开始实施每一章结尾时建议的实践模块，那现在就开始实施吧。如果你每年实施三种实践模块，那么在未来的三年中你就能够完成智慧自律班级的所有实践模块。

> 普通学校期望儿童能够广泛地运用各种执行技能。当我一想到那些与要求掌握的执行技能相关的校规时，我很好奇会有多少儿童能够每天成功地管理他们的行为，我很同情那些努力尝试但因为缺乏必要的大脑功能整合而最终失败的儿童。想想你的学校的校规和对学生的期望。儿童需要掌握多少执行技能才能成功地遵守每一条校规？

智慧自律和多层级支持系统

我们开发出了系统化的干预模型，用于识别和帮助那些存在学习或行为问题的儿童，这类实践方兴未艾。我们的目标不是"一刀切"，而是通过多层级的教育体系满足学生差异化的需求。让那些苦苦挣扎的学生得到系统化的帮助和不断强化的干预措施，帮助他们取得学业上的成功。这一过程最初称作干预反应法（Response to Intervention，RTI），目前经常被称作多层级支持系统（Multi-Tiered System of Supports，MTSS）（见图 10-1）。

干预反应法源于特殊教育领域，该领域的教育者认识到需要改变他们认知的角度。残障曾一度被认为是儿童自身的问题。干预手段主要针对儿童进行，这是一种单行道式的解决方案，旨在解决儿童欠缺的能力。这种想法在普通人的认知中非常普遍，家长会带着子女看心理医生，希望心理医生能够治愈他们，而教师则会要求学生到校长室接受"治疗"。

干预反应法强调我们需要把干预看作一个双向的过程。干预反应法加入了互动的概念，将成人的行为与儿童的反应联系起来。这要求我们更加深刻地认识我们的干预行为产生的行为结果。这与智慧自律的心态转变不谋而合。"遵我言，勿效我行"的想法要求儿童承担改变的重担；智慧自律告诉我们，改变发生在成人、儿童与环境互动的动态过程中。

我们都是社会化的动物。养育与教育本身就是和人际关系息息相关的行为。早在 2 岁时，我们就认识到：我们和妈妈没什么共同语言，和爸爸还能聊几句，而和奶奶则无话不谈。我们必须把这一基本现实运用到我们照料的儿童身上。我对儿童内心伤痛所作出的反应是否能够帮助他冷静下来，还是让事情变得更糟？我的执行技能是否完美地匹配他所缺乏的技能，或者我们根本不在同一条船上？很多熟悉干预反应法的人痴迷于三层金字塔式的干预方法，而在很大程度上忽视了最基本的将我们的认知转变到"我的行为是否能够帮助儿童取得成功？"上来。而智慧自律则非常重视这个关键的问题。

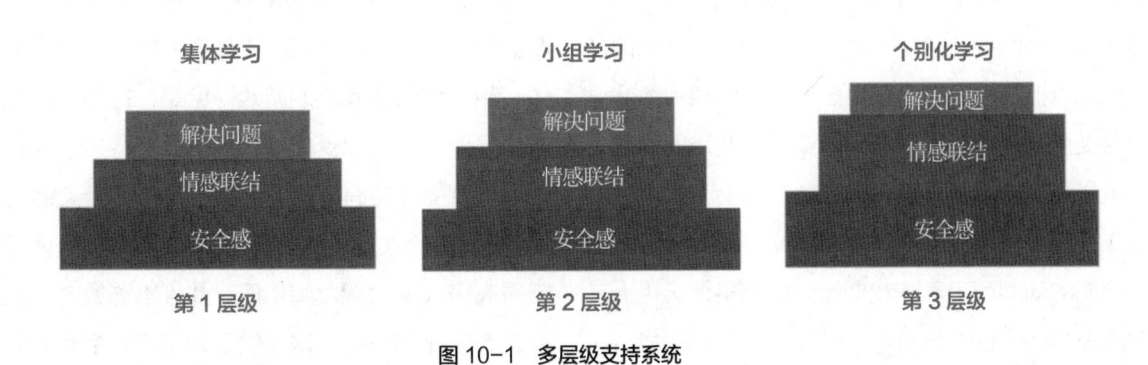

集体学习 / **小组学习** / **个别化学习**

解决问题
情感联结
安全感

第 1 层级　　　　第 2 层级　　　　第 3 层级

图 10-1　多层级支持系统

行为干预法的原则是，面向全体成员的行为支持，旨在有效地满足所有学生的需求（第1层级）。但是，并非所有学生都能成功地从中获益。如果我们能够清楚地辨别学生的需求，那么这部分学生就会得到第2层级的额外干预，就像前文中佐伊的例子。到了第3层级，某些要求更加苛刻的儿童则会得到更集中、更有针对性的行为支持。这个系统要求教育者能够分辨学生的需求，按照行为或者学习问题的严重程度，提供与之匹配的帮助和支持，然后针对学生对干预手段的反应进行评估。

研究表明，通过实施智慧自律，大多数第2层级的学生可以在课堂中回归典型的行为功能范围（Hoffman, Hutchinson, & Reiss, 2005）。儿童越难管教与自律（第3层级），我们就需要越多地专注建立安全感和情感联结。悲哀的是，大多数行为干预从一开始便着力于帮助儿童掌握那些执行技能。在应用特定的执行技能干预前，增强安全感和情感联结这一基础（培养大脑功能的整合以及意愿）将在极大程度上改进行为干预的有效性。

行为结果的技能

我们都体会过行为结果。从某种意义上来说，我们每个人都可能为暴饮暴食、过度工作或不可遏制的怒火付出过代价。我们不断地重复这些徒劳无功的选择，有时候就像是一种习惯。但也有一些时候，我们承担了行为的结果，这些行为结果带给我们的感受激励我们作出了行为改变。请花点时间反思，重复过去的错误与激励我们改变这两种模式之间存在哪些差异。

改变的动力源于承认我们行为的结果，运用大脑的高级神经中枢进行思考，以及有意识地选择不同的做法。评判或责备不会催生任何改变。评判和责备都属于大脑低级神经中枢的活动，这些活动会导致我们在解决问题的过程中止步不前，让我们作出习惯性的反应而不是实现转变。从行为的结果中学习要求我们做到两件事：

1. 反思我们所做的选择以及它们在实现我们的长期目标方面产生的行为结果。
   订购一份比萨与我减肥的愿望一致吗？
2. 做选择和感受的主人。
   我可能已经延迟了目标的实现，这令我感到失望。

对行为结果保持有意识的觉察是实现个人转变的关键。这种意识来自我们知道我们是如何感知选择行为结果及实际影响的。以身体疼痛为例，它是身体发出的一种信号，表示身体的某个部分失衡了。它所表达的含义是"注意这个地方，这个地方出毛病了"。如果我们对扭伤的脚踝产生的疼痛感置之不理，行为结果必定是伤情加重。如果我们对自己情感上的痛苦视而不见，或者将它们发泄到他人身上（"看看你干的好事！"），我们注定会重复同样的选择。我们的情绪也是一种信号，即我们的某些方面出问题了。它们是内在的引导系统，帮助我们分辨对与错。如果不能清晰地认知我们自己的感受，我们就像无舵之船，无法看到我们的行为产生的结果，也无法改变我们的航线。但是，行为结果技能并不是要求我们忍受痛苦，而是要对行为结果带给我们的感受保持有意识的觉察，这才是最关键的。

如前文所述，建立在奖惩措施上的教育体系会阻碍高级大脑功能发挥作用，并且不能教会儿童如何调节自己的情绪。这样做是为了让儿童对他们的行为产生某种形式的感受：做得好就开心，做得不好就难过。传递出的信息是"你自己的感受都是无关紧要的，你得按照我告诉你的去想"。在这种教育体系中，成人会以好坏对错来判断儿童的行为：做得好就得到奖励，做得不好就接受惩罚。这些儿童很可能会发展出道德生活的外部标准。他们的关注点是外部的，最终的行为结果就是形成外向的价值信念：人生功课在于取悦他人或改变他人，而不是改变自己。他们会将他人的评判作为道德决定的基础。当儿童年幼时，这种做法看似有效，因为"他人"通常是成人。到了青少年时期，"他人"更可能同样是青少年，这种情形可能非常危险。

对行为结果保持有意识的觉察是实现个人转变的关键。

有效的行为结果有着完全不同于奖惩机制的运行模式。它们帮助儿童把焦点转向自身内部，反思他们的选择，再确定最明智的行为反应方式。通过使用有效的行为结果，教师可以帮助儿童像科学家一样研究他们自己的行为。"你有没有实现你想要的行为结果？如果没有，你有哪些感受？下次遇到类似的情况你还有哪些其他的选择？"行为结果能教儿童审视和改变自己的行为，直至他们实现了自己的目标。那些学会反思自己的感受、选择和行为结果的儿童能够充分认识自己的行为。他们在成长的过程中有能力针对每种状况选择最明智的行为和解决面临的问题。如果最初的尝试并未实现自己期望的行为结果，他们会再一次尝试。这些儿童能够发展出道德生活的内在标准，学习调节自己的情绪并且成为负责任的人。他们关注的焦点是内向的，最终的目标是相信他们是自己行为的主人，每一份喜悦都是源自自身内部，正因为如此，每个人都可以获得这种幸福感。我们来看一看真实生活中的差异。

> 杰克逊带了成绩单回家，并让他的家长签了字。他有两门成绩不及格，其中一门是美术。他慢慢地把成绩单递给妈妈说："这个需要签字。"妈妈打开成绩单看到有两门不及格。她说："我知道了。你和你的朋友们一起玩，只顾着踢足球，不做作业。你一直对我们撒谎，你说的都是骗我们的！这分数太难以置信了，尤其是美术居然不及格。谁美术会考试不及格？"
>
> **杰克逊**：好吧，老师不喜欢我。
>
> **妈妈**：我不管老师怎么样。这不是借口。我们养你这么大，你却这么懒，整天找借口。以后不许踢球，也不许再带你的那些朋友到家里来。你和他们瞎混在一起之前，考试成绩一直都挺好的。你明白吗？
>
> 杰克逊带了成绩单回家，并让他的家长签字。他有两门成绩不及格，其中一门是美术。他慢慢地把成绩单递给妈妈。她打开成绩单，静静地看着它。杰克逊的心都快要跳到嗓子眼了，他甚至相信他妈妈都能听得到。最终，她开口了："杰克逊，你考了一门良好，三门及格，还有两门不及格。你怎么看这次的成绩？"

> **杰克逊：** 美术老师不喜欢我。你可以去问我们学校的所有人。
>
> **妈妈：** 或许是这样，但是你觉得你这次的成绩怎么样？你感到骄傲吗？你觉得还行吗？你觉得失望吗？你怎么看这张成绩单？
>
> **杰克逊：** 我不知道。我觉得不太好。
>
> **妈妈：** 你给我成绩单时犹犹豫豫的样子，你似乎担心我会责备你。感觉你心里也不太好受。
>
> **杰克逊：** 嗯，那两门不及格让我感觉不太好，其他几科还行吧。
>
> **妈妈：** 所以你对自己有点失望，同时担心我会对你失望。
>
> **杰克逊：** 是的，我考砸了。（他一边说，一边无力地坐了下来）
>
> **妈妈：** 所以你感到失望，你觉得你考砸了，并且希望成绩至少考到及格或更好一点？
>
> **杰克逊：**（点头）
>
> **妈妈：** 你需不需我帮助你制订一个计划提高你的学习成绩，或者你自己制订计划？
>
> **杰克逊：** 我自己做吧，但是我做作业的时候可能需要您帮忙。我本以为美术挺简单的。
>
> **妈妈：** 你先做一份计划吧，我们吃完晚饭一起检查一下。你可以做到的。（她合上了成绩单，然后去了厨房）

请阅读上面的第二个场景并思考下列问题：这段对话与你成长的经历有哪些差异？你觉得杰克逊内心的自我对话与你的自我对话有哪些差异？你怎么看待他的自信、自尊以及在生活中作出积极改变的能力？

你可能会想："如果杰克逊对考试不及格完全不在乎怎么办？"在前面的章节中，我们解释了一个反复宣称"我不在乎"的儿童，本质上是在说"我感觉没有人在乎我"。当出现人际关系问题（我得到关爱了吗？），没有任何办法能够帮助他快速提高学习成绩（我能学到什么？）。我们唯一能做的是改变我们的意图和人际互动的方式，从而修复与儿童之间的关系。

我们也曾讨论过，教育儿童需要缓慢建立关系和快速发展技能这两个过程的完美结合。当儿童长期的反应是"我不在乎"时，我们要做的是利用提高安全感和培养情感联结的方法组合提供更多"慢—慢"的安全感和情感联结。同时，我们可以把成绩单与他真正在乎的事物联系起来，作为鼓励他学习的动力。有意识地运用有效行为结果应对"我不在乎"的互动过程。

> 妈妈：你怎么看这张成绩单？
>
> 杰克逊：我不在乎。我讨厌学校。
>
> 妈妈：（妈妈继续问道）那么考试不及格一点都不会让你烦恼吗？
>
> 杰克逊：不会，我根本不在乎它，无论是及格还是良好。你没有听到吗？我不在乎！
>
> 妈妈：你看上去很无助，也很愤怒。你想让学校还有其他东西都自动从你的世界中消失？（杰克逊愣住了，他什么都没说只是竖起了眉毛。妈妈注意到了他的行为，并且认识到她已经抓住了他的注意力）如果考试不及格，你就不能参加足球队，除非你能提高学习成绩。你还记得你和教练之间的约定吗？
>
> 杰克逊：我不在乎。
>
> 妈妈：无助确实让人感觉很难受。所有东西看上去似乎都不重要。（妈妈深呼吸，想起了某个可能对他很重要的事情）你最好的朋友，就是转到别的学校的那个朋友，不是在足球队里吗？如果以后都见不到他，那会很伤心难过吧。（杰克逊抬起头，和妈妈目光接触，似乎听到这句话后感到很震惊）
>
> 杰克逊：嗯，或许吧，但是你可以带我去找他。
>
> 妈妈：也行，或许你可以和我一起把成绩提高一点，这样你就每周都能见到他了。这样，你想什么时候见到他就什么时候见到他。
>
> 杰克逊：好。（杰克逊翻了翻白眼走开了）

成功的行为结果要求我们运用智慧自律的7种力量和技能。请注意，杰克逊的妈妈运用了镇定、明确而坚定、鼓励、选择、共情、积极意图和行为结果来帮助他取得成功。

现在，回想你上一次犯错的时候。你是怎么应对自己的错误的？你内心的对话对你有帮助吗？"哦！我犯了个错。我会怎么想？我可以从中学到什么？我怎样才能原谅自己并且作出改进？"或者你的内心中会产生"都怪自己没用"的想法？"我怎么会这么干？我真可恶。都是我的错。"或许你内心认为是别人的错。"他本来应该告诉我。他可真够朋友！我反正绝对不会这样对他。"惩罚和责备并不能帮助他们进行反思式学习，而是会阻断这一学习过程。我们预设的大脑"光盘"指导的内心对话会猛烈地抨击我们犯的错误，同时奖励我们的成就，这并非人类本性，而是一种后天习得的奖惩模式。我们已经学会并内化了一种价值体系，即当我们做了对的事情时，我们会感觉良好；当我们做了错误的事情时，我们会感觉很糟糕。为了让自己感觉良好而坚持自己是对的，这样的做法只会让我们陷入权力斗争，而不是解决面临的问题。我们可以克制自己，让自己从不同的角度思考并采取不同的行为，从而教儿童运用一种更好的方式处理重大情绪和问题。

做了错事就感觉糟糕，有点成就便沾沾自喜，这并不是人类的本性，而是我们后天习得的心智模型。

我承诺： 深呼吸并作出如下承诺：我接受犯错。犯错并不意味着我不好。它只是告诉我，我有勇气改变自己。我要摒弃对犯错的恐惧，释放自己的本性，实现长期的行为转变。

签名：_____ 日期：_____

行为结果的迷思和真相

杰克逊和他的妈妈已经告诉我们，在运用行为结果技能时，利用动态的力量可以让儿童感受到因为自己的选择而带来的内心苦恼，并以此为契机鼓励他们改变自己的认知和行为。智慧自律并非认为行为结果不重要。智慧自律帮助成人培养和掌握有效运用行为结果所需的思维模式、技能组合以及文化基础，因此我们每个人都能为自己的行为承担责任，从我们的错误中吸取教训。自然行为结果、逻辑行为结果以及解决问题是我们可以运用的三种有效的行为结果。每一种行为结果都有助于通过不同的方式激励我们。在学会运用三种主要的行为结果技能前，我们必须首先排除三个基本的迷思。请仔细阅读下列内容，然后确定你是否准备好转变自己的思维方式。

迷思 1： 有效的行为结果都是由成人创造出来，然后强加在儿童身上的。在工作坊的答疑阶段，老师们经常问："对于某一种特定的行为，什么样的行为结果是好的？"其隐含的意思是，通过一种完美的行为结果一劳永逸地让儿童停止这种行为（或者重复某种老师们期望的行为）。

真相 1： 行为结果时时刻刻都在发生。我们需要做的不是找出最完美的行为结果，而是更加有意识地关注这些事件已经发生的行为结果。智慧自律要求我们从因果层面回到行为结果这个更基本的概念。所有思想、感受和行为本身已经包含了行为结果。我们要做的是有意识地觉察它们。

效果 1： 行为结果是否有效的关键在于，我们是否能够有意识地觉察它们以及它们产生的影响。在同样的情形下，一个责怪老师不公平的儿童与一个认识到自己应承担责任的儿童是存在很大差异的。

迷思 2： 行为产生的结果是由最后的结果决定的。如果儿童选择不积极备考，结果就是考试不及格或者成绩不佳。如果儿童选择打人，结果就是被开除。

真相 2： 一个行为产生的真正结果是我们如何看待最终的结果。如果儿童选择不积极备考，真正的结果是考试不及格让他产生什么样的感受。如果儿童选择打了他的朋友并因此被开除，那么真正的结果就是他如何看待被开除这件事。我们需要从单纯地关注结果转移到这个结果在他的内心中产生的感受。

效果 2：行为结果的效果是由我们对结果的感受决定的，而不是由结果本身决定的。对于因考试不及格而伤心失望的儿童和对此毫不在乎的儿童，结果产生的效果是完全不同的。一个在被开除后想念同班同学的儿童和被开除后因为脱离学校环境过度刺激而感到解脱的儿童同样存在着巨大的差异。

迷思 3："结果"只不过是"惩罚"的另一种说法。在我的工作坊上，我一次又一次地听到有人说："什么时候让他们尝尝'结果'？"或者"试试'结果'怎么样？"大多数时候，这些人实际在问："受够了他们，还要等到什么时候？我们应该在什么时候惩罚他们，让他们尝尝行为的恶果？"

真相 3：行为结果和惩罚是两回事。惩罚依赖于评判。"情况很糟糕。你应该感到内疚，应该为你造成的那些伤害而感到痛苦。"我们在某一情境下的无助感越强烈，我们就越希望对儿童施以惩罚。有效地运用行为结果依赖于我们是否能够镇定并进行反思。我们的目的和意图必须是让儿童对他们的言行进行反思。他的选择是否能够产生预期的结果？他如何看待他的选择产生的结果？他要如何改变才能实现他的长期目标？

效果 3：我们的动念将决定行为结果是否有效。那些被告知应该感到难过（评判）的儿童与那些发自内心因为自己的选择产生的影响而感到懊悔（反思）的儿童也是不同的。我们必须用平静的心态和主动帮助的意图面对当时的情境，这样才能鼓励儿童作出反思。

迷思 4：行为结果越严重，效果越好。如果某一特定的结果似乎并没有实现预期的结果，关键是要提高结果的严重性。想要做到这一点，先要明白儿童真正在乎的是什么，然后以取消该物品或活动等条件作为威胁。

真相 4：行为结果本身并不能教会儿童作出改变，它只是激励儿童寻找解决问题的办法。要想让结果产生预期的效果，我们必须积极教育儿童新的解决冲突的技能，教他们学会如何通过控制自己的情绪使用这些技能，观察他们在解决问题的过程中每一步的反应并提供反馈，从而促进他们成功地解决冲突。此外还应培养儿童心中的归属感和情感联结，提高他们运用这些新技能的意愿。每一个步骤都要求我们针对性地给予指导和帮助，并且运用智慧自律的其他 6 个技能。增加行为结果的严重性只会让儿童感觉更加被疏远、不受尊重和感到绝望。长此以往，儿童会产生"我很坏，我一点都不可爱，我没有归属感"的想法。儿童必须相信"我很安全并且得到了足够的关爱"，这样他们才会想"我能够从中学到什么？"从而改变他们的生活。

效果 4：某一行为结果是否有效，取决于我们是否积极地教授儿童需要的社会情感技能，以及儿童作为学校大家庭的成员是否感到被重视和尊重。

迷思 5：行为结果中最难的部分是，产生的结果必须合情合理，并且与儿童的违规行为有密切的关系。

真相 5：行为结果中最让人头疼的部分是，当我们对结果进行管理时，如何应对儿童的强烈反抗。如果伤害他人的结果是老师要求办公室开具纪律通报，那么最难的部分是让儿童离开教室。儿童对此的反应可能是过激的言语或肢体动作，他会因为自己内心的情绪起伏而责备我们（借用我们在第 8 章提到的沙滩球的比喻，孩子把自己的沙滩球扔给了成人）。我们需要运用我们的共情而不是说教、警告或惩罚，让他承担这一事件的行为结果，把沙滩球温柔地还给儿童。

效果 5：行为结果是否有效取决于儿童如何看待已经发生的事件。共情可以帮助他们产生这种意识。有效的结果后面总是伴随着共情，而不是说教或谴责。

> **我承诺**：我愿意抛弃我的迷思和对行为结果过时的想法。当我发现自己重新回到老旧的思维模式并且作出不当的反应（惩罚等）时，我会深呼吸，改变我教育儿童的动念，更加有意识地运用行为结果技能。
>
> 签名：_____ 日期：_____

自然结果：学习新技能的动机

自然结果的出现不需要成人刻意计划或控制。顾名思义，自然结果是自然产生的。自然结果是促成未来行为转变的最强大的动力。把手放在热炉子上的儿童在未来会有非常强大的动机采取不同的做法。以下是自然结果的一些相关示例。

- 不系鞋带的儿童可能会把自己绊倒；
- 总是不友善地对待朋友的儿童会发现没有人愿意和自己做朋友；
- 刚吃完香辣热狗就去玩云霄飞车的儿童可能会呕吐。

上面的这些自然结果都是由个人选择带来的可能的结果。但是务必记住，和周围的环境互动可能会产生多种多样的结果。成人总是过度强调可能造成的伤害。"如果你不系鞋带就乱跑，你会摔倒并因此受伤！"无论在任何年龄，这种可怕的警告都传递出两种信息：成人无所不知无所不晓，并且可以预知未来；儿童对他们生活中的各种事件没有任何控制能力。

内化了这种信念的儿童会成长为放弃自己的权力的生活受害者。更加恰当的表达方式是："如果你不系鞋带，你可能会摔倒并且受伤。我的工作是保证你的安全。你们的工作是协助我保证安全。现在把鞋带系好，这样你就很安全。"

自然结果的激励效果非常强大，它能提供传授新的社会和情感技能的实时机会。然而，在当前的校园环境中，自然结果几乎已经被那些预先安排好并且已经张榜公布的逻辑结果所取代。这不仅不利于解决问题，反而会诱发更多的问题。

传统的管教模式会尽最大努力制止人际冲突，仅依赖逻辑结果教育儿童。智慧自律把人际冲突当作教育机会，让所有儿童（冲突的双方以及旁观者）能够立刻从错误中学习解决冲突的新技能。在智慧自律的课堂上，我们不会使用逻辑结果，如扣除 5 分钟休息时间，应对儿童因社会技能不足而发生的违规行为（推挤、骂人等），相反，我们会利用自然结果教儿童学会在这种情境下使用的有效的社会技能。

当我们改变了自己的心态，认识到社会情感学习与知识学习是一脉相承的，我们就能更加主动地改变我们管理班级和课堂的方式。假设一个儿童在拼写测试里写错了几个单词。我们会将此看作一种反馈，即儿童需要更多的练习或者我们的教育工作存在疏漏。我们并不会设立表现卡，并在儿童出现不当行为时将其从绿色翻成红色以此作为对他的警告。相反，我们会辅导他，创造更多的机会让他能正确拼写出单词。同理可知，我们也应该按照这种方式处理班级中日常发生的冲突。运用逻辑结果（无论奖励还是惩罚）消除日常冲突的做法会让我们丧失结合具体情况教授社会技能的机会，迫使学校和教师在已经非常繁重的工作之外增加独立的社会情感课程。

智慧自律并非认为行为结果不重要。智慧自律帮助教师培养和掌握有效地运用行为结果所需的思维模式、技能组合以及文化基础，让我们能为自己的行为承担责任并且从错误中吸取教训。

自然结果作为实现改变所需的"催化剂"，其发挥的巨大影响力是无可争辩的。自然结果可以激励我们发自内心地想要学习新的技能。但是，现实中仍然存在许多不适用自然结果的情况。我们的工作描述（如第3章所述）的目的是保证班级的安全。

如果让儿童跑到街道上亲身体验被车撞的自然结果，这将是非常危险的。对某些暴力行为使用自然结果，如学校里的斗殴事件，也是非常危险的。因此，自然结果最适用的场景是儿童之间日常的戏弄、推搡、小动作、骂人以及其他小的违规行为。对于这些日常情景而言，如果配合本书中的其他技能和力量综合运用，自然结果在效果方面是无可匹敌的。如果不涉及安全问题，自然结果能够发挥强大的作用，激励我们学习新的策略。接下来，我们将讨论如何运用自然结果帮助那些破坏规则、不能遵守常规的儿童，以及如何利用"小报告"作为社会技能教育的工具。

自然结果帮助破坏规矩或不遵守常规的儿童实现行为转变

学生的日常生活是由无数个课堂常规构成的。我们必须不断教学生这些常规活动，并使用可视化图像帮助他们学习（第5章）。然而，出于各种各样的原因，儿童仍旧会忘记这些常规，也没有成功地使用常规的可视化图像。我们则常常会陷入反复提醒和给予警告的不良循环中，而不是利用那些自然出现的结果。

艾拉带了一个非常精美的蝴蝶标本来到学校，打算用于科学课的展示。为了保护课堂上的各种标本不会受到破坏，班里规定儿童要将他们的标本放在自己的储物格里，等到活动时间再拿出来。埃文斯老师不断演示如何把自己的物品放入自己的储物格里。艾拉对自己的蝴蝶标本非常满意，在集体活动时拿着她的蝴蝶在屋子里走来走去。埃文斯运用智慧自律的7个技能帮助艾拉认识她的行为的自然结果以及应对办法。

> "艾拉，我看到你手里拿着蝴蝶。看起来你很喜欢和朋友讨论你的蝴蝶。你要把它放到你自己的格子里，等到科学课时再拿出来。记住，这可是我们班的规定。"他指着墙上的班规海报告诉艾拉班里的规定。"如果你还一直带着蝴蝶走来走去，可能会摔坏它的。"
>
> 艾拉假装把蝴蝶放了起来，偷偷放在自己的口袋里。在两个儿童争抢时，蝴蝶碎了。艾拉开始歇斯底里地大哭。埃文斯老师走上前，首先深呼吸并且控制住了说教的想法，而是说："艾拉，你如此珍贵的蝴蝶坏了。你很伤心。你想一整天都拿着它，给你的朋友们看并且希望它好好的。"
>
> 艾拉指着另外两个儿童说："是他们弄坏的，我讨厌他们"。埃文斯老师说："你看上去很失望。我能理解你。这个蝴蝶对你很重要。你没问题的。你心里肯定不好受。你要做一个选择。你可以自己把那些碎片捡起来，或者让你的朋友帮你一起捡起来，然后把碎片放到你的储物格的塑料袋里，放学后把它带回家。你觉得哪个更好？"

我们都曾经作出过不好的决定，并因此承受伤心难过的结果，这种经历历历在目。每当发生了这样的事情，下列哪一种类型的人是真正能够帮助我们的：

1. 预知我们的未来的人（"如果你不马上把蝴蝶放起来，你会弄坏它"）；
2. 因为我们没有听他们的话而责备我们的人（"你明知道班里的规定，还故意违反！"）；
3. 用我们的不幸证明他自己多么明智的人（"我都告诉你会这样了，你就是不听"）；
4. 提供支持、启发思考和感同身受地为我们着想的人（"你看上去很失望……"）。

现在，请思考需要作出哪些改变才能成为一个支持性、富有启发性和共情的人，帮助你照料的儿童取得成功。你愿意作出这些改变吗？

自然结果激励儿童发自内心地改变自己的行为，因此在培养儿童学习社会技能时效果卓越。

自然结果将"打小报告"作为教育工具

在智慧自律教育中，"打小报告"产生的自然结果需要接受明确而坚定技能的训练。小学低年级的学生经常会相互"打小报告"，老师常常想方设法消除这种行为。从小学高年级到高中阶段，教师和学校的管理者却又要花费大量时间和精力鼓励被欺凌的学生或目睹欺凌事件的学生主动报告这些事件。似乎我们在低年级的教学中希望消除"打小报告"的行为，却在高年级时支持和鼓励这种行为。如果我们把"打小报告"看作一种需要帮助的信号，并且教学生"在需要帮助时向成人求助是一种明智的行为"，我们就能更好地将"打小报告"用作贯穿学校教育始终的一种教育工具。

活动：对"打小报告"的思考

现在请花一点时间仔细思考，你会如何应对学生的"小报告"以及你的大脑中反复播放的"光盘"信息。请标记出与你的想法相符的选项，并在空白处写出其他错误的"光盘"信息。

☐ 如果问题不严重，别来找我。
☐ 有人流血或者快死了吗？如果不是，那就回去学习。
☐ 你有没有把你自己的想法说出来？
☐ 打小报告这种行为不好。
☐ 如果把我也牵扯进来，你们两个别想逃脱干系！
☐ 这关你什么事？
☐ 别担心，宝贝，我会处理的。他无权打你。
☐ 我不听。你需要学会自己面对这种情况。
☐ 其他：_____
☐ 其他：_____

"打小报告"是一种非常好的教育机会，尤其是在儿童年幼时。在成长的过程中，8岁以下的儿童无一例外地会向成人求助，以期度过和解决他们内心的苦楚。在这一年龄段，如果我们试图制止儿童"打小报告"的行为，可能让他们偏离成长的轨道，在不经意间教儿童认识到权威是不可信任的，复仇是解决问题的好方法，以及欺凌也只是生活的一部分。"打小报告"的类型大体分为三种：应对侵害、实施报复以及维护安全。我们应对这三种"打小报告"行为的方式是至关重要的。

1. 应对侵害。因受侵害而向老师"打小报告"会涉及某种形式的受害者，如肢体冒犯（"她推我！"），语言冒犯（"她骂我！"）或侵害财物（"她在我的纸上写字！"）。这种形式的报告者实际上是在说："我不知道该如何应对，你能帮助我吗？"我们如何回应侵害他人权利的学生能够教儿童学会明确而坚定、消极被动或攻击三种不同的语气。

在处理因受侵害而"打小报告"的行为时，要求儿童运用第5章的明确而坚定技能。以下示例能够提醒我们如何教学生使用明确而坚定的语言，同时专注于帮助他们实现从"住手"到说出他们希望侵犯者如何做的转变。例如：

儿童：艾希莉在我的纸上乱写！
教师：你喜欢这样吗？
儿童：不！
教师：告诉艾希莉："我不喜欢你在我的纸上乱写。"
儿童：艾希莉，我不喜欢你在我的纸上乱写。
教师：你希望她怎么做？
儿童：住手！
教师：所以你希望她在她自己的纸上写。告诉艾希莉："请在你自己的纸上写。"

并非所有儿童都有足够的勇气和信心，能明确而坚定地告诉侵犯者该如何正确地对待自己。那些信心不足的儿童需要额外的辅导和练习。以下示例展示了如何给予此类儿童恰当的帮助。

儿童：安德莉亚抢了我的毛衣。
成人：你喜欢这样吗？
儿童：不（哀怨、微弱的声音）。

成人：你去告诉安德莉亚："我不喜欢你抢我的毛衣。把它还给我。"记得一定要像这样伸出你的手（示范）。我们练习一下。

儿童：我不喜欢你抢我的毛衣。把它还给我（仍然声音微弱、哀怨的声音）。

成人：是的，就是这样。现在再说一次，用我这样的语气。"我不喜欢你抢我的毛衣。把它还给我！"（示范坚定、自信的语气，同时伸出手）

儿童：我不喜欢你抢我的毛衣。把它还给我。

成人：声音大了很多。我听到了你的声音。我和你一起去找安德莉亚。

儿童对安德莉亚：我不喜欢你抢我的毛衣。把它还给我。

成人对安德莉亚：我来告诉你，在学校大家庭里，认真听别人说话是非常重要的。你看到她的手了吗？把毛衣放在她手里。

在这个示例中，成人花了一点时间为消极被动的儿童示范了如何使用明确而坚定的语气。这种示范和辅导需要耗费一定的时间，因为儿童对自身或生活的认知阻碍了她的自信。对于那些通过尖叫"我不喜欢这样！"而不是通过明确而坚定的对话解决问题的儿童，这一辅导过程同样也是必要的。我们必须教给儿童，明确而坚定的声音听起来、看起来、感受起来是什么样的，只有这样才能帮助儿童获得成功。

娜塔莎正在黑板上写早晨的祝福语，这时两个女孩开始指指点点，窃窃私语"你不会写字。你不会写字。你连字都不会写。"

莱克斯老师不经意间听到了她们的对话，并仔细听娜塔莎如何回应。她细声细语地说："我要去告诉老师。"但是并没有向老师这边走。莱克斯走上前，通过观察描述的方法叙述了事件发生的整个过程，这样所有人都能够清楚地看到已经发生的伤害。

莱克斯老师：娜塔莎，你的学校大家庭成员正在嘲笑你的拼写和阅读。你的脸就像这样（示范），向我传递的信息就是你感到非常伤心。你的身体就像这样萎靡不振（示范），向我传递的信息就是你感到无助，好像没人关心你一样。（两个奚落她的女孩站在那里一动不动。）当她们贬低你时，你喜欢这样吗？

娜塔莎：不！我觉得在我们的学校大家庭里，我们都要互相帮助。

两个女孩：（二人低下了头）

莱克斯老师：娜塔莎，你去告诉她们："我不喜欢你们贬低我。"

娜塔莎：我不喜欢你们贬低我。

莱克斯老师：你希望下一次你写早晨的祝福语遇到困难时，她们该怎么做？

娜塔莎：我希望她们深呼吸，祝福我，并且问问我需不需要帮助。

莱克斯老师：去告诉她们："下一次，请深呼吸，祝福我并且给我一些帮助。"

> 娜塔莎：我不喜欢你们贬低我。下一次，请深呼吸，祝福我并且给我帮助。
>
> 莱克斯老师：你们愿意这样做吗？
>
> 两个女孩：愿意，对不起，娜塔莎。我们现在帮助你，好吗？
>
> 莱克斯老师：怎么证明你们可以互相关心并且彼此尊重？
>
> 女孩们：（轻轻地拥抱）

2. 实施报复。这种"小报告"的目的通常是给对方找麻烦，或者源于"其他人做得不对"这样的认知。"她没有打扫卫生！"我们如何回应这类"小报告"，就是在教儿童帮助他人和实施报复式"小报告"哪一种更有助于解决问题。

说服别人按照我们的要求行动都会让人感到茫然和不知所措。儿童在尝试说服别人按照他们想象的方式做事情的时候，也常常会令他们陷入困境中。有时，儿童实施报复的目的是给对方制造麻烦。他们通常会说："×××没有做他应该做的事。"他的目的是通过消极被动但具有攻击性的方式让对方陷入麻烦。另一种实施报复式"小报告"的来源是那些知道班里的规矩并且把自己当作老师助手的儿童。无论哪种意图和形式，这种"小报告"都是儿童在揭发其他人的行为。要想把实施报复式"小报告"作为一种自然结果，我们应该用"你这样说是有帮助还是会让事情更糟？"的方式开始与儿童之间的互动，如下所示：

儿童：利亚姆不打扫卫生！

成人：你把这件事告诉我是会帮助他还是会让事情变得更糟？（这样的回应有助于儿童反思）

儿童：（停顿并反思）更糟。

成人：你应该怎样做才是有益的？（这样的回应可以创造教育机会）

儿童：我不知道。

成人：你可以说："利亚姆，你愿意帮助大家打扫卫生吗？"（明确教给儿童如何说以及使用何种语气）

请注意，你回应的方式可以鼓励儿童反思和管理自己的情绪，同时还能坚持学校大家庭凝聚互助的核心价值。有时候，儿童对"你这样说是有益的还是会让事情更糟？"这个问题的回答是"有益的"，我们的回应仍应专注于安全和凝聚，如下例所示：

儿童：利亚姆不打扫卫生！

成人：你把这件事告诉我是会帮助他还是会让事情变得更糟？

儿童：（不假思索）帮助他。

成人：你把这件事告诉我怎么才能帮助他呢？

儿童：他应该打扫卫生。我们都应该打扫卫生。

成人：所以，你希望利亚姆在我们的学校大家庭中表现良好，并且遵守我们的公约？你应该怎么帮助他记得打扫卫生？（积极意图是创造教育时机的关键）

儿童：我不知道。

成人：你可以说："利亚姆，你愿意帮助大家打扫卫生吗？"（明确教给儿童如何说以及使用何种语气）

如果成人用上文中的方式应对儿童的"小报告"，可能出现两种结果："打小报告"的儿童会放弃这个事件；他会帮助利亚姆成为学校大家庭中一名表现优秀的成员。基本上，我们应对实施报复式"小报告"的方式就是把自己当作一个常驻旋转门内的保安。如果儿童从街上进入旋转门并且在里面停留的时间足够长，他会绕了一大圈又回到街上。作为旋转门内的保安，我们的工作是帮助儿童把他们有害的行为转变为有益的互动。儿童进入旋转门时带有某种可以感知到的问题（目的通常是伤害他人或者得到救助）。我们需要通过辅导帮助他们转向积极意图，教授他们具体的而且有益的方式表达自己的想法和行为，然后让他们带着新的技能和"我们都是一家人"的态度回到班级中。

3. 维护安全。维护安全"小报告"指儿童向教师报告发现的安全问题。"纳塔莉从椅子上摔了下来。"我们应对这些情况的方式将影响儿童对成人权威的信任。

当儿童看到其他儿童受到伤害，他们本能的反应是把事件告诉成人，寻求帮助和恢复安全。成人的工作是安抚儿童并保证我们会妥善处理，并且应重申我们保证班级安全的工作职责。当儿童报告称"托姆希亚在楼梯上摔倒了"时，我们的反应是"我会照顾好托姆希亚。你把这件事告诉我是很有帮助的。我会保证她的安全的"。

活动：练习如何回应儿童的"小报告"

表 10-1 分别列出了三种"小报告"的场景。首先，请分辨这些"小报告"属于哪种类型以及儿童希望传递哪种信息。然后，通过角色扮演的方式与同伴一起回应这些消息。

1. 儿童向你报告称："安娜不排队。"
2. 儿童向你报告称："山姆在我的纸上乱写乱画。"
3. 儿童向你报告称："艾弗里推我。"
4. 儿童向你报告称："玛雅把凯文从秋千上推了下来。他正在流血。"

表 10-1 三种类型的小报告

类型	需要的技能	隐含的信息	反应
应对侵害 儿童受到了侵害。"她推了我！"	明确而坚定	无助 "我不知道该如何是好。帮帮我！"	"你喜欢这样吗？"
实施报复 儿童希望别人惹上麻烦或者坚持维护班级的规定。"她没有打扫卫生！"	主动提供帮助	报复 "＿＿＿＿让我很生气，因为＿＿＿＿。我不知道该如何直截了当地表达自己的想法。"	"你告诉我这些是为了帮助他还是让事情变得更糟糕？"

续表

类型	需要的技能	隐含的信息	反应
维护安全 儿童看到有人受伤很严重。"她从椅子上摔了下来。"	信任权威	安全感 "我觉得不安全。"	"我会妥善处理的。"

回顾：在课堂活动中使用自然行为结果可以带来诸多益处。

- 攻击行为为我们提供了示范和练习自我情绪调节、冲动控制、关注和共情的执行技能；
- 这些攻击行为让我们可以教育攻击者，要通过语言以社会可接纳的方式与他人进行沟通和交流（说"请向前走"，而不是推挤）。
- 消极被动的行为以及兼有消极被动和攻击性的行为（"打小报告"）让我们有机会教儿童学会管理情绪以及明确而坚定、大声地表达自己的感受和想法。
- 学校大家庭的成员见证了我们处理那些他们可能遇到的情境的方式，从而学习到了能够运用在真实的生活场景中的新技能。
- 学校大家庭的成员看到了朋友们希望得到帮助的信号（而不是机械地认为某人是好人或坏人）并且深呼吸，为他们提供帮助。
- 我们能够得到大量练习和完善智慧自律技能的机会，这些都有助于增强我们的人际关系。

逻辑结果：鼓励儿童使用已经掌握的技能

很多情况下，出于安全因素考虑，成人无法允许儿童亲身体验自然结果。此时，我们可以运用逻辑结果激励儿童使用他们已经掌握的技能。对于那些被孤立的或者缺少社会情感技能的儿童，当我们尝试利用逻辑结果激励他们使用已经掌握的技能时，他们经常会"暴跳如雷"或者成为"惯犯"。这些儿童需要自然结果或解决问题，而不是逻辑结果。

在决定运用逻辑结果前，请问自己下面两个问题：

1. 这个儿童在班级大家庭里与其他人建立情感联结了吗？
2. 他已经拥有可供激励使用的技能了吗？

如果两个问题的答案都是"是的"，那么逻辑结果就可能是有益的；如果答案是"不"，那么逻辑结果可能会给儿童带来伤害。

3R（Related, Respectful, Reasonable）可以帮助我们构建出合理的逻辑结果，而"大 E"共情（Empathy）则有助于儿童进行反思、收回他们的权力和主动地实现个人转变。

关联 (Related)：逻辑结果应与儿童的行为存在因果关系。此外，逻辑结果还应与安全、互相帮助或其他班级规定联系起来。

尊重 (Respectful)：当成人要求儿童承担逻辑结果时，应使用"毋庸置疑"的明确而坚定的语气。无论语言的还是非语言的线索均应表现出这种逻辑结果以教育为最终目的。

合理 (Reasonable)：逻辑结果应是可行的并且在持续时间和严重性两方面均是合情合理的（不要空洞的威胁）。对于拿着剪刀跑来跑去的儿童，有效的逻辑结果可以是：在没有其他人监督的情况下，不允许他使用剪刀。相反，扣除他课间休息的机会、打电话叫家长或者给他扣分，这样的逻辑结果都是无效的。

共情（Empathy）：如果儿童固执地坚持某种有害的行为，那么强化逻辑结果可能产生非常强烈的情绪并爆发出来。顶嘴、威胁、祈求、保证以及更多其他形式的对抗如潮水一样向我们涌来。至关重要的是，我们应该在这一过程中充分运用共情帮助儿童真正控制他们的行为，为自己的选择承担责任。当儿童开始用粗鲁的话顶嘴时，我们很容易被激怒，然后开始说教或喋喋不休地纠缠他，直到他屈服。如果这种情况发生了，儿童关注的焦点就会从个人责任转移到与尖酸刻薄、厚此薄彼的成人（我们）之间的权力斗争上来。

结果 + 共情 = 反思和控制自己的情绪
结果 + 说教 = 责备他人

如果我们反复教育一个与他人关系密切的学校大家庭成员，说出"让我玩一会儿好吗？"这样的话，而他却坚持抢别人的球，我们确实需要让他承受一些逻辑结果。

> "麦克斯，你可以做一个选择。如果你想要玩朋友正在使用的玩具，你可以对他说'让我玩一会儿好吗？'或者你可以从他手里抢，但是为了保证你们俩的安全，今天剩下的时间你们俩需要单独在自己的椅子上玩。麦克斯，告诉我如果你从朋友手里抢东西，会发生什么，我要确保你了解现在的情况。"
>
> 麦克斯把结果说了一遍，老师确保他明白了结果是什么。老师刚一转身，麦克斯又开始抢别人的玩具。
>
> "麦克斯，看来你想要坐在这张桌子旁边（指了指位置）玩。收拾好你的纸，现在搬过去。"
>
> 麦克斯恳求说："我不这样了。我保证。是他先抢的。我只是拿回我自己的东西。我会听话的。再给我一次机会吧。求你了！"
>
> 请运用共情帮助麦克斯进行反思并且控制他自己的行为："你看上去很失望。你希望和朋友们在一起玩。你明天还有一次机会。跟我一起深呼吸。你很安全。收拾好你的纸。你能做到的。"

下面，我们把这一场景分割成多个步骤。

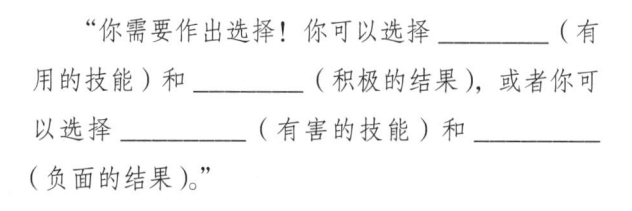

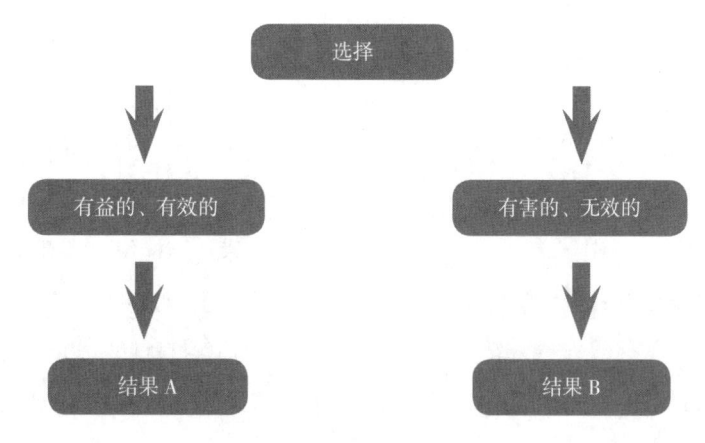

第1步：选择。明确地说出哪些行为是有益的，哪些行为是有害的，并且说明每一种行为最终的结果（见图10-2）。

"你需要作出选择！你可以选择 _____（有用的技能）和 _____（积极的结果），或者你可以选择 _____（有害的技能）和 _____（负面的结果）。"

图10-2 第1步：选择

第2步：关联。把无效或有害的策略产生的结果与安全、班级公约或班级规定联系起来。

"…… 这样你和其他所有人都会很安全。"

"…… 这样你就能遵守我们学校大家庭的规定了。"

第3步：反思。询问儿童如果再犯会产生哪些结果，确保儿童已经明确了解。这一步因儿童年龄和语言技能的差异而不同。

"告诉我，如果你再 _____，该怎么办？"

第4步：阐释。必要时应给予适当的阐释，确保儿童已经了解行为产生的结果。

第5步：实施。如果这种行为持续发生，应实施逻辑结果，并重申这些逻辑结果是儿童自己作出的选择。

"通过你的行为，我认为你选择 _____。"（明确说出地点和持续的时间）

第6步：共情。即使儿童把他们的情绪发泄到你或其他人身上，你仍应针对儿童的情绪给予一定的共情。尽量不要说教或者否定儿童内心的痛苦。使用共情和积极意图技能作为组合方法。

"你看上去 _____。你希望（想要） _____。你肯定心里不好受。跟我一起深呼吸。你很安全。你可以战胜它。"

帮助儿童学习执行技能对于恪守学校大家庭的规定是至关重要的。

活动：运用逻辑结果

艾玛是学校大家庭中一个与其他人关系十分密切的成员，虽然她知道如何做一个友善的团队成员，了解通过轻拍对方肩膀、叫对方的名字可以引起朋友的注意力，但是她在小组活动时间总是戳她的朋友。

第 1 步：选择。"艾玛，你可以做一个选择。你可以选择_____和_____，或者你可以选择_____和_____。"

第 2 步：关联。和安全或者规定联系起来。
"_____。"

第 3 步：反馈。反馈儿童所表达的观点。
"告诉我，如果你再_____，该怎么办？"

第 4 步：阐释。必要时予以阐释。
"_____。"

你刚离开，艾玛继续戳她的朋友。

第 5 步：实施。通过你的行为，我认为你选择
_____。"

第 6 步：共情。艾玛大喊："我什么都没做。你总是欺负我！我没必要听你说什么！"

必要时让自己重新恢复镇定并且运用共情的技能。

"你看上去_____。你希望 / 想要你_____。你没问题的。跟我一起。"

下列回应将有助于指导你作出恰当的回答。看看你能不能辨别出所有 6 个步骤。

教师："艾玛，你可以做一个选择。你可以选择与小组里的朋友们合作，轻拍你朋友的肩膀，然后叫他们的名字，引起他们的注意，随后一起努力完成手工课。或者你可以选择戳你的朋友们，这样你就只能一个人在自己的桌子上工作，直到整堂手工课结束，这样每个人都能感到安全并且专心地完成自己的工作。艾玛，告诉我，如果你继续戳你的朋友们并且打扰团队的成员，会发生什么？"

艾玛："我会独自在自己的桌子上做手工，直到整堂手工课结束。"

你刚走开，艾玛就继续戳别人。

教师："通过你的行为，我觉得你选择在自己的桌子上单独工作，这样每个人都能感到足够安全，可以完成这个工作。"

艾玛："我什么都没干。你总是欺负我。我没必要听你说什么。"

教师："你看起来很生气。你希望能够留在小组里和大家一起完成这个手工项目。现在你要回到自己的位置了。你很安全。你没问题的。跟我一起深呼吸。"

这一过程的简短版："如果你选择_____，那么你会_____"，然后运用共情的技能。简短版更适合学校的管理者，而加长版则有助于营造和维护学校大家庭。我建议在学年开始时使用六步法作为教学工具，随着学年的进展可以将这一过程简化成一句提示。

学生参与讨论逻辑结果

某些逻辑结果可以在全体学生共同参加的班会上制订。在班会开始时，可以首先讨论根据不同的行为选择，学生的行为可能产生哪些有益的（正面的）或有害的（负面的）结果。教师可以给出一些示例，并且要求学生预测该行为的结果对学生本人或其他人将是有益的还是有害的。然后讨论学生为何产生这种认知，以及如何将有害的结果转变为有益的结果。下列示例将有助于讨论的进行。

- "你可以选择仔细检查你的作业，改正错误并且提高分数，或者你还可以选择不进行检查就直接交作业，然后很可能得到的分数不够好。哪种选择有利于我们之间的约定，也就是尽自己最大努力提高学习成绩？"
- "当你感到心情沮丧时，你可以选择使用勇敢发声或者向别人寻求帮助，这样你就可以和朋友们一起开心地玩耍，或者你也可以选择打人和霸占别人的东西，然后自己一个人玩，这样你和你的朋友们都是安全的。对每一个人来说哪种是不好的选择？哪种是好的选择？"

当你帮助学生理解了上述概念后，你可以让他们共同制订班规和所需的逻辑结果。如果没有上述讨论，儿童制订的结果可能非常严厉或者带有伤害性的惩罚。

班级行为图

传统的班级会通过张贴班规和行为结果图开启新的学年。对于那些违反了班级规定的学生，通常会有两次警告的机会，如若不改，则会采用剥夺某些权利的方式予以惩罚。这种做法得到了普遍推广，并不在乎儿童是否与班级成员建立了情感联结，是否掌握了必要的技能并从这种方式中获益。如果这种结果无效，学校会打电话叫学生家长到校予以协助，强制施加更严重的逻辑结果或制订一份行为计划书。

在学校大家庭中，儿童可以最终选择是否要通过互相帮助协助老师保证学校大家庭的安全。要想做一个有用的人，儿童必须遵守学校大家庭的规定，恪守作出的承诺并且按照各种规定行事（见图 10-3）。

第 1 步，对于那些选择不在学校大家庭中互助友爱的儿童，他们应有权重新选择，最终成为对他人有帮助的人。

第 2 步，我们应鼓励儿童主动到安全角让自己恢复平静。一旦他们重新回到学习状态，我们可以提醒他们做对他人有帮助的事情。如果他们仍然不愿意提供帮助，这说明他们之间缺乏情感联结。

第 3 步，制订行为计划，行为计划能够增强儿童感受到的安全感和情感联结，从而提高他们遵守班级规定和公约的意愿。一旦儿童之间建立了密切的联结并且知道应该使用哪些技能，我们就可以运用逻辑结果。

解决问题：激励儿童使用执行技能

解决问题是智慧自律中使用的第三类行为结果。它主要激励儿童通过权力共享积极地参与解决问题的过程。尽管许多教育项目并没有将解决问题看作一种行为结果，但是许多日常选择需要解决问题。举一些简单的例子，如轮胎爆胎或者吃早餐时发现牛奶没有了，这些经历需要各种形式的解决问题作为最终的行为结果。

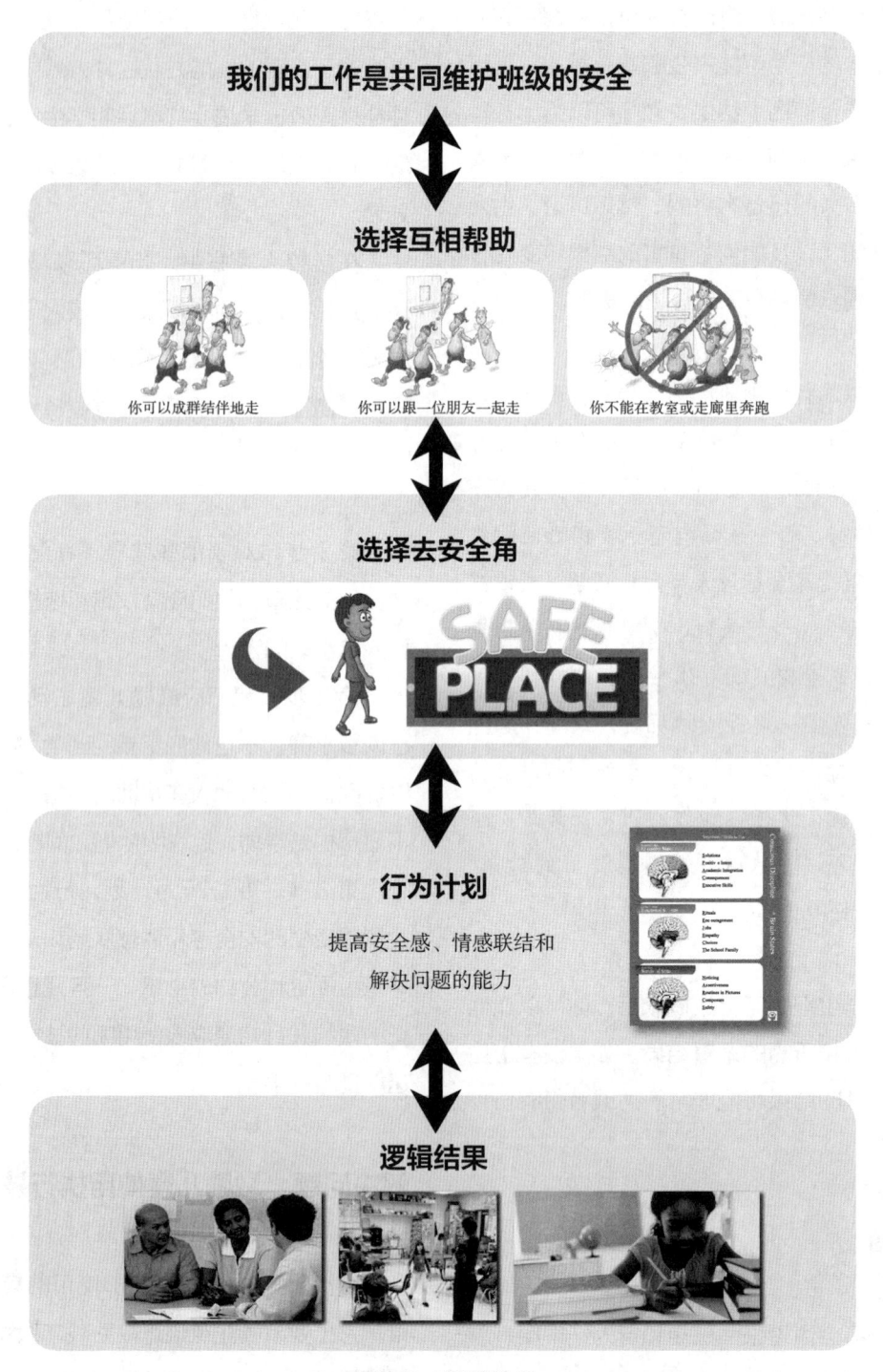

图 10-3 班级行为图

许多教师会说："我想不出合情合理并且可以作为惩罚的自然结果或逻辑结果。"这通常表示解决问题已经就绪。解决问题尤其有益于那些长期存在的问题（儿童经常称"我不在乎"）以及需要全班参与的问题（不配合代课老师、儿童之间的互相排挤、打架斗殴等）。

解决问题是一种工具，当事件中的各方均处于放松、有意识的执行状态时尤其有效，因为他们可以充分利用执行技能组合。这种状态可以让我们进行创造性的思考，而这正是集思广益和制订计划不可或缺的。下列建议有助于在学校或班级中整合解决问题的技能。

- 当我们把一个问题呈现在儿童面前时，我们应采取积极意图，并且着重强调希望儿童如何去做。例如，两个儿童可能会同时想要看同一本书。为了引导他们自己想出解决办法，你可以把这个问题描述为："你们不约而同地想看同一本书。两个人，一本书。你们该怎么解决这个问题？"
- 随着儿童不断地想出适合他们的方法，你可以编写一本解决问题相关的"班级手册"，用图片的方式展示各种可用的解决策略；
- 举办学校大家庭班会。

行为结果技能为学校大家庭创造了解决问题的机会

当你练习使用动念的力量和行为结果技能，把犯错当作重要的学习机会时，下列实践模块和仪式将帮助儿童把解决问题作为伴随他们一生的技能。

班级建设：班会

班会的形式多种多样，它是解决问题的一个核心讨论平台，正如吉尔老师的案例所示。当然，成人可以凭借自己的能力解决这些问题，但是让儿童在这个过程中表达自己的观点能够增强他们的主人翁意识，这对于儿童遵守最终确定的目标、原则、行为结果或新技能而言是极其重要的。吉尔老师的

吉尔老师所在的小学五年级某班需要一名代课老师陪学生们度过四天的时光。她仔细检查了自己的期望以及学生们该如何配合代课老师的细则。吉尔老师回来时，代课老师向她报告学生们不守规矩并且不懂礼貌。全班人都打破了他们与吉尔老师共同的约定，每个人都感到不安。吉尔老师说出了她心里的沮丧，并且要求学生们反思过去四天中的状况。她要求学生们写下他们违反了哪些班级规定、他们对此的感受，以及他们的行为对于不同的人而言是有害的还是有益的。当学生们都安静地完成她布置的任务时，她在安全角让自己心情平静下来。直到所有学生都完成了这个任务，她走出安全角，组织学生们召开班会，讨论需要哪些行为结果能激励学生在下次遇到相同的情况时，作出有益的选择。

班级决定给代课老师写一封道歉信，制作一本名为《帮助代课老师顺利完成工作的方法》的班级手册，制作一张新的班级海报，用图片的方式提醒所有人，下次遇到其他老师代课时要"停止小动作、认真听讲和懂礼貌"。

根据儿童的年龄和年级，班会不拘。年幼的儿童喜欢利用活动时间作为班会，而一些年长的儿童则倾向于晨会。无论哪个年龄阶段，我们都要围绕"大脑聪明"教学时刻妥善地安排这些班会。你是否还记得，在第4章中我们提到"大脑聪明"教学时刻是一个由四种活动构成的常规活动：

1. 凝聚
2. 解压
3. 与教师和他人建立情感联结
4. 保持学习状态的承诺

你可以在"大脑聪明"教学时刻的框架内，使用"和平"法（P.E.A.C.E.）解决存在的问题：

P（**P**roblem）＝ 说明问题和可能带来的影响
E（**E**ncourage）＝ 鼓励儿童分担解决任务过程中自己应做的部分
A（**A**ffirm）＝ 确认问题，从你希望看到的行为的角度重新描述问题
C（**C**ollect）＝ 搜集解决方案，达成共识
E（**E**valuate）＝ 评估效果

P ＝ 如实地描述问题及其影响。 如实地描述发生了哪些值得担忧的事情，在这一过程中不要附带任何偏见或评判。"我注意到,当有人勇敢地发声时,有些同学并没有认真听，反而继续作出一些伤害行为。"在描述问题后，说明你对这个问题的看法。"我认为这是一个问题，因为我的工作就是要保证全班的安全，如果你们不愿意听其他人的声音，我就没法完成我的工作。全班就会变得不安全，学习会变得更加困难。"

关键技能： 确保你内心平静并且可以用中性的语气描述问题。当你描述"为什么你认为这是一个问题"时，你的描述必须是真正发自内心的。这样做不是要迫使学生们感到内疚，而是帮助他们从你的角度看待问题。

E ＝ 鼓励儿童分担解决问题过程中自己应做的部分。 "你们有没有人留意到类似的事情？例如，你已经说过'我不喜欢你在排队的时候用力撞我，请在我后面走路的时候留心一点'而别人仍然继续撞你或者说'那又怎样，别烦我！'"这一部分要求儿童分担解决问题过程中自己应做的部分。如果能够做到这一点，他们会更加愿意遵守已经制订的行为计划。

关键技能： 使用你在班里看到的具体的示例（隐去姓名），因此学生们可以发现问题。如果儿童开始指责某个具体的儿童，应按照第9章讨论的方式将他们消极的意图转变为积极意图。

埃普洛：排队时，帕克总是撞我。她从来都不听我说什么！

教师：所以你希望你的朋友好好听你说话。

帕克：她是个骗子。她用力撞我，还骂我。

教师：所以你希望你的朋友也好好听你说话。难怪我们学校大家庭中的很多人都感到沮丧。看来我们需要解决一个大问题。

A = 确认问题，从你希望看到的行为的角度重新描述问题。 重要的是，将问题转变成你希望发生的状况。你可以说"所以问题就是我们要认真听别人的声音"，而不是说"作为学校大家庭的成员，我们却没有听朋友们的声音"。

关键技能： 你必须要把问题从你不想看到的情形转变为你希望看到的行为。不同的措辞都会产生不同的结果。对于低年级班，如果让孩子们通过头脑风暴的方法讨论不懂得倾听他人的解决办法，这些孩子会想出许多惩罚的办法。而如果把头脑风暴的主题调整为如何倾听别人的想法，则可以得到很多富有成效的解决方案。

C = 搜集有用的解决方案，解决问题。 "怎样做才能让你更愿意倾听你的朋友发出的声音？"在这一步，你可以搜集各种观点并将它们汇总并加以讨论。重新描述共同的解决方法，把它作为新的班级班规。通过角色扮演展示如何使用新的技能，以便每个儿童明白解决问题在视觉、听觉和感受上是什么样子的。你可以把新的班级规定做成带有律动的歌曲，帮助每个人更好地记住他们的承诺。

关键技能： 关键在于当儿童表达自己的观点时，你要认真倾听，然后总结和归纳并将主旨反馈给儿童。在这种时候，你需要把他们的消极意图转变成积极意图，从他们不想看到的情形转变为他们希望的情形。

E = 评估效果。 你可以使用"怎么才能知道我们的方法是不是管用？"这样的问题结束解决问题的讨论。和儿童一起想办法评估他们的想法是否有用。再次开会时检查这份计划，表扬儿童成功的地方，如果问题持续存在，可以增加额外的解决问题的途径。

活动：解决问题过程的角色扮演法

在小组（如果可能）活动时，选择一个你所在班级长期存在的问题。通过角色扮演展示解决问题的过程。使用"和平"法作为指导。

实践模块："时光机"

"时光机"（见图10-4）是用来解决班级里人际关系冲突的自然结果。在学校大家庭里，解决人与人之间的不愉快经历的自然结果是用有益的方式重来一遍。通过使用明确而坚定技能（第4章），"时光机"可以帮助教师和儿童重来一遍。当一些不好的人际互动发生时，要求教师对双方进行大量的辅导以及单独辅导，但是其最终的目的是儿童能够独立使用"时光机"。"时光机"的使用过程包含7个基本步骤：

第1步：时光倒流。 让全班学生把手背到背后，或者做出某种统一的动作，表示时光倒流。

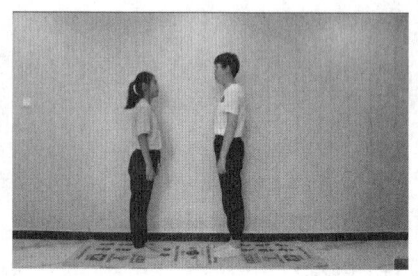

低年级幼童使用"时光机" 　　　　　　高年级儿童使用"时光机"

图 10-4　"时光机"

第 2 步：**询问意愿**。"德文，你愿意时光倒流，用更好的方式解决你的问题吗？这样可以让全班同学学会如何解决问题。"询问双方。如果得到的回答是"愿意"，则继续进行。

第 3 步：**做一个"微笑星"**。通过志愿者教全班学生学习微笑、深呼吸、停顿和放松。

第 4 步：**相互祝福**。教全班所有人把手放在心脏位置，然后伸出手臂指向解决问题的双方，表达对他们的爱。解决问题的双方也彼此互相祝福。

第 5 步：**专注于目标**。全班一起说"1——2——3"。然后解决问题的双方说"开始吧"。这一步能够提高全班以及参与者的凝聚感。全班人一起喊出口号有助于学生发自内心地接受班级的价值观：互相尊重、奉献和凝聚。

第 6 步：**辅导儿童使用有益的表达方式**。让认为自己被欺负的一方先说："我很不喜欢你＿＿＿＿＿＿＿＿＿＿＿。下一次＿＿＿＿＿＿＿＿＿＿＿＿＿＿＿＿。"然后帮助儿童学习明确告诉对方应该如何正确对待自己。大多数儿童在说完这句话时会补充一句"住手"或者"以后不要这样了"。我们要做的是帮助儿童重新建构这种想法，使其反映出他希望对方如何做，可以使用类似于"你可以说，请让一让，而不是把我推开"以及"轻轻地拍我的肩膀，然后叫我的名字"这样的表述方式。欺负了他人的一方会说"好的，我会的"。

如果另一方觉得他才是被欺负的一方，那么双方在垫子上互换位置，重复这一过程，由认为自己被欺负的一方先说。

第 7 步：**要求儿童表示不再因此感到心里难过**。事件中的双方均通过某种形式的互动表示心中没有因此感到特别难过。他们可以选择握手、拥抱、击掌或其他互动仪式。鼓励儿童说出他们认为最适当的行为方式。

仪式：关系修复

召开以解决问题为主题的班会或者使用"时光机"后，重要的是举行某种仪式，让所有人和好如初，修复可能的关系裂痕。每次活动后都举行反映下列内容的仪式：

- 我们是一个集体；
- 我们承诺完成我们的计划。

我们已经修复了讨论过程中产生的关系裂痕，或者任何时候我们的关系出现问题，我们都愿意努力修复。

可以简单地让所有人站在圆圈里，面朝里，交叉手臂，手拉着手然后一同把手举过头顶，同时转身向外。这个动作可以让所有人松开交叉的手臂并且保持一个完美的圆圈。这个动作表示"我们愿意作为学校大家庭的成员同心协力，彼此守护"。如果这些仪式是全班共同编制的或者是班级活动中自发形成的，那么这种仪式的意义最为深远。

反思：动念的力量

有意识地观察你的动念和它产生的影响是否匹配。观察我们如何应对冲突，我们会将儿童的行为视作偶然行为还是故意行为。摒弃那些我们觉得自己有意无意伤害到其他人以及受到他人伤害时产生的内心痛苦。开始通过下列步骤实践动念的力量。

1. **留意我们自己如何使用动念作为反馈策略。** 倾听我们是否频繁地说出或者在我们的大脑中说出："好吧，这不是我的本意。"

2. **使用本章开头"动念的力量"部分的四个问题**，清除那些我们与自己所爱的人以及同事之间的不当沟通方式。

3. **停止惩罚性的自我对话，专注于问题：** 我的选择是什么？结果是什么？它让我产生了什么样的感受？它实现了我期望的目的吗？哪些新策略能够更好地帮助我实现目标？

4. **当儿童发脾气时，改变我们的动念。** 我们可以问自己："我希望学生内心痛苦并且为他们的错误行为付出代价，还是我希望教学生反思他们的选择，改变他们的选择和实现自律？"

5. **清楚地认知我们在要求学生承担结果时典型的动念**（惩罚、过度保护或教育）以及这些动念随着我们内心痛苦程度的变化而发生哪些变化。

6. **自问："我是否过度依赖逻辑结果？"** 如果真的是这样，请纳入更多解决问题的元素并且使用自然结果作为教育工具。

7. **考虑下一年的计划。** 微调传统的一次警告、二次警告系统，使之更加高效。与你所在年级的团队讨论这一问题，并且为下一年的工作实施相应的计划。

"大脑聪明"教学时刻

违反班级规定、拒绝参加班级常规或者不遵守班规的行为都创造了很好的教育机会。

- 将日常生活中下列类似的人际冲突作为使用自然结果的机会，教学生学习新的技能：
- 过分的语言；
- 开小差的行为；
- 未能完成作业；
- 推挤和推搡；
- 辱骂；
- 破坏财物；
- 针对已经拥有相应的技能但缺乏使用它们的动机，并且与他人有情感联结的儿童以及安全相关的问题使用逻辑结果。
- 如果自然结果和逻辑结果不适合当时的形势，以及针对班级长期存在的问题使用解决问题的技能。
- "出借"执行技能，为存在长期问题的儿童制订行为计划。

技能反思：传统思维和智慧自律

如果可能，应与别人组成搭档，然后大声地把这两组话说出来（见表10-2）。看看你是否能感受到二者的差别。每次发言后，可以分享自己的看法"我认为传统思维和智慧自律之间的区别是……"

表 10-2 传统思维和智慧自律的对比

传统思维	智慧自律
这不是我的本意。你觉得我是这么可怕的一个人吗?	我本意是要帮助别人。通过你的表情,我看到结果并非预想的那样。你想要一个"重新来过"的机会吗?
你本来就应该想到这种情况。你把自己搞得一团糟。	你看上去有点焦虑。你很担心能不能留在篮球队。
你选得对。	你真的想清楚了。看来对你是有效的。
有人受伤或者快死了吗?	你这样说是有帮助还是会让事情更糟?
说出你的想法。	告诉他"我很不喜欢你_____。下次请_____。"

学校大家庭实施一览表

- ❑ 确定自然结果、逻辑结果或解决问题之中,哪种方式最有利于当时的情况,使用适当的结果并且探究共情的技能。
- ❑ 区别出于应对侵害、实施报复和维护安全"打小报告"的行为,作出相应的回应:"你喜欢这样吗?"(应对侵害行为),"你告诉我这些有助于帮助还是会让事情变得更糟糕?"(实施报复),"我会妥善处理的""我的工作是保证全班的安全"(维护安全)。
- ❑ 在针对逻辑结果进行任何管理前,问问自己:"这个儿童在学校大家庭中与他人是否联系密切,是否拥有成功所需的技能?"
- ❑ 辨别儿童可能缺少了哪种执行技能,然后制订干预计划。
- ❑ 教儿童使用冲突解决"时光机"。
- ❑ 在班会中试图解决问题时,"和平"法。
- ❑ 针对解决冲突的班会制订关系修复仪式。

(行为结果技能小结见表 10-3)

表 10-3 行为结果技能小结

项目	内容
力量	动念:矛盾和冲突是教育的契机。
"大脑聪明"教学时刻	大脑在受到威胁时会以不同的方式运作。
技能	自然结果、作为教学工具的"小报告"、逻辑结果、解决问题、"和平"法。
学校大家庭常用工具	班会,"时光机",关系修复仪式。

Conscious Discipline

实践者如是说

学校管理者说

李玲

美林高瞻幼儿园北京园园长

教育是赋予，控制是剥夺。传统教育模式往往以成人为中心，很容易让孩子受到伤害。这是因为在教育过程中，教育者会有意或无意地强调孩子的缺点。韧性课堂❶让我们明白以爱作为引导的教育能够赋予孩子更多安全感，提升孩子的自我认同，培养乐观积极的态度……爱能够让人在任何条件下都能发现自己和他人的闪光点。

孙玮

美林高瞻幼儿园天津园教学园长

清华大学原校长顾秉林说过，"情商比智商更重要"。一个人的社会地位往往取决于非智力因素，平凡的背景不能决定一个人的未来。对于现在的社会，情商显得十分重要，可以影响我们的一生。

韧性课堂不是简单意义上的情商课程，而是教授社会情感技能的课程，能够更加全面、根本且有效地帮助孩子更好地面对未来的各种挑战。本园能够引入这样系统、专业的课程，让更多的老师能够学习并发挥它的作用，造福更多的孩子，我觉得非常幸运！

安静

美林高瞻淘宝贝幼儿园蓝郡园园长

韧性课堂能够帮助大家成为你所期待的孩子们的榜样，使你的自控能力和教育能力都提高到一个新的水平。韧性课堂使学校教育变得更加从容，对家庭教育也起到了积极作用，很多家长表示孩子在学习了情绪管理的技能后，能够很快地意识到自己的情绪，家中设立的安全角也得到了很好的利用。

相信在一次次学习和实践的碰撞中，老师和家长将从以前教育孩子的传统方式中走出来，建

---

❶ 韧性课堂是智慧自律应用于幼儿园阶段教育的课程项目。——译者注

立一种成员关系健康融洽、孩子乐于互助合作的新的学校及家庭氛围。

党家茹

美林高瞻淘宝贝幼儿园健达园教学园长

学习韧性课堂课程，更像是一场自我疗愈。日常的生活节奏如此之快，快到我们都忘了自己是谁，忘了去感受自己、倾听自己。照着教案上课不难，难的是真正地改变自己。韧性课堂强调"起心动念"，支配那些"可怕念头"的心，才是最需要治愈的。

韧性课堂从根本上转变了教师们的教育观念，使教师们更积极地去创建富有情感联结的学校大家庭的文化氛围，更让大家从中获得了身为教师的价值感和幸福感。

赵永巧

美林高瞻淘宝贝幼儿园蓝郡园教学园长

传统教育在思维、语言、艺术等方面都有专业的教育方法，却很少告诉我们怎么去学习管理情绪。韧性课堂走在了儿童情感教育的前列，它教会孩子如何与情绪相处：情绪的出现是自然而然的，我们要欢迎她、接纳她，和她成为好朋友；它教会孩子用科学的方法一步步梳理由情绪产生的问题：先调节情绪，再处理问题，大脑在失控状态很难妥善地解决问题；它让孩子成为更

好的自己：理性客观、自尊自主、心中有爱、内心强大！

教师说

道娥老师

美林高瞻淘宝贝幼儿园蓝郡园教师

韧性课堂除了让孩子们认识了"心情娃娃"，更重要的是和"心情娃娃"做朋友已经慢慢地渗透到孩子们的思维模式中，他们不再和情绪对抗，而是选择面对它、帮助它，用各种办法让自己恢复理性思考，直到解决问题。

幼儿乃至青少年时期是情绪相对不稳定的阶段，学习并拥有情绪管理能力对孩子的成长至关重要，一学期的时间，孩子们从最初的情绪识别到感受身体变化，从认知情绪的正面价值到表达情绪，从接纳每一个"心情娃娃"到保护管理他们，直至最后能冷静地解决问题，在学的过程中感受快乐，在习得的过程中收获成长。

明明老师

美林高瞻淘宝贝幼儿园健达园教师

回顾从了解、学习到教授韧性课堂课程的点点滴滴，我们有幸能够带着孩子们一起感受韧性

课堂的魅力,并从中获取力量,提升自我。从最初的"压力山大"成长到今天的"动力十足",从"懵懵懂懂"到"信手拈来",当"干练"取代"生疏",我们和孩子们都在属于自己的成长之路上脚步渐稳。韧性课堂,认识你,真好!

贾佳老师
美林高瞻淘宝贝幼儿园蓝郡园教师

情绪管理是一种能力,需要我们在实践中获得。我很幸运能够学习韧性课堂课程,孩子们的每一次实践经验都会为能力的形成加分,这将会成为陪伴他们一生的财富。

作为教师,我们能做的就是观察孩子,不加评判地描述他们所呈现的状态,让孩子感受到自己是被关注的。给予他们接纳的同时,也带给他们更高层面的引领,让孩子了解自己行为的价值。作为教师,我们要了解孩子们的行为背后的信息,坚定地给予他们成长的力量,在这个过程中,我们自己也会得到滋养。

刘诗蓉老师
美林高瞻幼儿园北京园教师

有多少次,我们是以"爱"的名义去要求、控制孩子的?比如:"你选择吃菜还是喝粥?"这并不是选择,而是强迫。孩子行为的背后都是有原因的,我们应该静下来站在孩子的角度去思考。要想教育好孩子,首先要改变自己。这就是韧性课堂中"自由意志"的力量:你唯一能改变的只有自己。

学习韧性课堂课程是对心灵的洗涤,让我们得以建立与自己的联结。感谢这次学习机会,让我们能深入地感知自己,改变自己原有的思维定式。改变是一个充满挑战的过程,作为成人,我们要多站在孩子的角度去思考。

贾蕾老师
美林高瞻淘宝贝幼儿园蓝郡园教师

我们都曾体会过被情绪淹没、无法自控的时候,幼儿时期更是情绪易波动的阶段,学习并拥有情绪管理能力对孩子的成长至关重要,而孩子的学习与成人的学习截然不同,它是一个内化于心,外化于行的过程,所以需要作为成人的我们更多地看见、接纳、引导孩子,以达到潜移默化的影响。

在与孩子们互动的过程中,我们互相启迪,在一次次践行韧性课堂的过程中,积累经验,提升能力。

芊芊老师
美林高瞻幼儿园天津园教师

在韧性课堂班级的环境创设中,不管是安全

角、"大脑聪明"教学时刻还是关爱中心,每一个环节的设置及其内容的背后都隐含着教育目的。在创设教室的过程中,我们通过分析孩子的年龄特点及其活动区域,为孩子们准备了更科学的学习环境。

我们一直说环境是最好的老师,它虽不说话,但一直都在影响着孩子们。在这样有爱的班级中学习,对孩子来说充满安全感。

倩倩老师
美林高瞻幼儿园泰安园教师

"关注越多,得到越多"。作为幼儿教师,我们一天中的大多数时间都在和孩子相处,有时我们的一些言语会反映出我们的关注点,进而影响孩子。关于韧性课堂的学习是一个不断探索的过程,能够让我在一次次学习中发现新的自己,不断充实自己。我会把汲取的知识慢慢付诸实践,融入我的教学中。

家长说

朱若溪妈妈

在家的时候,我和孩子爸爸因为家庭琐事吵了起来,孩子走过来,说:"停!你们别吵了,先做深呼吸吧!"

那一刹那,我感受到孩子成了家长的老师,让我们快速恢复理性。我开始反思,不能再当着孩子的面吵架了。为孩子选择韧性课堂课程,是我做的最明智的决定!

小鱼儿妈妈

有一次,我家老大很委屈地说:"妈妈,我的语文作业写得和我好朋友的差不多,我好朋友得了个A,而我却得了个C,这不公平。"

"你感受到不公平。"当我说完这句话,又觉得当下成人的安慰是如此苍白。于是,我对小鱼儿说:"小鱼儿,安慰一下姐姐吧。"

只听见小鱼儿一字一句地说:"姐姐,C不就是一个字母吗?她代表不了你!A也就是个字母,她也代表不了你。你是独一无二的。"

我很惊讶,这些话从一个5岁的孩子口中说出来,是如此掷地有声、直击心灵。韧性课堂中"独一无二的自己"让孩子从小知道自己就是独特的,任何外界评价都不足以概括自己。感谢韧性课堂带给孩子的认知改变。

大平妈妈

大平今天回来情绪有些低落,哭完以后,自己跑到了角落。我追过去问他,怎么了?需要帮忙吗？他说："不需要，妈妈。我需要独立思考，思考为什么要画冰墩墩。"过了一会儿，他出来了，已经处理好了自己的情绪。原来，这就是他的安全角。他还告诉我安全角可以帮助他处理自己的情绪，保护自己的情绪。

阳阳爸爸

给孩子倾诉、解释、表达自己的机会，蹲下来跟孩子平等交流。当孩子知道自己被人理解时，不开心很快就会过去。我非常庆幸孩子能够有这样一个角落——安全角，给孩子提供情绪问题的疏解。看到他一天天改变和成长，我充满欣喜和骄傲。身为家长，我也从韧性课堂中受益匪浅，我们完全可以从孩子身上看到自己的影子。成人更应该学会控制自己的情绪，做好孩子的榜样。

壮壮爸爸

作为一名男性，在学习了韧性课堂课程之后，我的感受也特别深。比如我不擅长表达，比较害羞，当孩子会说话的时候，经常抱着我说"爸爸，我爱你"，后来我也慢慢跟孩子表达"我爱你"，习惯之后，也不觉得爱难说出口。并且，在日常生活中，我学会了和孩子沟通，一点一点地，孩子有变化，我也有了变化。

禾禾妈妈

有一天，禾禾很认真地对我说："妈妈，如果你不开心，你可以保持平静。"

我问禾禾："妈妈哪里做得不好，让你觉得我不平静？"

禾禾说："妈妈陪禾禾写作业的时候不平静。"

我听了又惊又喜，还略有惭愧。我问禾禾："那我应该怎样做呢？"

禾禾说："如果你不开心，你可以深呼吸，这样你就平静了。"

在日后与禾禾的班主任老师沟通的过程中，我得知这是他在韧性课堂课程中学到的。我很庆幸，孩子在幼儿时期就能学习管理、控制自己的情绪，更好地支撑他未来的发展。

贝贝妈妈

韧性课堂带给孩子和我自己许多惊喜。第一学期听左老师分享时，让我印象最深的一句话是"你是安全的"。当孩子有负面情绪时，先帮助她定义当下的情绪是伤心、难过、着急、愤怒，还是生气。然后再抱抱她，告诉她："你是安全的，妈妈爱你。"安全角对孩子来说是一个非常好的释放情绪、调节情绪的地方，"心情娃娃"让孩子能感知、认可自己的情绪。身为家长，我能感觉到，当我观察孩子的情绪时，她的情绪就会变好一些，她感到自己被理解、她是安全的，她的情绪就能慢慢平复。

Conscious Discipline

致　谢

2019年3月，在已为全球101个国家提供社会情感学习教育理论、教育实践和培训课程的基础上，全球儿童社会情感学习领导品牌"智慧自律"携手美林教育与耶鲁大学教育专家沃特·捷列姆博士、刘彤博士，开展儿童社会情感学习中国本土化研究，成为"智慧自律"国际化进程的重要里程碑。本次项目研究得到中国教育学会国际教育分会和北京师范大学儿童教育专家的倾情支持。同年4月，智慧自律行动组中国项目部成立，耶鲁大学和美林教育选派刘彤博士、赵宇红、左慧萍三名专家赴美国进行系统学习。

经过半年的紧张筹备，2019年8月29日，"智慧自律中国本土化研究"项目说明会在北京师范大学成功举行，标志着智慧自律中国本土化研究正式启动。在国内外教育学、心理学专家和多位幼儿教育工作者的支持下，智慧自律中国本土化研究历时5年，基于大量教育学、心理学研究及丰富的幼儿园教育实践，形成了基于中国儿童教育实践的智慧自律中国儿童方案——"韧性课堂：中国儿童社会情感学习整体解决方案"。

在"智慧自律进校园首批示范校实践"活动中，全国各地先后有几十所幼儿园加入课程实践的行列。本次实践活动得到美林教育集团的大力支持，美林教育在北京、天津、山东、河北等不同地区的幼儿园积极投身实践活动，涌现出大批优秀实践教师，取得了丰硕的成果。

历时5年的研究，丰富的实践，不断努力创新、推敲修订，我们惊喜于教师的变化和孩子的成长。一个又一个"学校大家庭"建立，家校社协同育人方兴未艾；一批又一批孩子学习并实践智慧自律的七大技能，并形成七大健康成熟的品质：理性客观、坚定果敢、自我价值、自尊自主、学会接纳、心中有爱、有责任感。智慧自律行动组中国项目部在教育专家左慧萍、聂懿、孟令角和尹晓慧的带领下，先后完成了线上和线下两个层面的项目课程、培训、材料、家长工作坊核心体系的内容搭建；经过不断地钻研、实践和修订，"韧性课堂"幼儿园课程方案、教师培养方案、家校社协同育人方案及班级和家庭环境创设等一系列解决方案完成了从1.0版本到2.0版本的优化升级；"韧性课堂：中国儿童社会情感学习整体解决方案"厚积薄发、脱颖而出。

在此，智慧自律行动组中国项目部特别感谢美林教育集团对"智慧自律中国本土化研究"的深度参与和全力支持；感谢中国教育学会国际教育分会和北京师范大学教育专家的倾情付出；感谢所有参与课程实践的幼儿园老师们的杰出贡献；感谢参与本土化研究的所有幼儿园的孩子和家长们，让我们看到孩子们每天的进步和成长。在此，我们还要特别感谢作为项目课题研究实践基地的美林高瞻国际幼儿园·蓝郡园（淘宝贝高瞻幼儿园）教学园长赵永巧带领的教师团队，在项目实践过程中提供了丰富的教研和实践案例。正是你们的无私奉献，才让这个项目取得了今天的成就。

智慧自律行动组中国项目部在实践形成的适合中文语境的专业词汇和本土化案例，也为《智慧自律》和《管理混乱情绪》这套书的翻译工作提供了支持。我们期待这套书的出版能帮助家长、教育工作者们更好地理解和实践社会情感学习，为孩子们成长带来更好的指引。

智慧自律行动组中国项目部
2024 年 5 月 20 日
于北京

原文书名：Conscious Discipline: Building Resilient Classrooms（Expanded & Updated Edition）

原作者名：Becky A. Bailey, Ph.D.

Copyright © 2014 by Becky A. Bailey, Ph.D.

This edition arranged with Loving Guidance, Inc.

through Maxlink Education Co., Ltd.

All rights reserved.

Simplified Chinese copyright © 2024 by China Textile & Apparel Press.

本书中文简体版由 Loving Guidance, Inc. 经 Maxlink Education Co., Ltd. 授权中国纺织出版社有限公司独家出版发行。本书内容未经出版者书面许可，不得以任何方式或任何手段复制、转载或刊登。

著作权合同登记号：图字：01-2023-4007